理解しやすい
政治・経済

本野英一 監修

文英堂

はじめに

政経学習を通して，私たちは，今どんな場所に
生活しているのか，そして，これからそこはどうなるのか。
この流れをどう受け止めなくてはならないのかを理解しよう。

● 地球上に生息する動物は，例外なしにすべて，自分がいま，どんな場所に
生息しているのかを知ろうとする本能的欲求を持っています。人間も例外で
はありません。人間の場合，それはまず，地図を作成するという活動から始
まりました。そして次に，自分たちの境遇がどのようにして始まったのかを
考え，自分たちが得た経験と教訓を記録し，次の世代に伝えようとするとい
う，他の生物には見られない独自の行動をとるようになりました。

● もちろん，その分量は膨大で，1人の人間が一生かかっても，全部を理解
消化できるものではありません。本書は，みなさんが，この国で社会人とし
て生きていくために，私たちの先祖がのこした膨大な記録の中から最低限必
要なエッセンスをまとめたガイドブックなのです。

● でもその内容は，読んでいて楽しいことばかりではありません。それどこ
ろか，目を背けたくなる，考えたくないような辛い事ばかりです。

なぜ，そんなことを学ばなくてはならないのでしょうか。それは，過去の
さまざまな悲劇を引き起こした原因を，私たちが無意識のうちに遠ざけたが
るからなのです。でも，そうしていると，それはまた形を変えて私たちの目
の前に立ちはだかってきます。ウクライナで起きていることは，その何より
の証拠です。あれとよく似た悲劇が，私たちの身の回りにだって起きかねま
せん。私たちは今，そういう時代を生きているのです。

● 事態は，戦争だけに限りません。地球温暖化現象，日本国内に定住する世
界各国からの難民，外国人労働者の増加，あるいは数十年ぶりの物価高騰と
いった形で，私たちは地球規模での変化から様々な影響を受けているのです。
さらに，みなさんや，みなさんより年下の日本人の数は，これからますます
減っていきます。その結果，私たちの身の回りには一体何が起こるのでしょ
うか。そもそも，こういう現象はなぜ起こっているのでしょうか。これを放
置しておくと，私たちの身の回りだけでなく，この国全体がどのようになっ
てしまうのでしょうか。この状況から私たちの身の回りの暮らし，国全体の
あり方をよい方向に導くために，私たちは何をしなくてはならないのでしょ
うか。本書を学ぶことによって，こうした近未来に起きる様々な問題に対処
できるための予備知識を身につけてくださるようお願いいたします。

● 本書は，一般の社会人の方でも，そのすべてを理解把握することが困難な
高度な内容に満ちています。でも，これを理解したとき，あなたは周囲の境
遇がきっと違って見えてくると確信しております。

監修者　本野英一

本書の特長

1 日常学習のための参考書として最適

本書は，高校での「政治・経済」の教科書にあうように，教科書の学習内容を多くの小項目に細分して編集しています。したがって，学校での授業の進行にあわせて，しっかりと予習や復習をすることができます。さらに，本文の重要用語を集めた「要点チェック」も用意しているので，定期テストの準備に使うこともできます。

2 学習内容の要点がハッキリわかる編集

皆さんが参考書に最も求めることは，「自分の知りたいことがすぐ調べられること」「どこが重要なのかがすぐわかること」ではないでしょうか。

本書ではこの点を重視して，小見出しを多用することでどこに何が書いてあるのかが一目でわかるようにし，また，学習内容の要点を太文字や赤文字，重要な文章を黄下線ではっきり示すなど，いろいろな工夫をこらしてあります。

3 見やすく豊富な図表や写真

「政治・経済」を理解するうえで，図表やグラフは不可欠なものです。本書では，適所に図表やグラフを掲載しています。図表は，視覚的に理解できるように工夫しています。また，統計は新しい数値をもりこんでいます。写真も，「百聞は一見にしかず」という意味で，理解を助けてくれます。

4 政治・経済がより深く理解できる

本書では，まずはじめに，そのチャプターの全体的なまとめを示したうえで，解説に入っています。解説は，本文のほかに，理解を助けたり，深めたりする「用語」「補説」をつけています。しかし，それらにはあまりこだわらず，まず学習内容の大筋をつかんでください。本文中にある「ポイント」は，必ず覚えるようにしましょう。

本書の活用法

1 学習内容を整理するために

 「まとめ」は，各チャプターのはじめにあって，そのチャプターで学ぶすべての学習項目をまとめています。そのチャプターの全体像をつかむことができます。

POINT! 「ポイント」は，絶対に理解して覚えなければならない重要ポイントを示しています。テストでも，よく取りあげられる点ばかりです。

要点チェック 「要点チェック」は，そのチャプターに出てきた重要用語のチェックをします。テスト前などには，必ずおさえておきましょう。

2 理解を深めるために

社会契約説 (⤷p.21) 本文では，重要な用語や人物名を太字で示しています。タイトルの太字にも注意しましょう。また，⤷のさし示す参照ページの指示があるときは，必ずそちらも目を通してください。

補説 用語 「補説」は，より詳しい解説が必要な重要事項を取りあげています。「用語」は，本文中に出てくる重要用語の定義を示しています。複雑なことがらを整理するのに役立ちます。

\ TOPICS / 「トピックス」は，本文を深く理解するために，ほりさげた解説をしています。

Q A 「Q&A」は，多くの高校生が疑問に思うようなことがらを取り上げ，その疑問に対し，先生が答える形式で解説しています。

 特集 「特集」は，本文で扱ったテーマについて，より深く理解することのできるページです。

4

もくじ CONTENTS

第 1 編 現代日本の政治と経済

第 **1** 編

現代日本の政治と経済

1 » 民主政治の基本原理

❶ 民主政治と国民 ⇨ p.12

□ **政治社会の特質** 人間は社会的動物であって，集団の中で生きていく。その集団（社会）の秩序維持と統合のために，政治が必要とされる。

□ **政治と権力** 政治とは対立を調整し，共存をはかる技術。政治の手段として権力（政治権力）も必要であり，近代社会成立以降，政治権力は国家権力となった。国家権力には正統性が重要。

□ **国家**
- ・**国家の三要素**…領域・国民・主権（統治権）。主権とは国家権力の最高独立性。
- ・**国家の起源**…王権神授説（神権説）・社会契約説，実力によるとする征服説・階級説。
- ・**機能的分類**…警察国家→夜警国家→福祉国家へと，時代とともに変化。

□ **政治と法** 法は政治権力によって強制される社会規範で，**道徳の最小限を保障**。人の支配から法の支配へ変わってきた。法の支配とは，国の政治は法に基づいて行われるべきであるとする考え方で，イギリス・アメリカで発達した。

❷ 民主政治の成立 ⇨ p.20

□ **民主政治の意味** デモス（人民）のクラチア（支配，権力）→デモクラシー。

□ **近代民主制の原理** 個人主義・自由主義の思想を背景に，ホッブズ・ロック・ルソーらの啓蒙思想家の主張した社会契約説がもとになって形成された「法の支配」「人権の尊重」「国民主権」などの原理→17〜18世紀の市民革命で実現された。
- ・**イギリス**…ピューリタン革命・名誉革命→権利章典（1689年）
- ・**アメリカ**…アメリカ独立革命→アメリカ独立宣言（1776年）
- ・**フランス**…フランス革命→フランス人権宣言（1789年）

  近代民主政治の基盤をつくる。

□ **権力分立と間接民主制**
- ・**三権分立**…立法・行政・司法の相互の抑制と均衡。モンテスキューが主張。
- ・**議会制民主主義**…代表者による間接民主制。多数決。少数意見の尊重も必要。

❸ 基本的人権の確立 ⇨ p.25

□ **基本的人権** 人類の多年にわたる自由獲得の努力の成果。市民革命などを通じ，17世紀（イギリス），古来の自由・権利の確認→18世紀（アメリカ），自然権に基づく人権→フランス人権宣言で集成。人権確立のモデルとして世界に影響。

- ☐ **18世紀的人権** 18世紀に自然権に基づく自由権(国家からの自由)が確立。
- ☐ **参政権の拡大** 市民階級だけの制限選挙→労働者階級の普通選挙運動(19世紀前半のイギリスでのチャーティスト運動など)。
- ☐ **20世紀的人権** 20世紀に社会権が登場。1919年のワイマール憲法で初めて規定。
- ☐ **人権の国際的保障** 1941年,F.ローズベルト大統領の四つの自由→1948年,国連総会で世界人権宣言採択→1966年,法的拘束力のある国際人権規約。

年	できごと	
1215	マグナ・カルタ(大憲章)	市民革命
1628	権利請願	
1642	ピューリタン革命(〜49)…	
1679	人身保護法	
1688	名誉革命	
1689	→権利章典	
1776	アメリカ独立革命………	
	→アメリカ独立宣言	
1789	フランス革命………	
	→フランス人権宣言	

▲基本的人権の確立

- ☐ **基本的人権の原理**
  - ・**固有性**…生まれながらに当然にもつ権利であること。
  - ・**不可侵性**…国家などの他のだれからも奪われたり, 侵されたりすることのない永久の権利であること。
  - ・**普遍性**…すべての人間が平等に享有する(外国人にもおよぶ)権利であること。
- ☐ **平等権** 平等は, 人権保障のうえで重要な一般原則(人は生まれながらに自由・平等)。日本国憲法第14条に「法の下の平等」を規定。人種・信条・性別・社会的身分または門地などによる差別の禁止。

SECTION ④ 世界各国の政治体制 ☞p.30

- ☐ **イギリスの政治体制** 最も典型的な議院内閣制→内閣は議会から生まれ, 議会の信任の下に存立。「国王は君臨すれども統治せず」の立憲君主制。不文憲法。議会は上院と下院の二院制。下院優位の原則が確立。最高裁判所を新設。**保守党**と**労働党**の二大政党制。与党に対し, 野党は**影の内閣**を形成。
- ☐ **アメリカの政治体制** 大統領制→議会と大統領が互いに独立。司法機関は違憲審査権をもつ。より徹底した三権分立。成文憲法をもつ。
  大統領は間接選挙で選出。上院と下院の二院制。上院は, 条約の承認や政府高官・最高裁判官の人事の同意権などをもつ。**共和党**と**民主党**の二大政党制。
- ☐ **中国の政治体制** 権力集中制(民主集中制)をとり, 最高の権力機関は一院制の全国人民代表大会。中国共産党が大きな指導力をもつ。

SECTION 1 民主政治と国民

1 | 政治社会の特質

▶ 「あの人は政治的な人物だ」「政治的解決をめざす」「政治は汚い」という場合の「政治」は，かけ引き・取引・妥協などが，政治に不可欠なことを念頭に置いている。まず最初に，人間の社会で政治がどのような機能を果たしているかをみながら，政治の必要性を考えてみよう。

1 社会と政治

❶ 社会的動物としての人間　人間は，集団（家族）の中に生まれ，集団（地域・学校・企業など）の中で育ち，生活していく。

　　補説　ポリス的動物　アリストテレスは，著書『政治学』の中で「人間は，その本性上ポリスをつくる動物である」と述べている。ポリスは「都市国家」と訳されるが，これは共同社会であると同時に国家でもあり，ポリス的動物とは，「社会的動物」と「政治的動物」という 2 つの意味を含んでいる。古代ギリシア人にとっては，ポリスの役に立つことが立派な人間になることであった。

❷ 対立がおこる原因　社会（集団）は相互依存の関係にあるが，また，対立・紛争の関係になることもある。その原因は，富や地位・名誉など，社会的に価値のあるものには限りがあり，自由意思をもつ人々の全員が平等に手に入れることができない点にある。

❸ 政治の機能　対立が紛争や戦争状態にいたると，無秩序や社会解体に陥る。そこで対立を調整して社会の秩序を維持し，社会の統合をはかる役割が必要となる。これが政治の機能であり，政治の必要性の根拠である。

2 政治のとらえ方

❶ 集団現象説　政治の機能は，国家にのみ特有の現象ではなく，企業・学校など，すべての組織された人間集団にみられる現象とする見方である。

❷ 国家現象説　政治を国家に特有の現象としてとらえる一般的な見方である。これによると，政治の研究とは，国家の起源・本質・制度・機能を明らかにすることであった。

★1　Aristoteles（前384～前322）　古代ギリシア三哲人の 1 人。プラトンの弟子。実在論，経験主義哲学の祖。

★2　英語のpolitics（政治）の語源。

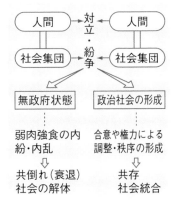

▲政治の有無による社会の変化

★3　野生動物の社会は本能により秩序づけられているが，人間社会は人為的に共存をはからなければ秩序が保てない。この集団現象説の背景には，20世紀の「集団の噴出」現象で多くの職能団体が生まれ，対立がみられたことがある（⇨p.121）。

❸政治の定義　政治についての代表的な見方は，次の４つである。

　　1　目的論　人類社会の理想の実現をめざす活動のこと。

　　2　制度論　国家意思の決定とその執行にあたる統治機構の活動のこと。

　　3　強力論　力の強い特定の個人や集団（階級）が，他の成員を強制的に支配し服従させる現象のこと。

　　4　機能論　人間社会の対立を調整し，合意を得られるように社会的価値の配分を行う過程のこと。

★4　正義や自由など。プラトンは正義，アリストテレスは市民の美徳を高めることを政治の目的とした。

★5　マルクス主義では階級闘争と階級支配を政治の本質とみる。

２｜政治と権力

▶ 政治は，人間社会で生じる対立を調整し，共存をはかるという使命を果たすために，すべての人々を拘束する決定を行う。説得→納得という決め方が望ましいが，対立が激化すれば，最後の手段としての強制力が発動される。どんな強制力がどのように行使されるのか。

１　権力の種類と特徴

❶社会権力　人間の集団に広くみられる，他の人間を支配する権威ある力のこと。たとえば，学校での退学処分，企業での懲戒解雇や免職，宗教団体での破門などが，その例である。

❷政治権力　社会権力の中で代表的なもの。通常，権力といえば政治権力のことをさす。近代になって，政治権力は国家権力となった。その特徴は，次の通り。

　　1　権力を行使するのが国家である。

　　2　その強制力が絶大である。

　　3　その力は全国におよび，組織的である。

　　4　その行使は正統（正当）であるとみなされる。すなわち，合法性をもつ。

★1　軍隊・警察・監獄のような物理的実力装置を独占して国内最強であること。

Q 権力と似たようなことばに権威がありますが，どう違うのですか。

A 定説はありませんが，ある決定に他人を従わせるのに強制と同意とがあり，強制力＝実力（force）の面を権力（power）とし，自発的に承服させるのを権威（authority）とする説や，実力と権威を合わせて権力とする説があります。

　このほか，影響力・勢力（influence）はもっと広い概念の力を意味し，暴力（violence）は非合法な実力のことに使う場合が多いです。

２　権力の正統性

❶正統性の由来　国家権力には，実力行使が認められ，投獄・処刑さえも許されている。これは，国家権力が正統（正当）とみなされ，人々はそれに従うことに同意し，承認しているからである。

❷力による支配　国家権力は絶大な実力をもっているが，むきだしの実力だけで支配したならば，反発を受け，その支配は短命に終わるだろう。「銃剣をもって何事もなしうるが，その上にすわ

★2　国家権力は公権力として武装を公認されるが，暴力団が武器を所有し使用した場合，それは違法であり，正統性はない。

ることだけはできない」「監獄（かんごく）が暇（ひま）なときほど政治権力は安泰（あんたい）である」ということばは，政治権力への人民の自発的支持による**正統性（正当性）が大きいほど，その支配が安定**するということを意味している。

[補説]　**支配の正統性**　マックス・ウェーバー[4]は，支配の正統性について，次の３つのタイプをあげている。

①**伝統的支配**　万世一系の君主のように歴史的伝統によるもの。

②**カリスマ的支配**　支配者のカリスマによるもの。[5]

③**合法的支配**　被治者が自ら選んだ代表者によって構成される議会で定めた法によるもの。

政治…社会（集団）に秩序・統合・共存を築くための利害調整活動。

権力…意図した目的・効果を達成するために他人の行動を支配する力。
┗▶政治的機能を果たすための権力が，政治権力。

★3　政治が人民の支持を得るには，説得のほかに，かけ引き・取り引き・妥協などの平和的なやり方もある。

★4　Max Weber(1864〜1920)　ドイツの社会学者。

★5　奇蹟（きせき）・預言などの超人的能力。

3｜国家

▶　現在，世界のほとんどの人々はいずれかの国家に属している。また，政治が最も典型的にみられるのは国家においてであり，政治権力は国家権力として行使される。したがって，国家のあり方は私たちの生活に大きな関わりをもつ問題であり，国家について考えることは民主政治を理解するための基礎となる。

1 国家とは何か

❶**国家の特質と要素**　国家とは，**社会全体（領域）の公共の秩序を維持・管理するためにつくられた特殊な社会集団**である。主権をもつことによって組織的強制力を独占し，国家意思は国民全体・領土全体（領域）におよぶ。

国家の三要素＝領域・国民・主権（統治権）

主権 ┨ 国内…他のいかなる支配をもしのぐ最高性。
　　　 ┃ 対外的…いかなる干渉をもしりぞける独立性。

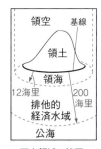
▲**国家領域の範囲**

[用語]　**領域**　国家の権力のおよぶ領域を一般に領土というが，厳密にいえば**領土・領海・領空の３つをさして領域という**。領土は国家の基盤となる土地，**領海**は国家権力のおよぶ海域，**領空**は領土と領海の上空をいう。領海の範囲については，国連海洋法条約で**12海里**（１海里＝1,852m）まで，**排他的経済水域は200海里**までと定められた。排他的経済水域では，沿岸国が200海里までの水域で，漁業資源・鉱物資源などを含むすべての天然資源を優先的に利用できる（いわば経済的主権のおよぶ水域）。

★1　領海の範囲は，18世紀以来，最低潮位線（基線）より３海里とされてきたが，1982年の国連海洋法条約により領海12海里以内と定められた。

❷**国家と主権**　主権には３つの意味があり，①（主権の実体の面）領域内を支配する**国家権力そのもの（国家の統治権）**，②**国家の政治のあり方を最終的に決定する力**，③（国家権力の属性の面）国家権力の**最高独立性**，である。^{★2}

しかし，今日では，主権国家も国際法や国際連合の意思に服することが求められている。これらの国際社会の規範は，各国の合意のうえで決定されたものであるから，こうした傾向は「**主権の自己制限**」といわれる。

補説　**ジャン・ボーダン**^{★3}　主権について最初に体系的に理論づけたフランスの哲学・政治学者。『国家論』の中で，主権の内容を，立法・宣戦講和・官吏任命（かんり）・裁判・忠誠誓約・恩赦（おんしゃ）・貨幣鋳造・課税の８種類とし，この主権を君主が行使するとしている。

❸**国家の起源**　国家がいつ頃，どのようにして生まれたかについては，国によっても異なっているので，さまざまな説^{★4}がある。

1 **王権神授説**　国家は神によって造られたもので，君主の権力は神から授けられた（さず）ものであるとする説。

2 **社会契約説**　人民の合意に基づく契約によって国家が成立したとする説。ホッブズ・ロック・ルソーらが提唱（⟳p.21）。

3 **国家征服説**　強大な種族（または階級）が，弱小の種族を征服・支配することによって国家ができたとする説。オッペンハイマーらが提唱。

4 **階級説**　階級社会の成立にともなって，支配階級が他の階級を抑圧・支配する機関として国家が生まれたとする説。マルクス・エンゲルスらが提唱。

★2　３つの主権の使用例。①主権は領土・領海・領空におよぶ。②主権が国民に存する。③主権は国内において最高・最強で対外的に独立している。

★3　Jean Bodin(1530〜96)　主権の絶対性を説くとともに，君主主権を主張して，絶対王権を理論的に裏づけた。

★4　市民革命のとき，**王権神授説**は国王側から，**社会契約説**は革命側から，それぞれの立場を正当化する理論として主張された。

⎾ TOPICS ⏌

全体主義とは何か

全体主義という用語は，個人ではなく全体（国家・民族など）に価値があるとし，全体を優先し個人を従属させる思想・運動・体制をさす用語と言える。相手を非難・攻撃する際に使用され，多義的な概念であるため，事実に照らして慎重に用いる必要がある。

歴史的には全体主義的国家として，ムッソリーニのファシズム，ヒトラーのナチズムや第二次世界大戦時の日本（軍国主義）があげられる。第二次世界大戦後の冷戦激化の時代には，アメリカ側は旧ソ連を「スターリン体制」，

旧ソ連側はアメリカを「マッカーシズム」とよび，互いの政治体制を全体主義と非難し合った。

一般に全体主義は，全国民を支配者の１つの絶対的な意思のもとに服従させるために，次の６つの特徴を備えているとされる。①国家公認の単一の思想イデオロギーを絶対化，②単一政党の独裁，③秘密警察によるテロ（暴力支配），④マスコミの国家統制による情報独占とプロパガンダ，⑤国家による武器の独占（軍備増強），⑥中央政府による統制経済。

現代の世界でも全体主義国家の問題は未解決である。

2 国家の類型

❶歴史的分類 マルクスの唯物史観(ゆいぶつしかん)に基づくものが代表的。原始共産制社会という**無階級社会**の末期に階級対立が生じ，**階級社会**となって国家が成立し，次のように国家が変遷した。マルクスは，生産力の発展した未来の共産主義社会において，再び無階級社会が到来すれば，国家は消滅すると主張した。

奴隷制国家 ➡ 封建制国家 ➡ 絶対主義国家 ➡ 資本主義国家 ➡ 社会主義国家

❷機能的分類 国家を機能の面から分類すると，次のようになる。

分類	時代	特色と性格
警察国家	絶対主義時代 16〜18世紀	国民の人権を抑圧したり，君主の考える施策を押しつけるために警察力を濫用(らんよう)
夜警国家 ★6	資本主義の確立期(自由主義段階)	国家の任務を，治安や国防など最小限のものとし，市民社会は国家の干渉のない自由放任がよいとされた
福祉国家 ★7	混合経済(修正資本主義段階) 20世紀	国家が貧富の差の拡大の是正(ぜせい)など，社会的弱者の生活を保障して，積極的に国民生活の福祉や公正をはかろうとする

★5 社会主義段階では地主・資本家階級をなくす過渡期の国家であるが，**共産主義段階**に達すると階級対立がないので，国家は消滅し存在しないとした。

★6 ドイツの社会主義者ラッサールが，公正・中立と思われている国家が，実はブルジョアジーの財産を保護する階級国家であるとの皮肉をこめて名付けたもの。

★7 社会国家と同義語。資本主義経済を前提に国家が**福祉政策**を積極的に行うもので，社会主義国家とは別のもの。

4 | 政治と法

▶ 今日，政治は法に従って行われる。法は，政治権力者をも制限し，違法行為は裁判所に訴えて是正させることができる。このような法の支配は，どのような歴史的発展をたどってきたのか。また，今日の民主政治においてどのような役割を果たしているか，考えてみよう。

1 法の特質

❶社会規範(きはん) スポーツにルールがあるように，他人との共同生活を円滑(えんかつ)に行うためにはルールが必要であり，これを社会規範という。

❷社会規範と制裁 社会規範とは，社会生活を円滑に営(いとな)むうえで必要な一定の行動様式であるから，その守るべきとされる行動様式を破ると，何らかの形で制裁を受ける。

❸法と道徳 法と道徳とは，次の2点で異なる。

1 法は，社会秩序を破る行動を規制する外面的規律であるが，道徳は，動機の純粋さなど人間の内面のあり方を規制する。

★1 社会規範の種類としては，道徳・慣習・伝統・風習・法などがある。礼儀や流行も，一種の社会規範としての性格をもつ。

② 法は，政治権力によって強制的に実効化される^{★2}が，道徳はその遵守を個人の良心に委ねているため，権力による強制力を加えることはできない。

　　ただし，法はその根底において，道徳的原理に基づくものが多い。たとえば，刑法上，犯罪とされている殺人・窃盗などは，道徳的にも是認できない反倫理的行為である。

法 ⎰ 道徳の最小限を保障。
　　 ⎱ 政治権力によって従うことを強制された社会規範。

2 法の体系と契約自由の原則

法というと国会が制定した「法律^{★3}」をイメージするが，自然法のように理性で見出されるといわれる法を含める場合もある。

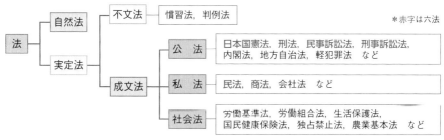

▲法の分類

❶**自然法と実定法**　古今東西普遍的に妥当する正しい法が存在するという考え方に基づく法を**自然法**という。これに対し，現実に人間社会で定立され行われている法を**実定法**という。自然法は普遍的に正しいのだから，実定法より高次元の規範(高次の法)として実定法の妥当性の根拠・基準とされる。

❷**成文法と不文法**　実定法は，成文法＝制定法(条文のように文章で表わされた法)と不文法(成文化されていない法)に分けられる。不文法には慣習法と判例法があり，慣習法とは人々のあいだで繰り返し行われる慣習のうち法として認められたものである。一方，判例法とは裁判の先例のなかで，判決の規準が法としての意味をもつ場合をさす。

❸**公法と私法**　近代市民社会の成立にともなう「国家と社会の分離」を前提として，公法と私法の区別が成立した。これにより，個人間の生活関係のルールである私法の分野が生まれた。

★2　国際法のように，強制する政治権力が存在しない法もある。

★3　「法律」という用語は，さまざまな意味で使われる。国会で制定した**成文法**として，憲法や命令と区別して使われる場合が多い。もっと一般的には，統治者や国家が定めた法(**実定法**)の意味でも用いられる。

＊赤字は六法

★4　**自然法**の存在を否定する立場もある。

★5　かつては掟やしきたりなど，慣習法が一般的だった。「合意は守らなければならない」(ラテン語起源のことわざ)を原則とする契約法や国際法(条約)がその例である。

★6　伝統的に判例法主義なのがイングランド王国やアメリカ合衆国の法体系で，成文法主義がドイツ・フランスなどの大陸法系であった。しかし，両者の融合傾向が進んでいる。

1️⃣ **公法**　一般的には，国家のしくみや国家と国民との関係を規律する法。憲法，行政法，民事訴訟法，刑事訴訟法など。

2️⃣ **私法（市民法）**　私人（私企業を含む）　対　私人（私企業を含む）との関係を規律する法。**私的自治**を原則とし，契約の自由に反する言動をルール違反とする。民法，商法，会社法など。

補説　**公権力の介入**　法は公権力によって強行されるものであるから，公権力はどの線を越えると介入してくるかを法に明確に定めて，公権力が介入する限界を示す必要がある。つまり，この制限により国民の自由な活動領域を確保し，そこでは個人の自由意思に基づく**契約の自由**に任せて，**私的自治**を原則とした。私法の役割は，当事者の自治に任せた領域において，私人相互間の自由で対等なルールを定めてサポートし，違反（債務不履行や強迫（きょうはく）・詐欺（さぎ）など）を禁じるなどに限定する。[★8]

★7　封建的身分制社会を否定した近代社会では，個人の私生活は個人の自由意思に任せ，国家の干渉を排除した。この考えを私的自治の原則という。

★8　「権利の行使及び義務の履行は，審議に従い誠実に行われなければならない。」（民法第1条）

――/ TOPICS /――

契約自由の原則が保障されたのに，その修正が必要とされるのはなぜ？

　市民革命後の近代社会では，だれもが身分制度から解放され，自由・平等・独立な人格を認められて，所有権の絶対も保障された。これにより，各人は法令の範囲内で誰とどんな内容で契約するか否かを自由意思で決めることができる。私人相互のあいだでの申し込みと承諾の合致で**契約**は成立する。こうして**契約の自由**が実現し，契約自由の原則の下（もと）で商取引や婚姻（こんいん）など，人と人の結びつきが自由意思に基づく契約で行われるようになった（⇨p249）。

　ところが，契約の自由による活動の結果，社会において成功して繁栄する人が出る一方で失敗する人も生じて貧富の格差が拡大し，またその格差が固定化する事態が生じた。労働者は「自由な契約」の名の下で，使用者に非人間的な労働を強いられるなど，契約の自由は形骸化（けいがいか）した。このため，19世紀末頃（独占資本主義段階）には，社会的弱者を保護し社会的強者を規制するため，契約の自由に国家が介入して修正する必要が生じた。

　すなわち，労働者を保護する**労働法**や子ども・老人・病人等の社会的弱者を保護する**社会保障法**が制定された。**独占禁止法**も，大企業のカルテル等を禁止して自由競争や公正な取引の自由を回復させるための法律だが，これは消費者や中小企業の保護のため，大企業の契約の自由を規制したのである。

4️⃣ **社会法の登場**　近代法は個人の自由な経済活動を保障した。[★9] こうした自由競争と資本主義の発展が，現実には貧富の差の拡大や階級による不平等と対立をひきおこし，さまざまな社会問題を生じさせてきた。経済的強者と経済的弱者との力関係は対等ではないので，経済的弱者を保護するために[★10]国家が介入し契約自由の原則を修正する必要が生じた。これが**社会法**で，労働法・社会保障法・経済法など近代市民法を修正する意味あいをもつ。

★9　近代法は人間を抽象的に自由・平等な権利主体としてとらえる人間観に立ち，私的所有権絶対の原則，契約自由の原則，過失責任主義を基本原理とする。

★10　この機能を果たす国家を福祉国家（⇨p.16）という。

3　法の支配と立憲主義

❶法の支配　プラトンの哲人政治のように，人格・能力ともにすぐれた哲学者が国王となって国民を導くのは，能率もよく理想的かもしれない。しかし，歴史の教訓として，絶対的権力を一手に握った人物は腐敗し，私利私欲のために権力を濫用するようになる。そこで，このような恣意的な人の支配に対して，権力者の上位に法(人々の合意により定めた客観的基準)をおき，権力者であれ誰であれ何人もその法に服すべきとしたのが法の支配で，国民の自由や権利を確実に守ることができる。法の支配は法の優越ともいう。

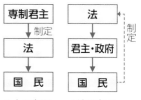

▲人の支配　　▲法の支配

❷イギリスで確立　1215年にマグナ・カルタ(大憲章)によって国王の権力が制限された(⇨p.25)。1642年からのピューリタン(清教徒)革命，1688年の名誉革命を経て1689年に権利章典が出され，議会制定法が国王に優越することが確立した。これにより，**法は，国民の自由や権利を守る内容をもち，君主の権力も制限するものであるという，法の支配の原理**が成立した。

❸アメリカでの発達　アメリカはイギリスの法の支配を継承し，さらにそれと密接に関連する立憲主義を明確化した。憲法制定権力者である国民が国の基本である成文憲法を制定し，これを硬性憲法とした。憲法には人権の保障と権力分立という近代立憲主義の原理が盛り込まれ，最高法規とされた。さらに国家統治は憲法に基づくべきとして，憲法に違反する議会制定法を無効にできる違憲審査制が導入された。立憲主義は**国民の人権を守ることを目的に，憲法により国家権力をしばる考え方**である。

❹法治主義　政治は法に基づいて行うべきであるというのが法治主義で，「人の支配」と対立する面では，法の支配と似ている。しかし，法治主義においては，国家権力は「法」という「形式」に従って行使されることが要求されるだけで(**形式的法治主義**)，「法」の内容は何でもよく，法律に定めさえすれば人権侵害も可能であった(**法律万能主義**)。つまり，法は単に支配の手段とみなされたのである。この点で，権力にも国民の自由や権利を守らせた，法の支配と大きく異なる。

なお，現在のドイツや日本では，法の内容が人権を侵害してはならないと定めた法治主義(実質的法治主義)となっている。そのため法治主義は，法の支配とほぼ同じ意味で用いられるようになり，区別しないようになった。

★11 Platon(前427～前347)　古代ギリシアの哲学者。ソクラテスの弟子。哲人政治は，著書『国家』で説いたものである。

★12 13世紀の裁判官ブラクトンは「国王といえども神と法の下にある」と述べた。その後，17世紀にエドワード・コークが，コモン・ロー(全国に共通な慣習法をとり入れた判例法)は国王に優越すると主張した(⇨p.25)。

★13 フランス人権宣言 第16条 参照(⇨p.22)。

★14 この考え方を表しているのが日本国憲法第99条(憲法擁護遵守の義務)の規定(⇨p.341)。つまり憲法擁護遵守の義務は権力行使に関わる公務員などが負うのであって，一般の国民ではない。

★15 19世紀のドイツや大日本帝国憲法下の日本でみられた。

② 民主政治の成立

1 | 民主政治の意味

▶ 民主政治ということばは,「話し合いで物事を決めることである」「国民全部が政治に参加することである」など,さまざまな意味で使われる。これらはそれぞれ誤りではないが,本来の意味は政治のあり方を示すことばが,今日では生活態度や行動様式についても用いられるようになった。民主政治(デモクラシー)の本来の意味は何だろう。

1 民主政治の位置づけ

　アリストテレスは政治形態を下の表のように分類した。アリストテレスは,民主政治を衆愚制のようなマイナスイメージでとらえた。民主政治がヨーロッパなどでプラスイメージに転化したのは,第一次世界大戦後のことである。[1]

支配のあり方＼支配者の数	1人	少数者	多数者
共通の利益をめざす	王 政	貴族政	国 制[2]
私的な利益をめざす	僭主政（せんしゅ）	寡頭政（かとう）	民主政[3]

POINT!

民主政治 { デモス(人民)のクラチア[4](支配,権力)。
　　　　　 人権の尊重と,その制度的保障。

2 民主政治をめざす価値観

　17〜18世紀の市民革命によって,封建時代末期の絶対君主制を倒したときに新しい政治原理が創造された。それが民主政治の原理で,イギリスのロックやフランスのルソーなどの**啓蒙思想家**[5]が主張した社会契約説や自然権の思想を背景としている。啓蒙思想は次の2つの価値観に立つ。

❶**個人主義**　封建社会の身分制度を否定して,すべての人間の個人の尊厳を平等に認める思想。

❷**自由主義**　絶対主義国家が警察国家といわれるほど国民生活に干渉したのに対して,信仰の自由をはじめ国家が干渉してはならない領域を設け,個人の自由な政治・経済・文化的な活動を擁護する思想。

★1　アメリカ大統領ウィルソンがデモクラシーの擁護を掲げて参戦し勝利した結果,「20世紀は民主主義の世紀」とよばれるに至る。

★2　「国制(ポリテイア)」とは穏当な民主制で,貧富の差が少ない中産階級による統治を意味する。

★3　「民主政」は多数者が少数者の権利や自由を奪うような政治で,「衆愚政治(暴徒支配)」を意味する。

★4　ギリシア語。英語のデモクラシーの語源となった。古代ギリシアでは,すべての公職は抽選で選ばれた。

★5　**啓蒙思想**　イギリス経験論とフランス合理論とが結合した思想。理性を重視する一方で,現実社会の非合理的な伝統・迷信・権力を批判し,現状打破を試みた。

ホッブズ(1588～1679)
イギリス，Thomas Hobbes
『リバイアサン』

ロック(1632～1704)
イギリス，John Locke
『統治二論(市民政府二論)』

ルソー(1712～78)　フランス，
Jean Jacques Rousseau
『人間不平等起源論』
『社会契約論』

ホッブズ	ロック	ルソー
●自然状態[*] 道徳的・法的に完全な真空状態として，自己保存のため何をやってもよい完全に自由な状態 →万人の万人に対する闘争状態	●自然状態 個人は自由・平等・独立の状態にあり，自然法(理性の法)に支配された「平和と秩序」の状態	●自然状態 森の中で孤立した人間が完全な自足と自由の状態にあるように，自然と融和したユートピア。自由・平等・自然的善性を備えた状態。自己保存とあわれみの感情が人間の本性。
●自然権 自己保存のための自由 生命の保障→たとえば人を殺してでも自分の生命を守る権利	●自然権 自然状態において生命・自由・財産(所有権)を保持する権利。労働によって得た私有財産を守る権利	向上心をもつ人間は，欲望が肥大化し，富・私有財産を保有 →文明化→人間の不平等 →戦争状態に至る
●自然法[**] 理性によって発見された一般法則。自然状態では自己保存が危険にさらされているので，平和獲得に努める理性の声	●自然法 自己保存および他者保存の命令	●社会契約 全員一致による構成員の結合 　すべての権利の完全譲渡 　主権者の意志(一般意志[***]) 　への絶対服従(自由への強制)
●社会契約 自然法に従って各人が自然権を放棄 →契約によって一方的に共通の権力に譲渡する。主権者の設立	●社会契約 自然権の確保のために，個人の執行力・処罰力を放棄 ⇩ 全員の同意(原始契約)で社会成立 ⇩ 共同社会の代表者に権力を信託 ⇩ 政治(統治権力)の設立	政治体＝主権者…人民の集団 (共同体)　(1つの集団的人格) 　主権者は立法権を行使。法は一般意志の表明(具現) 政府…主権者の使用人
絶対主権…不可分・不可譲。抵抗権の否定(ただし，自己の生命を守るため国の刑罰権から逃れることは容認)	{立法権…最高権力→議会 {執行権・同盟(外交)権→君主 抵抗権(革命権)を認め，名誉革命を正当化。立憲君主制の擁護	●人民主権 主権の譲渡代表は不可能 →直接民主制[****] (人民集会で直接決定)

[*]　**自然状態**…国家も政府もない状態のこと。
[**]　**自然法**…時と場所をこえて普遍的に妥当する法とされるが，何が自然法かは一定しないし，否定する
　　　考えもある。自然法は，国家権力によって強制されるというものではないので，実定法ではない。
[***]**一般意志**…常に正しく，常に公共の利益をめざす意志のこと。自己の利益をめざす特殊意志と対立する。
　　　ルソーは，人民が直接討論することによってのみ一般意志を見出す可能性が生まれると主張した。
[****]**直接民主制**…ルソーは「イギリス人民は自由だと思っているが，それは大まちがいだ。彼らが自由な
　　　のは議員を選挙するあいだだけのことで，議員が選ばれるやいなや，イギリス人民は奴隷となり，無
　　　に帰してしまう」と述べた。

3 民主政治の原理

近代民主政治の原理の根底にある個人主義・自由主義の価値観に立った社会・国家の理論が，自然権を前提とする**社会契約説**である。これは，17〜18世紀のヨーロッパでホッブズ・ロック・ルソーらが唱え，**市民革命**によって実現された。

❶**自然権**　右のアメリカ独立宣言[6]は，社会契約説を宣言した例である。まず，人間は生まれながらの権利，つまり他人に譲り渡すことができず，だれにも侵されない権利をもつと主張している。この権利は，例外なくだれにでも備わっている権利で，国家によって与えられたり，奪われたりされない前国家的性格のものであることから，自然権という。

自然権の内容として，アメリカ独立宣言は「**生命，自由，および幸福の追求**」の権利をあげているが，これはロックの主張をとり入れている。

❷**社会契約説**　自然権を守るために，人々は契約を結んで(合意によって)，国や政府をつくったとする説。アメリカ独立宣言でも，自然権を保障するために合意に基づいて政府を組織したとある。

そして，目的を損なう契約違反の政府については，それを廃し，新しい政府をつくる権利(抵抗権・革命権)があるとしている。[7]

❸**人権の保障**　同じようなことが，左のフランス人権宣言[8]にも示されている(⇨p.25)。この自然権は，各国の憲法で基本的人権

📖資料　フランス人権宣言
（1789年・フランス）

第1条　人は，自由かつ権利において平等なものとして出生し，かつ生存する。

第2条　あらゆる政治的団結の目的は，人の消滅することのない自然権を保全することである。これらの権利は，自由・所有権・安全および圧制への抵抗である。

第3条　あらゆる主権の原理は，本質的に国民に存する。

第4条　自由は，他人を害しないすべてをなしうることに存する。

第16条　権利の保障が確保されず，権力の分立が規定されないすべての社会は，憲法をもつものではない。

📖資料　アメリカ独立宣言
（1776年・アメリカ）

われわれは，次の真理は自明のものと信じている。すなわち，人はすべて平等に造られている。人はすべてその創造主によって，だれにも譲ることのできない一定の権利を与えられており，その権利の中には，生命，自由，および幸福の追求が含まれている。これらの権利を確保するために，人々のあいだに政府が設立されるのであって，政府の権力はそれに被治者が同意を与えるときにのみ正当とされる。いかなる形体の政府であれ，こうした政府本来の目的を破棄するようになった場合には，人々はそうした政府を改変あるいは廃止する権利を有している。そして，新しい政府を設立し，その政府のよってたつ基礎を，またその政府権限の組織形態を，人々の安全と幸福とに最も役立つと思われるものにする権利を有している。

★6　アメリカ独立宣言は，ジェファソンが起草し，1776年に発表。イギリスのロックの影響を受けている。

★7　これもロックの主張をとり入れたものである。

★8　フランス人権宣言は，正式には「人および市民の権利宣言」で，アメリカ独立宣言の影響を強く受けている。1789年発表。

として具体化され，その保障が近代民主主義国家の目的となった。

❹国民主権　社会契約説では，結果として絶対王政を擁護したホッブズのような例外もあるが，基本的には，人々の自然権(人権)を守るために人民主権(国民主権)[★9]が不可欠とされている。社会契約を結ぶことは，人民の憲法制定権力の行使にあたる。

★9「人民の人民による人民のための政治」(リンカーンのゲティスバーグ演説)は，この精神を端的に表現したものである(☞p.46)。

2｜権力分立と間接民主制

▶民主政治の目的である**人権の保障**を実現するため，人民が権力者を信頼して権力を委ね(ゆだ)ても，権力は濫用(らんよう)される危険性がある。そこで，それを防ぐための制度として採用されたものが，権力分立と間接民主制である。

1 権力分立

❶ロックの主張　絶対君主の専制支配を打倒したイギリス名誉革命を正当化するために，ジョン・ロックは，君主に執行権・同盟権(外交権)の二権を残し，**立法権は議会にあると主張**した。これが，権力分立を主張した最初のものである。

❷モンテスキューの主張　今日，権力分立は立法・行政・司法の三権分立(☞p.32)として知られるが，この三権分立を最初に主張したのがモンテスキュー[★1]である。フランス絶対主義下の法服貴族であったモンテスキューは，権力者は権力が集中するほど濫用し，腐敗[★2]することを痛感していた。そこで，国家の諸権力を異なる機関や人に分割所属させ，それらの権力が相互に抑制・均衡(きんこう)(チェック・アンド・バランス)することで，権力の濫用防止を考えた。

▲モンテスキュー

★1 Montesquieu (1689~1755)　フランスの啓蒙思想家。三権分立論は，イギリス滞在中に著(あらわ)した『**法の精神**』で展開されている。

★2「権力は腐敗する。絶対的権力は絶対的に腐敗する」(イギリスの歴史家アクトン卿(きょう))

2 間接民主制

国民一人ひとりの人権が保障されるためには，すべての国民が直接政治に参加して国家意思の決定に関与するのがよいという考え方がある。これを直接民主制[★3]という。古代ギリシアのポリスにおける自由市民の**民会**や，アメリカの**タウン・ミーティング**[★4]，スイスのカントン(州)における人民集会(民会)がその例である。

しかし，巨大な人口と領土をかかえる今日の国家では，すべてに直接民主制を採用することは不可能である。そこで，選挙によって選ばれた国民の代表者によって国家意思を決定するという間接民主制(代議制)が一般的である(☞p.46)。議会を中心とした民主政治という意味で議会制民主主義ともよばれる。

★3 **直接民主制**には，**イニシアティブ**(国民発案)，**レファレンダム**(国民投票)，**リコール**(解職請求)がある(☞p.101)。

★4 植民地時代のアメリカでニューイングランド地方に発達した，地方自治体(タウン)の住民の総会をいう。

3 議会制民主主義

　近代議会制度は，①国民代表の原理，②審議の原理，③行政監督の原理という3つの原則をもっていた。この原則をもつ近代議会は制限選挙により議員が有産市民（名望家）で占められていたが，19世紀後半から20世紀にかけて普通選挙制が実現し，民主主義と結びついた議会制民主主義に発展した。

❶国民代表の原理　議員が全国民を代表すべきであって，特定身分や選挙区の代表でないこと（**命令委任の禁止，自由委任**）。議員は身分・選挙区・利益団体などの部分利害の代表ではなく，全国民の一体的利益の代表者であるのだから，選挙区の命令に拘束されないとした[5]（エドモンド・バークが唱えた⇨p.110）。[6]

❷審議の原理　決議前に少数意見を尊重する十分な討議をつくしたうえで，通常は多数決による決定に従う（**多数決の原理**）。少数[7]意見にも発言の機会を与え，慎重な審議を行えば少数意見と多数意見が交代する可能性もある。また，議会審議の過程を有権者に**公開**することを原則とする。

❸行政監督の原理　議会による行政部の監督機能をさす。議会は内閣不信任や国政調査権により行政を監督し，国政において中心的な役割をもつことになる。

❹現代の議会制民主主義　現代では，普通選挙を採用する代表民主制の議会として，❶については代表者が国民意思をできるだけ忠実に反映することが要請され，有権者の意思に拘束される（命令委任）という考えも有力である（自由委任では，当選したら議員は選挙区有権者からの独立を保障され，国民に代わって国家意思を決定できるので，民意とのズレが生じうる点で民主的でない原理と批判される）[8]。❷と❸については，その原理が現代へ引き継がれている。

> ［補説］**命令委任の弊害**　個々の議員に対する選挙区有権者の命令委任が民主主義に沿うとしても，議員が地元利益のために尽くすだけで，国民的視野に立つことが阻害される弊害も生じうる。なお，議員（代表）の意思と民意との乖離を補正するために，直接民主制を導入する動向もある。

①国民代表の原理 ｛議員は「全国民の代表」であって「選挙区の代表」ではない（日本国憲法第43条）。

②審議の原理 ｛公開の場での十分な討議と少数意見の尊重。この原理を制度化したのが**多数決の原理**。

③行政監督の原理…国政の中心である議会が行政を監督する。

★5　出身選挙区の有権者の意思に拘束されず，全国民を代表する立場から自由に発言し，表決できること（日本国憲法第43条）。**自由委任**は，地元の利益ではなく国家的利益（国益）のために適切な判断をするために必要とされる。その対義語が**命令委任（強制委任）**で，選挙区の有権者の意思に拘束され，リコールされることもある。

★6　中世の身分制議会では，僧侶・貴族・平民の身分代表として，選出身分の命令に拘束された（**命令委任**）。

★7　**多数決の原理**は審議の原理の制度化であり，その大前提として討論の自由や少数意見・反対意見の保障などを含む。したがって，多数決の原理は「**多数の専制**」とは異なる。

★8　ルソーはこの点から，直接民主制を主張した。

③ 基本的人権の確立

1 ｜ 人権保障の広がり

▶ 今日，世界中のだれもが「かけがえのない個人」として「生命・自由および幸福の追求」を保障されなければならない。このような「個人の尊厳」という価値に基づく基本的人権は，歴史的な経緯を経て人々が獲得したものである。基本的人権は市民革命の中で確立され，第二次世界大戦後に世界的に拡大され，人権の国際的保障へと展開してきた。

1 自由権の発達

❶古来からの自由・権利の確認　中世のイギリスのマグナ・カルタ(大憲章)は，国王の恣意的な支配を制限し，封建貴族の特権を確認させたものである。その後，17世紀初めに**エドワード・コーク**(⇨p.19)が，王権神授説を唱えるジェームズ1世に対して，マグナ・カルタを引き合いに出し，臣民の自由を確保しようとした。すなわち，マグナ・カルタの有効性を国王に再認識させ，臣民の自由を古来から保障された権利としてコモン・ロー裁判所の適用するコモン・ローの手続きに基づくことを主張したのである。そして1628年，議会はコークの起草した権利請願を専制的なチャールズ1世に提出した。その後，ジェームズ2世に対する1688年の**名誉革命**の成果は，翌1689年の権利章典に結実した。これらの自由・権利は，イギリス人が古来からもっていた伝統的な自由・権利であるとされた。

❷自然権に基づく自由権の確立　イギリス人に保障された自由や権利は，アメリカの独立に大きな影響を与えた。そして，**ロックの近代自然法**がとり入れられ，自由や権利を，すべての人が生まれながらに備えている人権とする基本的人権の思想が確立した。これを最初に明らかにした国家的文書が1776年の**バージニア権利章典**であり，続いて同年のアメリカ独立宣言に受け継がれた。さらにこれは，アメリカ独立革命を支援したフランスの市民革命に波及し，1789年のフランス人権宣言によって集大成された。

> [補説]　**18世紀的人権**　市民革命によって確立された人権は，国家権力の市民生活への不当な干渉を許さない「**国家からの自由**」を柱にして，具体的には「精神の自由」「身体の自由」「経済活動の自由」の平等な保障(法の下の平等)であった。これらを総称して**自由権**といい，18世紀に確立したことから，**18世紀的人権**あるいは**近代的人権**ともいう。

★1　1215年発布。「同意なくして課税なし」や「法と裁判によらずして逮捕・監禁されない」といった原理を含んでおり，歴代の国王によってしばしば再確認された。

▲エドワード・コーク

★2　イギリスにおいて，マグナ・カルタはその後しばらく忘れられた存在であった。

★3　**バージニア権利章典**は，1776年6月にアメリカで公表され，同月末に制定された統治組織と一体化してバージニア憲法となった。一方，アメリカ独立宣言は，同年7月4日に公表されている。

▼人権保障に関する重要文書

名称	年代	おもな内容
マグナ・カルタ （大憲章，イギリス）	1215年	同意（代表）なくして課税なし。 法と裁判によらなければ，身体を拘束されない（人身の自由）。
権利請願 （イギリス）	1628年	チャールズ１世に対し，マグナ・カルタを根拠に，コークが起草。 議会の課税承諾権と人身の自由を再確認させたもの。
権利章典 （イギリス）	1689年	名誉革命の成果を確認したもの。権利請願で主張されている権利のほかにも，王権の制限，請願権，議員の発言・表決の自由など，議会主権の確立の第一歩となった内容が盛り込まれている。
アメリカ独立宣言 （アメリカ）	1776年	イギリスの植民地支配から独立する正当性を訴えたもの。 起草したジェファソンらは，ロックの「自然権」「信託による政府の設立」「革命権」など，イギリスの市民革命の影響を受けている。
フランス人権宣言 （フランス）	1789年	18世紀末までの人権思想の集大成。 アメリカ独立宣言やフランスの啓蒙思想（とくにルソー）の影響を受けている。人権思想の模範として，世界各国に影響を与えた。

2　参政権の拡大

❶経済の自由と社会的不平等　市民革命によって封建的身分制度から解放され，国家の干渉なく自由に経済活動が行われるようになるとともに，産業革命が進展し，資本主義経済が発展した。そして，資本家と労働者に分化し，両者は雇用契約を結ぶが，契約自由の原則により新たな社会的不平等が生じた。

労働者は，労働力を売って得た賃金で生活するので，失業しないように，いずれかの資本家と雇用契約を結ばねばならないという弱い立場にある。資本家は契約自由の原則を盾にして労働力を自由に買うため，自由権は，労働者の貧困（低賃金・長時間労働や失業）を生じさせる一方で，資本家の富を蓄積する法的根拠となった。

★4　労働者の団結・団体交渉・ストライキなどは，労働力という商品の自由な売買や契約を妨害する独占・脅迫・契約不履行にあたり，違法とされた。

補説　労働者の貧困　労働力は，商品としては売りおしみや貯蔵がきかず，過剰であることが多かったため，労働者は競争して売り急ぎ，資本家に買いたたかれた。

❷普通選挙を求める運動　形式的な自由・平等は，労働者にとって実質的な不平等や失業の自由でしかなかった。これを是正して，実質的な自由・平等を求める労働運動や社会主義運動がおこるようになった。

Ⓠ　市民国家は「人民の同意によって設立する」という社会契約的国家観に基づくにもかかわらず，労働者が政治に参加できない制限選挙だったのはなぜですか。

Ⓐ　市民革命は「自由・平等・博愛」のスローガンを掲げ，ブルジョアジー（有産階級）の指導の下で民衆が闘うことで成功を収めました。しかし，革命の成果はブルジョアジーが獲得し，民衆は危険な敵とみなされるようになりました。すなわち「財産と教養」のあるブルジョアジーは自由を享受し，納税者として議会に代表を選出できるが，文字が読めず納税できない民衆はデマにそそのかされ，集団で強要・暴動に走る自由破壊の非合理的存在であるとして，権力を握ったブルジョアジーがプロレタリアート（無産階級）に選挙権を与えなかったのです。

1837年から約10年間におよぶイギリスのチャーティスト運動は，普通選挙を求める労働者の最初の政治活動であった。こうして，19世紀の半ばから先進資本主義国で参政権が拡大され始め，20世紀初めには主要な国で普通選挙制が実現した（⇨p.115）。しかし，選挙権は男性に限られており，男女平等普通選挙が世界中で実現したのは，第二次世界大戦後のことである。なお，**女性の参政権**は，1893年にニュージーランドで最初に実現し，欧米の大部分で1920年前後に実現した。

★5　**男子普通選挙**は，1848年のフランスが最初である。

3 社会権の成立

19世紀末から20世紀初めにかけて，独占資本主義化が進む中で，社会的・経済的不平等が拡大し，労働者・農民の苦しい生活を生みだした。この解決のために，次の2つの道をたどる国家が現れた。

1つは，労働者が農民と同盟して資本主義経済を廃止し，社会主義経済を選択したロシア革命（1917年）である。

もう1つは，社会主義革命が失敗したドイツで，1919年に建設されたワイマール共和国である。ワイマール憲法は社会権を最初に規定した憲法で，資本主義の枠内で社会的不平等を是正しようとするものであった。

★6　具体的には，健康な生活への権利，休息への権利，教育を受ける権利，労働権，労働者の団結権など。

> 補説　**社会権**　国家が国民の生活を保障する責任を負うという**社会国家（福祉国家）**の理念に基づき，社会的弱者が実質的平等の保障を国家に要求する権利。自由権の「**国家からの自由**」という性質との対比で，社会権は「**国家による自由**」であり，貧困者・失業者・労働者など特定の階層が国家の保護を要求する権利である。ワイマール憲法以来，各国憲法に規定されるようになったことから，**20世紀的人権**あるいは**現代的人権**とされる。

> **資料**　**ワイマール憲法**
> （ドイツ共和国憲法）
>
> **151条**　経済生活の秩序は，すべての者に人間たるに値する生活を保障する目的をもつ正義の原則に適合しなければならない。この限界内で，個人の経済的自由は，確保されなければならない。
>
> **153条**　所有権は義務を伴う。その行使は，同時に公共の福祉に役立つべきである。
>
> **159条**　労働条件および経済条件を維持し，かつ，改善するための団結の自由は，各人およびすべての職業について，保障される。

POINT!

人権保障の広がり
- 18世紀…自由権の確立。
- 19世紀…資本主義の発達，貧富の差の増大など諸矛盾の拡大，普選運動。
- 20世紀…社会権の成立。◀──

2 基本的人権の原理と国際化

▶ 基本的人権の内容は，歴史的発展とともに充実してきた。ここでは，市民革命以来その根底にあった基本的人権の原理を確認し，人権保障の国際化について調べてみよう。

1 基本的人権の性格

❶固有性　基本的人権は，自然権(天賦の人権)の思想に基づいて実定法に定められたもので，人間が生まれながらに当然にもっているものとされ，他のだれかに譲り渡すことはできない。

❷不可侵性　基本的人権は，国家から与えられたものではなく，国家以前の自然法に基づく権利であるから，国家権力によっても奪われることのない，永久不可侵のものとされる。

❸普遍性　基本的人権は，その固有性，不可侵性という性格から当然の帰結として，すべての人間に平等に享有されるべきものである。

★1　社会契約説では，人権保障を目的として国家を形成したと考え，**自然法を実定法にした**。

★2　国家が自然権を侵す場合には，**抵抗権(革命権)** によってそれを取り戻すと主張された。

POINT!

基本的人権の性格
$\left\{\begin{array}{l}\text{生まれながらにそなわったもの(固有性)}\\\text{永久に侵されないもの(不可侵性)}\\\text{すべての人が平等に享有するもの(普遍性)}\end{array}\right.$

2 人権の国際的保障

❶四つの自由　アメリカ大統領 F. ローズベルト(⊃p.128，184)は，第二次世界大戦中，ドイツ・イタリア・日本などの国が人権を踏みにじり，国際的侵略を行ったとして，1941年の教書で世界平和の原則として，四つの自由を提唱した。

| ① 言論と表現の自由 |
| ② 信教の自由 |
| ③ 欠乏からの自由 |
| ④ 恐怖からの自由 |

▲四つの自由

❷世界人権宣言の採択　四つの自由の考え方は，同年の大西洋憲章(⊃p.258)にも盛り込まれた。1945年の国際連合憲章にも「人権と基本的自由の尊重が，諸国家間の平和的かつ友好的な関係に必要な条件をつくりだすために要求される」(第55条)として，人権尊重がうたわれた。また，1948年の第3回国連総会において，四つの自由を含む世界人権宣言(⊃p.223)が採択された。

　世界人権宣言は，自由権・社会権・参政権など，それまでの人類の努力の成果をすべて含んだ人権発展の集大成で，各国共通の達成基準とされた。

❸国際人権規約の採択　世界人権宣言には法的拘束力がないので，国連では，法的拘束力のある条約で保障するものとして，1966年の国連総会で国際人権規約が採択され，1976年

📖 **資料**　**世界人権宣言**
(前文)

　人類社会のすべての構成員の固有の尊厳と平等で譲ることのできない権利との承認は，世界における自由，正義および平和の基礎をなしているので，

　人権の無視と軽侮とは，人類の良心をふみにじった野蛮な行為を招来したのであり，また，人間が言論および信仰の自由と恐怖および欠乏からの自由とを享有する世界の到来は，あらゆる人たちの最高の願望として宣言されたので，…(中略)…すべての人民とすべての国家とが達成すべき共通の基準として，この人権宣言を公布する。

に発効した。**A規約**(経済的，社会的および文化的権利に関する国際規約)，**B規約**(市民的および政治的権利に関する国際規約)，選択議定書で構成され，A規約は社会権，B規約は自由権・参政権を保障している。さらに，個別領域についても国際的人権保障の条約が採択されている(右下の表参照)。

補説　**国際人権規約**　自由権規約の第1選択議定書は，自由権規約の個人通報制度を定め，第2選択議定書は**死刑廃止条約**(⊃p.58)と称される。さらに，2008年に**社会権規約選択議定書**も採択され，社会権規約の個人通報制度も導入された(2013年発効)。

POINT!

世界人権宣言…国連総会で採択(1948年)
国際人権規約…法的拘束力をもつ条約(1966年)

❹**国際人権規約と日本**　日本は1978年に署名し，79年に批准したが，公務員のスト権や高校・大学の教育無償などについては留保した。また，日本は選択議定書については批准していない。

補説　**日本の消極性**　日本は，国際人権規約の批准が遅れたことにみられるように，主要国の中では人権後進国といわれている。たとえば，日本は難民条約を国連での採択後30年を経て批准し，国内法の国民年金や児童手当の支給を日本人に限定していた国籍条項を撤廃する改正をしたが，難民の受け入れにはきわめて慎重である。

★3　**選択議定書**は，本条約から独立した国際文書として作成されるもの。

★4　A規約・B規約に規定された人権を国家によって侵害された個人がそれぞれの**規約委員会**に通報して審議を求める制度。

★5　**留保**とは自国に適用しないという意味。ただし，2012年に高校・大学の漸次的教育無償化についての留保は撤回した。

▼おもな国際人権法

採択年	発効年	国際人権法	日本の批准年
1948		世界人権宣言	－
48	1951	ジェノサイド条約(集団殺害罪の防止および処罰に関する条約)	未批准
49	51	人身売買および他人の売春からの搾取禁止条約	1958
51	54	難民の地位に関する条約	1981
54	60	無国籍の地位に関する条約	未批准
60	62	教育差別禁止条約(UNESCO)	未批准
65	69	人種差別撤廃条約	1995
66	76	国際人権規約	1979
66	76	自由権規約選択議定書	未批准
67	67	難民の地位に関する議定書	1982
73	76	アパルトヘイトに対する処罰条約	未批准
79	81	女子差別撤廃条約	1985
84	87	拷問等禁止条約	1999
85	88	スポーツ分野の反アパルトヘイト国際条約	未批准
89	90	子ども(児童)の権利条約	1994
89	91	自由権規約第2選択議定書(死刑廃止条約)	未批准
90	2003	移住労働者権利保護条約	未批准
98	02	国際刑事裁判所設立条約	2007
2006	08	障害者の権利に関する条約	2014
08	13	社会権的規約選択議定書	未批准

📖資料　**国際人権規約**
(B規約，一部)

第2条　この規約の各締約国は，その領域内にあり，かつ，その管轄の下にあるすべての個人に対し，人種，皮膚の色，性，言語，宗教，政治的意見その他の意見，国民的若しくは社会的出身，財産，出生又は他の地位等によるいかなる差別もなしに，この規約において認められる権利を尊重し及び確保することを約束する。
第3条　この規約の締約国は，この規約に定めるすべての市民的及び政治的権利の享有について男女に同等の権利を確保することを約束する。

1

民主政治の基本原理

SECTION 4 世界各国の政治体制

1 議院内閣制と大統領制

▶ 世界の国々の政治制度は，その国の成立の事情や歴史などの相違によって，多種多様であるが，今日の先進国では，次の2つの権力分立制が中心となっている。

POINT!

権力分立の政治制度 ─┬─ 議院内閣制…イギリス型
　　　　　　　　　　 └─ 大統領制……アメリカ型

2 イギリスの政治体制

▶ 市民革命を最も早く達成したイギリスは，議会政治の母国といわれる。イギリスは議会中心の政治を育て，現代の資本主義国家の最も典型となる議院内閣制をつくりあげ，世界をリードした。日本も，議院内閣制の政治体制をとっている。

1 不文憲法

イギリスには，まとまった憲法典というものはない。イギリスの三大憲法といわれるマグナ・カルタ（大憲章），権利請願，権利章典のほか，重要な法律や議院内閣制の慣習など，人権の保護と制度の基本に関する規範が憲法にあたる。つまり，不文憲法の国である。

補説　**憲法**　法律と同じ手続きにより改正できる憲法を**軟性憲法**という。これに対し，一般の法律改正より改正手続きが厳しい憲法を**硬性憲法**という。日本国憲法（⇨p.47）は硬性憲法である。

▲テムズ川に臨むイギリス国会議事堂

2 立憲君主制

❶国王の権限　イギリス国王は，憲法に従わなければならない立憲君主であるが，国の元首である。したがって，法案を成立させる裁可権，議会の召集・解散権，文武官任命権，宣戦・講和権，爵位授与権などをもち，形式上は統治権の主体である。

★1　現実には，18世紀以来，議会を通過した法律案が不裁可とされたことはない。

❷**国王の地位**　国王の権限はすべて内閣の助言によって行われなければならないので，国王は実質的な権限はほとんどもっていない。すなわち，国王は「**君臨すれども統治せず**」といわれるように，名目的・象徴的地位にすぎず，失政の責任はすべて内閣と大臣が負う。

3 議会

13世紀に始まる身分制議会が，14世紀には二部会となり，今日の二院制の端緒となる。その後，イギリスは市民革命を経て，議会主権を確立した。

❶**議会優位の原則**　議会の立法権は，内閣や裁判所からどんな制限も受けないので，議会主義の典型であり，**議会主権**ともいわれる。

❷**下院優位の原則**　1911年に制定された議会法以来，下院優位の原則が確立している。上院はほとんど実権をもたないが，世論をリードする権威はもっている。

> 補説　**議会主権**　イギリスでは，議会制定法は取り消されたり，無効にされたりすることはない。議会は「男を女に女を男にする以外は何でもできる」といわれるほどの権限をもつことから，**議会主権**といわれる。しかし，**不文憲法**に拘束されるだけでなく，政治的には世論に従わなければならない。1975年にはイギリス史上初めての国民投票でEC（現在のEU）残留が決定され，2016年にはEU離脱が決められ，2020年には離脱が完了した。このように議会の地位は低下しつつある。

❸**議員**　下院議員は国民の選挙で選ばれ，任期は5年。上院議員は選挙ではなく，貴族・僧侶・法律貴族などで構成される。

4 議院内閣制

行政の実質的な最高機関は内閣であるが，イギリスでは最も典型的な議院内閣制がとられている。その特徴は次の通り。

❶**政党内閣**　下院で多数を得た政党の党首が首相となり，その他の大臣全員をその政党の国会議員の中から選ぶ。

> 補説　**影の内閣**　二大政党制（⇨p.111）の伝統をもつイギリスでは，第二党は野党でありながら，次の政権交代に備えて閣僚候補を決め，正式に予算を与えられて政策研究などを行っている。これを，**影の内閣**（シャドー・キャビネット）という。

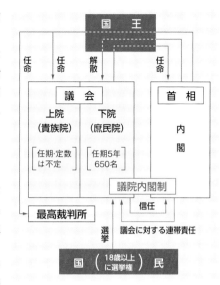

▲イギリスの政治機構

★2　議決についての下院の絶対的優越，予算の下院先議権など。

★3　首相の**任命権**は国王にあるが，国王は議会の多数党の党首を首相に任命する慣習がある。下院の解散権も名目的には国王に帰属するが，実質的には内閣（とくに首相）が行使する。

★4　イギリスでは長いあいだ，**自由党と保守党**の二大政党時代が続いた（⇨p.109）。しかし，20世紀になって労働党が成立して台頭する一方，自由党が没落したため，**保守党と労働党**の二大政党時代が続いている。

❷**責任内閣**　内閣は，議会に対して，連帯して政治上の責任を負っている。

❸**議会の信任の下に存立**　内閣が政治責任を果たしていないと議会が判断すれば，下院は内閣に対して**不信任決議**をすることができる。不信任の議決を受けた内閣は，原則として総辞職をすべきだが，内閣が自らの行政を正しいと判断したときは，下院を解散して国民の審判を受けることができる。すなわち，首相の議会解散権の行使により議会に対抗できるので，**議会と内閣は抑制と均衡の関係**に立っている。

補説　**最高裁判所**　2009年に(連合王国)最高裁判所が設置され，上院から独立する機関となった。なお，イギリスの最高裁判所には**違憲審査権**がない。

★5　ウォルポールは，1742年，下院で不信任の決議を受けると，国王の信任があったにもかかわらず辞職した。これが，**議院内閣制の始まり**とされる。

POINT!

イギリスの議院内閣制
{ 内閣は**議会から生まれる**…大臣全員が国会議員で構成
{ **議会の信任の下に存立**…議会の不信任→総辞職か解散

3│アメリカの政治体制

▶ イギリス国王から派遣された総督の専制に対し，「**代表なくして課税なし**」というスローガンを掲げて戦ったアメリカ人は，独立後の新しい政治制度に君主制を排除した。また，アメリカの各州は，イギリス本国に代わる中央集権政府に反対し，州の自治を要求した。論争の結果，共和制，厳格な三権分立主義，連邦国家(州の主権の制限と地方分権主義)を原則とする政治体制ができあがった。

1 アメリカ合衆国憲法の制定

独立13州は当初，連合規約の下でそれぞれ独自の州憲法と州政府をもった主権国家になった。しかし，国内外の困難を克服し，近代国家として経済的に発展していくためには，連合全体をまとめる強力な中央政府が必要であるとし，憲法制定会議が設けられた。

そして，連邦と行政府の強化をはかるとともに，**モンテスキューの三権分立**(⇨p.23)を具体化し，三権のどの1つも強大化させない制度をつくることで妥協して，1787年，大統領制・三権分立制を特色とする**アメリカ合衆国憲法(連邦憲法)**が制定された。これは，州憲法を除けば，**世界最初の成文憲法**である。

★1　1776年に制定されたバージニア州憲法は，史上最初の成文憲法である。

★2　アメリカ合衆国憲法は，その後，人権保障の追加と拡大などにともない，追加修正が行われている。

2 大統領制

アメリカの政治体制の特徴は，立法府と行政府が互いに独立し，

それぞれが，有権者に対して直接責任を負うという点である。

❶大統領　アメリカの大統領は，間接選挙によって，国民の投票で選ばれる。**任期は4年**で，再選は許されるが，**三選は禁止**されている。大統領は国王に代わる国家元首であると同時に実質的な行政府の長で，行政権，官吏任免権，軍隊統帥権，外交権，恩赦権などの権限をもつ。

> **補説**　**三選禁止**　過去に一度だけ，F.ローズベルトが四選された（1933〜45年）ことがある。その後，憲法上に三選禁止が明記された。

❷間接選挙　有権者の投票が，そのまま代表者の選出になるのではなく，その投票によってまず選挙人が決まり，その選挙人が公職候補者を選出する方法。アメリカ大統領選挙では州単位で間接選挙が行われ，州ごとに選挙人の数が決まっている。

> **補説**　**アメリカの間接選挙制**　一般国民（有権者）による一般選挙で最も多くの票を得た大統領候補者が，慣例的にその州の選挙人票全部を獲得する。そして，この選挙人が形式的に自党の大統領候補者に投票するので（命令委任），最も多くの選挙人を獲得した候補者が大統領に選出される。したがって，選挙人の多い州で勝った候補者が有利となる。

❸大統領と議会の関係

☐1 **大統領の教書送付権**　立法権は議会が独占し，大統領には法案提出権もない。ただし，教書を議会に送って，立法を促すことができる。

☐2 **大統領の法案拒否権**　大統領は，議会から送られた法案に反対の場合，拒否の理由を述べた教書をつけて，議会に送り返すことができる（拒否権）。しかし，議会が3分の2以上の多数で再議決した場合は拒否できず，法律として成立する。

☐3 **兼職禁止**　行政府と立法府とを分離するため，議員は大統領・長官などとの兼職ができない。ただし，上院議長は副大統領が兼職する。

▼アメリカ合衆国憲法のおもな修正内容

年	修正事項
1791	修正10か条の追加（権利章典の採用）
1865	奴隷制の廃止
66	黒人に市民権を付与
70	黒人に参政権を付与
1919	禁酒（〜33年に廃止）
20	婦人参政権の保障
51	大統領の三選禁止
71	18歳以上に選挙権

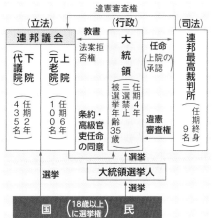

▲アメリカの政治機構

★3　議会を通過した法案は，大統領の署名によって法律として成立する。

★4　この制度は，日本においても地方公共団体の長と議会の関係にとり入れられている。

POINT!

大統領と議会の関係　{ 議会は大統領不信任の議決をすることができない。大統領も議会を解散する権限をもたない。

1　民主政治の基本原理

❹議会　上院・下院からなる二院制をとるが、法律制定に関しては両院が同等であるほか、次のような特色がある。

　1　上院　各州から2名ずつ選出。**任期は6年**。行政参与権[★5]や最高裁判所裁判官の任命に対する同意権をもつ点で、下院に優越。

　2　下院　各州から人口に比例して選出。**任期は2年**。予算先議権と連邦官吏弾劾案(提訴)[★6]に関する権限をもつ。

　補説　**官吏の弾劾**　アメリカでは、大統領をはじめとして、すべての公務員を弾劾によって罷免できる。下院が訴追し、上院が弾劾裁判を行う。政治責任を問う不信任とは異なり、反逆罪や非行などの罪を犯した場合の弾劾裁判であり、有罪の場合は免職となる。

3　違憲審査権

　アメリカの**連邦最高裁判所**は司法権をもち、具体的訴訟において適用される法令が、憲法に違反していないかを審査する。違憲の場合には、法令の無効を宣言できる**違憲審査権**[★7]をもつ。

　史上最初に成文憲法を制定したアメリカでは、これを硬性憲法・最高法規とすることで、憲法の保障を確実にした。さらに、憲法に違反する事態が生じたとき、これを是正する必要から、19世紀初めの裁判[★8]で、**裁判所に違憲審査権がある**とされ、判例法として認められるようになった。[★9]

POINT!　連邦最高裁判所の違憲審査権　{ 三権分立の徹底。
人権保障と憲法による保障(憲法の最高法規性の保障)。

★5　大統領の条約締結権や高級官吏任命権に対する上院の同意権のこと。条約締結には、とくに上院の3分の2以上の賛同が必要。

★6　下院が検察官役で訴追し、上院が裁判官役で罷免か否かの判決を下す。

★7　イギリスには違憲審査の制度はない。ドイツ・イタリアでは特別の憲法裁判所があって、具体的訴訟とは無関係に違憲審査を行う。

★8　1803年のマーベリ対マディソン事件の判決。

★9　違憲審査についてアメリカ合衆国憲法には何の規定もない。日本は、日本国憲法に規定されている。

4 | フランス・ロシア・中国の政治体制

1 フランスの政治制度

　フランスでは、第二次世界大戦後に制定された第4共和国憲法が議会優位であったことから政権が不安定だっただけでなく、失政が続いた。このため、1958年にド・ゴールが政権を握ると、直接国民投票で第5共和国憲法を定めた。

　これにより、**大統領の強大な権限**[★1]、重要問題の国民投票による決定など、議会の弱体化がはかられた。一方、大統領によって任命された内閣が、下院の不信任決議で辞職することになるなど、**議院内閣制の要素**も加味されている(半大統領制)。

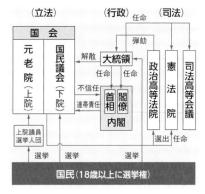

▲フランスの政治機構

2 ロシアの政治制度

　1985年に共産党書記長に就任したゴルバチョフが，ペレストロイカ(改革)とグラスノスチ(情報公開)を進めたものの，政治が不安定化して1991年に共産党解散を宣言し，ソ連は解体した。

　ロシア連邦では，初代大統領エリツィンの下で，1993年に国民投票により新憲法が採択された。ロシア憲法は共和制をとる民主主義的な連邦制や三権分立，基本的人権などの立憲主義をとり入れた。大統領の任期4年(2008年に6年に延長)や三選禁止など，アメリカの大統領制と類似する点[★2]があるが，**大統領の権限がより強い点**が特徴である。

　エリツィンの後継者プーチンは独裁的な支配を強めた。2000年から大統領を2期8年務め，メドベージェフ[★3]と交替して首相を1期務めたあと，2012年に再び大統領となり，2018年に再選された。

★1　大統領の任期は当初7年だったが，2000年の国民投票による憲法改正で5年に短縮された。

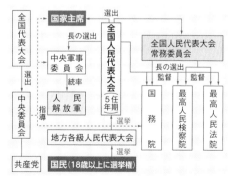
▲ロシアの政治機構

★2　2020年の憲法改正で三選可能になった。

★3　プーチン大統領は，その就任期間中，原油高による経済成長が追い風となって，国民の支持を得た。憲法改正で2036年まで任期が延長可能になった。

3 中国の政治制度

　中国は，従来からの社会主義国の政治体制の特徴である権力集中制(民主集中制)をとり，最高の権力機関は全国人民代表大会となっている。しかし，その開催はごく短期間で，実質的には**中国共産党**が強大な権力をもっている。

　共産党の最高指導者である**総書記**が，**国家主席**に就任する。また，憲法には言論・集会の自由が明記されているが，共産党や政府を批判すれば弾圧される。そのため，政治の民主化の必要性が指摘されている。

▲中国の政治機構

フランスの政治体制…アメリカ大統領制＋議院内閣制の半大統領制。
中国の政治体制…実質的な共産党独裁で，立憲政治や法の支配が形骸化。

5｜開発独裁とイスラーム諸国の政治体制

1 開発独裁

　発展途上国で多くみられる政治体制で，**経済発展を優先させるために独裁体制をとり**，政治的な自由を抑圧して国内の秩序維持を強権的にはかることから，**開発独裁**とよばれる。軍部が権力を掌握して，軍事政権が開発独裁を行う場合もある。経済成長が達成されれば，その恩恵を受ける都市の新興中間層が生みだされる。しかしその一方で，伝統的な共同体が崩壊して都市のスラムに移り住む貧困層も増え，貧富の格差が広がっている。また，政権と結託した特権的富裕層・企業のからむ**政治腐敗**がみられ，民衆の不満が暴動に発展する場合もある。

★1　典型的な開発独裁として，マルコス（フィリピン），スハルト（インドネシア），朴正煕（韓国），マハティール（マレーシア）の政権があげられる。

2 イスラーム諸国の政治体制

　イスラーム社会では，その聖典**クルアーン（コーラン）**などによる**イスラーム法**が日常生活のほとんどを神の命令として規定している。したがって，政教一致のイスラーム諸国はイスラーム法を厳しく適用するかどうかによって，政治のあり方が異なっている。イランのようにイスラーム原理主義（⇨p.252）の下での国家づくりをめざして，イスラーム法を厳格に適用する国もあれば，トルコのように政教分離でイスラーム法を適用しない国もある。トルコは例外で，多くのイスラーム諸国はその中間にあるといえよう。

　現在，欧米モデルを導入して近代化や産業化をはかったイスラーム諸国は，イスラーム法との矛盾の調整や信仰心の揺らぎなどの問題に直面している。中東では，グローバル化や近代化に対抗してイスラーム原理主義の傾向を強める動きがある一方，「**アラブの春**」にみられるように民主化運動がおこっている。

　民主化の流れは，2011年末にチュニジアから始まり，翌年エジプトへ，さらにリビアなど中東・北アフリカのアラブ諸国に広がり，エジプトのムバラク独裁，リビアのカダフィ独裁が倒された。

　エジプトでは民主的な選挙でイスラーム穏健派の文民政権ができたものの，イスラーム原理主義の強引な政策に対する反発がおきた。2013年には軍がクーデターをおこし，軍部の支援する政権が成立するなど混乱が続いた。チュニジアでは再び大統領独裁下の憲法改正が2022年に行われ，リビアでは内乱・内戦が収まらず，アラブのイスラーム諸国では政治の不安定化がみられる。

★2　シャリーアとよばれ，刑法・民法・商法にあたる分野だけでなく，道徳やマナーも記してあり，生活全体を規定する神の命令である。

★3　ジャーナリズムでは**イスラーム狂信主義**をさすことがある。しかし，本来は，イスラーム法の厳格な実践によって社会を正していく運動のことである。すなわち，テロを否定し政治や社会におけるイスラームの価値・意義への覚醒を主張する「**イスラーム復興運動**」や「**イスラーム政治運動**」を表す。

★4　民衆のデモなど民主化運動の背景には，開発独裁，イスラーム独裁やそれにともなう汚職・腐敗，失業や貧困の深刻化への怒りなどがあるとされている。

☑ 要点チェック

CHAPTER 1 民主政治の基本原理		答
□ 1	アリストテレスは人間をどんな動物と表現したか。	1 ポリス的動物
□ 2	政治において最後の手段として用いられる強制力を何というか。	2 政治(国家)権力
□ 3	国家の三要素を，領域と国民以外にもう１つあげよ。	3 主権(統治権)
□ 4	人民の合意契約によって国家が成立したとする説を何というか。	4 社会契約説
□ 5	国家の任務を治安や国防など最小限のものとし，市民社会には干渉しない国家を何というか。	5 夜警国家
□ 6	国家が社会的弱者の生活を保障して，積極的に国民生活の福祉や公正をはかろうとする国家を何というか。	6 福祉国家(社会国家)
□ 7	法の支配に対して，支配的な人の意思による統治を何というか。	7 人の支配
□ 8	国王の権力を制限し，イギリスの13世紀の貴族の特権を確認させた文書を何というか。	8 マグナ・カルタ (大憲章)
□ 9	人が自然状態(社会・国家の成立以前の状態)において生まれながらに有する不可譲・不可侵の権利を何というか。	9 自然権
□ 10	アメリカ独立宣言の基本的な考え方に影響を与えたイギリスの思想家はだれか。	10 ジョン・ロック
□ 11	フランス人権宣言は，ロックのほかにだれの影響を受けているか。	11 ルソー
□ 12	立法・行政・司法の三権分立を主張した人物はだれか。	12 モンテスキュー
□ 13	国民の意思を反映した議会が政治の中心である制度は何か。	13 議会制民主主義
□ 14	イギリスにおいて名誉革命の成果を確認した文書は何か。	14 権利章典
□ 15	人権宣言の模範として，世界各国に影響を与えたものは何か。	15 フランス人権宣言
□ 16	歴史上初めての普通選挙を求めた労働者の政治闘争は何か。	16 チャーティスト運動
□ 17	20世紀的人権ともいわれ，「国家による自由」という性質をもつ人権は何か。	17 社会権 (生存権的基本権)
□ 18	1919年，社会権を初めて規定した憲法は，通称名を何というか。	18 ワイマール憲法
□ 19	1948年，国連総会で採択された人類共通の達成基準としての人権宣言は何か。	19 世界人権宣言
□ 20	イギリスのように憲法典がなく，重要な法律や慣習が実質的憲法にあたる場合に，そのような実質的憲法をさして何というか。	20 不文憲法
□ 21	内閣の成立・存続を議会の信任に基づかせる制度を何というか。	21 議院内閣制
□ 22	イギリスで，野党が政権交代にそなえてつくる内閣を何というか。	22 影の内閣(シャドー・キャビネット)
□ 23	アメリカのように立法府と行政府が互いに独立し，それぞれが有権者に対して直接責任を負う政治制度を何というか。	23 大統領制
□ 24	アメリカの大統領が法案提出権をもたない代わりに，議会に立法を促すために有している権限は何か。	24 教書送付権
□ 25	憲法違反を許さないために司法部が有する権限を何というか。	25 違憲審査権
□ 26	中国の国家権力の最高機関とされているのは，どこか。	26 全国人民代表大会

2 ≫ 日本国憲法の基本的性格

① 日本国憲法の制定 ☞p.40

□ **大日本帝国憲法の特徴**　欽定憲法。

・**天皇主権**…天皇は神聖不可侵,
統治権の集中。国民は**臣民**とされ,
権利は**法律の範囲内**に制限。

□ **日本国憲法の制定**　第二次世界
大戦後,GHQの占領下で民主化・
非軍事化→憲法の制定。

```
自由民        ドイツ(プロイセン)憲法の研究・採択
権運動  → 立憲政治
近代国家    の必要  →  大日本    1889年
の体裁                帝国憲法   制定

軍国主義                      改正 ← GHQの
→第二次世界大戦                      示唆
→敗戦(ポツダム宣言の受諾)      日本国憲法  1946年
                                         制定
```

□ **日本国憲法の基本原理**─┬─国民主権…国家権力の源泉は国民にある。
　　　　　　　　　　　　　├─平和主義…第9条。戦争の放棄,戦力の不保持。
　　　　　　　　　　　　　└─基本的人権の尊重…永久不可侵の権利として保障。

② 日本国憲法と国民主権 ☞p.44

□ **国民主権と天皇制**

・**天皇の地位の変更**…天皇主権を否定し,主権者から象徴へ(国民の総意による)。

・**天皇の仕事**…**内閣の助言と承認**に基づいて,国事行為のみを行う。

□ **国民主権と代表民主制**　主権者である国民が選んだ**代表者**による議会政治。

・**直接民主制による補完**…憲法改正の国民投票。地方特別法の住民投票。最高裁判
所の裁判官の国民審査。

③ 人権保障と平等権 ☞p.48

□ **基本的人権**　自然権に由来する**個人の尊重**に基づく**永久不可侵の権利**。

□ **平等権**　**法の下の平等**。人種・信条・性別・社会的身分または門地などによる差別
の禁止。華族制度や家制度の廃止。→現実社会では,部落差別,外国人・アイヌ民
族差別,性差別など不合理な差別の解消が課題。尊属殺人重罪規定は違憲判決。

④ 自由権 ☞p.52

□ **精神の自由**〔思想・良心の自由…内心の自由であり,絶対・無制約の保障。
　　　　　　　〔信教の自由,言論・出版等の表現の自由,集会・結社の自由,学問の自由。

□ **人身(身体)**〔奴隷的拘束や苦役からの自由…人格を無視した自由の拘束を禁止。
　　の自由　〔法定手続きの保障…罪刑法定主義,**令状主義**,拷問・残虐刑の禁止。

- 刑事被告人の権利　公平な裁判所の迅速な公開裁判を受ける権利，黙秘権，弁護人依頼権，証人審問権など。

□ 経済の自由 ｛ 居住・移転・職業選択の自由 / 財産権の不可侵 ｝ 公共の福祉による制限を受ける。

❺ 社会権と人権の確保 ☞p.60

□ 社会権　人間に値する生活の保障。
- 生存権…「健康で文化的な最低限度の生活を営む権利」。日本国憲法第25条で規定。
- プログラム規定→朝日訴訟。
- 教育を受ける権利…教育の機会均等など。文化的生存権ともいわれる。
- 労働基本権…勤労の権利と労働三権（団結権・団体交渉権・団体行動権）。

□ 人権を確保するための権利
- 参政権 ｛ 国民固有の権利として，公務員の選定・罷免権。/ 普通選挙・平等選挙・秘密投票の保障。直接民主制的制度。
- 請求権 ｛ 請願権，裁判を受ける権利。/ 国・地方公共団体に対する損害賠償請求権，刑事補償請求権。

□ 基本的人権と公共の福祉　国民は，自由・権利を不断の努力によって保持する義務と，常に公共の福祉のために利用する責任を負う。濫用の禁止。

□ 国民の義務　勤労の義務，納税の義務，子どもに普通教育を受けさせる義務。

□ 新しい人権 ｛ プライバシーの権利…私生活を公開されない権利。自己情報コントロール権。/ 環境権…健康的で安全な環境の下で生活する権利→公害訴訟など。/ 知る権利…情報公開を求める権利やアクセス権←受け手の表現の自由。

❻ 平和主義 ☞p.69

□ 日本国憲法の平和主義　世界で最も徹底した平和主義。
- 前文…平和的生存権の主張。安全と生存の保持を諸国民の公正と信義に信頼。
- 第9条…戦争の放棄，戦力不保持，交戦権の否認。

□ 自衛隊と日米安全保障条約　自衛隊の設置と拡大につれ，第9条に関する政府解釈は変更（解釈改憲）。日米安保体制も，日本の領域外まで対象地域を拡大。

□ 平和主義と防衛政策　平和主義や自衛隊に関する司法の判断は対立がある。政府は専守防衛，非核三原則，文民統制（シビリアン・コントロール）などの原則。

1 日本国憲法の制定

1 | 大日本帝国憲法の特徴

▶ 今日のわが国の民主政治のあり方は，第二次世界大戦前の政治への反省と深く関係している。そこで，大日本帝国憲法(明治憲法)を中心に戦前の政治の特徴を調べてみよう。

1 大日本帝国憲法の制定

　明治維新で権力を握った薩長のリーダーたちは，藩閥政治を行い，自由と政治参加を要求する国民の自由民権運動をおさえた。しかし一方で，不平等条約を改正するために，文明国の体裁を早く整える必要から，明治政府は憲法の制定と立憲政治の実現を迫られた。そこで，君主権の強大なドイツ流の立憲制が採用されることになり，伊藤博文らが起草した。

★1 1871年，プロイセン王がドイツ皇帝を兼ねる形で国を統一し，ドイツ帝国が生まれた。その立憲主義は単なる外見にすぎなかった(外見的立憲主義)。

専制君主制⇨立憲君主制 { 君主権の強大な立憲制(ドイツ)←明治政府が採用
議会中心の立憲制(イギリス)

2 大日本帝国憲法の特徴

　立憲政治である以上，憲法で君主の権力を制限しなくてはならないが，明治政府は，天皇に強大な大権をもたせることで，立憲制の形式と妥協させた(外見的立憲主義)。

❶欽定憲法　君主(天皇)によって定められた憲法(天皇が国民に与える憲法)。

❷天皇大権　万世一系の天皇が，日本を統治するとした天皇主権の憲法。立法・行政・司法権は統治権の総攬者である天皇の名で行使される。

Q 大日本帝国憲法制定に際し，日本がプロイセン憲法を模範としたのはなぜですか。

A 明治政府は，英米のような民主主義の発達した国の統治機構を導入すると，自由民権運動の指導者たちが政界に進出して主導権をとる危険性があると考えました。そのため，国会開設を約束したときに，天皇大権を基本として，それを傷つけない程度で議会を認める方針をたてました。民選の衆議院をおさえる貴族院や枢密院を設けたのもそのためです。
　岩倉具視はこのような考えをもとに，君主大権主義的なプロイセン憲法を模範とすることを命じ，民間の自由民権論者のイギリス流議会政治の主張を拒否したのです。

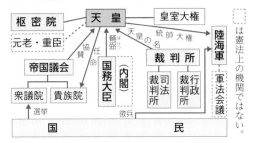

▲大日本帝国憲法の下での政治機構

補説　**大権**　君主が議会の承認や協賛を必要とせずに，単独で行使できる権限のこと。君主の専制を防ぐために大臣助言制がとられると，君主は大臣の助言にしばられるが，失政の責任は負わなくてすむ。

大日本帝国憲法下の
天皇の地位

{ 国の主権者，国の元首。
外交権や統帥権を掌握。
広汎な天皇大権。

❸ **統治機構**　天皇の下で，以下のような機能分担が行われた。

1 **帝国議会**　衆議院と貴族院の二院制。衆議院に予算先議権があるほか，両院はまったく対等。衆議院は国民に選挙された議員よりなり，貴族院は皇族や華族・**勅任議員**で構成された。議会の権限は天皇の立法権を**協賛**することであるが，**緊急勅令・独立命令**のように，天皇は議会とは独立に命令を発することができた。予算審議権も制限されていた。★4

2 **内閣**　憲法に内閣の規定はなく，国務大臣は個別に天皇を**輔弼**(補佐)し，**天皇に対して責任を負う**と規定され，**議会に対する責任の規定はなかった**。議院内閣制・政党内閣制を否定。

3 **裁判所**　憲法に司法権をもつことが規定され，**大津事件**★5にみられるように，司法権の独立もある程度は確立された。しかし，司法裁判所以外に行政裁判所や軍法会議などの**特別裁判所**★6の設置が認められていた。

用語　**大津事件**　1891年，ロシア皇太子ニコライ2世訪日の際，大津で警備の巡査が抜刀して傷を負わせた。ロシアを恐れる政府は犯人を死刑にせよと主張。しかし大審院長**児島惟謙**の激励で，大審院は一般の殺人未遂罪を適用し，行政権に対して，**司法権の独立**を守った。

❹ **臣民の権利**　国民は天皇の臣民とされ，一定の自由権も天皇から恩恵的に**法律の範囲内**で与えられたものにすぎなかった。また，天皇の非常大権で権利が停止される規定もあった。つまり，法律によって臣民の権利を制限してもよいという**法律の留保**(⤷ p.48)つきの権利で，権利が議会の意思(法律)に左右され，不安定なものであった。

❺ **臣民の義務**

1 **兵役の義務**　国民皆兵の原則により，満20歳以上の男子はすべて兵役につくこと。

2 **納税の義務**　税金を納めること。

★2　緊急勅令・独立命令の発布，文武官の任命，陸海軍の統帥，宣戦・講和，条約の締結，戒厳の宣告，栄典の授与，恩赦・非常大権の発動など。

★3　国家功労者・学識者の勅選議員や多額納税者議員。

★4　政府が緊急財政処分権をもつ点や，予算不成立のときに前年度予算で代行できる点など。

★5　司法権は，天皇の名において裁判所がこれを行うとされたので，他の機関からの干渉は行われにくかった。

★6　特別裁判所とは，司法裁判所から独立して終審の裁判を行う機関のこと(⤷ p.92)。

> 📖 **資料**　**大日本帝国憲法**
> (1889年2月11日発布)
>
> **第1条**　大日本帝国ハ万世一系ノ天皇之ヲ統治ス。
>
> **第3条**　天皇ハ神聖ニシテ侵スヘカラス。
>
> **第4条**　天皇ハ国ノ元首ニシテ統治権ヲ総攬シ此ノ憲法ノ条規ニ依リ之ヲ行フ。
>
> **第5条**　天皇ハ帝国議会ノ協賛ヲ以テ立法権ヲ行フ。
>
> **第11条**　天皇ハ陸海軍ヲ統帥ス。
>
> **第55条**　国務各大臣ハ天皇ヲ輔弼シ其ノ責ニ任ス。
>
> **第57条**　司法権ハ天皇ノ名ニ於テ法律ニ依リ裁判所之ヲ行フ。

2

日本国憲法の基本的性格

2｜日本国憲法の制定

▶ 日本国憲法が制定されてから約80年が経ち，国民生活に浸透してきた反面，最近では憲法改正を求める動きもみられる。そこで，この憲法が制定された過程を調べておこう。

1 新憲法の必要性

1945(昭和20)年8月，わが国はポツダム宣言[★1]を受諾して，無条件降伏をした。敗戦によって，日本は，アメリカのマッカーサーを最高司令官とする連合国軍総司令部(GHQ)の占領下におかれた。

❶ポツダム宣言　ポツダム宣言は，わが国に対し，軍国主義をやめ，基本的人権の保障される平和で民主的な国家に生まれ変わることを要求した。これにより，大日本帝国憲法の改正は避けられない課題となった。

❷民主化の進展　GHQは，ポツダム宣言にそって，1945年10月，治安維持法の廃止，政治犯の釈放，特高警察の廃止，言論の自由などの人権指令[★2]，さらに婦人参政権，労働組合結成の促進，教育の自由主義化，圧政的諸制度の廃止，経済の民主化の五大改革指令を命じた。

　これらの指令は，従来の封建的な政治原理を完全にくつがえすものであった。憲法の全面的な改正が必然となり，マッカーサーも憲法改正を示唆した。

用語　**GHQ**　General Headquarters の略。連合国軍総司令部。日本占領の中央管理機構として，ポツダム宣言の実施を監督し，日本政府にさまざまな指令を出した。

★1　1945年7月，アメリカ・イギリス・中国の3国(のちソ連も参加)が発した，日本に対する無条件降伏の勧告。

★2　この指令を受けた東久邇宮内閣は総辞職し，代わって幣原喜重郎内閣が成立した。

> 📖 **資料**　**ポツダム宣言**
>
> 6. …日本国国民を欺瞞し，世界征服の挙に出づるの過誤を犯さしめたる者の権力及勢力は，永久に除去せられざるべからず。
> 8. …日本国の主権は，本州・北海道・九州及四国並に吾等の決定する諸小島に局限せらるべし。
> 10. …一切の戦争犯罪人に対しては厳重なる処罰を加へらるべし。日本国政府は，日本国国民の間に於ける民主主義的傾向の復活強化に対する一切の障礙を除去すべし。言論，宗教及思想の自由並に基本的人権の尊重は，確立せらるべし。
> 12. 前記諸項目が達成せられ，且日本国国民の自由に表明せる意思に従ひ平和的傾向を有し且責任ある政府が樹立せらるるに於ては，連合国の占領軍は，直に日本国より撤収せらるべし。

2 日本国憲法の制定過程

幣原内閣は憲法問題調査委員会を設け，憲法改正の研究を行った。その委員長の松本烝治国務大臣は松本案といわれる草案をまとめてGHQに提出したが，それは，天皇が統治権を総攬する従来の基本原則を変えないものだった。GHQは松本案を拒否し，マッカーサーがGHQ民政局に命じて作成させた別の草案(GHQ〔マッカーサー〕草案)を手渡して，採用を日本政府に要求した。日本政府はこの草案にそった日本政府案を作成した。

★3　松本案とは別に，政党や知識人からも13の民間憲法草案が提出された。とくに高野岩三郎の提案で結成された民間の憲法研究会の「憲法草案要綱」(鈴木安蔵が起草)はGHQが参考にした。

1945年	8月14日	ポツダム宣言を受諾する。
	10月11日	マッカーサーが五大改革指令を出し，憲法改正も示唆。
1946年	1月1日	天皇が自らの神格を否定し，人間宣言を行う。
	2月3日	マッカーサーはGHQ民政局にマッカーサー3原則^{★4}を示して憲法草案を早急に作成するよう命ずる。
	2月8日	松本案(憲法改正要綱^{★5})をGHQへ提出。
	2月13日	GHQは松本案を拒否し，GHQ〔マッカーサー〕草案の採用を要求。
	3月6日	日本政府が憲法改正草案要綱(GHQ〔マッカーサー〕草案にそったもの)を発表。GHQ承認。
	4月10日	新選挙法による第1回衆議院議員総選挙を実施。
	4月22日	枢密院^{★6}が草案の審議を開始。6月8日に可決。
	6月25日	衆議院が審議を開始する。8月24日に修正可決。
	8月26日	貴族院が審議を開始する。10月6日に修正可決。

★4　マッカーサー3原則
①天皇は頭位の地位
②戦争放棄と軍備撤廃
③封建的諸制度の廃止

★5　1945年11月に日本共産党による新憲法骨子，1946年1月に日本自由党案，2月に日本進歩党案・日本社会党案が発表された。

★6　天皇の諮問に応え，重要な国務を審議して上奏する機関。

★7　両議院で修正された改正案を10月29日に枢密院で可決し，11月3日に憲法公布。

　以上のような過程を経て，日本国憲法は1946年11月3日に公布，1947年5月3日に施行^{★7}された。

3 大日本帝国憲法と日本国憲法の比較

1. 大日本帝国憲法は君主が制定する欽定憲法であったが，日本国憲法は民定憲法。
2. 主権者は，天皇から国民へ変わった(国民主権)。
3. 天皇は国の元首，統治権の総攬者で神聖不可侵であったが，日本国憲法では，日本国と国民統合の象徴とされ，政治権力はなくなった。
4. 軍隊の統帥権は天皇がもち，国民には兵役の義務があったが，日本国憲法は平和主義の立場をとり，戦争を放棄し戦力をもたない。
5. 国民は臣民とされ，自由と権利は法律の範囲内でしか与えられなかったが，日本国憲法では，基本的人権が幅広く保障された(⊃p.48)。
6. 日本国憲法では立法・行政・司法の三権分立^{★8}が確立された。

POINT!

日本国憲法の基本原理 { 国民主権
平和主義
基本的人権の尊重

Q　マッカーサーが新憲法制定を急いだのはなぜですか。

A　アメリカは当初，日本の占領を単独で行いたかったのですが，イギリス・ソ連も占領参加を要求してきました。1945年12月のモスクワ3国外相会議で，対日占領政策の最高決定機関として米英中ソなど11か国からなる極東委員会の設置を決定し，その発足が翌年の2月26日に予定されていました。そうなると，ソ連なども日本の管理(とくに憲法改正)に介入してくることが予想されたので，極東委員会の発足の前に憲法改正の既成事実をつくりあげる必要があったのです。

★8　大日本帝国憲法では，議会は天皇の協賛機関であり，内閣は天皇を助けて政治を行い(輔弼機関)，裁判所は天皇の名で裁判を行うこととされた。つまり，天皇が統治権を総攬し，その下で三権に機能的に分担させた。

2 日本国憲法と国民主権

1 | 国民主権と天皇制

▶ 日本国憲法と大日本帝国憲法との最も重要な相違点は，主権が天皇から国民に移ったことである。現在でも天皇制は残っているが，日本国憲法は天皇制と国民主権をどのように調和させたのか，国民主権が政治上どのように具体化されているかなどを考えていこう。

1 天皇の地位の変更

❶主権者から象徴へ　天皇の地位は主権者から象徴★1に変わった。そして天皇の権限は，大権はもちろん，国政に関して自らの意思ではたらきかけることはいっさい禁止され，**形式的・儀礼的な国事に関する行為（国事行為）**が，**内閣の助言と承認の下**に認められるだけになった。

> 補説　**国民主権**　GHQ〔マッカーサー〕草案の国民主権（主権在民）の表現をあいまいにするため，日本政府は前文で「…ここに国民の総意が至高なものであることを宣言し…」，第1条で「…この地位は，日本国民の至高の総意に基く」とした。しかし，**極東委員会**は「新日本憲法の基本諸原則」の中で「主権は国民にあることを認めなければならない」と決定し，GHQも国民主権を明記するよう迫った。これにより，現在の形になった。

★1　平和を鳩で表すように，目に見えない抽象的観念を目に見える具体的事物で示すこと。歴史的には，大英帝国が連邦制に移行したときのウェストミンスター憲章（1931年）で，「国王はイギリス連邦所属国の自由な結合の象徴」と定めた例もある。

❷皇室典範の変化　大日本帝国憲法の下で，**皇室典範**は憲法と同格の最高法規とされた。しかし，日本国憲法の下では，憲法のみが最高法規で，皇室典範は一般の法律と同格とされ，国会が制定するものとなった。

> 用語　**皇室典範**　皇室・皇族に関する事項を定めた法律で，皇位継承の順位，皇族の範囲，摂政，皇室会議などの規定がある。2017年，退位に関する皇室典範特例法を定め，一代限りの生前退位を認めた。

資料　日本国憲法（国民主権に関する規定）

前　文　…ここに主権が国民に存することを宣言し，この憲法を確定する。…
第1条　天皇は，日本国の象徴であり日本国民統合の象徴であって，この地位は，主権の存する日本国民の総意に基く。

POINT!　天皇の地位の変化

〔大日本帝国憲法〕主権者・元首。統治権の総攬者。神聖不可侵の存在。 ⇨ 〔日本国憲法〕日本国・日本国民統合の象徴。国事行為のみを行う。

2 天皇の国事行為

天皇の**国事行為**は憲法第6条の任命権と第7条のものに限られ，

内閣の助言と承認によって行う。その責任は天皇にはなく，内閣が国会に対して責任を負うことになる。

補説　**天皇・皇族の人権**　天皇および皇族は，法の下の平等に反して権利の制限を受ける（選挙権や被選挙権，外国移住，国籍離脱などが認められない）。しかし，その一方で国庫から皇室費を支給されるといった特権も有する。

❶第6条の任命権

天皇の任命権 $\begin{cases} （国会の指名に基づいて）内閣総理大臣を任命。 \\ （内閣の指名に基づいて）最高裁判所長官を任命。 \end{cases}$

❷第7条の国事行為

1. 憲法改正・法律・政令・条約の公布。
2. 国会を召集すること。
3. 衆議院を解散すること。
4. 国会議員の総選挙の施行の公示。
5. 国務大臣などの任免の認証や，大使などの信任状の認証。
6. 恩赦の認証。
7. 栄典の授与。
8. 批准書その他の外交文書の認証。
9. 外国の大使・公使の接受。
10. 儀式を行うこと。

📖 **資料**　**日本国憲法**（天皇の権能に関する規定）

　第3条　天皇の国事に関するすべての行為には，内閣の助言と承認を必要とし，内閣が，その責任を負ふ。

　第4条　天皇は，この憲法の定める国事に関する行為のみを行ひ，国政に関する権能を有しない。

Ｑ　天皇は憲法に定められた国事行為のほかに，政治的・社会的な行為をしたりするのでしょうか。

Ａ　国事行為としては憲法に定められたものしか許されませんが，国会開会式に出席しておことばを述べたり，植樹祭に出席されたり，国内巡幸や外国訪問したりすることは，純然たる私的行為とは異なり，政治的・社会的に重要な意味をもつ行為です。そこで，国事行為と私的行為のほかに，**公的行為または象徴としての行為**を設け，内閣またはその監督下にある宮内庁の補佐に基づくことを条件に黙認するという解釈が有力です。

★2　一定の行為や文書が正当な手続きでなされたことを証明する行為。

╱ **TOPICS** ╱

象徴天皇制の背景

　日本政府は，ポツダム宣言の受諾通告に「天皇の国家統治の大権に変更がない」（国体護持）という留保をつけたが，連合国側は「日本国民の自由に表明する意思により決定すべきもの」と回答した。結局，日本はこれを受け入れて降伏したが，敗戦後，天皇制をどうするかが最大の政治問題となった。

　連合国側は，戦争をおこした原因の1つに天皇制があるとみていたし，昭和天皇を戦争犯罪人として裁判にかけることや天皇制廃止の要求が，ソ連・中国・オーストラリア・アメリカ国内でも強かった。しかし，アメリカ政府やGHQは，占領を円滑に進めるには昭和天皇の存在を利用したほうが有利であり，日本が軍備を全廃すれば天皇制が存続しても再びアメリカの脅威にはならないと考えた。松本案に固執する日本政府に対しては，GHQ案を拒否すれば，国際世論は天皇制廃止の憲法を押しつけてくると説得した。このような背景の下で，妥協の産物としての象徴天皇制となった。

2 | 国民主権と代表民主制

1 国民の信託による国政

　日本国憲法の前文に，日本の政治原則は国民主権であり，そのために政治は国民の代表[★1]からなる議会制度によること，これは人類普遍（へん）の原理であり，これに反することは許されないと規定されている。

　国民主権は，ロックの社会契約説からバージニア権利章典，アメリカ独立宣言，フランス人権宣言の流れを受け継ぐもので，リンカーンのゲティスバーグ演説「人民の人民による人民のための政治」にも表れている。

> **📖 資料　日本国憲法（前文）**
> （代表民主制に関する規定）
>
> 　日本国民は，正当に選挙された国会における代表者を通じて行動し，…（中略）…そもそも国政は，国民の厳粛（げんしゅく）な信託によるものであって，その権威は国民に由来し，その権力は国民の代表者がこれを行使し，その福利は国民がこれを享受（きょうじゅ）する。これは人類普遍の原理であり，この憲法は，かかる原理に基（もと）くものである。…（後略）

POINT!

国民の信託 { 国家権力の源泉は，国民にある（国民主権）。
国家権力を行使するのは，国民の代表である（代表民主制）。
国家権力は，国民の幸福と利益を目的として行使される。

2 代表民主制

❶代表民主制の具体化　広大な領土と人口をもつ国家において，直接民主制は物理的に不可能に近い。そこで間接民主制（代表民主制・代議制）を基本とする（⇨p.23）。その場合，国民の意思が代表機関に反映するような選挙制度が必要である。また，代表機関が国権の最高機関として強化されなければ，国民主権に反する。

1. 普通・平等選挙，秘密投票（憲法第15条，43条，44条）。
2. 国会は国権の最高機関で唯一の立法機関（憲法第41条）。
3. 議院内閣制により，行政府が議会に対して政治責任を負うので，間接的に国民の意思に従うことになる（憲法第66条，67条，68条）。

❷直接民主制による補完　国民が直接決定に参与する直接民主制[★2]も導入して，間接民主制の不備を補完している。

1. 憲法改正の国民投票（憲法第96条）
2. 地方特別法の住民投票（憲法第95条）
3. 最高裁判所の裁判官の国民審査（憲法第79条）

3 憲法の最高法規性と憲法改正の手続き

❶憲法の最高法規性　憲法第98条では，憲法が国の法秩序の頂点に

★1　**国民の代表**とは，全国民を代表し，選挙区や一部の国民の代表ではない（憲法第43条）（⇨p.24）。

国会（⇨ p.78）
議院内閣制（⇨ p.88）
国民投票（⇨ p.47）
住民投票（⇨ p.101）
国民審査（⇨ p.95）

★2　間接民主制は，国民が直接選挙で選出した代表者が国家意志を決めることとなる（「決める人」＝「選ばれた人」）。国民自らが政策等を決める直接民主制（「決める人」＝「国民」）とは異なる点に留意する。

あり，憲法に反するいっさいの法令や国家行為は無効であるとされている。憲法の「10章 最高法規」に，基本的人権の本質を述べた第97条があるのは，憲法が**人権という人間にとってかけがえのない価値を保障する規定だからこそ最高法規**なのだという最高法規性の根拠を示している。それとともに，第98条にある条約・国際法規の遵守は，日本の国際協調主義・平和主義の立場を表明している。そして，第99条では，権力を行使する公務員に対して「**憲法尊重擁護義務**」を課しているが，これは，違憲立法審査権とともに憲法秩序を保障するためである。

❷**憲法改正の手続き**　憲法は人権保障を目的として権力を制限するためのものであるから，憲法改正の手続きは，法律制定・改正の手続きよりも厳しくするのが通例である(硬性憲法)(⊃ p.30)。すなわち，憲法制定権力および憲法改正権力が国民にあるのは国民主権の本質に基づくから，憲法改正の最終決定権者は，国会議員ではなく国民でなければならない(直接民主制)。

　憲法改正には，下図のような3段階を経ることが必要である。

① **国会の発議**　それぞれの議院で**総議員の3分の2以上の賛成**が必要である。

② **国民投票による承認手続き**　2007年，憲法改正の手続きなどを定めた**国民投票法**(「日本国憲法の改正手続に関する法律」)が成立した。2014年の改正により，**18歳以上の日本国民**に投票権がある。

③ **天皇の公布**　天皇の国事行為の1つ。具体的には，官報に載せることで憲法改正が成立する。

①	国会が発議	衆参両院で総議員の3分の2以上の賛成で改正を発議(両院同等の権限)
②	国民投票	過半数の賛成が必要(国民主権の発現)
③	天皇の公布	国民の名で，この憲法と一体を成すものとして公布(天皇の国事行為)

▲憲法改正の手続き

📖**資料**　**日本国憲法**
（憲法尊重擁護義務）

第98条　①この憲法は，国の最高法規であって，その条規に反する法律，命令，詔勅及び国務に関するその他の行為の全部又は一部は，その効力を有しない。
②日本国が締結した条約及び確立された国際法規は，これを誠実に遵守することを必要とする。

第99条　天皇又は摂政及び国務大臣，国会議員，裁判官その他の公務員は，この憲法を尊重し擁護する義務を負ふ。

★3　フランス人権宣言の第16条は近代立憲主義憲法の要件を，人権保障の確保と権力分立の2つとしている。

★4　「出席議員」ではなく「総議員」。

★5　国民投票法では，有効投票数の過半数で改正が成立する。改正を公平・公正に行うため，国民投票運動の資金やメディア報道などについて論議がある。

📖**資料**　**日本国憲法**
（憲法改正の手続き,公布）

第96条　①この憲法の改正は，各議院の総議員の3分の2以上の賛成で，国会が，これを発議し，国民に提案してその承認を経なければならない。この承認には，特別の国民投票又は国会の定める選挙の際行はれる投票において，その過半数の賛成を必要とする。
②憲法改正について前項の承認を経たときは，天皇は，国民の名で，この憲法と一体を成すものとして，直ちにこれを公布する。

人権保障と平等権

1 | 大日本帝国憲法と日本国憲法の人権保障

▶ 大日本帝国憲法にも自由権を保障する規定があった。これは，封建時代に比べると大きな進歩であったが，実際には，大日本帝国憲法の下で人権が抑圧される状態がおこった。なぜだろうか。日本国憲法では，それはどのように改善されたのか，みてみよう。

1 大日本帝国憲法における臣民の権利

大日本帝国憲法に規定された**臣民の権利**の根拠は，主権者の天皇から恩恵として与えられたことにあるとされ，その保障も「**法律の範囲内**」に限られていた（法律の留保）。つまり基本的人権として保障されるものではなかった。規定されている権利は，一定の自由権や「裁判を受ける権利」，「請願権」であり，**社会権**はなかった。また，「法の下の平等」という規定はなく，ただ国民（臣民）は等しく公務につくことができる（公務就任権）という規定があったのみである。

★1 「居住・移転の自由」「法律によらないで逮捕・監禁・審問・処罰を受けない権利」「住居の不可侵」「信書の秘密の不可侵」「所有権の不可侵」「信教の自由」「言論・出版・集会・結社の自由」の自由権が臣民の権利として認められた。

2 日本国憲法の基本的人権

日本国憲法において，基本的人権が完全に保障され，世界でも進んだものとなった。それは，次の5つの点に表れている。

1. 法律の留保を排し，人が生まれながらにもっている自然権（⇨p.22）の思想に立って，基本的人権を「**侵すことのできない永久の権利**」（永久不可侵）とした。
2. **自由権の範囲を拡大**（学問や思想および良心の自由，拷問・苦役の禁止など）。
3. **社会権**（⇨p.27）を新たに加え，20世紀的憲法にふさわしいものとなった。
4. 法の下の平等を徹底し，華族制度や男女の不平等を除去した。
5. 違憲立法審査によって，人権保障とともに，憲法が守られることを確保するという憲法保障をはかった。

すなわち，基本的人権の「**固有性**」「**不可侵性**」「**普遍性**」（⇨p.28）が，憲法にとり入れられている。

📖 資料　**日本国憲法**
（基本的人権の性格と本質）

第11条　国民は，すべての基本的人権の享有を妨げられない。この憲法が国民に保障する基本的人権は，侵すことのできない永久の権利として，現在及び将来の国民に与へられる。

第97条　この憲法が日本国民に保障する基本的人権は，人類の多年にわたる自由獲得の努力の成果であって，これらの権利は，過去幾多の試錬に堪へ，現在及び将来の国民に対し，侵すことのできない永久の権利として信託されたものである。

★2　国家（法律）によっても奪われない，侵されないということ。

2 | 日本国憲法の平等権

1 法の下の平等―憲法の規定

　すべての人は個人の尊厳において平等であり，平等権とは「権利の平等」を意味する。権利の分配において不合理な差別を許さないとする人権の重要な一般原則である。日本国憲法では，封建的身分制度である華族制度を廃止した。また，旧民法の長男重視・男尊女卑に基づく家督相続・夫権などの「家」制度も廃止された。

> 補説　**権利の平等**　法の下の平等は，すべての国民を一律に取り扱う点で，**形式的平等（機会の平等）**を意味したが，20世紀には現実に不自由・不平等が生じた。そこで形式的平等の原則を補充するものとして，**実質的平等（結果の平等）**も重視されるようになった。

POINT!

> **法の下の平等**…法の適用に際しても，法の内容においても，すべて平等に扱われねばならない。
> **男女の本質的平等**…性差別の撤廃。

2 現実社会の中での差別

　日本国憲法で平等権が規定されても，現実には，歴史的に形づくられた偏見に基づく不当な差別が根強く残っている。

　江戸幕府の差別政策に由来する被差別部落問題，戦前の植民地支配に基づく在日韓国・朝鮮人問題などの外国人差別，その他，アイヌ民族に対する差別，性差別，セクハラ，HIV/エイズやハンセン病を理由とした差別，LGBTQへの差別，障がい者差別などの問題がある。

　世界的にも，有色人種差別，民族紛争における民族差別，宗教紛争における差別が噴出し，平等の原理の実現にはほど遠い。

> 用語　**アイヌ民族支援法（アイヌ新法）**　2019年に制定。アイヌ民族を初めて**先住民族**と明記した。1997年に制定された「**アイヌ文化振興法**」は，明治時代から続いた差別的な「**北海道旧土人保護法**」を廃止して制定されたが，文化振興が中心の内容だった。今回の新法では，地域や産業の振興などを含む施策の推進について，国や自治体が責務を負うことも定めている。

> 用語　**LGBTQ**　女性同性愛者（レズビアン），男性同性愛者（ゲイ），両性愛者（バイセクシュアル），性転換者・異性装同性愛者など（トランスジェンダー）の略語。Qは自分の性が分からない・決まっていない「**クエスチョニング**」や，セクシュアルマイノリティの生き方を選択する「**クィア**」を表す。

資料　日本国憲法（法の下の平等，男女の本質的平等）

第14条　①すべて国民は，法の下に平等であって，人種，信条，性別，社会的身分又は門地により，政治的，経済的又は社会的関係において，差別されない。
②華族その他の貴族の制度は，これを認めない。

第24条　①婚姻は，両性の合意のみに基いて成立し，夫婦が同等の権利を有する…（後略）。
②配偶者の選択，財産権…（中略）…家族に関するその他の事項に関しては，法律は，個人の尊厳と両性の本質的平等に立脚して，制定されなければならない。

★1　ただし，天皇は国の象徴という地位の特殊性から，憲法の「法の下の平等」の例外である。

★2　「著しく基本的人権を侵害されている最も深刻にして重大な社会問題」とした同和対策審議会答申（1965年）以来，同和対策事業特別措置法などにより，差別解消の努力がなされている。

★3　ヘイトスピーチ解消法が2016年に制定されたが，根本的な問題は未解決である。

2　日本国憲法の基本的性格

3 平等をめぐる差別解消の課題

裁判の判決や国際法の批准にともなう法改正等によって差別解消が実現した例もあるが，依然として差別問題が根強く存在している。

❶刑法改正 父母など目上の直系血族(尊属)を殺した人は，一般の殺人罪より重い「無期懲役または死刑とする」という刑法の**尊属殺重罰規定**は不合理であり，日本国憲法第14条「法の下の平等」に反するとして，**最高裁で違憲判決が出された**(1973年)。[★4]

❷民法改正 法務省は次の案を1996年に準備した。②以外は実現。

1 **非嫡出子**(婚外子)の**相続分**が嫡出子の2分の1という規定を，嫡出子と同じにする案。2013年，最高裁は非嫡出子の相続差別は憲法違反という判決を下した(補説参照)。同年に改正。

2 **夫婦同姓**に対して**別姓**も可能にする案。[★5]

3 **男女婚姻年齢**の格差をなくし，男女とも**18歳**にする案。[★6]

補説 **婚外子差別違憲判決** 最高裁は，「民法900条に定める『いわゆる婚外子の相続分は，嫡出子の半分とする』という規定は**法の下の平等**を定めた憲法第14条に違反している」として，1995年に合憲とした判例を変更した。判断理由は「家族の多様化が進む中で，結婚していない両親の子どもだけに不利益を与えることは許されず，相続を差別する根拠は失われた」であった。

❸女子差別撤廃条約 1985年に日本が女子差別撤廃条約(女子に対するあらゆる形態の差別の撤廃に関する条約)を締結したことにともない，その対応として国内法が整備された。

1 **国籍法の改正**[★7] 生まれた子どもの国籍取得に関する父系血統主義を父母両系血統主義へ変えた。

2 **男女雇用機会均等法の制定**[★8] 1985年に男女雇用機会均等法が制定され，雇用における女性差別の解消がめざされた。この女性差別は少子化とも関連して重要性が高まっている問題で，わが国は性別役割分業により女性が能力を生かせない状況にある。労働基準法では男女同一賃金を定めるのみで，就職や昇進等での女性差別は根強く続いている。女性の早期退職，結婚・出産退職は，女性が裁判に訴えることで是正された(⤴p.216)。

判例 男女定年差別訴訟

定年を男性55歳，女性50歳と定めていた日産自動車に勤める女性が50歳になって退職させられたため，女性差別だとして訴えた。

判決 1981年，最高裁は，男女定年差別は公序良俗に反する法律行為は無効とする民法第90条にあたり，不合理な差別であるとして無効の判決を下した。

★4 判決の多数意見は，尊属殺の罰則が重すぎる点を違憲としており，尊属殺規定を普通殺と区別して規定することは，厳罰にしなければ違憲にはならないとした。そのためさらに議論がなされ，22年後の1995年に尊属殺規定が刑法から削除された。

★5 姓は人格の一部であり，結婚による改姓は職業上の不利益もあるとして，提起されている。選択的夫婦別姓を求めた裁判で，最高裁は民法の規定を合憲(選択的夫婦別姓を認めない)という判決を下した(2015年)。

★6 2018年に改正。

★7 改正後，婚姻関係にない日本人の父とフィリピン人の母の子で，出生後に父が認知しても日本国籍を認めないとする国籍法は法の下の平等に反し，違憲とされた(2008年)。

★8 **男女雇用機会均等法**では，女性を男性と雇用において均等に取り扱う事業主の義務を**努力義務**としたが，1997年の改正では**差別禁止義務**に強化した。それ以後も違反企業名の公表や女性を優先的に雇用する**ポジティブ・アクション**(積極的差別是正措置)，さらに**セクシャルハラスメント**(セクハラ)**防止**等も導入する改正が行われた。

　一方，この法律の制定により，1999年には労働基準法の**女性保護規定**の時間外・休日労働・深夜業の規制が撤廃された。★9 これは，育児・介護などについて男女平等の負担を進める結果，女性だけを特別扱いする理由がないからということであったが，事実上は男並みに働け，という結果になった。

③ **男女共同参画社会基本法の制定**　1999年には男女平等を推し進めるべく男女共同参画社会基本法が制定された。この法律は**アファーマティブ・アクション**★10の立場をとり，政治や雇用等の分野で**一律30%**の女性枠を与え，2020年を目途に達成させようとした。このように，雇用における男女の平等を支援する政策が1980年代半ば以降急速にとられたものの，現状では，日本は男女格差が146か国中116位★11といわれるように，女性の人材資源を十分に活用できていない。非正規雇用者は女性労働者に多く，**ワーキングプア(働く貧困層)**問題も女性にいちじるしい(⇨p.220)。なお今日，女性の人権で重要とされる考え方に，1994年の国際人口開発会議(カイロ)で提唱された，リプロダクティブ・ヘルス／ライツがある。これは「性と生殖に関する健康と権利」と訳され，妊娠，出産，中絶など，女性の性と生殖にかかわる健康や生命の安全を，自身が選択・決定できる権利である。

④ **障がい者差別**　障害者雇用促進法(1960年)(⇨p.229)があるほか，障害者権利条約の批准にともない障害者基本法改正や**障害者総合支援法**★12，**障害者差別解消法**★13を制定し，普通の暮らしを共に送るノーマライゼーションをめざしている。

★9　ただし，妊産婦(妊娠中および産後1年以内の女性)等だけは例外とされた。

★10　**アファーマティブ・アクション**は，わが国ではポジティブ・アクションともいう。差別是正のための積極的差別是正措置のことで，差別されている側を優遇する実質的平等であるが，**逆差別**との批判もある。

★11　「**ジェンダー・ギャップ報告**」(2022年版，世界経済フォーラム)による。各国の経済，政治，教育および健康の分野における男女の格差を指数化したものをジェンダー・ギャップ指数という。日本の全体のランク(116位)は先進国とアジア諸国で最低である。

★12　**障害者自立支援法**を改正し障害者総合支援法となったが，利用料の「応益負担」の実態は変わっていない。

★13　差別解消への合理的配慮を義務づけるもので，2016年に施行。

法の下の平等
| 形式的平等(身分差別の禁止など一律に機会の平等を保障) |
| 実質的平等(現実の格差を是正するため結果の平等を考慮) |

TOPICS

わが国の国際化と人権問題

　国際化の進むわが国に，外国人が居住するようになり，在日外国人の人権保障が問題となっている。人権は，人種・国籍を問わず，すべての人が享有すべき普遍性をもつから，原則として在日外国人も日本人と差別なく人権を保障されなければならない。

　とくに，定住し日本人と同じく租税を納める定住外国人は，社会保障を含め内外人平等主義が実現されるべきである。指紋押捺制度の全廃が実現し，公務就任権(公務員の国籍条項の撤廃)の拡大や地方選挙での参政権も認める方向へ動きつつある。

4 自由権

1 | 精神の自由

▶ 自由権（自由権的基本権）は，18世紀的権利といわれるように，最も古くから主張され，近代憲法の中心であった。それは，精神の自由，人身の自由，経済の自由に大別される。

1 精神の自由

❶思想・良心の自由　人間の内面的な心の活動は，たとえそれがどんなものであったとしても，国家権力により制限や干渉されないということである。このような内心の自由は，心の中のことで，だれにも迷惑をかけるわけではないから，絶対的に無制約なのである。また，**精神の自由**は，人生観・世界観・社会観を築き，人類の幸福や文化の進歩を支える基盤となる自由でもある。

判例	三菱樹脂事件

　民間企業が労働者を雇い入れるとき，面接などで思想・信条の調査を行い，特定の思想・信条のもち主に対し，採用を拒否することが許されるかどうかが問題となった。

判決 最高裁は，私企業は財産権の自由により雇用する自由を有するので，思想・信条を理由に雇い入れを拒んでも違法ではない。企業と個人という私人のあいだに憲法の規定は直接適用されないとした。

❷信教の自由　西ヨーロッパでは，悲惨な宗教戦争を経て**信教の自由**が人権の中核として確立してきた。戦前の日本では，大日本帝国憲法の「信教の自由」が「安寧秩序を妨げず，臣民たるの義務にそむかざる限り」認められたが，その一方で神道を**国教的地位**に置いた。

　日本国憲法では，どんな宗教を信仰しようと，あるいは無神論であろうと，絶対的に無制約とし，国家と宗教の明確な分離をはかった。国家は特定宗教と関わるべきではないという国家の非宗教性の義務は，政教分離の原則といわれる。

📖 **資料**　**日本国憲法**（精神の自由）

第19条　思想及び良心の自由は，これを侵してはならない。

第20条　①信教の自由は，何人に対してもこれを保障する。いかなる宗教団体も，国から特権を受け，又は政治上の権力を行使してはならない。
②何人も，宗教上の行為，祝典，儀式又は行事に参加することを強制されない。
③国及びその機関は，宗教教育その他いかなる宗教的活動もしてはならない。

第21条　①集会，結社及び言論，出版その他一切の表現の自由は，これを保障する。
②検閲は，これをしてはならない。通信の秘密は，これを侵してはならない。

第23条　学問の自由は，これを保障する。

★1　国家は，「神社は宗教にあらず」として神職は官吏扱いで保護・監督を国家が行い，国民に天皇崇拝と神社信仰を義務づけた。それに従わないキリスト教や仏教の一派を弾圧した。

判例 津地鎮祭訴訟（つじちんさい）	愛媛玉ぐし料訴訟
三重県津市が市立体育館の起工式を行った際に，神道にのっとった地鎮祭を公費で行ったことが政教分離の原則に反するとして訴訟がなされた。 判決 1977年，最高裁は，神式地鎮祭は宗教に関わりをもつ行事ではあるが，一般的慣習に従った世俗的・習俗的行事であり，宗教活動とはいえないとして，合憲とした。	愛媛県知事が靖國神社へ納める玉ぐし料を公費から支出したことは，政教分離を定めた憲法第20条に違反するとして，住民が訴訟をおこした。 判決 1997年，最高裁は，玉ぐし料の公費支出は憲法第20条で禁止する宗教活動にあたり，また第89条で禁止する公金の支出にあたるとして，違憲判決を下し，県知事に弁済（べんさい）を命じた。

❸**表現の自由**　思想などの**内心の自由**[★2]も，外に発表して他人に公表できてこそ，批判など反応も受けられ，文化の発展に寄与できる。このために演説，出版などのほか，絵画・映像・演劇など，あらゆる発表手段や報道の自由が**表現の自由**として保障される。したがって，出版物や放送などを，発表禁止を目的として事前に審査する**検閲（けんえつ）は許されない**し，郵便・電信・電話などの通信の秘密も，他者によって侵害されてはならない。[★3]

　ただし，内心の自由と異なり，表現の自由は社会的なものなので，無制限には保障されず，ヘイトスピーチや侮辱，他人の名誉を傷つけること，プライバシーを無視することは許されない。

　しかし，戦前の日本のように「治安に害を及ぼす危険性」というようなあいまいな基準で表現の自由を制限することは，表現の自由がないことになるので，「明白かつ現在の危険」の原則[★4]のような厳密な基準による制約しか認めるべきではないとされる。

　近年，情報社会の進展で，ソーシャル・ネットワーキング・サービス（SNS）での誹謗中傷，差別，いじめの投稿や，ネット上への個人情報の流出，犯罪に巻き込まれるなどの問題が生じている。対策として，誹謗中傷者を特定しやすくするプロバイダ責任制限法改正や侮辱罪の厳罰化が行われた。また，ヘイトスピーチ解消法も制定された。これらは，**憲法の保障する表現の自由の限界と関わり，規制する要件があいまいで，政権批判などをためらわせることになりかねない**との論議がある。

★2 他人の内心の自由の成果に接することで，自己の内心も刺激を受け，豊かな自己表現が可能になる。

★3 1999年の**通信傍受法**（ぼうじゅ）で，公的捜査機関が電話等の通信を傍受できることになった。

★4 アメリカの判例で示された原則で，表現のもたらす害悪が明白であり，かつさしせまって害悪をおよぼす危険がある場合でなければ，制限することができないというもの。

判例 チャタレー事件
D. H.ロレンスの『チャタレー夫人の恋人』の翻訳者と出版社社長がわいせつ罪に問われ，表現の自由との関係が問題となった。 判決 最高裁は，性的秩序を守り，最小限度の性道徳を維持することは，公共の福祉の内容を成すので，わいせつ文書の出版は表現の自由に含まれないとし，この書物はわいせつ性が高いとして有罪とした（1957年）。

補説　ソーシャル・ネットワーキング・サービス(SNS)は，利用者同士が相互に交流できるウェブサイト上の会員制サービスの総称で，ソーシャルメディアの主流となっている。Facebook，Instagram，LINE，Twitterなどがあり，文章や画像・動画の公開のほかゲームなどもできる。

★5　SNSを含め，電子掲示板，ブログ，投稿サイト，情報共有サイトなどを指す。

❹集会・結社の自由　共同の目的の下に，多くの人が一時的に集合(集会)し，討論したり，講演会を開いたり，集団行動をする自由が集会の自由で，また，永続的に集団を結成することが結社の自由である。これらは，表現の自由と不可分の関係にあり，社会生活，とくに民主政治にとって不可欠な自由である。

★6　戦前においては，治安警察法や治安維持法によって集会・結社を弾圧し，全体主義的支配体制(⇨p.15)をつくりあげた。

❺学問の自由　真理を探究する学問は，自由の中でのみ可能である。学問の自由は，歴史的には「大学の自由」「大学の自治」として確立されてきたが，今日では，大学に限らずいっさいの学問研究の自由を保障し，研究成果の発表，教授の自由まで学問の自由に含まれる。

判例　東京都公安条例事件

　都公安条例が，集団示威行動(デモ行進など)を行う際に公安委員会の事前の許可を要件としている点は，表現の自由に対する違憲の規制ではないかと争われた。

判決　最高裁は，集団行動は群集心理にかられて暴徒となる危険性を秘めているので，公共の安寧を保持するため，公安委員会の裁量が認められるとした(1960年)。

判例　ポポロ劇団事件

　1952年，東大の学生劇団「ポポロ」の学内発表会に潜入していた警官が学生に発見され，もみあいとなったが，その際に警官が暴行を受けたとして学生が起訴された。東大構内で私服警官が日頃から内偵しており，大学の自治が問題とされた。

判決　一審と二審では，学生は大学の自治を守る正当な行為をしたにすぎないとして無罪となった。しかし最高裁は，学生の集会は学問的な研究や発表のためのものではないから，学問の自由と大学の自治を享有しないとした(1963年)。

★7　戦前の滝川事件(1933年)や天皇機関説事件(1935年)のように，国家権力が学問に干渉し，支配に都合のよい価値観をおしつけたりすると，学問の成果による文化の進歩も生活の向上も危機に瀕する。この点で，学術会議が推薦した新会員候補6名を菅義偉首相(当時)が任命拒否したのは問題といえる。

POINT!

精神の自由 { 思想・良心の自由，信教の自由，
集会・結社・表現の自由，学問の自由

2│人身(身体)の自由

▶ 自分の身体を自分の意思に反して束縛されるということは，奴隷と等しい扱いを受けることになり，最小限の自由さえ奪われることになりかねない。人身の自由は，人間の根源的自由といわれるが，どのような過程で確立し，現在，どのように保障されているのだろう。

1 法の支配との関係

❶歴史的背景　専制君主など国家権力は，政治的反対者を捕らえたり，処罰したりして，支配体制を保つために権力を濫用した。そこで，マグナ・カルタ以来，権力の行使を法で規制する**法の支配**が主張され，人身の自由が守られるようになった。

イギリスのコモン・ローから生まれた次の原則は，フランス人権宣言やアメリカ合衆国憲法修正箇条にも採用された。

[1] **無罪推定の原則**　何人も有罪を宣言されるまで無罪と推定される。

[2] **疑わしきは被告人の利益に従う**　疑わしきは罰せず。

❷日本国憲法の「人身の自由」　上記のような原則は日本国憲法にも受け継がれ，**奴隷的拘束**および**苦役からの自由**と**法定手続き**が保障されている。また，戦前の反省から，世界に例をみないほど詳しく刑事手続き上の人権保障が定められている。

❸奴隷的拘束・苦役からの自由　奴隷のような人格を無視した拘束は，だれであろうと絶対に受けることはない。また，自己の意思に反した行為(苦役)は，犯罪による処罰の場合を除いて，だれも服させられない。

❹法定手続きの保障　憲法第31条では，法律の定める手続きによらなければ刑罰を科せられないと定めている。これは「適法手続き(デュー・プロセス)の保障」のことであり，刑法などの刑罰を定めた法律によらなければ，逮捕されない(罪刑法定主義)。また，刑事訴訟法などの手続き法によらなければ，処罰されることはない。

> **用語** **罪刑法定主義**　「法律なければ犯罪なし，法律なければ刑罰なし」といわれるように，個人の自由を保障するためには，どんな行為が犯罪に該当するか，また，それにいかなる刑罰を科すかは，あらかじめ法律に規定されていなければならないという近代刑法の原則。

> **補説** **遡及処罰の禁止**　事後法の禁止ともいい，行為のときには法律で禁止されていなかった過去の行為は，行為後に制定した法律で遡って処罰することは許されないという原則。この原則が守られなければ，私たちは予測できない不利益を受ける可能性がある。

★1 戦前の日本でも，予防検束といって，警察が公安を害する恐れがあると判断した人物は，長期間留置された。

★2 1人の無罪の者を罰するよりも，10人の犯罪者を無罪とするほうがよいとする考え方。

> **資料** **日本国憲法**（人身の自由と法の支配）
>
> **第18条**　何人も，いかなる奴隷的拘束も受けない。又，犯罪に因る処罰の場合を除いては，その意に反する苦役に服させられない。
>
> **第31条**　何人も，法律の定める手続によらなければ，その生命若しくは自由を奪はれ，又はその他の刑罰を科せられない。
>
> **第39条**　何人も，実行の時に適法であった行為又は既に無罪とされた行為については，刑事上の責任を問はれない。又，同一の犯罪について，重ねて刑事上の責任を問はれない。

★3 2022年の刑法改正で懲役と禁固を廃止し，拘禁刑に1本化した。処遇の力点を懲罰から更生へ転換し，再犯を防ぐねらい。

★4 刑罰を科す手続きの中身が適正なものでなければ刑罰を科せられないとされる。適正手続きの保障には，黙秘権や弁護士依頼権の告知，令状主義，迅速な裁判などがある。

補説 **一事不再理と再審**　無罪が確定したのちに再審理（再審）して有罪としてはならない（**一事不再理の原則**）し，ある行為を有罪とした判決に加えて，新たに別な判決で別の罪にしてはならない（**二重処罰の禁止**）。これは個人が不利益をこうむるむしかえしを許さない趣旨であるから，有罪の判決を受けた人の利益のために再審理をし，無罪や刑を軽くする判決を下す再審は認められる。[★5]

▼死刑・無期懲役の確定後に再審で無罪となった事件（戦後発生の事件）

事件名（発生年）	確定判決	再審判決（確定年）
免田事件（1948年）	死刑	無罪（1983年）
財田川事件（50年）	死刑	無罪（1984年）
松山事件　（55年）	死刑	無罪（1984年）
梅田事件　（50年）	無期懲役	無罪（1986年）
島田事件　（54年）	死刑	無罪（1989年）
足利事件　（90年）	無期懲役	無罪（2010年）
布川事件　（67年）	無期懲役	無罪（2011年）
東電事件　（97年）	無期懲役	無罪（2012年）

2 逮捕・拘禁・捜索等の要件

❶**令状主義**　現行犯の場合を除いて，理由を明示した裁判官の発する逮捕令状によらなければ，だれも逮捕されないことが保障されている。

同様に，裁判官の発する厳格な捜索令状や押収令状によらなければ，家宅捜索や物件の押収を受けることはない。また，警察官が職務質問をする際に，本人の同意なく所持品の検査をすることも禁止されている。

補説 **家宅捜索**　「各人の住居は彼の城である。雨や風は入るが，国王は入ることができない」というイギリスのことわざのように，国王の権力による不当な捜索・押収に対する人民の抵抗から生まれたものである。

❷**抑留・拘禁の要件**　抑留については，**その理由を直ちに告げること，直ちに弁護人を依頼する権利が与えられなければならない**ことが規定されている。

拘禁については，要求があれば公開の法廷でその理由を示す手続きがとられることになる。これを，**拘禁理由開示の裁判**という。

★5　白鳥事件の最高裁決定で再審請求は棄却されたが，このとき最高裁判所は「再審制度においても『疑わしきは被告人の利益に』という刑事裁判の鉄則が適用される」という判断を下した。この決定により，再審の門戸が広がり，再審で冤罪と認められるケースが増えた。しかし，再審を定める刑事訴訟法の規定は70年以上改正されていない。裁判所の全面的な証拠開示の勧告に検察側が応じないこともあり，また裁判所が再審を認めても検察側が抗告すれば再審の裁判は開かれない。

📖**資料**　**日本国憲法**
（刑事手続きでの人権保障）

第33条　何人も，現行犯として逮捕される場合を除いては，権限を有する司法官憲が発し，且つ理由となってゐる犯罪を明示する令状によらなければ，逮捕されない。

第34条　何人も，理由を直ちに告げられ，且つ，直ちに弁護人に依頼する権利を与へられなければ，抑留又は拘禁されない。又，何人も，正当な理由がなければ，拘禁されず，要求があれば，その理由は，直ちに本人及びその弁護人の出席する公開の法廷で示されなければならない。

第35条　①何人も，その住居，書類及び所持品について，侵入，捜索及び押収を受けることのない権利は，第33条の場合を除いては，…（中略）…令状がなければ，侵されない。

②捜索又は押収は，権限を有する司法官憲が発する各別の令状により，これを行ふ。

用語 **抑留・拘禁** いずれも公権力による身柄の拘束のことだが，抑留が短期，拘禁が長期の場合と解釈されている。刑事訴訟法では逮捕後，一時的に警察の**留置場**に留置する場合を**抑留**という。警察で48時間，事件が検察官に送致されれば，さらに24時間の限度で取り調べを受ける。それ以上の継続的留置が**拘禁**にあたると解釈されている。

用語 **勾留** 拘禁する刑事手続上の処分を**勾留**という。裁判官が検察官による勾留請求を認めれば，10日間の勾留，延長の請求でさらに10日間の勾留となり，取り調べが最大23日に及ぶ。勾留の正当な理由は，本人の住居の不定，証拠隠滅，逃亡の疑いなどである。

★6 抑留・拘禁は本来，**拘置所**で行われるべきだが，日本では留置場を**代用刑事施設（代用監獄）**として使用しており，警察の管理下に置かれ続けるので，国際的に批判されている。拘置所は刑務所と並ぶ監獄の1つで，法務省の施設。

3 黙秘権と自白の証拠能力

大日本帝国憲法下の日本では，被疑者を拷問して自白を強要し，自白のみを証拠として有罪にすることがあった。無実の人でも，拷問の苦しさに耐えかねて虚偽の自白をすることで，犯人にしたてられることもありえたと思われる。

そこで日本国憲法では，**拷問は絶対に禁ずる**と明記している。また，自己に不利益なことは話さなくてもよいという**黙秘権**を認め，また拷問や脅迫の場合はもちろん，不当に長い抑留・拘禁のあとの自白には，**証拠能力**はないとした。つまり，自発性・任意性をもたない強制下の自白は真実と認められず，**自白だけで有罪とされることはない**ことが保障された。

📖 資料 **日本国憲法**（拷問の禁止と自白の証拠能力）

第36条 公務員による拷問及び残虐な刑罰は，絶対にこれを禁ずる。
第38条 ①何人も，自己に不利益な供述を強要されない。
②強制，拷問若しくは脅迫による自白又は不当に長く抑留若しくは拘禁された後の自白は，これを証拠とすることができない。
③何人も，自己に不利益な唯一の証拠が本人の自白である場合には，有罪とされ，又は刑罰を科せられない。

★7 大日本帝国憲法下でも，法的には拷問は禁じられていたが，現実的には，被疑者の人格は無視されていた。

4 刑事被告人の人権保障

留置・勾留されている**被疑者**は，検察官が**公訴**を提起しない場合は釈放され，起訴されれば**被告人**として**刑事裁判**を受けることになる。刑事裁判は，公平・迅速・公開でなければならず，次のような原則によらなければならない。

❶**当事者主義** 被告人も訴訟の主体（当事者）として，検察側の有罪の立証に対し，対等に防御できなくてはならない。そして，検察官と被告人とのあいだの弁論のやりとりが，公正中立な裁判官の前で展開される必要がある。検察官が有罪を立証できないときは，「疑わしきは被告人の利益に従う」のである。

❷**刑事被告人の権利** 当事者主義の観点から，次の被告人の権利が保障されている。

★8 刑事訴訟法で，勾留中の被疑者も国選弁護人を依頼できるようになった。

★9 その一方で，犯罪被害者の人権も保障されている。2000年には**犯罪被害者保護法**，2004年には被害者の権利保障のための基本施策を定めた**犯罪被害者等基本法**が制定された。

1 **黙秘権**　被告人の口から自己に不利益な供述や自白をするよう強要して有罪にするのは，検察側との対等性に反する。（被告人の黙秘権は対等な立場に立つためのもの）。

2 **弁護人依頼権**　法律専門家の弁護人をたてることによって，国家の捜査権に対抗する防御権の行使が可能となる。被疑者・被告人が経済的事情などで弁護人を依頼することができない場合は，国の費用で**国選弁護人**をつけることになっている。

3 **証人審問権**　被告人に，すべての証人に対する反対尋問権と，公費で自己のために証人を強制的に出廷させる権利（**証人喚問権**）を保障した。

補説　**死刑廃止問題**　死刑はヨーロッパをはじめ世界では廃止した国が多く，**死刑廃止条約**（⤴p.29）も採択されている。しかし，わが国では死刑は残虐な刑罰ではないとする最高裁判決（1948年）が死刑を存続させる根拠とされ，今日まで続いている。

補説　**刑事補償**　刑事被告人が無罪の判決を受けたときは，抑留・拘禁された期間の財産的・精神的損失について，国に対して補償を請求できる（憲法第40条）。なお，逮捕されて被疑者として取り調べられ，抑留・拘禁されたあとに不起訴となった無実の人は，被疑者補償規程により補償されることがある。

📖資料　日本国憲法（刑事被告人の人権保障）

第37条　①すべて刑事事件においては，被告人は，公平な裁判所の迅速な公開裁判を受ける権利を有する。
②刑事被告人は，すべての証人に対して審問する機会を充分に与へられ，又，公費で自己のために強制的手続により証人を求める権利を有する。
③刑事被告人は，いかなる場合にも，資格を有する弁護人を依頼することができる。被告人が自らこれを依頼することができないときは，国でこれを附する。

TOPICS

取り調べの可視化

被疑者の取り調べは，弁護士の立会いを認めないので，捜査官がいわゆる「密室」で行う。これでは捜査官による威圧や利益誘導などの違法・不当な取り調べにより被疑者が意に反する供述を強いられたり，供述と食い違う調書が作成されたり，その精神や健康を害されるといったことが行われやすくなる。

これが「裁判の長期化」や「冤罪」の原因となっていると指摘され，取り調べの録音・録画（可視化）を義務づける**刑事司法改革関連法**が2016年に成立した（可視化は一部のみ）。

POINT!

人身の自由
- 不当に身柄を拘束されない自由…奴隷的拘束・苦役からの自由。
- 法定手続きの保障…罪刑法定主義・令状主義・黙秘権など。

3 | 経済の自由

▶市民革命において最大の争点となったのは，国王の課税権をはじめとする市民の財産権の侵害であった。財産権を神聖不可侵の権利として保障することで，資本主義の発展は法的に支えられてきた。しかし，資本主義の矛盾が増大する中で社会権が保障されるようになり，財産権も制限を受けるようになった。

1 居住・移転・職業選択の自由

　封建時代の身分制は，農奴が土地にしばりつけられる封鎖的社会をともなっていた。自由活発な経済活動を必要とする資本主義経済への移行にともない，封建的制約の打破は必然となった。

　日本国憲法でも，**どこに住み，どこに移転しようと，どんな職業につこうと自由である**（私的自治の原則）としている。しかし同時に，**公共の福祉**による制限が明記され，強調されている（⊂ᐧp.65）。

　また，外国に移住したり，国籍を離脱したりすることも自由であり，国の法律で制限することはできない。

2

日本国憲法の基本的性格

> **📖 資料**　**日本国憲法**
> （経済的自由に関する規定）
>
> **第22条**　①何人も，公共の福祉に反しない限り，居住，移転及び職業選択の自由を有する。
> ②何人も，外国に移住し，又は国籍を離脱する自由を侵されない。
> **第29条**　①財産権は，これを侵してはならない。
> ②財産権の内容は，公共の福祉に適合するやうに，法律でこれを定める。
> ③私有財産は，正当な補償の下に，これを公共のために用ひることができる。

> **判例**　**薬局開設の距離制限訴訟**
>
> 　薬局の新店開設は既設店から一定の距離外とした薬事法第6条やそれにともなう各都道府県の条例は，「営業の自由」を保障した憲法第22条に違反しないのかが争点となった。
>
> 判決　最高裁は，新店開設の距離制限を，不良医薬品の供給の防止など公共の利益の目的のために必要かつ合理的な規制とは認めず，違憲であるとした（1975年）。

2 財産権の保障

❶**財産権の不可侵**　個人の財産権（所有権に代表されるが，知的財産権も含む）は他のだれからも**侵**されないというもので，この財産権の保障は，市民革命後の近代憲法において，**ブルジョアジーが最も強く要求した自由権**であった。財産権の不可侵を保障することは，一般に資本主義経済体制をとることを意味する。

❷**財産権の制限**　20世紀になると，財産権の自由が大企業による買い占めやカルテルを生み，国民生活をおびやかした。そのような中で，公共の福祉や社会権を優先させ，所有権の絶対から制限へと転換する動きがおこった（「所有権は義務を伴う」［ワイマール憲法］（⊂ᐧp.27））。日本国憲法でも，財産権の不可侵を規定しつつ，福祉国家としての政策や社会の要求で財産権の自由を制限できると明記している。また，正当な補償をすれば，個人の財産を公共のために用いることができると規定した。

★1　**営業の自由**も職業選択の自由に含まれている。

★2　大日本帝国憲法下では，「17歳以上の男子は兵役義務がなくなるまでは国籍を離脱できない」と決められていた。

★3　近年では，著作権や特許権などの知的財産権（知的所有権）が注目され，知的財産基本法も制定された。

★4　独占禁止法に基づく公正取引委員会の規制，建築基準法による建物の規制などが具体例。ただし，共有林の分割を制限した森林法の規定は，財産（処分）権の侵害であるとして違憲とされた（1987年最高裁判決）。

★5　土地収用法による私有地の収用・使用がその例。

5 社会権と人権の確保

1 | 社会権

▶ 大日本帝国憲法には規定がなく，日本国憲法において規定されたのが社会権である。社会権は，自由権を補うために20世紀的人権として登場した。「**人間たるに値する生活**」(ワイマール憲法)が，わが国ではどのように保障されているだろうか。

1 生存権

　生存権とは，日本国憲法第25条にいう「健康で文化的な最低限度の生活を営む権利」である。この実現をはかるのが**社会保障制度**である。生存権の法的性格をめぐり，かつてはプログラム規定説が説かれ，第25条を根拠に個々の国民が国に対して直接に最低限度の生活を保障するよう請求することはできないと解釈された。現代では法的権利説[★1]が有力となり，国民は国に生存権の保障に必要な立法などの施策を要求できると解釈されるようになった。

★1　法的権利説は，生存権の保障を，国民が国へ求める権利を定めたものと解釈する。

|用語| **プログラム規定説**　朝日訴訟の最高裁判決にみられるように，生存権や勤労権は救済を受けることができる具体的な権利ではなく，単に国政の方針を示した宣言的規定とするもの。

|資料| **日本国憲法**
(国民の生存権,国の社会保障義務)

第25条　①すべて国民は，健康で文化的な最低限度の生活を営む権利を有する。
②国は，すべての生活部面について，社会福祉，社会保障及び公衆衛生の向上及び増進に努めなければならない。

|判例| **朝日訴訟**

　結核で入院中の朝日茂さんが，1957年，生活保護法に基づいて厚生大臣(当時)が定める保護基準は，憲法第25条で定める最低限度の生活を維持できる水準に達していないと訴えた。

|判決| 最高裁は，憲法第25条は，すべて国民が健康で文化的な最低限度の生活を営みうるように国政を運用すべきことを国の責務として宣言したにとどまり，直接個々の国民に対して具体的権利を賦与したものではないとし，保護基準の設定は厚生大臣の裁量に属し，違憲の問題は生じないとした。

堀木訴訟

　全盲で母子家庭の堀木さんが，障害福祉年金と児童扶養手当の併給を禁止した児童扶養手当法(改正前)を，憲法第25条などに違反すると1970年に訴えた。

|判決| 最高裁は「立法府の裁量に委ねられている」として，合憲とした(1982年)。

2 教育を受ける権利

❶**文化的生存権**　人間が健康で文化的な生活を営むためには，教

育が欠かせず，教育がなければ生存権も空洞化する。この点で教育を受ける権利が**文化的生存権**といわれるのである。

❷**教育の機会均等**　国は，すべての国民が能力に応じて等しく教育を受けることができるようにする義務がある。能力以外の差別は許されず，貧困の者には奨学金制度などの方策を拡充しなければならない。とくに，児童の学習権を保障するために，親は**子どもに普通教育を受けさせる義務**を負い，国は公立学校で無償の義務教育を保障しなければならない（夜間中学の設置もその一例）。

> **資料** **日本国憲法**（教育に関する国民の権利・義務）
>
> 第26条　①すべて国民は，法律の定めるところにより，その能力に応じて，ひとしく教育を受ける権利を有する。
> ②すべて国民は，法律の定めるところにより，その保護する子女に普通教育を受けさせる義務を負ふ。義務教育は，これを無償とする。

用語　**家永教科書裁判**　高校日本史教科書の著者である家永三郎が，教科書検定を「検閲」にあたり違憲と主張した訴訟。最高裁は検定制度を全国の教育内容・水準を統一する必要性から合憲としながらも，検定における裁量権の逸脱を一部認めた。

3　労働基本権

生存権を裏づけるために，国民の勤労の権利や労働者の労働三権などの労働基本権が保障されている（⤷ p.215）。

❶**勤労権**　労働権ともいう。国家に対して，国民に労働の機会を保障する政治的義務を課すものであるが，生存権と同じく，プログラム規定とされる。すなわち，国家はできるだけ勤労の機会を得られるように積極的施策を講ずるべきであり，できないときは，相当の生活費を保障するなどの責務を負う。

補説　**国家による権利保障**　**職業安定法**により**公共職業安定所**（ハローワーク）を設け，無料で就職の斡旋活動を行う。また，就労できない人のために，**雇用保険法**で失業手当の受給や**生活保護**の制度も設けている。

❷**勤労条件の基準**　営業の自由と契約自由の原則の下で労使が結ぶ個別の雇用契約は，どうしても経済的弱者である労働者に不利になることが多い。よって，労働条件について，国は人間に値する生活を保障する最低基準を法律で定め，基準以下の劣悪な労働条件を禁ずるのはもちろん，さらに向上をはかるべきとされている。また，**児童の酷使の禁止**が明文化された。

❸**労働三権**　憲法第28条では，勤労者を対象として，その保護を規定している。これは，私的自治の原則を修正し，使用者の財産権（経営）の自由に制限を加えることで，労使の関係を実質的に対等にし，契約自由の原則の実質的な回復をはかるものといえる。

★2　障がい児を含むすべての子どもに対して，能力に応じた発達の保障をすること。

★3　公開競争試験による入学者の選定は，能力に基づく差別なので問題はない。

★4　教育基本法では授業料の無償を定めた。別に教科書の無償給付も実現した。また，国際人権規約では高校・大学の教育の無償化を定めているが，日本では一部実現しているのみである（高校の授業料の無償化は所得制限があり，大学では世帯年収の低い者のみを対象に支援）。

★5　労働基準法・最低賃金法など。これらに定める最低基準以下で働かせた使用者は罰せられる。

★6　児童福祉法では満18歳未満を児童とし，労働基準法では満15歳未満の児童を労働者として使用することを禁止している。

1 **団結権**　労働組合をつくる権利。「結社の自由」とは異なり，組合への加入強制（組織強制）が認められる。労働条件の向上を獲得するためには，労働者個人の自由を拘束しても，全体の労働者のより大きい自由と利益を優先しようという考えからである。労働組合と使用者との関係は，**労働組合法**に定められている。

2 **団体交渉権**　労働者が団結して，使用者と労働条件などについて交渉し，労働協約を締結したりすることのできる権利。

3 **団体行動権**　労働者が，その要求をつらぬくためにストライキなどの争議行為をすることのできる権利（争議権）。**労働関係調整法**に具体化されているが，正当性の限界や，公務員・行政執行法人・地方公営企業の職員に争議権がない（⇨p.219）点などをめぐり，論争がある。

> **資料**　**日本国憲法**
> （労働基本権）
>
> 第27条　①すべて国民は，勤労の権利を有し，義務を負ふ。
> ②賃金，就業時間，休息その他の勤労条件に関する基準は，法律でこれを定める。
> ③児童は，これを酷使してはならない。
> 第28条　勤労者の団結する権利及び団体交渉その他の団体行動をする権利は，これを保障する。

★7　「全体の奉仕者」「公共の福祉」の見地から制限されている。

POINT!　社会権 { 生存権…健康で文化的な最低限度の生活を営む権利
教育を受ける権利，労働基本権…生存権を裏づける権利

2│ 人権を確保するための権利

▶　「権力は腐敗しがちで，絶対的権力は絶対的に腐敗する」（イギリスのアクトン卿の格言）というのが歴史的事実であった。そこで，人民が権力をもつ支配者を選ぶとともにやめさせる権利や，国民が国に請求できる権利を平和的に行使できることが絶対に必要である。これら「国家への自由」は，人権を守り確保していくために必要不可欠な権利である。

1 参政権

❶**公務員の選定・罷免権**　国民主権の原則から，公務員の選定や罷免は，国民固有の権利であるとされる。ただし，これは，国民が直接に個々の公務員を任免するということではなく，最終的に主権者である国民の信任に依存しているという原則である。

　日本国憲法上，国民が直接に選定または罷免できるのは，次の場合だけである。

1 **国会議員の選挙**（憲法第43条）
2 **最高裁判所裁判官の国民審査**（憲法第79条）

★1　憲法のほかに，地方自治法にも直接請求制度の解職請求がある（⇨p.101）。

③ 地方公共団体の長や議員の選挙（憲法第93条）

②直接民主制の規定　最高裁判所裁判官の国民審査と憲法改正の国民投票，地方特別法の住民投票の３つ（⇨p.46）。

2 請求権

請求権は「人権を実現するための権利」といわれる。個人から国家に対して積極的にはたらきかけたり，人権が侵害されたときに補償や救済を請求したりすることのできる権利である。

①請願権　いっさいの公務に関して，公の機関に要望を表明する権利。選挙以外の方法による民意の反映の手段として，重要性をもつ。

> 補説　**民意の反映の手段**　表現の自由に基づく集会・デモ・ビラ配布など★2のインフォーマル（非制度的）な政治参加も重要である。なお，請願権は参政権を補完する機能をもつので，参政権に分類されることもある。

②裁判を受ける権利　法律上の争いに関しては，だれでも裁判で決着をつけることが保障されている。力のあるものの専権や不法を排し，正義を実現させるためには，司法的保護が欠かせないからである。

③賠償および補償請求権　公務員の故意または過失によって損害を受けた（不法行為）ときは，だれでも国や地方公共団体に損害賠償を請求できる。★3この国や地方公共団体の賠償責任を定めたのが国家賠償法である。

また，犯罪の嫌疑を受けて身体を拘束されたのちに無罪判決を受けた人は，単に無罪放免だけでは済まされない。刑事補償法では，国の負担において経済的に補償すべきことを定めている。

> 補説　**国家賠償法**　検察官（⇨p.93）や裁判官が無実の人を故意または過失によって違法に苦しめた場合は，憲法第40条による刑事補償とは別に，憲法第17条による賠償も国に請求できる。

📖 **資料　日本国憲法**（国民と公務員，選挙および請願権）

第15条　①公務員を選定し，及びこれを罷免することは，国民固有の権利である。
②すべて公務員は，全体の奉仕者であって，一部の奉仕者ではない。
③公務員の選挙については，成年者による普通選挙を保障する。
④すべて選挙における投票の秘密は，これを侵してはならない。選挙人は，その選択に関し公的にも私的にも責任を問はれない。

第16条　何人も，損害の救済，公務員の罷免，法律，命令又は規則の制定，廃止又は改正その他の事項に関し，平穏に請願する権利を有し，何人も，かかる請願をしたためにいかなる差別待遇も受けない。

★2 **立川反戦ビラ事件**　イラク戦争反対のビラを市民が防衛庁職員宿舎の郵便受けに配布したことが，官舎侵入で有罪とされた（2008年）。

★3 **賠償**は不法行為による損害に対してのみ請求できるものだが，**補償**は合法的行為や天災による損害でも請求ができる。

📖 **資料　日本国憲法**（損害賠償請求権，裁判を受ける権利）

第17条　何人も，公務員の不法行為により，損害を受けたときは，法律の定めるところにより，国又は公共団体に，その賠償を求めることができる。

第32条　何人も，裁判所において裁判を受ける権利を奪はれない。

第40条　何人も，抑留又は拘禁された後，無罪の裁判を受けたときは，法律の定めるところにより，国にその補償を求めることができる。

3 | 基本的人権と公共の福祉

▶ 憲法に人権の条項を載せただけでは人権を保障することができない。また，人権を口実にした権利の濫用も防ぐ必要がある。日本国憲法は，人権を制約する原理に「公共の福祉」を掲げているが，戦前日本の滅私奉公や国益優先という大義名分と，どう違うのだろうか。

1 基本的人権の保持責任

基本的人権は，「人類の多年にわたる自由獲得の努力の成果」(第97条)として「過去幾多の試練に堪え」(第97条)てきた遺産として，国民は「不断の努力によって，これを保持しなければならない」(第12条)と規定されている。すなわち，国家権力による侵害のないように絶えず監視し，自分や他人の人権の無視や抑圧に対して積極的に抵抗する精神によって，人権は実現され，維持されるという意味である。

> **📖 資料　日本国憲法**（基本的人権と公共の福祉）
>
> **第12条** この憲法が国民に保障する自由及び権利は，国民の不断の努力によって，これを保持しなければならない。又，国民は，これを濫用してはならないのであって，常に公共の福祉のためにこれを利用する責任を負ふ。
>
> **第13条** すべて国民は，個人として尊重される。生命，自由及び幸福追求に対する国民の権利については，公共の福祉に反しない限り，立法その他の国政の上で，最大の尊重を必要とする。

2 公共の福祉

日本国憲法第12条で「国民は自由と権利を濫用せず，常に公共の福祉のために利用する責任がある」とし，第13条でも**国民の権利は，公共の福祉に反しない限り尊重される**と定められている。そのため，公共の福祉と基本的人権の尊重との関係が問題とされてきたが，日本国憲法の精神から，次のように考えられる。

1. 日本国憲法では，個人よりも全体に価値を見出す**全体主義的な公共の福祉**は認められない。
2. 一般的に公共の福祉を人権の上位におき，単に公共の福祉に基づくというだけで，人権を制限する根拠とするのは不十分である。

❶**人権の調整原理** 憲法第12条・第13条にいう公共の福祉とは，**人権相互の衝突を調整する原理**と考えられる。自由と権利の尊重は自分だけでなく，他人の自由・権利の尊重をも含んでいる。よって，他人の自由と権利を侵害する「自由」というものは，もともとありえない。このように，基本的人権に本来内在している一定の原理的な制約と限界を，「公共の福祉」という語で表現したと考え，人権相互を調整し，各人に自由を保障するための内在的制約とみる。

★1 公共の福祉というのはあいまいな概念であり，正当な自由と人権を抑圧する公益優先主義がはびこる危険性もある。また，人権を制約する基準には，精神的自由は優越的地位にある人権として厳格な審査基準を用いるが，経済的自由はゆるやかな基準でもよいとする二重の基準の考え方がある。

- ●勤労の義務
- ●納税の義務
- ●子どもに普通教育を受けさせる義務

▲**国民の三大義務**
日本国憲法では，上記3つの国民の義務も規定している。

❷経済的自由の制約根拠　「公共の福祉」は，**居住・移転・職業選択の自由**(第22条)および**財産権の保障**(第29条)の条文だけに制約原理として明記され，これ以外の具体的な権利の保障のところでは使われていない。第22条・第29条が経済的自由権を具体化した条文であることから，社会権を保障するために経済的自由権を制限する必要があり，この公共の福祉による制約を福祉国家実現のための積極的な政策的制約とみる。

★2　居住・移転の自由は，経済の自由だけでなく精神の自由や人身の自由などの複合的性格をもつとされている。

POINT!

基本的人権に関する国民の責任 ｛ 不断の努力によって保持すること…人権抑圧に対する抵抗。
公共の福祉のために利用すること…権利の濫用(らんよう)の禁止。

4 ｜ 現代社会と新しい人権

▶ 経済・社会の進展につれ，憲法で個別に明記された人権には該当しない新しい人権が登場した。新しい人権も，「生命・自由・幸福追求に対する国民の権利」(幸福追求権)などに裏づけられ，しだいに定着しつつある。

1 プライバシーの権利

❶高度情報社会　現代は高度情報社会(情報化社会)といわれる。インターネット，パソコン，タブレット端末，スマートフォンのような情報通信技術(ICT)の高度化(ICT革命)にともない，情報通信ネットワークが形成された。それにより，便利さとともに情報の価値が高まり，情報の生産・伝達と大量の情報の処理・利用が重要な役割を果たすように変化した。政府も「世界最先端のIT国家」「電子政府の実現」をめざすなど，「IT立国」の形成を掲げた。

TOPICS

監視社会

　アメリカでは，政府が電話の通信記録やネット上のメールなどの個人情報を大規模に監視していることが，**米中央情報局(CIA)**元職員スノーデンにより暴露された(2013年)。司法省がAP通信社の事務所や記者宅の電話を盗聴していた事実も発覚している。連邦捜査局(FBI)が国内の電話を盗聴でき，マイクロソフトやグーグルなどのネット企業も国家安全保障局(NSA)の調査に協力していることを認めた。

　アメリカ政府は，このような政府機関による個人情報の収集(実態はなお明らかではない)を**「愛国者法」**などによるテロ対策で合法だと主張しているが，「監視社会」化するものだとして，オバマ政権は内外から批判された。これに対して，オバマ政権は「主要国は同様の手段で情報収集活動を行っている」と弁明した。

　こうした情報技術の進歩により，政府や民間企業の元に個人情報が収集・集積され，その個人情報が漏洩(ろうえい)したり，政府が国民生活を把握・監視して自由を抑圧したりする危険が生じている。こ

のような中で，個人情報が本人に無断で政府や業者に利用される
ようなプライバシーをめぐる危機的状況に歯止めをかける対策が
必要となった。

❷プライバシーの権利　憲法上の基本的人権としてプライバシー
の権利を認めた判決が，1964年の『宴のあと』事件である。判
決ではプライバシーの権利を「私生活をみだりに公開されない権
利」とし，憲法上の根拠は，第13条の「個人の尊重」と「幸福
追求権」とされた。今日では，プライバシーの権利を「自己に関
わる情報を開示する範囲について選択できる権利」，すなわち「自
己情報コントロール権」ととらえるようになっていて，自己情報
の閲覧や誤りの訂正もできる。

判例 『宴のあと』事件	『石に泳ぐ魚』事件
三島由紀夫の小説『宴のあと』のモデルとされた元外務大臣が，プライバシー侵害として訴えた。	柳美里の小説『石に泳ぐ魚』の発行によって，モデルとなった大学院生がプライバシーと名誉感情を侵害されたとして，訴訟をおこした。
判決 東京地裁は，1964年，プライバシーの権利を「私生活をみだりに公開されない権利」と定義して，これを初めて裁判で認めた。	判決 2002年，最高裁は慰謝料と人格権に基づく出版差し止めを認めた。

❸個人情報保護法　日本でも個人情報の保護のために法律・条例
があり，個人情報保護関連5法(2003年)により，行政機関や個
人情報を取り扱う業者は，個人情報を保護する遵守義務を課された。

❹電子政府構想とマイナンバー　政府はIT戦略として「IT基本法
(高度情報通信ネットワーク社会形成基本法)」(2000年)を定め，
情報技術(IT)を行政のあらゆる分野に活用した電子政府・電子自
治体も実現する「e-Japan戦略」を立てた。また，2021年にこ
の法律を含めた6つの法律からなるデジタル改革関連法が施行さ
れた。

　電子政府の骨子は，各省庁で別々に管理していた個人情報もマ
イナンバーでひもづけて，分散していても集約できる行政情報集
積の形(ナショナルデータベース)を構築することである。さらに，
民間の情報もマイナンバーでつなげて拡大するという構想もある。
これにより，マイナンバーをマスターキーとして，ナショナルデ
ータベースから一人ひとりのどんな個人情報でも把握できる管理
体制が実現できる。

★1　最高裁判決でも，肖像権や犯罪歴の非公開，指紋押捺の非強制などを認め，実質的にプライバシーを擁護した。

★2　個人情報にはプライバシーも含まれる。プライバシーは私生活の事実であって，非公知(世間に知られていない)の情報。一方，個人情報は私生活に無関係なことも公知の情報も含み，プライバシーよりも広い概念。

★3　個人情報保護法によりメディアが取材や報道の自由を規制されることになるとの批判を受けて，報道機関，学術研究機関，著述業，宗教団体，政治団体には罰則が適用されないよう除外された。

★4　後継戦略として，情報通信技術(ICT)を活用する「u-Japan政策」も発表された。

★5　電子政府ランキングで日本は14位(国連発表2020年)と遅れており，菅首相がデジタル庁を，岸田首相がデジタル田園都市国家構想実現会議を設けた。マイナンバーカードの交付率は国民の約6割(2022年末)。

これを国民総背番号制の**電子監視国家構想**★6ととらえる見方もある。国家にプライバシーをにぎられた個人の立場は弱くなり，自立的な主権者としての立場は崩れる恐れがある。アメリカ政府が行った国民監視の恐れ以外にも，悪意をもった者が第三者のマイナンバーを入手し，マイナンバーにリンクされている個人情報を悪用する恐れもある。

★6 イギリスでは，2010年に国家が必要以上に国民の個人情報を収集しない方針を決め，市民の自由を守るため国民IDカード制を廃止した。

2 日本国憲法の基本的性格

TOPICS

国民を番号で管理する「マイナンバー」制度

　マイナンバー法（「行政手続における特定の個人を識別するための番号の利用などに関する法律」）が2013年に成立した。

　「マイナンバー」は「共通番号」や「社会保障・税番号」などの別名があるが，個人番号の名称を「**マイナンバー**」，法人を「**法人番号**」という。社会保障と税の「一体改革」関連法案の柱の1つとして，2015年10月以降，個人と法人に固有の番号を通知した。

　政府は，年金・医療・福祉・介護・労働保険の社会保障分野，国税・地方税の税務分野で利用して，手続きの簡素化，事務の効率化による行政コストの削減とともに，公平な税制を実現し，真に必要としている人に必要な社会保障を提供するという目的を掲げている。そのために正確な所得の把握が必要とされることから，社会保障分野と税分野にマイナンバーを結び付けた。すでにマイナンバーカードは健康保険証として使用でき，さらに銀行口座との結び付けも任意で可能となっている。

　マイナンバーは，居住している市町村から書面で通知された。希望者には「**マイナンバーカード**」が交付される。このカードには，氏名，住所，生年月日，マイナンバー，顔写真その他個人を識別するものが券面に記載されている。マイナンバーは社会保障・税番号制度，身元証明書制度，国民ID制度という3つの制度をあわせもつので，身分証明にも，金融機関，病院，勤務先（源泉徴収義務者）などでも番号を提示することになる。マイナンバーに関わる個人情報を，だれがどう使っているかを自分で確認できる専用のウェブサイト「マイナポータル」が2017年に設けられた。

　マイナンバーを使う行政機関や民間企業を監督するため，独立性の高い**第三者機関**「**個人情報保護委員会**」が2016年に設置された。正当な理由なくマイナンバーを含む個人情報の収集・取得やデータベースの作成・提供することは禁止されており，罰則も引き上げられた（2020年）。

---

2 環境権

　わが国は急速な工業化の進展の結果，高度経済成長を達成したが，その陰で生活環境が汚染され，人の生命や健康に害がおよぶ事態が生じた。良好な環境の下（もと）で生きることは，人間の生存の基本条件であるから，憲法の**生存権**（第

判例　大阪空港公害訴訟

　航空機騒音や排気ガスに悩まされた大阪空港周辺の住民が，環境権に基づき，夜間飛行の禁止と損害賠償を求めて訴えた。

　判決　大阪高裁は，「個人の生命・身体・精神および生活に関する利益の総体を人格権ということができる。このような人格権をみだりに侵害する行為は排除できる」として，環境権ではなく人格権を認め，原告住民側が全面勝訴した。しかし，国はこれを不服として上告した結果，最高裁は飛行差し止めは認めず，賠償は認めた。

25条），幸福追求権（第13条）を根拠として環境権が主張されてきた。[7]
　そして，開発による環境破壊の防止のために環境アセスメント（環境影響評価）条例を地方公共団体が定め，国も1997年に環境アセスメント法を定めた。環境保護は地球規模で取り組む課題である（⇨p.204）。

3　知る権利

　従来，表現の自由は，表現の「送り手」の自由が強調されていたが，最近では「受け手」の側の，**必要な情報を自由に知ることができる**という「知る権利」も含むことが強調されるようになった。国民の国政参加も正しい情報が入手できなければ形骸化してしまう。そこで，積極的に情報の提供または開示を求める権利が必要となり，その結果，国や行政機関の保有する文書に対する国民やマスメディアの公開要求権，官庁の情報提供義務を定める情報公開法が制定された。[8]

　補説　**非公開の行政内部情報**　情報公開法で開示を請求することのできる行政文書の例外として，個人情報，企業情報，外交・防衛など国家機密，警察捜査情報，行政内部情報は非公開とされた。しかし，2012年に情報公開改正法案が出され，そこには「知る権利」の保障を明文化し，不開示情報の範囲の限定，裁判所が行政機関に対し行政情報の提出を命じて裁判所のみが検分できる手続き（インカメラ審理）の導入などが盛り込まれたが成立せず，また現在公文書の作成・管理が杜撰な点が問題とされている。

4　アクセス権

　言論・出版の自由を根拠に，一般市民がマスメディアに登場する機会を保障することをアクセス権という。具体的には，**一般市民がマスメディアに意見広告や反論を載せるよう要求する権利**である。[10]

5　自己決定権

　自己決定権[11]は自分の生き方や生活を自分で決める権利のことで，[12]**幸福追求権**を根拠とし，**公共の福祉**に反しない限りにおいて尊重される。また，医療技術の発達にともない，脳死・尊厳死や臓器移植，治療のあり方をめぐる**インフォームド・コンセント**が重要となり，自己決定権が主張されるようになった。

　補説　**意思決定の範囲**　①リプロダクションに関する決定（避妊・中絶など），②生命・身体の処分に関する決定（医療拒否・尊厳死・積極的安楽死など），③家族の形成・維持に関する決定（結婚・離婚など）の3つについては「人格的生存に不可欠な利益」だから自己決定権として保障される。しかし，④ライフスタイル（趣味など）に関する決定は不可欠とはいえないので，保障されないという立場もある。

⑥ 平和主義

1 ｜ 戦争の放棄

▶ 日本国憲法に表されている平和主義の理念は，第二次世界大戦のもたらした悲惨さに対する世界中の反省とともに，唯一の被爆国であるわが国の経験から生まれたものである。日本国憲法が，世界中で最も徹底した平和憲法といわれるのはなぜだろうか。

1 平和主義の系譜

❶平和憲法の制定　**戦争放棄**を最初に規定したのは，フランス革命期の1791年憲法で，「フランス国民は，征服の目的をもっていかなる戦争を行うことも放棄し，いかなる国民の自由に対しても，決してその武力を行使しない」と定めた。その後，ブラジル・スペイン・フィリピン・オランダなどの憲法でも，侵略戦争を放棄した。

❷国際法での平和主義　1907年の**ハーグ平和会議**，1919年の**国際連盟規約**，1925年の**ロカルノ条約**，1928年の**不戦条約**のように，軍備縮小，戦争の違法化，平和的解決への努力が重ねられたが，効果は不十分で，結局，第二次世界大戦の勃発で不成功に終わった。

　1945年に成立した国際連合(⇨p.258)の**国際連合憲章**では，「すべての加盟国は，国際紛争を平和的手段によって，国際の平和・安全や正義を危うくしないように解決しなければならない」と義務づけられている。

2 日本の平和主義の特徴

　日本国憲法の平和主義は，**前文および第2章「戦争の放棄」第9条**に規定されている。

❶前文の平和規定　前文では，「政府の行為によって…戦争の惨禍」にあった反省にたち，すべての人が平和のうちに生存する権利(平和的生存権)をもつことを確認している。そして，日本国民の「安全と生存の保持」は「平和を愛する諸国民の公正と信義

★1 フランス第4共和制憲法(1946年)のほか，イタリア(1947年)・韓国(1948年)・西ドイツ(1949年)も侵略戦争を放棄。オーストリアは永世中立を宣言(1955年)。韓国とフランスは，その後の改正で戦争放棄の規定を廃棄した。

📖資料　日本国憲法(前文)
(平和主義)

　日本国民は，…(中略)…諸国民との協和による成果と，わが国全土にわたって自由のもたらす恵沢を確保し，政府の行為によって再び戦争の惨禍が起ることのないやうにすることを決意し，…(中略)…。

　日本国民は，恒久の平和を念願し，人間相互の関係を支配する崇高な理想を深く自覚するのであって，平和を愛する諸国民の公正と信義に信頼して，われらの安全と生存を保持しようと決意した。われらは，平和を維持し，専制と隷従，圧迫と偏狭を地上から永遠に除去しようと努めてゐる国際社会において，名誉ある地位を占めたいと思ふ。われらは，全世界の国民が，ひとしく恐怖と欠乏から免かれ，平和のうちに生存する権利を有することを確認する。…(後略)

に信頼」するとしている。平和的生存権は最も基本的な人権の1つと考えられている。

❷**第9条の規定**　第9条では，前文でうたった平和主義をつらぬくための具体的な方法が規定されている。国際紛争を解決する手段として，**戦争や武力による威嚇**(いかく)**，武力の行使を否定**しており，世界にも例のない**平和憲法**となっている。

補説　**平和憲法**　戦争放棄のなかに自衛戦争が含(ほうき)まれるかどうかは，学説上の対立がある。第9条の発案は幣原喜重郎(当時の首相)による説が有力(ひらの文書「平野文書」平野三郎(さぶろう)著など)。

日本国憲法 ｛前文…平和的生存権
の平和主義 ｛第9条…戦争の放棄，戦力の不保持，交戦権の否認

> 📖**資料**　**日本国憲法**（第2章　戦争の放棄）
>
> 第9条　①日本国民は，正義と秩序を基調とする国際平和を誠実に希求し，国権の発動たる戦争と，武力による威嚇(いかく)又は武力の行使は，国際紛争を解決する手段としては，永久にこれを放棄する。
> ②前項の目的を達するため，陸海空軍その他の戦力は，これを保持しない。国の交戦権は，これを認めない。

---

2 ｜ 自衛隊と日米安全保障条約

▶ わが国には自衛隊があり，今日では，国連PKOへ参加し，海外でのアメリカ軍などへの後方支援も行われている。第9条の下(もと)での自衛隊と日米安保体制下の防衛のあり方などが，憲法改正の焦点として論議されている。

1 第9条と自衛隊をめぐる論議

❶**第9条の政府解釈の変遷**　政府の解釈は，自衛隊の既成事実化★1に合わせ，これを説明するためにしだいに拡大された。

① **憲法改正案を審議した帝国議会での政府答弁(1946年)**「いっさいの戦力と国の交戦権が否認される結果，自衛戦争をも放棄する」

② **朝鮮戦争勃発後(ぼっぱつ)，マッカーサーの指令で警察予備隊が創設された際の解釈(1950年)**「外敵に対する防衛ではなく，国内の治安維持を目的とするから，警察予備隊は違憲ではない」

③ **独立回復後，警察予備隊が保安隊へ★2**

★1　1950年に**警察予備隊**が創設され，1952年に**保安隊**と改称された。さらに，1954年には**防衛庁**が設置されて**自衛隊**となった。自衛隊は創設以来，**防衛力整備計画**により増強されている。2007年，内閣府外局の防衛庁から防衛省に昇格した。

🅠　憲法第9条の政府解釈が，憲法制定の頃と現在で大きく変わったのは，なぜですか。

🅐　日本国憲法は，敗戦後の日本の民主化・非軍事化の集大成であり，制定当初は，日本から軍事色を一掃(いっそう)することが占領政策の目的の1つでした。しかし，米ソの冷戦が始まると，アメリカの対日占領政策は民主化・非軍事化の緩和・中止へと変更されていきました。占領終了後も，日本政府はこの政策を引きつぎ，とくに鳩山一郎(はとやま)内閣は9条改正に積極的でした。しかし，これに対する民間や野党の反発があり，改憲に必要な議席数が得られないため，政府・自民党の下で解釈改憲とよばれる改憲の方法がとられました。すなわち，9条は自衛隊と矛盾しないという解釈が必要とされたのです。

と成長したときの政府見解(1952年)「憲法は，侵略の目的たると自衛の目的たるとを問わず戦力の保持を禁止しているが，近代戦を有効に遂行しえない実力(保安隊)は戦力ではない」

4 MSA協定締結，自衛隊発足時の鳩山一郎首相の見解(1954年)「自衛のために必要な最小限度の防衛力ならば，違憲ではない」

5 岸首相の見解(1957年)「自衛のために必要な最小限度の自衛力は合憲であり，名前が核兵器とつければすぐ違憲だとすることは正しい解釈ではない」

6 安倍内閣の閣議決定(2014年)「我が国と密接な関係にある他国に対する武力攻撃が発生し，これにより我が国の存立が脅かされ，国民の生命，自由及び幸福追求の権利が根底から覆される明白な危険がある場合において，…必要最小限の実力を行使することは…自衛のための措置として，憲法上許容されると考えるべきである」

❷ 政府批判　平和主義の空洞化に対する主な批判を2つあげる。

1 第9条1項で侵略戦争を，2項で自衛戦争を放棄している。自衛権は国際法上の国家固有の権利として日本ももつが，軍事力による自衛は否定されている。自衛隊の実力は戦力にあたり，違憲とする説。

2 自衛のための最小限度の実力は憲法で禁じる戦力ではないと政府は言うが，自衛力と戦力の区別がつきにくく，既成事実が承認されて防衛力増強に歯止めがきかなくなるという批判。

2 日米安保体制

1951年，東西冷戦の下で，共産圏を仮想敵国とする日米安全保障条約が結ばれ，日本はアメリカの極東戦略に組み込まれた。

❶ 1960年の改定　1960年，反対運動(安保闘争)がまきおこる中で，この条約は新日米安全保障条約(日米相互協力及び安全保障条約)へと改定された。

1 日本の防衛力の増強が義務づけられた。

2 在日米軍の駐留目的が，日本国の安全に寄与することと，極東の平和・安全に寄与することの2つとされた。

3 日本の領域内への，いずれか一方に対する武力攻撃に対し，両国は共同防衛の義務を負うことになった。

4 在日米軍の配置や装備の重要な変更，国内の基地からの戦闘作戦行動について，日米両国で事前協議をすることになった。

★2　サンフランシスコ講和条約と日米安保条約が発効した時，独立が回復。

★3　「日米相互防衛援助協定」ともいい，アメリカからの軍事援助・経済援助の見返りに，日本にも防衛力増強を義務づけた。

★4　限定的な集団的自衛権(⇨p.262)のことである。

★5　侵略戦争とは，「国際紛争を解決する手段として」の戦争を意味する。

★6　日本政府は，自衛力(防衛力)や警察力は戦力にあたらないとしている。しかし，世界各国では，警察力を越える実力(武力)はすべて戦力としている。

★7　日米安保条約では日本が基地を米軍に提供し，その見返りに米軍が日本の安全を保障する，という双務的関係にある。

★8　極東における紛争に米軍が日本から出撃し，敵対国が在日米軍基地を攻撃してきた場合，共同防衛義務により，自衛隊も出動せざるをえなくなるという巻き込まれ論の考えから安保条約に反対する主張もある。

❷**日米地位協定**　旧安保条約に基づく具体的取り決めとして**日米行政協定**があったが，1960年の新安保条約締結にともない，日米地位協定に改正し，条約とした。この協定により，日本は在日米軍に基地を提供し，米軍側に治外法権的な特権を認めている。[9]

　用語　**思いやり予算**　「米軍駐留経費負担」の通称。米軍基地の経費負担について地位協定では日本側の負担は基地地主の地代（土地の借り上げ代や住民への騒音対策）だけで，他は米国が負担することになっている。しかし，アメリカの要求に応じて，政府は1978年から「思いやり予算」として負担を肩代わりし，しだいに，米軍基地の従業員の人件費，光熱水料，基地内の建設費も負担するようになり，ピーク時には2,756億円（1999年）に達した。なお，思いやり予算を正当化するため，「特別協定」を日米間で「暫定的に」結ぶことで事実上の日米地位協定の改定をはかった。

❸**ガイドライン関連法**　「**日米防衛協力のための指針（ガイドライン）**」は，1978年に閣議で了承されたものである。冷戦終結後，アメリカが日本に地球規模で国際貢献をになうよう求める中で（グローバル・パートナーシップ），1997年に改定された。

　1996年の「日米安全保障共同宣言」に基づき，97年に**新ガイドライン**を決定し，日本の分担をアジア・太平洋の周辺地域における米軍の軍事行動への後方支援に拡大した。そして，99年には，その関連法（周辺事態法など）が制定された。[10]

　2015年改定の新ガイドラインでは，自衛隊と米軍が一体化して平時から緊急事態まで切れ目なく対応することを強調した。[11]

★9　たとえば，「公務中」におきた米軍兵士の犯罪について，第一次裁判権はアメリカ側に属する。また，公務外での事件でも，アメリカが先に被疑者の身柄を拘束した場合は，検察が起訴するまで米軍の下に置かれるので，十分な捜査ができないなどの問題がある。

★10　2001年のアメリカ同時多発テロへの対応として，**テロ対策特別措置法**を制定，自衛隊を海外に派遣した。2003年のイラク戦争では**イラク復興支援特別措置法**を定め，自衛隊をイラク（非戦闘地域）へ派遣した。

★11　⤷p.73❷の❶〜❹参照。

3 | 平和主義と防衛問題

▶ 憲法の平和主義（戦争放棄）と自衛隊・日米安保条約とのあいだの矛盾は，日本の軍事力の増強や，アメリカ軍との作戦分担の拡大などにつれて，ますます表面化してきている。

1 最高裁の判決

❶**対立する判決**　平和主義や自衛隊に関する裁判所の判決には，対立がみられる。自衛隊については地裁で違憲判決が出たが，最高裁での明確な判断は示されていない。駐留アメリカ軍については，地裁で違憲判決が出たが，最高裁は合憲の判決を出している。

砂川事件[1]　1959年の第一審判決は，日米安保条約に基づくアメリカ軍の駐留は戦力の保持にあたり違憲とした。しかし，同年の最高裁判決は，明白に違憲ではない高度な政治問題については違憲審査をすべきではないとする**統治行為論**の立場をとり，駐留アメリカ軍は外国の軍隊で，第9条の戦力に該当しないので，合憲とした。[2]

★1　東京都立川市の米軍基地の拡張問題をめぐって，1955〜57年に地元住民と国とのあいだで衝突がおきた事件。

★2　高度の政治問題は司法審査になじまないとする考え方。自衛隊についての憲法判断でも，下級裁判所で統治行為論を採用した。

恵庭事件（えにわ）★3	騒音により乳牛に流産や乳量減少など多くの被害を受けた兄弟は，射撃訓練について自衛隊と事前連絡の確約をした。しかし，自衛隊がこれを破ったので，大砲着弾地点との通信回線を切断した。これにより告訴された兄弟は，自衛隊の憲法違反を主張したが，1967年，通信回線は防衛器物でないとして無罪になった。
長沼ナイキ（ながぬま）★4 基地訴訟	1973年，第一審判決で福島裁判長は自衛隊を戦力に該当するとして，初めて自衛隊違憲の判決を下した。第二審の高裁では，統治行為論に立って第一審判決を取り消し，自衛隊の設置，運営などは司法審査の範囲外であるとした。最高裁では，訴えの利益なしとして却下し，憲法判断にはふみこまなかった。

★3　北海道の自衛隊恵庭基地に隣接して酪農を営む兄弟が，自衛隊と衝突した事件。

★4　北海道の長沼町に設置される予定の航空自衛隊ナイキ基地に反対して，地元住民が国を相手どり，長沼町の国有林の保安林解除処分の取り消しを要求しておこした訴訟。

2 日本国憲法の基本的性格

2 防衛政策

❶日本の防衛政策の原則

1 専守防衛（せんしゅ）　自国の領土内でのみ防衛のための戦力を行使できる。しかし近年，領土外への自衛隊の派遣が続いている。★5

2 非核三原則　核兵器はもたず，つくらず，もち込ませず。

3 文民統制（シビリアン・コントロール）　文民が自衛隊を統率。

4 徴兵制は，憲法の戦力不保持，苦役（くえき）の禁止によって，できない。

5 海外派兵は，憲法の戦争放棄，武力不行使によって，できない。

用語　文民統制　自衛隊の指揮・統制権は軍（軍人）ではなくて，文民がもつという原則。文民だけで組織する合議体が国防の基本方針や防衛計画などの国防に関する重要事項を決定するしくみ。内閣に直属する国家安全保障会議★6は，内閣総理大臣をはじめ数人の大臣で構成され，国防を協議する。日常の統括は文民の防衛大臣が行う。

❷有事体制の確立　政府は2003年，**武力攻撃事態法**★7などの有事法制を整備した。これにより，有事の際には地方公共団体や国民が政府に協力して対処することになった。2014年に安倍内閣は集団的自衛権★8の行使を限定的に容認する閣議決定をした（⇨p.71）。

❸自衛隊の海外派遣　1991年の湾岸戦争をきっかけとして，自衛隊の国連平和維持活動（PKO）（⇨p.263）への参加が議論された。その結果，92年，PKO協力法（国連平和維持活動協力法）が成立し，自衛隊が海外に派遣されるようになった。

❹集団的自衛権の行使　安倍政権は2015年，集団的自衛権を行使可能とする安全保障関連法★9を成立させた。主な法律は，①存立危機事態で集団的自衛権を行使できる改正**武力攻撃事態法**，②地球規模で支援を可能にした**重要影響事態法**，③国連以外の要請でも駆けつけ警護で武器使用を可能とする改正**PKO協力法**などである。

★5　政府は敵基地攻撃能力（反撃能力）の保有を求めようとしている。

★6　アメリカの国家安全保障会議（NSC）をモデルにしていることから，「日本版NSC」ともいう。

★7　正式名称は「武力攻撃事態等におけるわが国の平和と独立ならびに国および国民の安全確保に関する法律」。

★8　集団的自衛権とは，自国と同盟関係にある国が他国から攻撃されたとき，自国は攻撃されていなくても，同盟国のために反撃する権利（⇨p.262）。これまで政府は，憲法によって集団的自衛権は行使できないとの原則を示してきた。

★9　このほかに，他国軍の後方支援のために自衛隊をいつでも派遣可能にする国際平和支援法なども**安全保障関連法**に含まれる。

☑ 要点チェック

CHAPTER 2　日本国憲法の基本的性格		答	
☐ 1	大日本帝国憲法で天皇の地位はどのように位置づけられていたか。	1	主権者
☐ 2	大日本帝国憲法の下で，天皇が緊急の場合に定めることができた命令で，法律と同等の効力をもつものを何というか。	2	緊急勅令
☐ 3	敗戦後の日本を支配した連合国軍の占領機関を何というか。	3	GHQ（連合国軍総司令部）
☐ 4	日本国憲法では，天皇を象徴の地位につけたのはだれの総意としているか。	4	日本国民
☐ 5	天皇が国政に影響を与えないで行う憲法上の行為を何というか。	5	国事行為
☐ 6	「人民の人民による人民のための政治」とはだれのことばか。	6	リンカーン
☐ 7	日本国憲法の改正に必要な各院の賛成者の数を答えよ。	7	総議員の3分の2以上
☐ 8	法の下の平等の原則において，日本国憲法では，人種・信条・性別のほか，何による差別を禁止しているか。	8	社会的身分または門地
☐ 9	雇用面における性差別をなくすことを目的とする法律は何か。	9	男女雇用機会均等法
☐ 10	日本国憲法で規定する自由権を3つに大別した場合，「人身（身体）の自由」「経済の自由」と，あと1つは何か。	10	精神の自由
☐ 11	どのような考え方や思想をもっていても国家権力から干渉されない自由のことを何というか。	11	思想・良心の自由（内心の自由）
☐ 12	どの宗教を信じようと，また無神論であろうとも，国家権力から干渉されない自由のことを何というか。	12	信教の自由
☐ 13	国家が特定の宗教と結びついてはならない原則を何というか。	13	政教分離の原則
☐ 14	内心で感じたことや思ったことを，外部に発表することを国家権力から干渉されない自由を何というか。	14	表現の自由
☐ 15	他の人と集会を開いたり，団体を結成することを国家権力から干渉されない自由のことを何というか。	15	集会・結社の自由
☐ 16	地方公共団体が，集団示威行動（デモ行進）を規制する目的で事前の許可制をとる条例を制定しているが，これを何というか。	16	公安条例
☐ 17	何を調査・研究しようと，国家権力から干渉されない自由のことを何というか。	17	学問の自由
☐ 18	1935年，国家が天皇に関する学説を弾圧した事件は何か。	18	天皇機関説事件
☐ 19	国家など公的機関から，外面的行動を自己の意思に反して束縛されることのない自由を何というか。	19	人身（身体）の自由
☐ 20	どんな行為を犯罪とし，どの程度の刑罰を科すかにつき，法律に定めておかなければ，罪刑を科せられない原則を何というか。	20	罪刑法定主義
☐ 21	逮捕令状や捜索令状・押収令状を発行するのはだれか。	21	裁判官
☐ 22	身柄を拘束された場合，直ちに自分のためにだれを依頼できるか。	22	弁護人

□ 23	自白を強要するために被疑者や被告人に肉体的苦痛を与えることを何というか。	23 拷問
□ 24	自己に不利益なことは供述しなくてもよい権利を何というか。	24 黙秘権
□ 25	検察官が有罪を立証できず，有罪の確証がない場合に，裁判官のとるべき判断の原則は何か。	25 疑わしきは被告人の利益に従う
□ 26	経済的自由権の１つで，営業の自由も含む権利を何というか。	26 職業選択の自由
□ 27	すべての人が人間らしい生活を保障するよう国家に求める権利とは何か。	27 生存権
□ 28	生存権は，個人が裁判上救済を受けられる具体的権利ではなく，国の指針のような宣言的規定とみる考え方を何というか。	28 プログラム規定説
□ 29	生存権の実現に不可欠な文化的生存権といわれるものは何か。	29 教育を受ける権利
□ 30	労働三権には，団結権，団体交渉権の他に何があるか。	30 団体行動権（争議権）
□ 31	勤労権と労働三権を総称して何というか。	31 労働基本権
□ 32	国や地方公共団体に対し，その公務に関して要望する権利とは何か。	32 請願権
□ 33	公務員の不法行為による損害に対し，政府に何を請求できるか。	33 国家賠償
□ 34	他者の自由・権利も公平に確保するために，基本的人権に内在している人権制約原理を何というか。	34 公共の福祉
□ 35	表現の自由を情報の受け手の側からとらえ直し，必要な情報を入手する権利として強調されている新しい人権とは何か。	35 知る権利
□ 36	国民の知る権利を具体的に保障するために，行政機関の情報を開示させる法律を一般に何というか。	36 情報公開法
□ 37	私事・私生活を公開されない権利であり，さらに自己に関する情報をコントロールする権利でもあるものは何か。	37 プライバシーの権利
□ 38	人間にとって良好な環境を享受する権利を何というか。	38 環境権
□ 39	戦争の惨禍や恐怖から解放されて平和のうちに生存していく権利として，すべての人権の大前提となる新しい人権は何か。	39 平和的生存権
□ 40	高度な政治的問題は司法判断の対象外とし，その政治的責任は政府や国会が判断すべきものとする考えを何というか。	40 統治行為論
□ 41	核兵器をもたず，つくらず，もち込ませずという原則を何というか。	41 非核三原則
□ 42	軍隊を指揮統制する者を職業軍人以外の者にし，議会などが民主的統制を加える制度を何というか。	42 文民統制（シビリアン・コントロール）
□ 43	日本が米国と締結し，米軍基地を認めた条約は何か。	43 日米安全保障条約
□ 44	日本の領域への侵略に対し，日米はどう対処する義務があるか。	44 共同防衛
□ 45	在日米軍が日本の基地を戦闘作戦行動のために使用する際，日米両国が前もって協議をするしくみを何というか。	45 事前協議制度
□ 46	1991年の湾岸戦争後に，カンボジアや東ティモールなどに自衛隊が派遣されたが，この活動を何というか。	46 平和維持活動（PKO）
□ 47	日本の領域外の周辺有事の際，米軍の後方支援を行うと定めた法律は何か。また，それにかえて地球規模で他国軍の後方支援ができるとした法律は何か。	47 周辺事態法，重要影響事態法

3 » 日本国憲法と政治機構

まとめ

① 国会の地位と権限 ☞ p.78

☐ **日本の政治機構**　権力分立制を採用。**三権分立**や**地方分権**（地方自治）。

三権分立 { 立法権→国会，行政権→内閣，司法権→裁判所。
　　　　　{ イギリス型の**議院内閣制**とアメリカ型の**違憲審査制**とを併用。

☐ **国会の地位** { 国権の最高機関…国民主権の下での代表民主制の原理による。
　　　　　　　　{ 唯一の立法機関…立法における国会中心主義。

▼両院の比較

☐ **国会の機構** { 二院制…**衆議院**と**参議院**。
　　　　　　　　{ 二院制の長所が弱まる。

	定　数	被選挙権	任期	解散
衆議院	比例代表 176名 小選挙区 289名	25歳以上	4年	あり
参議院	比例代表 100名 選挙区 148名	30歳以上	6年	なし

☐ **衆議院の優越**　法律・予算・条約の承認，
内閣総理大臣指名の議決，予算の先議。

☐ **国会の権限**

・**立法権**…法案の提出・審議・議決：委員会制度・**公聴会**・両院協議会。

・**最高機関として**…財政に関する権限：**予算議決権**・課税権・決算承認権。

　行政監督権：内閣総理大臣の指名，内閣不信任決議権，国政調査権，条約承認権。

　その他：**憲法改正発議権**，**裁判官弾劾権**，皇室財産に関する議決権。

☐ **国会の運営**　常会・臨時会・特別会。**定足数**は3分の1以上。国会議員の特権。

☐ **議会政治の現状と課題**　国会の機能低下や地位低下。議会政治の危機→国民本位
の政治改革の実現が望まれる。

② 内閣と行政 ☞ p.88

☐ **内閣の地位**　行政権をもつ行政の最高機関。天皇の国事行為に対する助言と承認。

☐ **議院内閣制**　内閣が国会の信任の下に成り立ち，行政権の行使について**国会に対
して連帯責任を負う**制度。内閣総理大臣と国務大臣の過半数は国会議員。

☐ **内閣総理大臣**（首相）　**国会議員の中から国会が指名→天皇が任命**。内閣の首長と
して国務大臣の任免権，閣議の主宰，行政各部の指揮・監督権をもつ。

☐ **内閣の
職務** { 法律の執行，外交関係の処理，**条約の締結**，官吏に関する事務の掌握，
　　　　{ 予算の作成，政令の制定，恩赦の決定，参議院緊急集会の請求権，
　　　　{ 決算の国会提出，**最高裁判所長官の指名とその他の裁判官の任命**。

☐ **内閣と国会の関係**　衆議院の内閣不信任決議に対して，10日以内に衆議院解散か
内閣総辞職（69条解散）。7条解散もある。

❸ 裁判所と司法 ☞p.92

- □ 裁判所の地位　司法権は最高裁判所および下級裁判所に属する。
- □ 司法権の独立 { 特別裁判所の禁止。司法行政権は最高裁判所に属する。
  裁判官の独立と身分保障。行政機関による裁判官懲戒の禁止。
- □ 裁判の種類　刑事裁判・民事裁判・行政裁判→すべて裁判所の管轄下。
- □ 裁判所の種類 { 最高裁判所…長官と14人の判事。①違憲立法審査権をもつ終審裁判所。
  ②下級裁判所裁判官の指名権。③規則制定権。④司法行政権。
  下級裁判所…高等裁判所・地方裁判所・家庭裁判所・簡易裁判所。
- □ 三審制　控訴→上告。1つの事件につき，3度まで審判を受けられる。

裁判官の独立	①良心に従い独立して職権行使
	②他者から指揮・命令を受けず
	③憲法と法律にのみ拘束される

- □ 裁判官の任命　最高裁判所長官は内閣が指名し，天皇が任命。その他の裁判官は内閣が任命。

裁判官の罷免条件	①心身の故障…裁判により決定
	② 公の弾劾…国会の弾劾裁判所
	③国民審査…最高裁判官のみ

- □ 裁判官の身分保障　罷免の限定。相当額の報酬を受け，減額は禁止。
- □ 違憲立法審査権　法律や命令・行政処分などが憲法に違反していないかどうかを審査する権限(「憲法の番人」)。具体的訴訟に付随して行う。

❹ 地方自治 ☞p.98

- □ 地方自治は民主主義の学校　トックビルやブライスの考え。
- □ 地方自治の本旨　住民自治と団体自治。
- □ 地方公共団体の組織と機能
  二元代表制 { ①大統領制(首長制)に基づく首長の拒否権と議会の再議権。
  ②議院内閣制に由来する議会の首長不信任決議権と首長による議会解散権も付加。
- □ 業務上の問題　機関委任事務は廃止されて，自治事務と法定受託事務に。地方分権の推進と地方財政の建て直しが課題。
- □ 住民の権利　直接請求権，住民投票(レファレンダム)制度など。

▼地方自治のしくみ

憲法の規定	・憲法第8章に規定
本旨	・住民自治・団体自治の保障(地方分権) ・長を住民が直接選挙
機構	・首長制，行政委員会 ・地方議会の権限強化 →条例の制定など
住民の権利	・地方特別法の住民投票 ・直接請求権(条例の制定・改廃，解職，議会解散，監査)

1 国会の地位と権限

1 | 日本の政治機構と権力分立

▶ 市民革命によって生みだされた近代国家は，人権保障のために権力分立の政治機構をとるものとされ，近代憲法に明記されるようになった。これから国の政治のしくみを学ぶが，まず，日本国憲法では権力分立制についてどのように規定しているか，概観してみよう。

1 三権分立の原則

❶憲法上の規定　日本国憲法は，大日本帝国憲法と比べて，本格的な権力分立制をとっている。大日本帝国憲法でも一応，権力分立の形態はとられたが，天皇が統治権を総攬し，主権者(天皇)に権力が集中する体制を大前提としていた。日本国憲法では，次のような規定によって三権分立を政治機構の根本としている。

★1 大日本帝国憲法には，「大日本帝国ハ万世一系ノ天皇之ヲ統治ス」(第1条)，「天皇ハ国ノ元首ニシテ統治権ヲ総攬シ」(第4条)と定められている。

①「国会は，国権の最高機関，国の唯一の立法機関である」(第41条)
②「行政権は，内閣に属する」(第65条)
③「すべて司法権は，最高裁判所および下級裁判所に属する」(第76条)

❷日本の三権分立

1 三権の相互関係　完全に対等というものではなく，国会を国権の最高機関としている。国民主権の下で，国民から直接に選ばれた機関は国会だけだからである。

2 立法部(国会)と行政部(内閣)との関係　イギリス型の議院内閣制(⇨p.31)をとり，立法部の優越を認めている。

3 司法部(裁判所)と立法部・行政部との関係　司法部の違憲立法審査権(⇨p.94)によって，アメリカ型の司法部の優越を認めている。

2 地方分権

日本国憲法では「地方自治」の章を設け，中央と地方との権力分立を定めている。民主政治の実現には地方自治が不可欠とされるためである。

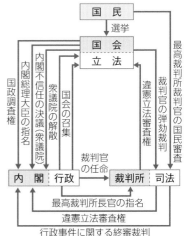

▲日本の三権分立のしくみ
→は他機関に対する抑制の方向を示す。

2 | 国会の地位

▶ 議会とは，政治について話し合う代表者の合議体のことである。日本では，国の議会を国会とよぶが，国会は国の政治のうえでどのような地位にあるのだろうか。

1 日本国憲法で定められた国会の地位

日本国憲法では，国会を「国権の最高機関」であり，「国の唯一の立法機関」と規定している（第41条）。

国会の地位 ｛国権の最高機関／国の唯一の立法機関

2 国権の最高機関

「国権の最高機関」は，国会を国政の中心に位置づけて国民主権を実現するという意味であり，国会が他の国家機関を指揮・命令するということではない。わが国は三権分立をとり，内閣や裁判所は国会から独立した機関である。

憲法が国会を国権の最高機関とする第一の理由は，**国会が国民に直接選ばれた代表者からなるただ1つの国家機関**であることによる。すなわち，**議会主義**をとるわが国では，「日本国民は，正当に選挙された国会における代表者を通じて行動し」「国政は，国民の厳粛な信託によるものであって，（中略）その権力は国民の代表者がこれを行使」する（憲法前文）のである（⇨p.23）。

第二の理由は，**国会が唯一の立法機関**とされ，内閣は国会の制定した法律に基づいて行政権を行使し，裁判所も憲法と国会の制定した法律とによって司法権を行使することになっているからである。

> 補説 **国権の最高機関** 「国権の最高機関」ということから，国会は予算・条約承認権，内閣総理大臣指名権，国政調査権，内閣不信任決議権，裁判官弾劾権など，**立法権以外の権限**も有する。しかし，三権分立なので，国会も内閣の**衆議院解散権**や裁判所の**違憲立法審査権**により抑制される。

> 用語 **議会主義** イギリスや日本の議院内閣制が典型的な型で，国民代表で構成される議会が，国家の最高意思（法律や予算など）を決定する政治原理・制度である。**議会政治，代議制，議会制民主主義**（⇨p.23～24）ともいう。アメリカの大統領制も，議会と大統領が対立する場面では最終的に議会の意思が優越するので，広い意味では議会主義に含まれる。

★1 議会主義については，⇨p.24を参照。

★2 国会の開会式は参議院の本会議場で行われる。そのため，参議院本会議場には，議長席の後ろに，天皇が国会開会のことばを読みあげる御席が設けられている。衆議院と参議院の本会議場を見分ける1つの方法である。

▲国会の開会式（参議院本会議場）

3 国の唯一の立法機関

　法治国家では，国の政治が法律に基づいて行われなければならない。国民の権利や義務に関する規定は，国会だけが法律として決める権限をもつ。この基礎には，人権保障と国民主権の要請があり，次の2つの原則が導きだされる。

❶**立法における国会中心主義**　他の国家機関が国会を通さずに立法を行うのを禁止する。例外として，最高裁判所の**規則制定権**，議院の**規則制定権**がある。また，法律の委任による**政令**(内閣の委任立法)や**規則**(行政委員会の準立法権)の制定も増大している。

❷**国会単独立法**　国会だけで法律は成立するということ。例外としては，第95条の**地方特別法の住民投票**(⇨p.99)がある。

3 | 国会の機構

▶ 日本の国会は衆議院と参議院とからなる。これを二院制といい，イギリス・アメリカ・ロシアの上院・下院もその例である。日本の場合の二院制は，どのようなしくみと特色をもっているのだろうか。

1 二院制(両院制)

❶**二院制の種類**　下院(第一院)と上院(第二院)とに分けられ，下院は国民が直接選ぶ議員で組織される。上院は多種多様で，組織方法は3つの型に大別できる。

1 **大日本帝国憲法下の貴族院型**　特権階級や有資格者の中から任命される。

2 **連邦型(アメリカ・ロシア型)**　連邦国家の場合，各州代表者で組織される。

3 **民選型(参議院型)**　民選だが，下院と異なる選出方法による。

❷**二院制の利点**　二院制の長所として，次のことがあげられる。

1 選挙制度を異にする二院の存在で，民意が議会によく反映される。

2 審議を慎重にし，**第一院**(数の代表)のゆきすぎを**第二院**(理の代表)が修正したり，第一院の多数党の横暴を批判し，反省させたりすることができる。

3 第一院が解散などで活動不能の際に，第二院が緊急事案を処理する。

❸**衆議院と参議院**　日本国憲法では，「**国会は，衆議院及び参議院の両議院でこれを構成する**」(第42条)と定めるとともに，「**両議院は，全国民を代表する選挙された議員でこれを組織する**」(第

★3　大日本帝国憲法の下では，緊急勅令や独立命令のように，議会にはからず天皇だけで立法できるものがあった。

★4　大日本帝国憲法の下では，天皇の裁可が必要で，議会の議決だけでは法律が成立しなかった。

★1　アメリカの上院が州代表で構成されるのは，アメリカ独立時に州が独立国だったことに由来し，アメリカは現在も州の独立性が高い。

★2　参議院の**緊急集会**(⇨p.86)がこれにあたる。

★3　国会議員は全国民を代表するもので，選挙区(地元)の代表ではないことを意味する。

43条)こととした。両院とも民選であるが，選出の方法，任期などを異ならせ，性格が同じにならないようにしている。また，以前の参議院の全国区選出議員は，職能代表制的な性格をもっていた。

なお，一票の格差を是正(ぜせい)するため，2016年，衆議院の議員定数は465議席に削減された(小選挙区289・比例代表176)。

衆議院		参議院
465人		248人
18歳 以上	選挙権の年齢	18歳 以上
25歳 以上	被選挙権の年齢	30歳 以上
4 年 (解散すれば 任期終了)	任 期	6 年 (3年ごとに 半数改選)

▲衆議院・参議院の構成

3 日本国憲法と政治機構

／ TOPICS ／

一院制か二院制か

フランス革命時の政治家アベ・シェイエスは，その著『第三身分とは何か』の中で，「そもそも貴族院は何の役に立つのか。貴族院は代議院と一致すれば無用であり，代議院に反対すれば有害だ」と述べた。

一方，20世紀初頭のイギリスの政治学者ジェームズ・ブライスは，『近代民主政治』の中で，「第一院だけでは審議が急がれ，多数党が横暴となり議会が腐敗する。この傾向を阻止し，是正するためには，第 院と対等な権威をもつ第二院が必要である」と述べた。

わが国では，参議院の政党化が進み，衆議院と構成が似てくると，「ミニ衆議院」「衆議院のカーボンコピー」とよばれ，参議院無用論がおこった。そこで1971年，河野謙三議長は参議院改革を主張，①議長・副議長の党籍離脱，②参議院から大臣，政務次官を出さない，③党議拘束を緩(ゆる)め，自由討議制を採用することにより，「良識の府」「理の参議院」をよみがえらせようとした。

1989年には与野党逆転が生じ，衆参でねじれ現象が生じ，参議院の重みが増した。しかし，衆議院の立場から，第二院にもかかわらず参議院が国政に不当に影響力を行使しているという批判もみられる。

2 衆議院の優越

二院制では，各院が互いに独立して意思決定を行い，二院の意思が合致した場合に国会の意思が成立する。しかし，二院の意思が対立して国会の意思が決定されないと，国政の運用に支障をきたすことになる。そこでわが国では，衆議院が参議院に対し，一定の限度で優越するしくみを採用している。

❶**法律案の議決における衆議院の優越**　法律案について，衆議院と参議院とが異なる議決をしたときは，**衆議院で出席議員の3分の2以上の多数で再び可決**すれば，国会の議決となる。両院協議会を開いてもよいし，開かなくてもよい(第59条)。

> 用語 　**両院協議会**　衆参両院の意見が一致しないとき，両院から委員を出して協議するために，臨時に設けられる機関。**各議院10名ずつの委員で組**織される。ただし，両院協議会の決定は各議院を拘束するものではない。なお，法律案の場合の両院協議会は衆議院の要求があれば開かれるが，衆議院は参議院からの要求を拒むことができる。

★4　参議院が，衆議院で可決した法律案を受けとってから60日以内に議決しないときは，衆議院は，参議院がそれを否決したものとみなすことができる(第59条第4項)。

この参議院の議決期間は，予算・条約については30日以内，総理大臣指名の場合は10日以内となる。このように，決定の緊急性に応じて期間が短くなっている。

衆議院は参議院に比べて任期が短く，解散の制度もあり，主権者である国民の意思を参議院よりもよく反映する。 }→衆議院の優越

❷衆議院の絶対的優越　国政の運用において，緊急度が高い議案は，法律案の議決よりもさらに強い衆議院の優越性が定められている。予算の議決，条約の承認，内閣総理大臣の指名について，衆議院と参議院が異なる議決をしたとき，両院協議会を開いても意見が一致しない場合には，衆議院の議決が国会の議決となる。

★5 この場合は，必ず両院協議会を開かなければならない。なお，参議院が議決すべき期間(休会中を除く)に議決しなかった場合も，(両院協議会なしで)衆議院の議決がそのまま国会の議決となる。

衆議院の優越	異なる議決の場合の両院協議会	両院協議会で不一致，または右の期間内に参議院未議決の場合	参議院に与えられた議決の期限
法律の議決(第59条)	開かなくてもよい	衆議院の再議決で法律となる	60日
予算の議決(第60条)	必ず開く	衆議院の議決を国会の議決とする	30日
条約の承認(第61条)			30日
内閣総理大臣の指名(第67条)			10日

❸予算先議権　一般の議案は衆参どちらの議院に先に提出してもよいが，予算については必ず先に衆議院に提出しなければならない(第60条第1項)。

★6 予算案が衆議院で否決されたら廃棄になる(参議院での審議はない)。

❹内閣不信任決議権　衆議院だけが内閣不信任決議権をもつ(第69条)。

補説　衆議院の優越　衆議院の優越は憲法や法律に定められている場合に限られ，憲法改正の発議権などは対等である。各議院に与えられている国政調査権，議院規則制定権はそれぞれ独立して行使するので，衆議院の優越とは関係がない。

Q 1999年の「国会審議活性化法」によって，国会では活発な審議が行われるようになりましたか。

A 国会での答弁を大臣に代わって行っていた官僚の政府委員を廃止し，大臣や副大臣，政務官が行うことにしました。また，政治主導をはかるために2001年の中央省庁再編で副大臣と政務官が新設されたのに合わせ，官僚抜きで答弁を行う党首討論を導入しました。これはイギリスの制度をモデルに導入したもので，クエスチョン・タイムともよばれます。一方で，政府参考人といった官僚が出席可能な制度も設けられています。

4｜国会の権限

▶国会は「唯一の立法機関」として立法権をもち，「国権の最高機関」として国政の中心に位置する。また，議院内閣制をとることから，国会は内閣に対して行政監督権をもち，裁判所に対しても一定の監督権(裁判官弾劾権)がある。

1 立法権

❶立法と行政　立法とは，国民の権利や義務に関する一般的規範である法律を制定する作用で，国民の代表機関である国会が「唯一の立法機関」とされている。そして，行政・司法のはたらきを得て，国民の権利・自由を確保するための法治主義および議会制

★1 行政は法律を執行し(法律による行政)，司法は法律を解釈・適用する(法律による裁判)ということ。

民主主義が完全なものになると期待された。この「立法権の優越」「立法国家」の考えは19世紀に実現したが，20世紀に入ると2度の世界大戦，経済危機などを経て「行政権の優位」「行政国家」へと変容した。

❷ 立法の過程

1. **発案**　立法機関の構成員である国会議員は法律発案権をもつが，議院内閣制の点から内閣にも発案権がある。また，各議院の常任委員会・特別委員会も法律案を提出できる。

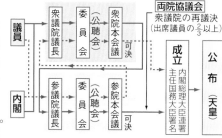

▲法律の制定過程

2. **審議**　法律案の審議は委員会制度をとる。委員会では，重要法案の場合は公聴会★2を開いて学識経験者や利害関係者の意見を参考にし，十分に審議をつくす。そのあと，本会議で審議する。

3. **議決**　各議院の本会議で可決されれば，法律として成立する。衆参両院で議決が異なった場合は，衆議院が優越する（⊂⟩p.82）。

4. **公布**　内閣の助言と承認に基づき，天皇が公布する。★3

　用語　**委員会制度**　本会議よりも少数の議員で構成される委員会は細かく審議でき，議員も専門的な研究ができる。**常任委員会**★4と，特定の案件を審議するための**特別委員会**とがある。

2 条約の承認

　条約の締結権は内閣にあるが，原則として事前に国会の承認を得ることを要件としており，事後の承認はやむをえない場合に限られている。条約の承認については，衆議院が優越する。

　用語　**批准**　国家が最終的に条約を確認し，同意を与えること。批准は内閣が行うが，国会の承認が必要である。批准は公式の文書（批准書）によって行い，批准書が**交換（寄託）**★5されて初めて条約は発効する。

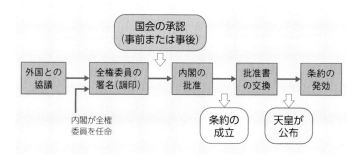

▲条約締結までの過程

★2　議会や行政機関が決定の参考にするため民間の意見を聞く会。予算については必ず開く。

★3　具体的には，官報への掲載が公布を意味する。

★4　衆議院常任委員会。

内　　閣	国土交通
総　　務	環　　境
法　　務	安全保障
外　　務	国家基本政策
財務金融	
文部科学	予　　算
厚生労働	決算行政監視
農林水産	議院運営
経済産業	懲　　罰

参議院では外務と安全保障委員会がなく，代わりに外交防衛，決算，行政監視がある。

★5　批准書の交換は二国間の条約の場合で，多国間条約では寄託という。

③ 財政に関する権限

❶租税法律主義　日本国憲法は，すべての国の収入・支出，その他の国有財産の管理が国会の議決に基づかなければならないとし，財政処理に関する基本原則を明白にしている。また，租税についても第84条で租税法律主義を定めている。

★6　これを**財政民主主義**という。

　　国費の支出については国会の議決に基づくことが必要とされ，大日本帝国憲法の勅令による予算外支出や，予算不成立の場合の政府の前年度予算施行権は禁じられた。

★7　内閣から独立した地位にあるが，3名の検査官は両議院の同意を得て内閣が任命する。

❷予算の決定　予算の作成は内閣の権限であるが，それを決めるのは国会の権限である。

　　内閣が作成した予算は，先に衆議院に提出される。両院で可決して予算は成立するが，**参議院が衆議院と異なる議決をしたり，受け取ってから30日以内に議決をしないとき，両院協議会でも一致しない場合は，衆議院の議決通りとなる。**

❸決算の承認　予算と実際の歳入・歳出の結果を対比させたものを決算という。内閣は決算を会計検査院で検査を受けたあと，検査報告とともに国会に提出し，国会の審議を受けなければならない（⇨p.175）。

> **📖資料　日本国憲法**（財政に関する国会の権限）
>
> **第83条**　国の財政を処理する権限は，国会の議決に基いて，これを行使しなければならない。
>
> **第84条**　あらたに租税を課し，又は現行の租税を変更するには，法律又は法律の定める条件によることを必要とする。
>
> **第86条**　内閣は，毎会計年度の予算を作成し，国会に提出して，その審議を受け議決を経なければならない。
>
> **第90条**　国の収入支出の決算は，すべて毎年会計検査院がこれを検査し，内閣は，次の年度に，その検査報告とともに，これを国会に提出しなければならない。

|補説|　**予算の作成**　憲法では，国の予算は内閣が作り国会に提出するとされているが，実際の具体的な作業を行うのは**財務省**である。各省庁が要求した個々の経費を査定し，不必要と判断した額を削り，財務省原案として12月下旬に内閣に提出する。予算がつかない政策は実施不可能だから，財務省官僚の権限は強大であった。そこで，予算編成や財政運営を財務省から官邸主導に転換することを目的として，2001年1月に**経済財政諮問会議**が設置された。

★8　役割は，経済全般の運営や財政運営の基本，予算編成の基本方針を審議，答申することで，通常，内閣の基本方針になる。

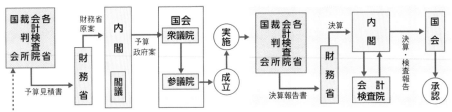

（内閣府の経済財政諮問会議が予算編成の基本方針を審議）

▲予算の成立から決算の承認までの過程

4　行政監督権と弾劾裁判

❶**国政調査権**　衆参両院は，それぞれ**国政に関して調査する権限**[9]をもつ。帝国議会でも不十分な調査権が一応認められていたが，日本国憲法の下で確立した。立法調査や行政監督の機能のために活用が期待されるが，濫用による人権侵害や司法権の独立を侵すことは許されない。

★9　国政調査権はイギリスに起源をもち，アメリカの議会でしばしば行われている。

❷**内閣総理大臣の指名権**　議院内閣制においては，国会で国会議員の中から内閣総理大臣を決め，政府をつくる。つまり，内閣総理大臣は，国会の指名に基づいて，天皇が形式的に任命するのであるが，実質的には選挙で多数を占めた政党が国会の意思を決定する。

❸**内閣不信任決議権**　政府を抑制する機能のうち最も強力なもので，内閣をやめさせる（総辞職においこむ）ことができる（⇨p.91）。

> 📖 **資料**　**日本国憲法**（行政部監督に関する国会の権限）
>
> 第62条　両議院は，各々国政に関する調査を行ひ，これに関して，証人の出頭及び証言並びに記録の提出を要求することができる。
>
> 第67条　内閣総理大臣は，国会議員の中から国会の議決で，これを指名する。この指名は，他のすべての案件に先だって，これを行ふ。

補説　**内閣不信任決議権**　衆議院の**内閣不信任決議権**は，内閣の**衆議院解散権**と対抗するもので，衆議院は内閣を打倒できるが，内閣も逆に衆議院を解散して，衆議院議員の地位を任期満了前に失わせることができる。参議院は安定性と継続性が保障され，解散の制度がない反面，内閣不信任決議権ももたない。

❹**裁判官の弾劾裁判**　裁判官は身分が保障されているが，重大な職務上の義務違反・怠慢や非行に対して，国会は弾劾裁判所を設け，その裁判官を弾劾裁判にかけ，罷免するか否かを決定する。国会に設けられた**訴追委員会**で弾劾裁判にかけるか否かを決定したのち，訴追された裁判官を**弾劾裁判**で裁く。

▲10　各議院10名，合計20名で構成される。

★11　各議院7名，合計14名で構成される。なお，弾劾裁判では3分の2以上の多数決で罷免でき，これまで7名の裁判官が罷免された。

5　国会運営の原則と議員の特権

▶ 合議体としての国会では，言論の自由が確保される必要がある。このために，どのような規定が設けられているのだろうか。

1　国会の種類

❶**常会（通常国会）**　1月に召集。会期150日。**予算審議が中心**。[1]

❷**臨時会（臨時国会）**　内閣の要求か，いずれかの議院の総議員の4分の1以上の要求で開かれる。会期は両院の一致で決める。

★1　予算は1年ごとに作成するので，年度初めの4月1日以前に国会の承認を得ることが望まれる。

3

日本国憲法と政治機構

❸特別会(特別国会)　衆議院の解散後の総選挙の日から30日以内
に召集される。**内閣総理大臣の指名が審議の中心。**
❹参議院の緊急集会　衆議院の解散中に緊急の必要が生じた場合,
内閣の要請で開かれる参議院の会議。

2 国会運営の原則

❶議事手続き
1 **定数**　各議院とも総議員の3分の1以上。
2 **議決**　原則として出席議員の過半数であるが, 特別多数決の
　例外規定もある。

[補説]　**特別多数決**
　[総議員の3分の2以上の賛成が必要な場合]
　憲法改正の発議の場合だけ。
　[出席議員の3分の2以上の賛成が必要な場合]
　①議員の資格争訟裁判で議員の資格を失わせる場合。②秘密会にする場合。
　③議員を除名する場合。④衆議院で法案を再議決する場合。

❷会議の公開　議会の活動は国民の監視と批判の下で行われるべ
きであるから, 国会の会議は原則として公開される。
❸一事不再議の原則　議院でひとたび議決した問題は, 同一会期
中に再び審議しないこと(日本国憲法に規定はないが一般的原則)。
❹会期不継続の原則　会期中に議決にいたらなかった議案は廃案
となる。ただし, 院の議決により委員会の継続審査は可能。
❺議院の自律権
1 **議院規則制定権**　各議院は衆議院規則, 参議院規則によって
　院内の手続きや規律を決めることができる。
2 **議員の資格争訟の裁判権**　議員の資格の有無についての争訟
　は, その議院が裁判をする(第55条)。
3 **議員の懲罰権**　各議院は, 院内の秩序を乱した議員を懲罰す
　ることができる(第58条)。最も重い処分に除名もある。

3 国会議員の特権

❶不逮捕特権　議員としての活動を保障し, 行政部の逮捕権の濫
用を防ぐため, **会期中は逮捕されない**(第50条)。
❷発言・表決の免責　「議院で行った演説, 討論又は表決について,
院外で責任を問はれない」(第51条)と**議会内での言論の自由**が保
障される。この「責任」とは法的責任(名誉毀損罪や損害賠償)の
ことで, 議員の政治責任を問うことはできる。
❸歳費を受ける権利　国から相当額の歳費を支給される(第49条)。

★2　任期満了後の総選挙と参議院の通常選挙のあとに召集されるのは臨時会(臨時国会)。

★3　緊急集会での決定事項は, 次の国会開会後10日以内に衆議院の同意がなければ, その効力を失う。

★4　総議員とは法定議員数と解されている。したがって, 衆議院は465人, 参議院は248人(2023年1月現在)。

★5　これまで衆参両議院とも本会議で秘密会とされたことはない。

★6　衆議院は閉会中審査, 参議院は継続審査とよばれる。

★7　議員の資格とは, 被選挙権があること, 他の議院の議員など兼職の禁じられている職務についていないことなどである。

★8　ただし, 院外で現行犯の場合は逮捕される。なお, 会期前に逮捕された議員は, その議院の要求があれば, 会期中は釈放される。

6 | 議会政治の現状と課題

▶ 近年，議会の役割や機能が低下する一方で，行政部が肥大化し，議会制民主主義は危機に直面しているといわれる。議会政治の問題とその信頼回復への道すじを考えてみよう。

1 わが国の議会政治の問題点

❶**代表制の欠陥**　民意を反映しない選挙制度(人口に比例した代表選出になっていない現状や，棄権の多さなど)。

❷**審議の形骸化**　立法過程で行政部が主導し，審議の原理，多数決の原理が空洞化している。

❸**行政監督の機能不全**　内閣は国会の多数党(与党)の幹部で構成されているので，与党は内閣擁護側になりやすい。一方で，野党は力不足なため，国政調査権などが十分に生かされていない。

> 補説　**議員立法**　成立する法案は官僚立案の内閣提出法案が8割前後で，議員立法は少ない。それは，法案を審議するかが国会対策委員のあいだの折衝で決められるからである(**国対政治**)。議員の立法活動を補佐するため，**衆議院法制局**と**参議院法制局**があり，立案や照会のための専門的な支援があるにもかかわらず議員立法が少ないのは，議員の一番の関心が，次の選挙で当選するための票集めや資金集めにあるからだという指摘がある。

★1　衆議院の小選挙区の区割りでも最高2倍以上の**1票の格差**があり，最高裁が違憲状態と判決を下している(⇨p.118)。

★2　審議する順番は内閣提出法案が優先されるので，議員提出法案は審議もされないままになるのである。

★3　近年は議員提出法案が増え内閣提出法案と同数ほどになっている。立法機関の議員の本来の役目は立法のはずである。

┌ TOPICS ┐

議会政治の危機

　19世紀は「議会の世紀」といわれるほどに，世界各国で議会を中心とする政治形態が採用された。この時代の議会は，①制限選挙制と**国民代表**の原理(議員は国民全体の代表なので，選挙区の統制を受けない)に立っていたので，議会の構成メンバーは比較的に同質な有産階級によって占められていた。②国家の任務は国防と治安維持などに限定され(**夜警国家**)，議会の処理する問題も，量・質ともに限られていたことなどから，自由な討論を通じて，合意が成立しやすく，議会の国民統合機能は円滑にはたらいていた。

　ところが，19世紀末以降の資本主義の発展により，労働者と資本家の階級的対立の深刻化，諸職能の分化によるさまざまな社会集団の噴出，貧富の格差の増大などの社会変容が生じた。そして，①これまで政治参加を阻

まれていた大衆が**普通選挙権**を獲得し，政治の世界に登場したので，議会の構成メンバーの同質性が崩壊，②夜警国家から**福祉国家**への変貌は，国家の機能を増大させた。

　これらの変化は議会政治にも影響を与えた。つまり，多様な利害と要求が議会にもちこまれることから，しばしば政党間に深刻な意見対立が生じて，政党の議員に対する拘束力も強まり，討論による意見調整が困難になり，議会の審議機能は十分に作用しなくなった。

　また，**国家機能の増大と政治の専門技術化**は高度に専門的な問題を議会に提起することになり，政策の立案は，官僚がになうこととなった。議会は，行政部の意思決定を追証し，法律を自動的に登録するだけの機関に転落したという批判すら出て，議会政治の本来のあり方とはほど遠い状況になったのである。

2 内閣と行政

1 | 内閣の地位

▶ わが国の内閣制度は，1885（明治18）年，立憲政治への基礎固めとして始まった。大日本帝国憲法には内閣の規定はなく，内閣は天皇の輔弼機関にすぎなかった。日本国憲法によって内閣の地位が確立するとともに，国会に対して責任を負う議院内閣制が整えられた。

1 内閣の地位の強化

日本国憲法では**内閣の地位が強化**され[★1]，また民主化された。

大日本帝国憲法	比較点	日本国憲法
憲法に内閣の規定はなく，内閣は勅令である内閣官制に基づく。	憲法上の規定	憲法第5章に規定。内閣法も制定され，内閣制度が確立。
各国務大臣は，それぞれ天皇を輔弼し[★2]，天皇に対し責任を負った。枢密院・軍部の圧力で内閣の地位は不安定。	内閣の地位	内閣は**行政権**をもち，すべての行政機関を統括する。行政権の行使は内閣が最高意思決定機関で，国会に対して**連帯責任**を負う。
天皇の官吏として，大臣はすべて天皇が任命。内閣総理大臣は他の国務大臣と対等で同輩中の首席。	内閣総理大臣	国会議員の中から国会が指名し，天皇が任命。内閣の首長として国務大臣の任命権・罷免権をもつ。
閣議全員一致の原則の下，1人の軍務大臣の反対で，閣内不一致による総辞職となることがあった。	閣内の統制	全員一致の原則であるが，総理大臣は国務大臣を任意に罷免できるので，閣内不一致の総辞職はない。

★1 2001年には中央省庁の再編にともなって**内閣府**が新設され，重要法案の企画・立案・調整を行うなど，内閣総理大臣のリーダーシップがさらに強化された。

★2 天皇の大権行使に対して行う大臣の助言を意味する。大臣は天皇に対して責任を負うので，衆議院の不信任決議があっても，天皇の信任があれば内閣は総辞職をしなくてもよいとされた。

2 議院内閣制

議院内閣制はイギリスを起源とする。イギリスでは，18世紀に君主の権限が名目化し，内閣が議会の信任だけに依存するという議院内閣制が確立した。わが国でも，日本国憲法において，天皇が国政に関する権能をもたず，行政権をもつ**内閣が国会に対して連帯して責任を負う**という議院内閣制（⇨p.31）が確立された。

POINT!

議院内閣制 {
内閣総理大臣は，国会議員の中から**国会の議決で指名**。
国務大臣の過半数は国会議員でなければならない。
衆議院で内閣不信任の議決（または信任案の否決）をしたとき
→内閣は**10日以内**に衆議院を**解散**するか**総辞職**。
}

2 | 内閣の組織と職務

1 内閣の組織

❶**内閣の構成員と資格**　内閣は，その首長である内閣総理大臣（首相）とその他の国務大臣とで組織される。

1️⃣ 内閣総理大臣もその他の国務大臣も文民でなければならない。

2️⃣ **国務大臣の過半数は国会議員の中から選ばれなければならない。**

❷**内閣総理大臣**　わが国の最高権力者であり，内閣府を統括するなど**内閣の長（首長）**として，次のような強い権限をもつ。

1️⃣ **国務大臣を任命し，かつ任意に罷免できる。**

2️⃣ 内閣を代表して，法律案・予算その他の議案を国会に提出し，一般国務・外交関係について国会に報告する。

3️⃣ **閣議（全会一致制）を主宰し**，行政各部を指揮・監督する。

4️⃣ 国務大臣の訴追に同意する権限をもつ。

❸**国務大臣**　各国務大臣は，「主任の大臣」として省や庁の長となり，行政事務を分担・管理する。

★1 軍人でない人のこと。日本では，現在の自衛隊制服組（武官）でない人をいう。

★2 内閣法では，内閣総理大臣を除く国務大臣は14人以内としている（必要があれば17人以内）。

★3 行政事務を分担しない**無任所大臣**がおかれることもある。さらに2001年に，大臣を助ける**副大臣・政務官**を設け，政治家の主導性を強めた。

2 内閣の職務と権限

内閣は行政権を受けもち，第73条に示された職務を行うほか，次のような権限をもつ。

1️⃣ 天皇の国事行為について**助言と承認**を与える。

2️⃣ 国会の臨時会の召集を決定したり，参議院の緊急集会を要求する。

3️⃣ 最高裁判所長官を指名し，最高裁長官以外のすべての裁判官を任命する。

用語 **政令**　憲法や法律の規定を実施するために，法律の範囲内で内閣が制定する命令。法律の委任がなければ，罰則を設けることはできない。

📖 **資料　日本国憲法**
（内閣の職務）

第73条　内閣は，他の一般行政事務の外，左の事務を行ふ。
1　法律を誠実に執行し，国務を総理すること。
2　外交関係を処理すること。
3　条約を締結すること。…
4　…官吏に関する事務を掌理すること。
5　予算を作成して国会に提出すること。
6　…政令を制定すること。…
7　大赦，特赦，減刑，刑の執行の免除及び復権を決定すること。

3 国家行政組織

内閣の下に**1府12省庁**がある。

また，府・省には，一定の限度で独立した**外局**として**委員会**と**庁**がある。委員会は政治的中立性が必要で，各大臣からの独立性が認められる行政委員会である。国家公安委員会・人事院などは，その典型的な例である。庁は，所轄事務が多大なために外局とされた機関で，庁の長官に国務大臣をすえることもある。

★4 2007年の**防衛省**の設置により，1府12省庁の体制となった。

★5 **行政委員会**は，国会内の委員会（常任委員会など）とは異なる。

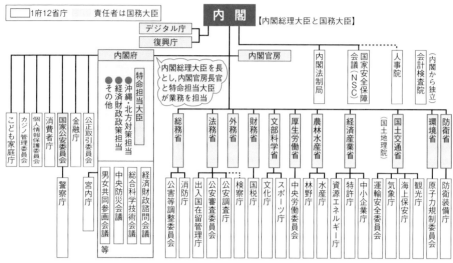

▲日本の行政機関　2012年，東日本大震災からの復興のための復興庁が設置された。

/ **TOPICS** /

副大臣と大臣政務官の設置

　「中央省庁等改革基本法」（1998年）に基づき2001年から1府22省庁を1府12省庁に再編するとともに，中央省庁改革の一環として副大臣と政務官が導入された。これにより従来の政務次官を廃止し，国会審議の活性化と政治主導の政策決定システムを確立するため，政府委員制度も廃止した。

　副大臣と政務官には国会議員を登用し，副大臣がその省庁の政策全般について大臣を助け，政務官は特定の政策について大臣を助ける（副大臣は大臣不在時に大臣の職務を代行しうるのに対し，政務官にはそのような権限は与えられていない）。

　この設置目的は，これまでの官僚政治からの脱却をはかり，政治主導に変えることである。官僚政治とは，政策の実質的な決定を官僚に支配されてきた政治の実態をいう。具体的には，政策の企画・立案から国会審議の段階に至るまで官僚依存であったのである。

　民主主義とは，選挙で選ばれた代表者が政治を行うということである。すなわち，民意の集約たる選挙を経た代表者が国を運営するのが真の民主主義国家であって，公務員試験に通っただけの官僚（民意による選出はない）が政策決定などの実権を握ることがあってはならない。

　主権者たる国民が選んだ代表者が政治家であり，官僚の役割はその政策決定におけるアシスタントにすぎない（大臣・長官の指示の下で情報提供や執行をになう役割を負う）。

　民意を反映する議会が政治の中心となって，政治家と官僚の役割を見直し，政官の癒着構造を改め，官僚主導を政治主導に変えなければならない。

　しかし，その一方で安倍政権が長期化して内閣人事局を新設し，首相が官僚幹部の人事権を掌握して官邸主導となり，国民全体のための政治が失われたと批判も出た。

3 ｜ 内閣と国会の関係

▶ 議院内閣制の下（もと）で，内閣と国会の関係は密接である。内閣の各閣僚（かくりょう）（副大臣・政務官も含む）は，答弁や説明のため出席を求められれば議院に出席し，国会の国政調査権に対応する責務も負う。また，衆議院で不信任とされた内閣は，一度は総辞職しなくてはならない。

1 解散権

❶解散の意味　議院内閣制において，**議会の解散**は，議会の**内閣不信任決議**への内閣の対抗手段となる。また，立法部と行政部とが対立したとき，主権者である国民の判断に委（ゆだ）ねるという，直接民主制的な役割も期待される。

★1　もともとは君主がその意思に反する議会を抑制する手段であった。

❷解散をめぐる憲法解釈　日本国憲法には，衆議院の解散については第69条で規定されている。しかし，民意を問うという解散の趣旨から，第7条に基づいて，内閣が自由に衆議院を解散できるという7条解散も認められ，実際に行われてきた。ただし，内閣の解散決定権の濫用（らんよう）は許されず，真に民意を問う必要がある場合だけに限定される。

> 📖 **資料**　**日本国憲法**
> （衆議院解散）
>
> 第7条　天皇は，内閣の助言と承認により，国民のために，左の国事に関する行為を行ふ。
> 　3　衆議院を解散すること。（他項略）
> 第69条　内閣は，衆議院で不信任の決議案を可決し，又は信任の決議案を否決したときは，10日以内に衆議院が解散されない限り，総辞職をしなければならない。

2 内閣の総辞職

憲法で内閣が必ず総辞職すべきであるとしているのは，次の3つの場合だけである。このほか，内閣は任意に総辞職できる。

1 内閣総理大臣が欠けたとき。
2 衆議院で不信任決議後10日以内に，衆議院が解散されないとき。
3 衆議院議員総選挙後，初めて国会の召集があったとき。

★2　これまでに内閣総理大臣の病気，内閣提出重要議案の否決，閣僚の汚職などで総辞職した例がある。

衆議院の内閣不信任決議 → 内閣総辞職 → 新しい内閣総理大臣の指名 → 組閣
衆議院の内閣不信任決議 → 衆議院解散 → 衆議院議員総選挙 → 特別国会
10日以内　　40日以内　　30日以内　　召集後，内閣は総辞職

― TOPICS ―

日本は「内閣政治」になるか

　イギリスの政治のあり方を「内閣政治」と特徴づけるのは，内閣が議会や行政諸機関に対して統一的で強力な指導力を発揮しているからである。日本では首相のリーダーシップは弱く，政治のイニシアティブは官庁の官僚が握っているといわれてきた。しかし，1999年制定の中央省庁改革関連法によって新設した内閣府に統合調整権を与え，また副大臣・政務官の制度も設けるなど，内閣の機能強化がはかられ，安倍内閣で官邸主導となった。

3 裁判所と司法

1 | 裁判所の地位

▶ 大日本帝国憲法の下で司法権は天皇に属し，裁判所は天皇の名において司法権を行使していた。しかし，日本国憲法において裁判所の地位と権限が強化され，民主化されている。

1 司法権の独立

❶裁判所の役割　裁判所は，社会のさまざまな争いを第三者の立場から審理し，公平な審判を下す役割をになう。国会や内閣と比較すると受け身の活動であり，直接の政治性はないが，裁判によってはじめて**法律の解釈・内容が確定**されるという点で，その役割は大きい。

★1　司法権が立法権や行政権と結びつくと，恣意的支配や圧制になる恐れがある。

❷司法権の独立　裁判所がその役割を十分に果たし，基本的人権を守るためには，**独立した裁判所の公正な裁判**が行われなければならない。このような観点から，日本国憲法では司法権の独立と裁判官の職務の独立が明確に規定された。

　　裁判官は**憲法と法律にのみ拘束**され，他の権力からは干渉を受けない（裁判官の独立）。

　　このほか，最高裁判所に**規則制定権**など

> **📖 資料**　**日本国憲法**（司法権と裁判官の独立）
>
> 第76条　①すべて司法権は，最高裁判所及び法律の定めるところにより設置する下級裁判所に属する。
> ②特別裁判所は，これを設置することができない。行政機関は，終審として裁判を行ふことができない。
> ③すべて裁判官は，その良心に従ひ独立してその職権を行ひ，この憲法及び法律にのみ拘束される。

どの司法行政権が与えられたことも，司法権の独立を守るうえで重要なことである。

★2　裁判官が裁判をする際に，外部から干渉を受けないだけでなく，司法部内においても干渉されないことを意味する。

　補説　**司法権の独立**　大津事件（⊃p.41）にみられるように，大日本帝国憲法下においても，司法権の独立はほぼ守られていた。しかし，それは人権保障のためではなく，「天皇の名において行う裁判」の独立であった。なお，大津事件は，司法内部からみれば，上級裁判官が担当裁判官の判断を指導した点で，裁判官の独立を侵しているといえる。

　補説　**特別裁判所**　戦前には特別裁判所として，行政裁判所・皇室裁判所・軍法会議があった。

司法権の独立
①すべての司法権は，最高裁判所と下級裁判所に属する。
②特別裁判所は設置できない。
③裁判官の独立（職権の独立）。

2 裁判の種類

❶司法権の範囲の拡大　大日本帝国憲法の下では，司法権の対象は民事と刑事事件のみで，行政事件は行政裁判所という特別な機関で行われた。日本国憲法では，**最高裁判所を頂点とするすべての裁判所に司法権を与え，行政事件も司法権の対象とした**。[★4]

❷裁判の種類

1. **刑事裁判**　国が公益の代表として犯罪の処罰を求める裁判。[★5] **刑法，刑事訴訟法**などによる。
2. **民事裁判**[★6]　社会生活上での市民間の争いを**民法**，民事訴訟法などによって裁く裁判。
3. **行政裁判**　行政官庁と市民とのあいだの公法をめぐる紛争に関する裁判。行政事件訴訟法によるが，**広義の民事裁判の一種**として行われる。

　用語　**検察官**　刑事事件に際し，公益の代表として被害者に代わって公訴を裁判所に提起し（公訴権の独占），判決の執行を監督する。検察官は**検察庁**に属する。検察官の不起訴処分の適否を審査するのが**検察審査会**である。なお，**裁判官・検察官・弁護士**を**法曹三者**という。

2 | 裁判所と裁判のしくみ

▶ 裁判所には最高裁判所と下級裁判所とがあるが，それぞれどのようなしくみになっているのだろうか。また，公正な裁判が行われるために，どのような工夫がなされているだろう。

1 裁判所の種類

　裁判所には，最高裁判所と，裁判所法に定められた下級裁判所（**高等裁判所・地方裁判所・家庭裁判所・簡易裁判所**）がある。[★1]

　用語　**知的財産高等裁判所**　東京高等裁判所の支部として，**知的財産高等裁判所**が2005年に設置された。この裁判所は，特許などの事件を扱う。

		設置数	特色	裁判官数および審理形式	裁判官の定年
最高裁判所		1 東京	違憲立法審査の終審裁判所（「憲法の番人」）	長官と判事(14人)，計15人 大法廷(全員)，小法廷(3人以上)	70歳
下級裁判所	高等裁判所	8	控訴・上告審 内乱罪に関する第一審	合議制(3〜5人)	65歳
	地方裁判所	50	普通の事件の第一審	単独裁判，特別の事件は合議制	65歳
	家庭裁判所	50	家事審判や家事調停と，少年事件の裁判[★2]	単独裁判が原則，特別の事件は合議制(3人)	65歳
	簡易裁判所	438	少額軽微な事件を裁判	単独裁判	70歳

▲裁判所の種類とその役割

★3　全国1か所(東京)，一審で終審という**特別裁判所**であった。

★4　行政機関も，行政委員会の裁定のように前審としての審判は行ってもよいが，通常の司法裁判所の系列に属さずに終審として裁判できる特別裁判所は禁止されている。

★5　被害者に代わって検察官が公益を代表して原告となり，被疑者を起訴し，被告人の有罪を立証する役目を担う。

★6　合意で解決する**和解**や，訴訟以外で解決する裁判外紛争解決手続き(ADR)を用いる時もある。

★1　8地方に1つずつ設置されている(札幌・仙台・東京・名古屋・大阪・広島・高松・福岡)。

★2　**少年法**によって20歳以上と異なる扱いをしている。しかし，改正によって対象年齢が「おおむね12歳以上」に下げられた。2021年の改正では18・19歳を「特定少年」とし，①逆送致の対象事件の拡大，②逆送致後は20歳以上と同じ扱い，③実名報道が可能となった。

3 日本国憲法と政治機構

2 最高裁判所

最高裁判所は最上級の裁判所として，次のような権限をもっている。

▲最高裁判所の大法廷

1. 違憲立法審査権　憲法に違反するかどうかが争われる事件は，最高裁判所が終審となって決着がつく場合が多いことから，「憲法の番人」といわれる。

2. 最高の終審裁判所　上告審や特別抗告審について，最終的な判断を下す権限をもつ。

3. 規則制定権　訴訟に関する手続き，裁判所の内部規律，弁護士や司法事務処理に関する事項についての規則を定める権限★3をもつ。

4. 下級裁判所裁判官指名権　下級裁判所の裁判官は，最高裁判所の指名した者の名簿によって内閣が任命する。

5. 司法行政権　司法行政権は司法権自身が運用することになり，3・4以外は各裁判所会議によるものとされ，裁判所法により最高裁判所に職員の人事権・監督権が与えられている。★4

★3 憲法第77条の規定で，これは国会の立法権の例外である。行政部に属する検察官も，最高裁判所の決めた訴訟手続きなどに従わなければならない。

★4 最高裁判所が人事権(任地・昇給・昇格など)をもつので，この人事権を通して裁判官の独立が脅かされるという指摘もある。

3 三審制と審級制度

❶三審制　国民の権利保障を慎重にするために，裁判は1回限りとせず，原則として1つの事件について3回まで裁判を受けられる。訴訟当事者に3回の審理・裁判を求める権利を三審制という。

1. 上訴　下級裁判所の判決を不服として上級の裁判所に訴えることを広く上訴といい，控訴と上告に分けられる。

2. 控訴　第一審判決に不服のときの上訴のこと。

3. 上告　控訴の結果行われた裁判(控訴審)の判決に不服のとき，さらに上訴すること。

4. 跳躍(飛躍)上告　控訴審を行わず，直接その事件の上告裁判所に上告する手続きで，憲法違反などを理由とする場合に限られる。刑事裁判では跳躍上告，民事裁判では飛躍上告という。

審　級	刑　事　裁　判				民　事　裁　判		
第三審	最　高　裁				高裁	最　高　裁	
第二審	高　裁			最高裁	地裁	高　裁	
第一審	簡易	地裁	家裁	高　裁(内乱罪)	簡易	地裁	家裁

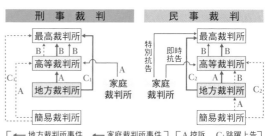

▲裁判における三審制

❷審級制度　左ページ下図のように，第一審・第二審・第三審と
分けられる。

4 裁判の公開

　裁判(対審・判決)は，原則として公開の法
廷で行われる。つまり，公衆の傍聴を許すと
いうことである。これは，裁判を公衆の監視
の下に置き，その公正を期することを目的と
している。

> 用語 **対審**　裁判官の前で行われる事件の審理や，
> 原告と被告・弁護人との弁論のやりとりのこと。

POINT!

裁判の
公正
{ 三審制，公開裁判
　裁判官の身分保障
　刑事被告人の人権保障

> 📖 資料　**日本国憲法**
> (裁判の公開)
>
> 第82条　①裁判の対審及び判決は，公
> 開法廷でこれを行ふ。
> 　②裁判所が，裁判官の全員一致で，公
> の秩序又は善良の風俗を害する虞があ
> ると決した場合には，対審は，公開し
> ないでこれを行ふことができる。但し，
> 政治犯罪，出版に関する犯罪又はこの
> 憲法第3章で保障する国民の権利が問
> 題となってゐる事件の対審は，常にこ
> れを公開しなければならない。

3

日本国憲法と政治機構

3 | 裁判官の任命と身分保障

▶ 裁判官は，職務上独立して公正な裁判を行うために，その身分(地位)が保障されている。

1 裁判官の任命

1. **最高裁判所長官**　内閣の指名に基づいて天皇が任命。
2. **最高裁判所裁判官**　内閣が任命。その任免については天皇が認証。
3. **下級裁判所裁判官**　最高裁判所が指名した者の名簿によって，内閣が任命。高等裁判所長官の任免については天皇が認証。

★1　裁判官に任用されるにはこの名簿に載ることが必要で，最高裁が名簿に載せなければ，新任・再任希望者は任官できない。

2 裁判官の身分保障

❶地位の保障　裁判官は，定年★2による
退官以外に，次の場合に限り罷免される。

1. **心身の故障**のために職務をとることができないと，裁判で決定された場合。
2. 国会の弾劾裁判所で罷免を可とされた場合(⟳p.85，96)。
3. 最高裁判所裁判官については，国民審査で罷免とする票が過半数となった場合。

Q 日本の裁判所の判決が行政側に有利で，国民に不利だという批判がありますが，それはなぜですか。

A 理由の1つとして，裁判官の人事に起因するという考え方があります。最高裁の裁判官(判事)を内閣が決め，下級裁判所の裁判官を最高裁が指名する制度なので，内閣と最高裁が結びつけば，下級裁判所裁判官の新任・再任・昇格まで最高裁が統制でき，全体として裁判官が政府寄りになるというのです。この人事が改善され，国民の裁判所に対する不信感が一掃できればよいですね。

★2　裁判所法に定められている(⟳p.93の表)。

❷懲戒処分　行政機関が裁判官の懲戒処分を行うことはできない。司法部内で裁判によって懲戒処分が決定される。★3

❸経済的保障　裁判官は相当額の報酬を受け，在任中はその報酬を減額されることはない。裁判官を金銭的な誘惑から守るために，裁判官の生活の安定を保障することを目的とする。

❹裁判官の任期　最高裁判所裁判官には任期はないが（定年70歳），下級裁判所裁判官の任期は10年である。ただし，再任されることができる。しかし，最高裁判所が再任を拒否し，内閣に提出する名簿に氏名を載せなかったために，理由が公表されないまま退官させられた例もある。

★3　この裁判を分限裁判という。

Q 冤罪が後を絶ちませんが，どうして生じるのでしょうか。

A 冤罪とは，裁判で誤って無実の人を有罪とすることです。これまでの冤罪事件では免田事件，財田川事件，松山事件，梅田事件，島田事件などが有名です。一旦判決が確定した後で再審（裁判をやり直す制度）によって無罪となった例や，死後に冤罪とされた例もあるのです。なぜ冤罪が生じるのか？　冤罪は，人権を保障しない警察での捜査や裁判のあり方などに起因しています。たとえば捜査機関が，行き過ぎた見込み捜査や政治的意図などから，犯人に仕立て上げてしまうケースがあります。科学的捜査による裏づけではなく，"自白は証拠の王"とみなす誤った考え方で自白獲得のための取り調べを，長期間（最長23日）警察の代用刑事施設（代用監獄）の密室で行うことがあります。こうして虚偽の自白が誘導され，裁判官も見抜けずに冤罪が生まれるのです。

3 国民の司法参加

❶弾劾裁判　国民は，重大な職務義務違反・職務怠慢や非行のあった裁判官を，国会の訴追委員会に訴追請求することができる。★4

❷国民審査　最高裁判所の裁判官については国民審査の制度があり，国民の投票で，過半数が罷免を可とした裁判官は罷免される。★5

❸司法改革　刑事裁判の迅速化・充実化，被疑者に対する国選弁護制度の導入，裁判外紛争処理の導入，法律相談のための窓口としての法テラス（日本司法支援センター）設立，訴訟費用の軽減化など，さまざまな改革が行われている。

❹裁判員制度　裁判員制度は，2009年5月より，殺人罪など一定の重大な犯罪の刑事裁判について導入された。これは一般市民から選ばれた**裁判員**が裁判官とともに審理に参加する制度で，原則として**裁判官3人と裁判員6人の合議制で，被告人の有罪・無罪や量刑などを決める。**

　裁判員候補者は，18歳以上の有権者の中から「くじ」で選ばれ，辞退できるのは特別な事情がある場合に限られる。

★4　訴追委員会で罷免すべきと認められた場合，弾劾裁判所に訴追する。これまでに，7名の裁判官が罷免された。

★5　現実に国民審査で罷免された最高裁判所裁判官はいない。

Q 海外では，陪審員が有罪かどうかを決定しますが，わが国にも陪審制がありますか。

A 民主主義の発展にともない，イギリスに始まる陪審制がアメリカに渡り，ドイツ・フランスなどでは参審制が定着しました。わが国では，1928～43年のあいだ，刑事裁判に陪審制が実施されました。その後は，簡易裁判所の民事事件や和解に司法委員，家庭裁判所の家事審判に参与員という形で審理に参加し，裁判官の補助や参考意見を述べる例にとどまっていました。現在は，裁判員制度という形で司法への国民参加が実現されています。

❺公判前整理手続　裁判員裁判制度の導入を契機に，2005年に始まった制度。最初の公判の前に，裁判所の下で検察官と弁護人が，証拠の請求などを通じて事件の争点を明らかにし，裁判所は公判で取り調べる証拠を決め，日程の調整などを行う。この手続きは，裁判員裁判の対象となるすべての事件と裁判所が認めた事件で行われる。裁判を迅速・適正でわかりやすく進めるために制度化された。

❻検察審査会　検察官が起訴猶予や不起訴にした事件に対して，納得できない被害者などが不起訴の審査を請求できる。検察審査会は地方裁判所ごとに置かれている。有権者からくじで選ばれた11人から成り，起訴が相当かどうかを審査する。

補説　**陪審制と参審制**　アメリカの**陪審制**では，陪審員が裁判官から独立して有罪・無罪の事実関係だけを評決し，量刑は職業裁判官が決める。それに対して，**裁判員制度**はドイツやフランスで採用されている**参審制**に近い。参審制では，事実認定と量刑の両方が決められる。裁判員制度では裁判員と職業裁判官が一緒に審理にあたり，5人以上の多数決(その中に裁判官1人が含まれている必要がある)で判決を下す。

POINT!　**最高裁判所裁判官の国民審査**｛任命後初めて行われる衆議院議員総選挙の際。
→その後は，10年を経て初めて行われる総選挙のたび。

★6　検察官の不起訴処分が妥当か不当かにつき，国民が監視する機関として**検察審査会**がある。2009年，検察が不起訴を主張し続ける事件に対して，検察審査会が2度目の審査で起訴相当と議決すれば，起訴できる制度になった。

4 │ 違憲立法審査権

1 憲法の最高法規性

憲法は国の最高法規であるから，憲法に違反する法律・命令をはじめ，すべての国家的行為は無効となる(第98条)。そこで，これらの国家的行為が憲法に違反していないかどうかを審査する違憲立法審査権(違憲審査権)(⌒p.34)が必要となる。

📖資料　**日本国憲法**
（違憲立法審査権）

第81条　最高裁判所は，一切の法律，命令，規則又は処分が憲法に適合するかしないかを決定する権限を有する終審裁判所である。

2 違憲立法審査のしくみ

日本国憲法では，アメリカの制度を導入して司法部の優越を規定し，**最高裁判所に最終的な違憲立法審査権**を与えているが，下級裁判所にもこの審査権は認められると解釈されている。また，**違憲立法審査は，具体的訴訟に付随して行われる**(違憲判決一覧(⌒p. 331))。

★1　ドイツやイタリアのように違憲審査のための特別の裁判所は置かず，通常の裁判所が具体的訴訟において行う。

SECTION 4　地方自治

1 | 地方自治の意義

▶ 地方分権の流れの中で，地方自治はますます重要な課題になっている。国全体の民主化のレベルは，地域社会の自治の発達の程度を反映するといえる。

1 地方自治の意義

イギリスのブライスは「地方自治は民主主義の学校」[*1]と述べているが，これは住民が身近な地域の政治に参加することで，主権者として民主政治を運用する能力が身につくからである。環境・福祉などについて住民の自治的活動が進み，それにより民主主義が活性化し，国政へも波及し，地方自治こそ民主主義の土台であるという積極的役割が明確になってきている。

2 地方自治の本旨

日本国憲法の「地方自治の本旨」とは，次の2つの原理を含むものと考えられる。

❶ 住民自治　地方自治の伝統をもつイギリスで生まれた考え方で，地域の人民の政治的自律，すなわち，地方行政を地域住民が自らの意思で行う方式（**地域住民の参加民主主義**）をさす。

❷ 団体自治　主にドイツで発達した考え方で，中央政府から独立した地方公共団体を認め，中央政府の干渉を受けずに地方の行政事務を処理できるということ。日本国憲法でも，地方公共団体に自治立法権・自治行政権・自治財政権などを認めている。

国からの独立といっても，国全体として計画的な施策や統一的な行政は必要となる。これまでは地方分権と中央集権との関係性で国の力が強かったが，**国から地方への事務権限と税源（財源）の移譲**[*2]が進んでいる。

> **資料　日本国憲法**
> （地方自治）
>
> **第92条**　地方公共団体の組織及び運営に関する事項は，地方自治の本旨に基いて，法律でこれを定める。
> **第93条**　①地方公共団体には，法律の定めるところにより，その議事機関として議会を設置する。
> ②地方公共団体の長，その議会の議員及び法律の定めるその他の吏員は，その地方公共団体の住民が，直接これを選挙する。
> **第94条**　地方公共団体は，その財産を管理し，事務を処理し，及び行政を執行する権能を有し，法律の範囲内で条例を制定することができる。

★1 フランスのトックビルもこの考えを述べた。
★2 わが国では戦後も中央集権により国の関与・規制が強く，地域の自主性や特色が薄れ，東京一極集中や地方衰退が進んだ。そこで，国と地方の関係を上下関係から対等な関係へと変え，地方分権の推進をはかるため，1999年に**地方分権一括法**という一連の法案が制定された。

POINT!　地方自治の本旨
　住民自治…住民の地方政治への参加（民主主義）
　団体自治…地方公共団体の自主的決定（地方分権）

2 | 地方公共団体の組織と機能

▶ 日本国憲法により地方自治制度が民主化されたが，中央集権から完全には脱却できていなかった。近年，地方自治改革が進められたが，具体的にはどのようなしくみなのだろう。

1 地方自治の民主化

❶第二次世界大戦以前の地方自治　大日本帝国憲法には地方自治に関する規定はなく，法律で地方団体による一定の自治を認めたにすぎなかった。そのため，ドイツ型の団体自治はあったものの，中央政府の指揮・監督下にあり，また住民自治はほとんどみられなかった。

❷民主化された地方自治　日本国憲法によって地方自治が制度的に保障され，「地方自治の本旨」を具体化した地方自治法も，憲法と同時に施行された。

[1]　住民自治の保障　地方議会議員とともに，都道府県知事・市町村長も住民の直接・普通選挙で選ばれることになった。また，地方特別法の住民投票権に加えて，住民の直接請求制度が設けられ，住民自治が発達した。近年では，住民投票条例を制定し，住民の意思を住民投票で問う地方公共団体も増えている。

[2]　地方分権の進展　内務省が廃止され，地方議会が条例を制定できるようになるなど，中央集権から地方分権へと大きく変わった。

　用語　条例　憲法で保障された地方議会の定める地方行政に関する法規。「法律の範囲内」で住民の権利・義務や行政事務の執行規律を定める。罰則として2年以下の懲役や100万円以下の罰金を科すことができる。

★1　府県知事は天皇によって任命される官選知事であり，内務大臣の監督下にある国の官吏であった。

地方議会の議員は公選であったが，当初は間接選挙や等級差別選挙であり，その権限は弱かった。知事や市町村長は，議会の反対にあっても，原案通り執行できる権限（原案執行権）を行使できた。

★2　第二次世界大戦以前，国民統制の中枢機関であった中央官庁。警察・治安・衛生・社会（労働）・神道（国家神道）・土木・地方行政など内政のほとんどを統轄した。

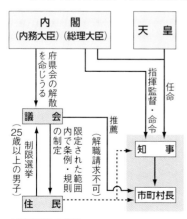

▲戦前の地方自治

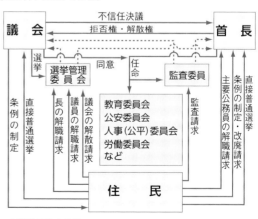

▲戦後の地方自治

2 地方公共団体の種類と組織

❶地方公共団体の種類

1 普通地方公共団体　都道府県と市町村。★3

2 特別地方公共団体　特別区(東京都の23区),★4 地方公共団体の
事務組合・財産区,★5 地方開発事業団など。★6

❷地方公共団体の議事機関　都道府県議会と市町村議会とがある。

ともに一院制。議員は住民の直接選挙で選ばれる。任期は4年だ
が,解散やリコールの制度がある。

❸地方公共団体の執行機関　二元代表制(首長制)をとるので,都

道府県知事・市町村長が単独で執行機関となる。首長は住民の直
接選挙で選ばれ,任期は4年であるが,議会の不信任決議による
辞職制やリコールがある。

また,首長の
独断や支配を避
け,行政の公正
さを確保するた
め,首長の下に,
独立した執行機
関として行政委
員会が設けられ
ている。

▼地方行政委員会

種　別	人　員		選出方法	業　務
	都道府県	市町村		
教 育 委 員 会	5名	5名	長が任命	学校などの教育機関の管理
公 安 委 員 会	3〜5名	—	知事が任命	警察の管理・運営
選挙管理委員会	4名	4名	議会が選挙	選挙に関する事務を管理
人事(公平)委員会	3名	3名	長が任命	地方公務員の人事行政を分担
農 業 委 員 会	—	20名ほど	長が任命	農業の発展や農地の調整を促進
監 査 委 員	4名	2名	長が任命	地方公共団体の行政・会計監査

このほか,労働委員会・収用委員会などもある。
監査委員は委員会としないことに注意。

3 地方公共団体のおもな仕事

❶地方議会の仕事

1 条例の制定・改廃,予算・
地方税・使用料などの決定。

2 議長・副議長・選挙管理委
員の選挙。

3 知事がおもな公務員を任命★7
する際に同意を与える。

4 住民の請願の受理。

5 首長の不信任の決議。

❷執行機関(首長)の仕事★8

1 地方税の賦課徴収。

2 議案の提出,予算の調整・
執行,決算の議会提出。

3 治山治水,地域のための社
会資本の整備。

4 教育,保健・衛生・社会保
障,警察・消防の仕事など。

5 戸籍・旅券の交付などの事務。

4 地方議会と首長との関係

地方公共団体の首長と地方議会の議員は,ともに住民の直接選挙
で選ばれる。国政の議院内閣制とは違い,地方自治では大統領制の

★3　行政運営の効率
化による財政危機の克
服などを目的として,
市町村合併が進められ
たが,広域化は自治の
空洞化をまねくという
指摘もある。

★4　市と同様の取り
扱いを受け,区長・区
議会議員は公選される。

★5　事業の共同処理
をするために結成する。

★6　公の施設や財産
の運営処分のために結
成する。

★7　副知事,副市町
村長,監査委員,公安
委員など。

★8　地方分権一括法
の制定(1999年)によ
り,それまで地方公共
団体を国の機関とみな
して,国の指導・監督
の下に国の仕事を代行
させていた機関委任事
務が廃止された。権限
は地方に移され,地方
公共団体が自主的に処
理する自治事務と,国
が関与できる法定受託
事務とに再編された。

ように二元代表制(首長制)をとり，両者を抑制と均衡の関係におく。

❶**首長の拒否権**　議会の条例の制定・改廃または予算の議決について異議があるとき，首長は10日以内に**拒否権**を行使して，議会に再審議を要求できる。しかし，議会が出席議員の3分の2以上の賛成によって再議決すれば，そのまま成立する。

❷**議会の不信任決議権と首長の解散権**　議会は，**議員の3分の2以上が出席し，4分の3以上が賛成すれば，首長の不信任を決議**できる。このとき首長は，10日以内に議会を解散しなければ辞職しなければならない。また，解散後初めて招集された議会で，再び不信任の議決をされた場合，首長は辞職しなければならない。

★9　二元代表制(首長制)は**大統領制**と同じで，議員と行政の長とを別の選挙によって選出し，相互に牽制させる制度で，この長の拒否権(⟳p.33)も大統領と同様のものである。

★10　二元代表制を基本としつつ，議院内閣制の原理が付け加えられている。

3 ｜ 住民の権利

▶ 地方自治においては，間接民主制を原則としながらも，直接民主制が大幅にとり入れられ，住民自治を制度化している。直接民主制にはどのようなものがあるだろう。

1 選挙権・被選挙権・住民投票権

❶**選挙権**　年齢が満18歳以上で，3か月以上その市町村に住所を有する者に与えられる。首長も議員も**直接選挙**で選出される。

❷**被選挙権**　議員と市町村長は**25歳以上の者**に，都道府県知事は**30歳以上の者**に，それぞれ立候補する資格が与えられる。

❸**住民投票権**　憲法に定められた直接民主制の1つで，住民投票(レファレンダム)の一種。1つの地方公共団体のみに適用される**地方特別法**は，その地方公共団体の**住民投票**において，その**過半数の同意**を得なければ，国会はこれを制定できない。

2 直接請求権

地方自治には，国政にはみられない**国民発案(イニシアティブ)**や**解職請求(リコール)**の制度もとり入れられている。

▼直接請求の手続き

請求	必要署名数	請求先
条例の制定・改廃の請求	有権者の$\frac{1}{50}$以上の署名	首長
監査請求		監査委員
議会の解散請求	有権者の$\frac{1}{3}$以上の署名（有権者が40万を超える自治体は$\frac{1}{6}$以上など）	選挙管理委員会
議員・首長・主要公務員の解職請求		議員・首長は選挙管理委員会，他は首長

議会解散請求，首長・議員の解職請求があれば，住民投票にかけ，過半数の同意があった場合は，解散や解職が決まる。

★1　地方公共団体の議会の長・議員の選挙では，**電子投票**が採用できる。投票所において，電子機器の画面上で候補者名を選んで投票するしくみで，条例を定めて実施されている。

★2　憲法第95条の規定による。住民投票を経て制定された**地方特別法(特別法)**として，広島平和記念都市建設法・長崎国際文化都市建設法・首都建設法などがある。

★3　条例の制定・改廃請求がこれにあたる。

★4　直接請求権とは別に，地方公共団体の公金の不当支出などの財務について，1人でも住民監査・住民訴訟が請求できる制度がある。

3

日本国憲法と政治機構

☑ 要点チェック

CHAPTER 3　日本国憲法と政治機構	答
□ 1　わが国における唯一の立法機関とは，どこか。	1　国会
□ 2　わが国において行政権をもっている機関はどこか。	2　内閣
□ 3　紛争処理において，法に基づいて解決を行う権限を何というか。	3　司法権
□ 4　わが国では，すべての司法権は最高裁判所とどこに属するか。	4　下級裁判所
□ 5　中央と地方の権力を分立させることによって，地方自治を保障することを何というか。	5　地方分権
□ 6　日本国憲法第41条では，国会について，唯一の立法機関とする以外にもう1つの規定があるが，それは何か。	6　国権の最高機関
□ 7　例外的に国会以外で最高裁判所に与えられている立法権は何か。	7　規則制定権
□ 8　わが国は戦前から二院制だったが，戦後に設立された院は何か。	8　参議院
□ 9　二院制のわが国で，二院が対等でないことを表す用語は何か。	9　衆議院の優越
□ 10　衆議院議員の被選挙権の年齢は何歳か。	10　満25歳以上
□ 11　参議院議員の被選挙権の年齢は何歳か。	11　満30歳以上
□ 12　衆議院議員の任期は何年か。また，任期満了前に任期を終わらせることになる場合を何というか。	12　4年，解散
□ 13　議院としての議決を行う，議院全体の会議のことを何というか。	13　本会議
□ 14　国会での審議を慎重かつ能率的にするために，両院に設けられた国会議員で構成される機関を何というか。	14　委員会
□ 15　衆議院と参議院が法律案で異なる議決をしたときは，衆議院でどれだけの多数で再議決をした場合に法律案は成立するか。	15　出席議員の3分の2以上
□ 16　衆議院と参議院の意見が一致しないとき，両院から各10名ずつ選出されて話し合う機関は何か。	16　両院協議会
□ 17　予算の議決・条約の承認・内閣総理大臣の指名について，両院協議会でも不一致の場合，どの院の議決通りに決まるか。	17　衆議院
□ 18　予算の議決について，必ず先に審議できる院はどちらか。	18　衆議院
□ 19　衆議院の解散中，緊急に国会の議決が必要な場合に，内閣の請求で開かれるのは何か。	19　参議院の緊急集会
□ 20　国会の委員会で予算や重要案件を審議する際に，学識経験者や利害関係者の意見を聴くために開かれる会を何というか。	20　公聴会
□ 21　条約の締結権は内閣にあるが，その批准の際に，ある国家機関の同意が必要である。その機関とはどこか。	21　国会
□ 22　予算も含めて財政処理は国会の議決に基づく必要があるが，予算を作成して国会に提出する国家機関はどこか。	22　内閣

□ 23	内閣不信任決議ができるのは，衆議院と参議院のどちらか。	23 衆議院
□ 24	立法に関わる調査や行政監督のために，国会がもつ権限とは何か。	24 国政調査権
□ 25	国会に設置され，裁判官に重大な職務上の義務違反・怠慢や非行があったときに罷免することのできる機関を何というか。	25 弾劾裁判所
□ 26	毎年1月に召集される国会を何というか。	26 常会(通常国会)
□ 27	国会の各議院本会議における定足数はどれだけか。	27 総議員の3分の1
□ 28	特別会において，他のすべての案件に先だって行われる議決事項は何か。	28 内閣総理大臣の指名
□ 29	国務大臣のうち，どれだけの割合が国会議員である必要があるか。	29 国務大臣の過半数
□ 30	衆議院で内閣不信任の決議があった後，内閣は総辞職する以外に，どのような選択肢をもっているか。	30 (10日以内の)衆議院解散
□ 31	国務大臣を任命し，いつでも罷免できる権限をもつ者はだれか。	31 内閣総理大臣
□ 32	内閣総理大臣と国務大臣になる資格要件として規定されている，職業軍人ではない者のことを何とよぶか。	32 文民
□ 33	内閣は最高裁判所長官を指名できるが，それ以外のすべての裁判官に対しては，どんな権限をもつか。	33 任命権
□ 34	日本国憲法が禁止する行政裁判所や軍法会議などを何というか。	34 特別裁判所
□ 35	裁判官は，他の権力に干渉されず独立して職権を行使する。その際，良心に従うこと以外に，何によって拘束されるか。	35 憲法および法律
□ 36	わが国の下級裁判所は，高等裁判所，地方裁判所，簡易裁判所の他にもう一種類あるが，それは何か。	36 家庭裁判所
□ 37	下級裁判所の裁判官は，任官の場合と10年ごとの再任の場合に内閣が任命する。その際，任命の名簿はどこが作成するか。	37 最高裁判所
□ 38	違憲立法審査についての終審裁判所はどこか。	38 最高裁判所
□ 39	裁判は三審制をとる。その際，それぞれの裁判を国民が傍聴できる原則にしているが，これを何というか。	39 裁判の公開
□ 40	最高裁判所裁判官の適否を国民が判断し，罷免できる制度は何か。	40 国民審査
□ 41	地方自治の本旨とは，団体自治の他に何をさしているか。	41 住民自治
□ 42	地方自治の本旨を具体化した法律は何か。	42 地方自治法
□ 43	地方公共団体の執行機関の首長を何とよぶか。	43 都道府県知事，市町村長
□ 44	4年任期の地方公共団体の首長の選出方法を憲法はどう定めるか。	44 (住民の直接)選挙
□ 45	地方公共団体の議会が制定する法を何というか。	45 条例
□ 46	住民投票(レファレンダム)や解職請求(リコール)など，住民自治を直接民主制のしくみで実現する制度を総称して何というか。	46 直接請求権
□ 47	条例の制定・改廃の請求に必要な有権者の署名数はどれだけか。	47 50分の1以上
□ 48	地方議会の解散や地方公共団体の議員・主要公務員の解職請求に必要な署名数は，原則としてどれだけか。	48 3分の1以上
□ 49	地方公共団体の仕事は，自治事務と何とに分けられるか。	49 法定受託事務

4 » 現代の日本の政治

① 行政機能の拡大と民主化 ☞ p.106

□ **行政機能の拡大** 資本主義の発達過程の中で，貧富の差や階級対立が激化→大衆の政治参加→国家機能の拡大。行政機能の拡大と**行政権の優越**（行政国家化）。

- **行政国家**…行政部の優越。委任立法の増大，行政部の自由裁量の増大，**内閣提出法案**の増大など。
- **官僚制**…大規模組織に共通の合理的・能率的な事務処理を行うための管理体制。ビューロクラシーともいう。今日では専門的技術官僚（テクノクラート）が行政の中枢を占める官僚政治（官僚支配）をさす。
- **官僚主義**…形式主義・セクショナリズム・秘密主義や尊大な態度などの傾向。官僚制の弊害をさすことが多い。 ┗→**官尊民卑の風潮**

□ **公務員** 国民の公僕，全体の奉仕者。政治的中立性。

□ **行政の民主化** 行政の中立性を守り，官僚支配を防ぎ，民主化をはかること。

- **人事院・人事委員会**…人事行政の中立性と公正さを目的とする行政委員会。メリット・システム，職階制，給与勧告，不服審査など。
- **行政委員会**…政治的中立の確保，国民の行政への参加などが目的。内閣から一定の独立性をもった行政機関。国家公安委員会・公正取引委員会など。
- **審議会**…各省庁の諮問について調査・審議する合議機関。人選の偏りの問題。
- **オンブズ・パーソン制度**…国民の苦情などを処理し，行政を調査する行政監察官制度。

② 政党と選挙 ☞ p.109

□ **議会政治と政党** 政党とは，共通の主義や政策をもった人々が，その実現をめざして，政権を獲得するために自主的に組織した政治団体。

□ **政党の発達** 17世紀イギリスのトーリー党とホイッグ党の二大政党が最初。トーリー党はのちに保守党，ホイッグ党はのちに自由党（衰退→労働党が台頭）。議会政治とともに発達，国民代表の原理と結合して確立。名望家政党→大衆政党。

□ **政党の機能** 政治教育機能，統合機能，媒介機能，議会政治運営の円滑化の機能。

□ **政党政治の形態**　　　　　　　長所　　　　　　　　　　　　　短所

- **二大政党制**…政権が安定，政治責任が明確↔政権長期独占の危険，少数意見無視。
- **小党分立**…多様な意見を公平に政治に反映↔政権不安定，政治責任の所在不明。二大政党制の代表例は，アメリカの民主党と共和党。 ┗━━**連立内閣**━━┛

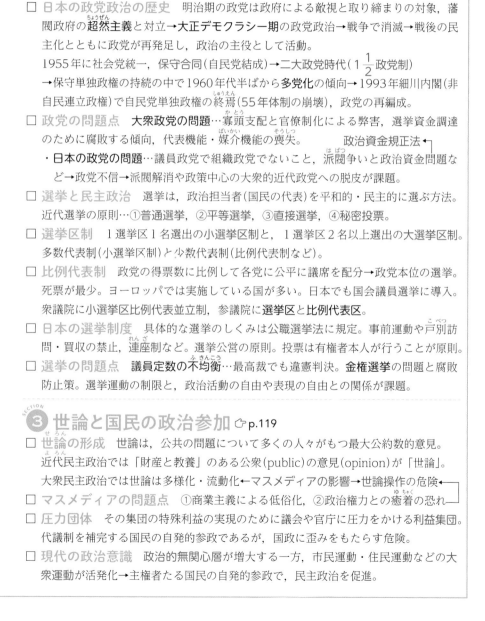

□ **日本の政党政治の歴史**　明治期の政党は政府による敵視と取り締まりの対象, 藩閥政府の**超然主義**(ちょうぜん)と対立→**大正デモクラシー期**の政党政治→戦争で消滅→戦後の民主化とともに政党が再発足し, 政治の主役として活動。
1955年に社会党統一, 保守合同(自民党結成)→二大政党時代(1 $\frac{1}{2}$ 政党制)
→保守単独政権の持続の中で1960年代半ばから**多党化**の傾向→1993年細川内閣(非自民連立政権)で自民党単独政権の終焉(しゅうえん)(55年体制の崩壊), 政党の再編成。

□ **政党の問題点**　**大衆政党の問題**…寡頭支配(かとう)と官僚制化による弊害, 選挙資金調達のために腐敗する傾向, 代表機能・媒介機能(ばいかい)の喪失(そうしつ)。　　政治資金規正法←┐
　・**日本の政党の問題**…議員政党で組織政党でないこと, 派閥争いと政治資金問題など→政党不信→派閥解消や政策中心の大衆的近代政党への脱皮が課題。

□ **選挙と民主政治**　選挙は, 政治担当者(国民の代表)を平和的・民主的に選ぶ方法。
近代選挙の原則…①普通選挙, ②平等選挙, ③直接選挙, ④秘密投票。

□ **選挙区制**　1選挙区1名選出の小選挙区制と, 1選挙区2名以上選出の大選挙区制。
多数代表制(小選挙区制)と少数代表制(比例代表制など)。

□ **比例代表制**　政党の得票数に比例して各党に公平に議席を配分→政党本位の選挙。
死票が最少。ヨーロッパでは実施している国が多い。日本でも国会議員選挙に導入。
衆議院に小選挙区比例代表並立制, 参議院に**選挙区**と**比例代表区**。

□ **日本の選挙制度**　具体的な選挙のしくみは公職選挙法に規定。事前運動や戸別訪(こべつ)問・買収の禁止, 連座制(れんざ)など。選挙公営の原則。投票は有権者本人が行うことが原則。

□ **選挙の問題点**　**議員定数の不均衡**(ふきんこう)…最高裁でも違憲判決。**金権選挙**の問題と腐敗防止策。選挙運動の制限と, 政治活動の自由や表現の自由との関係が課題。

③ 世論と国民の政治参加　☞p.119

□ **世論の形成**(せろん)　世論は, 公共の問題について多くの人々がもつ最大公約数的意見。
近代民主政治では「財産と教養」のある公衆(public)の意見(opinion)が「世論」(よろん)。
大衆民主政治では世論は多様化・流動化←マスメディアの影響→世論操作の危険←

□ **マスメディアの問題点**　①商業主義による低俗化, ②政治権力との癒着(ゆちゃく)の恐れ

□ **圧力団体**　その集団の特殊利益の実現のために議会や官庁に圧力をかける利益集団。
代議制を補完する国民の自発的参政であるが, 国政に歪みをもたらす危険。

□ **現代の政治意識**　政治的無関心層が増大する一方, 市民運動・住民運動などの大衆運動が活発化→主権者たる国民の自発的参政で, 民主政治を促進。

SECTION 1　行政機能の拡大と民主化

1 | 行政機能の拡大

▶ 現代の社会がますますグローバル化・複雑化する中で，国家の機能も急速に拡大した。国家機能の拡大は，とくに行政機能の拡大となって現れている。

1 立法国家から行政国家へ

❶政治と行政　政治とは，国家の意思（政策）を形成・決定し，実行することである。立法部は立法作用で国家意思を決定し，行政部は立法部で制定した法律を執行する作用をになう。このように，立法部が中心的な位置を占めている国家を**立法国家**という。

❷国家の機能の拡大　立法国家は，18〜19世紀に，自由放任主義の夜警国家観が支配的な時代にみられた。しかし，資本主義が独占段階に入るとさまざまな矛盾がふきだし，社会の諸問題を解決するためには，国家の積極的な介入が不可欠となった。こうして，20世紀になると，あらゆる問題を政治を通して解決をはかる「政治化の時代」を迎え，国家機能が拡大して**行政国家化**が進んだ。

2 行政国家の機能

国家機能の拡大はさまざまな分野にみられ，それらの内容も複雑で専門化し，迅速な処置を必要とするようになった。そのため，これらの問題の処理に必要な情報・知識・技術を専門にたくわえている行政部の役割が増大し，立法部の役割は相対的に低下した。

- 1 **委任立法の増大**　法律で大枠のみを決めて，実質的・具体的部分は，行政部に委任する委任立法が増加する。
- 2 **行政部の自由裁量の増大**　法律の施行にあたり，その規定の適用については，行政庁の自由な裁量が認められる。
- 3 **内閣提出法案の増大**　法律案の作成段階から行政部が関与する，官僚主導の法案づくりが多く，議員立法が減少する。

3 行政機構と官僚制

行政機能の拡大と同時に行政機構が拡大したことで，官僚制の問題が注目されるようになった（⊃p.90）。

❶官僚制の特色　官僚制とは，広い意味では，大規模組織に共通

★1 **立法国家**は，夜警国家（⊃p.16）化における立法部優位を示すもので，国家の役割が治安と国防など秩序維持に限定されているので立法範囲も限られ，合意を形成しやすかった（⊃p.87）。

★2 F.ローズベルト大統領のニューディール政策は，この典型である（⊃p.128，184）。

★3 具体的には，次のような分野である。
①弱者救済機能　社会保障の拡充など。
②紛争調整機能　労働者と資本家の対立や，公害・消費者問題などで独占企業規制に関連する紛争の調整や仲裁。
③サービス機能　公教育や公企業経営。
④経済的機能　景気の調整，経済計画など多種多様な経済政策。

★4 このような国家を**行政国家**という。

してみられる合理的・能率的な事務処理のために不可欠な管理体制のことで，次のような特徴をもつ。

1. 規則によって職務権限が明確に規定され，私情を交えず，画一的・公正に処理される。

2. 一元的指揮系統のヒエラルヒー（位階制）の下で，上下の命令・服従のコントロールが整然と組織されている。

3. 公私の区別と客観性を明白にするため，文書によって事務処理が行われる。

4. 採用や昇進など，人事は**成績主義**[★5]をとり，専門的な知識や能力を重視する。そのため，今日では，社会の各分野について専門的知識をもった専門的技術官僚（テクノクラート）の重要性が高まっている。[★6]

❷**官僚制の弊害**　規則万能主義・形式主義・**セクショナリズム**[★7]・秘密主義，さらに役人の横柄・尊大な態度などをさして，**官僚主義**（お役所仕事）という。

> [補説]　**官僚制と官僚主義**　官僚制（ビューロクラシー）は，官僚主義と同一ではない。つまり，官僚制は今日の大規模組織に必然的であるが，官僚主義はその病理として現れる現象である。また，官僚政治・官僚国家は，厳密にいうと**官僚支配**のことで，官僚制とは異なる。官僚支配とは，任命職の専門行政官が，民主的責任（選挙やリコールなどによる）を負うことなく，政治の実質的指導権を握っている状態のことをさす。

Q 委任立法は，国会を「唯一の立法機関」とする憲法の規定に違反しているのではないですか。

A 国会と無関係に出す法令は当然許されません。一方，委任立法とは，法律で明瞭に委任した事項を国会以外の機関（通常は行政部）が立法するものです。憲法第73条6号但書でも，法律の委任さえあれば政令が罰則を設けることを認めていますから，委任立法は憲法違反とはいえません。しかし，ナチス・ドイツの授権法や戦前の日本の国家総動員法のような白紙委任は，国会の立法権放棄となりますから，許されません。

いずれにしても，委任立法が議会制民主主義を形骸化する要因であることは確かです。

★5　メリット・システム（⇨ p.108）。

★6　そのため，専門技術的知識を背景とした専門官僚支配（テクノクラシー）の危険性が強まっている。

★7　セクショナリズムとは，自分の属する部門にとじこもって排他的となる傾向のこと。**セクト主義**ともいう。

2 ｜ 公務員制度とその民主化

▶ 行政国家化の進展により，国や地方公共団体の仕事に従事する公務員の機構と役割が大きくなった。官僚主義や官僚政治に陥らない公務員制度をつくりだすには，どうすればよいだろう。

1 公務員制度の近代化

❶**公務員の性質**　大日本帝国憲法では天皇が官吏の任命権をもち，官吏は「天皇の官吏」として「上からの近代化」をにない，官尊民卑の風潮がみられた。[★1]日本国憲法は国民主権の原則に応じて，公務員の選定と罷免は国民固有の権利であると定め，「**公務員は，全体の奉仕者**であって，一部の奉仕者ではない」（第15条）と政治的中立を要請している。これにより，非民主的な特権官吏制度は

★1　この風潮は今日にも残り，退職した高級官僚が民間企業や独立行政法人に迎えられることを**天下り**というのも，その表れである。

民主的な公務員制度へと大変革された。

❷公務員の種類　公務員は，職域により**国家公務員**と**地方公務員**に分けられるが，それぞれの職務によって**一般職**と**特別職**に区分される。特別職は，内閣総理大臣・国務大臣，副大臣，大臣政務官，国会議員，地方公共団体の長・議会議長，政権交代によって替わる職，裁判官や裁判所職員などで，原則として公務員法の適用を受けない。

2 行政の民主化

❶人事院　**猟官制**による情実人事をなくし，公務員の政治的中立と不偏不党性を確保し，民主的で能率的な人事行政を担当するのが**人事院**である。国会の同意を得て内閣が任命する3名の人事官と事務部局とから成るが，内閣からも一応独立している。具体的には，次のような制度と役割をもっている。

1 メリット・システム　**資格任用制**あるいは**成績主義**と訳される。公務員の採用が競争試験で決定され，その後の昇進・昇格も本人の専門能力や資格によって決まる制度。**スポイルズ・システム**の対義語として用いられる。

2 職階制　職務内容と責任の軽重などで分類・等級づけした職階による人事管理制度。

3 給与の勧告　公務員の労働基本権を制限していることの代償措置として，民間の賃金水準に合わせる勧告をする(**人事院勧告**)。

4 不服審査　公務員が不利益な処分を受けたとして不服申し立てをした場合に，人事院が職員の保護のために審査する。

❷行政委員会　政治的中立の確保，利害の調整，専門知識の導入を目的として，内閣からある程度独立した合議制の行政機関で，**規則制定権(準立法的機能)**と**裁決権(準司法的機能)**も有している。民間人が委員になることができ，政府や地方公共団体の首長への権力集中を抑制できるので，行政の民主化に寄与しうる。

❸審議会　選挙制度審議会や中央教育審議会など，各行政省庁には多くの審議会がある。行政委員会と同じく，行政官以外の国民が諸分野の代表として行政権へ参与し，国民の意見を政策に反映させることを目的としている。しかし，委員の人選が政府側に偏っており，政府に迎合する機関になっているとの批判がある。

❹オンブズ・パーソン(オンブズマン)制度　国民の苦情を受けて行政部の活動を調査し，その改善を政府や議会に報告する行政監

★2　**国家公務員**の数は約58万9千人，**地方公務員**の数は約276万4千人(2022年度)。なお日本の公務員は人口千人あたりで36.9人。フランス90.1人，イギリス67.8人，アメリカ64.1人と比べ少ない。

★3　**猟官制**(スポイルズ・システム)は選挙で勝利した政党が，その支持者を公務員に任用する慣習で，それまでの国王の官吏を議会に奉仕する公務員に変えたり，公務を民衆に開放したりする意図があった。しかし，党派的情実人事が政治腐敗や公務員の質の低下をもたらした。

★4　私情がからんで，公正に処理されない人事のこと。

★5　地方公共団体では，人事委員会または公平委員会がこれにあたる。

★6　国家公安委員会・中央労働委員会・公正取引委員会・中央選挙管理会・公害等調整委員会など。地方にも各種の行政委員会がある(⇨p.100)。

★7　**審議会**の委員の人選は官庁の裁量で決めるため，初めから議論も結論も官庁の望む方向に決まっているとして，審議会が「行政の隠れ蓑」になっているという批判がある。

察官の制度。スウェーデンで創始され，各国で採用されている。[8]

⑤**行政の公正化**　政治家と官僚と業界の癒着(ゆちゃく)を防ぎ，行政過程を公正で透明にするために，行政手続きを簡素化するとともに政府・役所による許認可や行政指導を規定した行政手続法(1993年制定)や，国家公務員倫理法(2000年施行)，情報公開法(行政機関の保有する情報の公開に関する法律，2001年施行)(⟳p.68)などが定められている。

> 用語 **行政手続法**　行政国家では，官僚(省庁)の裁量での**許可・認可**等の処分や，**指導・勧告・助言**等の**行政指導**，または命令の制定という形による官僚の支配がみられた。そこで国民の権利・利益を保護するため，行政上の手続きにおいて公正性や透明性をはかることを法律で定めたのである。[9]

★8　日本では，1990年に初めて川崎市が，1995年には沖縄県が導入した。地方公共団体に普及しているが，国では導入されていない。

★9　行政手続法に基づくパブリック・コメント(意見公募手続)とは，国の行政機関が政令や省令等の案を決める際に，事前にその案を公表し，広く国民から意見，情報を募集する手続きのこと。

4
現代の日本の政治

2 政党と選挙

1 ｜ 議会政治と政党

▶︎　「自由なる大国であって政党をみない国は，いまだ存在しない。何人も，政党のない代議制を運転しうるといったものはない。政党は，混然たる投票者群の中に秩序をもたらすものである」(J. ブライス『近代民主政治』)といわれるように，今日の議会政治は政党を中心に運営されており，議会政治の発展も衰退も，政党のあり方にかかっている。

1 政党の発生と発達

❶**政党の発生**　議会政治は多数決原理で運営されるから，個々の政治家は，自己の意見を政治に反映させるために，一定の政策・主義を共有できる同志を集めて議会の多数を占めようとした。これが政党のおこりであるが，当初は，単に権力の分け前を奪い合う**徒党**(ととう)[1]や**派閥**としてしかみられていなかった。政党がその地位を認められるのは，市民革命を経て，議会が政治の実権を握ってからのことである。

❷**最初の政党**　イギリスでは，ピューリタン革命で高められた議会の地位は王政復古後も変わらず，チャールズ2世の頃，トーリー党とホイッグ党という二大政党が出現した。これにより，議会を通じて政権を争う政党政治の基礎がつくられ，これは名誉革命で確立した。

❸**政党の定義**　政党も**社会集団の一種**であるが，その発生からもわかるように，**専門的政治集団**である。[3]

★1　**徒党政治**は，選挙制度の確立していない前近代的社会で行われた。徒党の特徴は私的党派性・秘密性・暴力性にあり，政党とは本質的に異なる。

★2　1830年代に，トーリー党は**保守党**に，ホイッグ党は**自由党**となった(⟳p.31)。

★3　**政権**の獲得を目的とする点で，圧力団体(⟳p.121)や政策研究団体とは区別される。

　18世紀，イギリスのエドモンド・バーク★4は「国民代表の原理」（⤷p.24）を説くとともに，政党について，「国民的利益」を増進させるための結社と定義した。それまで，政党(party)は，その語源part(部分)にみられるように，特殊利益しか追求しない徒党と同一視されていた。しかし，バークは政党を私的結社であっても公党として認め，徒党と区別したのである。

❹政党の発達　政党は，公党として議会政治発達の原動力となり，名望家政党から大衆政党へと性質を変化させていった。

★4　イギリスの政治家・思想家(E. Burke [1729〜97])。アメリカ独立は熱烈に支持したが，急進的なフランス革命には反対した近代的保守主義者。

⌐ TOPICS ⌐

名望家政党と大衆政党の違い

　19世紀はエリートによる議会政治だったが，議会制民主主義の進展により，20世紀はそれまで無視されてきた大衆が政党の盛衰を決定するまでになった。

	名望家政党	大衆政党（近代政党）
選挙	19世紀，制限選挙制	20世紀，普通選挙制
議員	「財産と教養」のある地方名望家	労働者階級の代表など大衆の進出
政党	綱領なく穏やかなサロン風クラブ	綱領と規約による厳格な規律と党幹部の指導
特色	議員政党，議員だけで構成，議会内で活動	組織政党，広く大衆を組織，議会外での日常活動

政党…政治について共通の主義・政策をもつ人々が，その実現をめざして，政権を獲得するために組織した結社。

2　政党の機能

1　**政治教育機能**　政治問題を政策・綱領としてまとめ，啓蒙・宣伝によって，国民大衆の政治意識を高め，能動的政治参加をはかる。

2　**統合機能**　国民の多種多様な分散的個別意思や利害を集約・統合し，世論形成の指導的役割を果たす。

3　**媒介機能**　国民の政治意思を政策決定の場(議会など)に反映させる媒介者(橋渡し)の役割を果たす。★5

4　**議会政治運営の円滑化の機能**　選挙のための候補者を育成・提供する。与党は党首をナショナル・リーダーに提供して自らの政策を実現し，野党は政府を批判・監視する。

★5　イギリスの政治学者バーカー(Ernest Barker)は「政党は，一方の足場を社会に，他方の足場を国家においた橋であり，社会におけるもろもろの思想と利益を，討論と合意を通じて，一元的な政治意思に昇華させる媒介的な役割を行う集団である」と述べている。

3 政党政治の形態

　政党政治は複数政党制を前提としており，二大政党制(⟳p.31)と多党制(小党分立)とに大別される。

★6　中国の共産党独裁のような一党制は，政党政治とはいえない。

	国	長所	短所
二大政党制	イギリス { 保守党 労働党 アメリカ { 共和党 民主党	①一党単独政権により，政権が安定する。②もう1つの政党との政策の比較がしやすく，アメリカでは選挙人の選択が容易。③政治責任の所在が明確で，かつ有力野党の存在により，与党の独善を抑制できる。	①多数党が政権を長期独占する危険性がある。②国民は結局，2つの立場しか選択できず，少数意見が反映されない。③両党の意見が近すぎると二党の存在意義がなく，離れすぎると政策の大転換となる。
多党制	フランス イタリア 日本	①国民の多様な意見を，広く公平に政治に反映できる。②連立政権により，政策に弾力性がある。③世論の変化による政権交代が可能で，機動的。	①連立政権になり，政権が不安定になりがち。②政治責任の所在が不明確になりやすい。③主導権争いが激化して，政党間の調整に手間取り政治の非能率化をまねきやすい。

2 日本の政党政治

▶ わが国では，明治維新後の近代化の過程において政党が結成されたが，政党政治は十分に根付かないまま敗戦を迎えた。戦後，日本国憲法の下で，ようやく政党が政治の主役となった。

1 政党政治の発達過程

❶ **戦前の政党政治**　わが国では，**本格的な政党**として，**国会開設の詔**が出された1881(明治14)年に板垣退助らの**自由党**が，翌年に大隈重信らの**立憲改進党**が組織された。当初，藩閥政府は政党を敵視し，**超然主義**をとなえて議会でも政党を無視した。しかし，1894年の日清戦争以降，政党を無視できなくなり，妥協していった。

★1　わが国最初の政党は，1874(明治7)年に板垣退助らが結成した愛国公党である。

　1 **政党政治の開花**　**大正デモクラシー**が高まり，1918(大正7)年に最初の本格的な政党内閣(**原敬内閣**)が成立。さらに**護憲運動**の結果，**立憲政友会**と**立憲民政党**の二大政党による政党内閣時代が出現した(憲政の常道)。

★2　超然主義によって成立した内閣を超然内閣という。超然内閣とは議会や政党に基礎をおかない内閣のことで，政党内閣と対立する概念。

　2 **政党政治の崩壊**　やがて二大政党は財閥と結びついて腐敗し，国民の不信感を強めた。こうした中で軍部が台頭し，軍部内閣によって政党政治は否定され，戦時体制下の1940年，政党は解散して**大政翼賛会**に吸収された。

　用語 **護憲運動**　藩閥・官僚政府を倒して，政党内閣・政党政治の実現をめざした運動。

★3　**5・15事件**(1932年)で犬養毅首相が暗殺され，政党内閣は終わった。さらに**2・26事件**(1936年)を経て，政党の発言力もなくなった。

4

現代の日本の政治

❷戦後の政党政治　第二次世界大戦後，民主化とともに政党政治
も復活した。[★4]

1. **第1期**　政党の再発足と離合集散の時期。政治活動の自由が
認められて小政党が多く輩出し，多党分立の時代であった。

2. **第2期**　二大政党と保守政権の時代。1949年の総選挙で民主
自由党が過半数の議席を制して以来[★5]，保守政権が続く。1955
年に社会党の左右統一に対抗して自由党と日本民主党が合同し，
自由民主党(自民党)が成立した(保守合同)[★6]。これにより，保
守(自民党)と革新(社会党)との**二大政党制**の時代が始まった。
しかし，自民党は単独政権を続け，社会党は全体の約3分の
1の議席で自民党の半分しかなく，実質は$1\frac{1}{2}$政党制(1と2
分の1政党制)であった。これを55年体制という。[★7]

3. **第3期**　多党化の時代。60年代には社会党から分立した民社
党，新たに登場した公明党などが進出し，共産党も議席を得た。
さらに，ロッキード事件を契機に自民党から新自由クラブが
分立し，また社会党から社会民主連合が分立するなど，**多党
化**が進んだ。1989年の参院選では，「リクルート事件」「消費
税導入」により自民党が初めて過半数割れを起こし，社会党
が上回った。

4. **第4期**　政界再編の時代。1992年，細川護熙が日本新党を結[★8]
成して**新党ブーム**に火をつけ，93年7月，総選挙で自民党が
敗北し，非自民連立政権の細川内閣が成立した。これは**自民
党が38年ぶりに政権を手放した**ことを意味する(**55年体制の
崩壊**)。次の羽田内閣の後，94年には社会党・自民党・新党
さきがけの3党連立の村山富市政権が誕生した[★9]。その後，新
進党の発足→分裂，民主党の誕生など政党の再編が生じた。[★10]
橋本龍太郎→小渕恵三→森喜朗→小泉純一郎→安倍晋三→福
田康夫→麻生太郎と自民党の連立内閣が続いたが，2009年に
民主党が政権交代に成功し，鳩山由紀夫→菅直人→野田佳彦と
民主党の連立内閣となった。

　2011年3月11日の**東日本大震災**や**福島第一原子力発電所事
故**への対処等への批判もあり，2012年12月の総選挙では自民
党が大勝し，**民主党政権に替わって第2次安倍晋三内閣が発足
した**(自民・公明の連立内閣)。以降，選挙を勝ち続け，「安倍
一強」とよばれる官邸主導の政権運営が2020年9月まで続い
た[★11](首相通算在職日数は8年8か月で歴代最長を記録)。その後
も安倍路線が菅義偉→岸田文雄へと引き継がれている。

★4　戦前は禁止され
ていた共産党が初めて
合法政党と認められた。

★5　それ以前の1947
年に社会党が第一党と
なり，社会党首班の片
山哲内閣が成立した。

★6　社会党の統一に
より，危機感を覚えた財
界が保守合同を迫った。

★7　社会党の議席が
3分の1だったので，
憲法改正の国会発議は
できなくなった。

★8　1992年，佐川
急便事件で金丸信自民
党副総裁の収賄が発覚
し，金権政治による政
治不信から政治改革が
焦点となった。その一
環として，2000年に
はあっせん利得処罰法
が成立した。

★9　社会党委員長が
首相になったのは，
1947年以来のこと。

★10　細川内閣による
衆議院への小選挙区制
の導入を契機に，政党
再編や，支持団体も含
めた政党の離合集散と
いう政界再編成が生じ
た。

★11　安倍一強政治と
は，与党内や官僚も首
相官邸の意向を忖度し
て逆らわず，野党に対
しては批判を無視し，
説明責任を果たさず強
引・性急に決める対決
型のやり方を指す。

▼戦後における日本のおもな政党の系譜

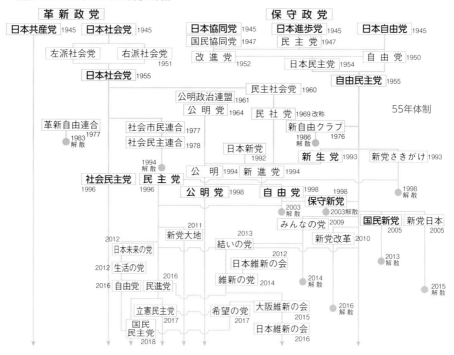

2 日本の政党の諸問題

　日本の政党は，政党が本質的に有する問題に加え，日本独自の問題がある。[★12]

❶組織の脆弱性　日本の政党は，公明党・共産党をのぞいて政党の日常活動をになう党員が少ないため，党費だけでは党財政が成り立たず，地方支部組織も弱い。そこで，選挙では候補者個人の後援会や圧力団体の組織票に依存し，政治資金も圧力団体の寄付に頼っていたが，選挙区導入や政党助成法で変化も生じている。

❷派閥と政治資金の問題　日本では，政党の政策立案能力が低く，人の結びつきを重んじて派閥をつくる傾向がある。とくに自民党における派閥の有力者は，政治資金を調達できる能力をもった者である。派閥は**政策よりも派閥の利害を優先する**から，近代政党への脱皮を困難にし，金権政治の腐敗を生じさせてきた。

　用語　**政治資金規正法**　政党(政治団体)の政治資金の収支内容の公開や政治団体への献金額の上限などを定めた法律。1948年に制定されたが，「ザル法」といわれるほど抜け道が多かった。1994年の改正で**企業・団体献金**を規制し，企業・団体から政党や政治資金団体への政治献金は上限内で認める一方，政治家個人への寄付は禁止された。[★13]

★12 日本の場合，戦前から官尊民卑・官僚優位・政党軽視という伝統があり，それがいまだに克服できていないという政党政治の問題点が根底にある。

★13 政治家個人は，1つの資金管理団体を指定し，個人からの献金のみ一定額内で認められている。ところが，政党支部を設けるのは自由なので，その代表になって企業・団体から政党支部への献金を最終的には代表個人が受領する，という迂回的な形の抜け道ができている。

用語 **政党助成法**　1994年，政党活動にかかる費用の一部を，国が**政党交付金**として交付することを定めた法律。政治資金の不透明な流れを防止することを目的とする。

★14 企業・団体からの政治献金を禁止する代わりに，税金で政党の活動を助成する目的で導入されたが，まだ禁止は不徹底なままである。

❸**人的構成の問題**　多くの政党では，有力な支持組織の幹部や元幹部，高級官僚出身者が党の幹部や議員になっている。とくに高級官僚出身者が特定官庁と結びついた族議員となり，行政機構との強いパイプを背景として勢力を強めている。

補説 **族議員・世襲議員**　族議員と結びついた官僚は政治的中立性を失いやすく，行政機構のコントロールともいう政党本来の目的も達せられなくなる。また，議員の世襲化も進んで「**世襲議員**」が多く誕生し，政治家が「家業」となりつつある。

★15 **族議員**　特定の政策分野に精通し，関係する省庁や業界団体と結びつき，政策決定に影響力をもつ。

─┤ TOPICS ├─

現代の政党の問題点

● **寡頭支配と官僚制化による弊害**

　政党の組織が拡大するにつれて，中央集権化の傾向が生じ，党幹部の決定権が強化される「少数支配の鉄則」が現れ，一般党員に規律と服従（**党議拘束**）が要求される。
※議員の議会での投票を党の決定に従わせること。

● **選挙資金調達から生じる腐敗**

　政党は多額の運営費や選挙資金を必要とし，党外の圧力団体と利権関係を結びやすくなる。

● **代表機能・媒介機能の喪失**

　現代社会の利害関係は複雑・多元化し，政党が国民の諸利害を調整・統合することは困難になった。また，専門化した国家機能に通じた行政官僚には対抗できず，政党が国民を国家意思へと媒介する機能が失われつつある。このため，政党に代わる圧力団体の台頭や政党の圧力団体化という，政党の機能喪失，議会政治の危機（⇨ p.87）が生じた。

日本の政党の問題点 ┤ 組織の基盤が弱い，資金不足→圧力団体との**癒着**
政策よりも**派閥**争いが中心→資金調達に**奔走**┘
高級官僚出身者の優位→官僚政治化の一因，世襲議員の優位

3 | 選挙と民主政治

▶ 民主政治は国民主権に基づいているが，代表民主制（間接民主制）を採用することから，「選挙の政治」であるといわれる。代表者の決定する国家意思を国民の意思とみなす根拠も選挙にある。国民の意思を反映する選挙制度とその運用は，民主政治の存亡を左右する。

1 代表制と民主的選挙制度

　民主的議会政治では，政治を直接担当するのは，国民の代表者として，国民から国政を信託された者である。この代表者を選ぶ方法

が選挙であるが，その方法で選ばれた者が真に国民の代表者であるかどうかが大きな問題である。

　市民革命により議会制度が確立し，各国で選挙によって代表者を選ぶ方式が採用されたが，当初は，いずれも選挙権が「**財産と教養**」のある市民にしか与えられない制限選挙で，選ばれた者は，一部の市民の代表者にすぎなかった。そのため，19世紀には，普通選挙権獲得運動が各国でおこった。イギリスの労働者によるチャーティスト運動(1837～48年)(⇨p.27)は，その先駆けである。

　今日，民主的な選挙を行うために，次の4つの原則があげられる。

❶普通選挙　すべての成年者に選挙権を与える制度。身分・経済力・性別などによって選挙権を制限する「制限選挙」に対する概念。

❷平等選挙　選挙人の投票の価値の平等を保障する制度。特定の選挙人に複数の投票を認める「**複数投票制**」や，経済力などで選挙人を何級かに分けて別々に行う「**等級選挙**」に対する概念。

❸直接選挙　有権者が直接に公職者を選出する制度。アメリカ大統領選挙などにみられる「**間接選挙**」(⇨p.33)に対する概念。

❹秘密投票　選挙人がだれに投票したかを秘密にする制度。「**公開選挙**」や，選挙人の名前も記入させる「**記名投票**」に対する概念。

選挙の基本原則
$\left\{\begin{array}{l}\text{普通選挙(⇔制限選挙)・平等選挙(⇔等級選挙)} \\ \text{直接選挙(⇔間接選挙)・秘密選挙(⇔公開選挙)}\end{array}\right.$

〈選挙の機能〉
①政治的リーダーの選出。国家意思を決定する代表者を選ぶこと。
②代表者を選ぶことで，民意に基づく政治を行わせるためのパイプの役割。
③選挙の洗礼による正統化。選ばれたリーダーに権威を与える。
④基本的政策が正統化・合法化されていく機能。

▲選挙の機能

★1　名望家といわれる(⇨p.110)。

★2　株主総会での1株1票の投票権などがこれにあたる。大株主ほど多数の票をもつことになる。

★3　挙手・起立・口頭などによる選挙。

２　選挙区制

　選挙制度の基本原則は守られても，選挙区制と投票方法を政治的に操作すれば，民意とは離れた当選者が出てきてしまう。よって，選挙区と投票法の組み合わせは非常に重要である。

❶代表制
$\left\{\begin{array}{l}\text{多数代表制}\quad\text{多数を獲得した党に議席を独占させる。} \\ \text{少数代表制}\quad\text{少数派にも一定比率の議席を留保する。}\end{array}\right.$

❷選挙区制
$\left\{\begin{array}{l}\text{小選挙区制}\quad\text{1選挙区から1名の代表者を選出。} \\ \text{大選挙区制}\quad\text{1選挙区から2名以上の代表を選出。}\end{array}\right.$

❸投票法
$\left\{\begin{array}{l}\text{単記制}\quad\text{候補者の中から1名だけ選んで投票する。} \\ \text{連記制}\quad\text{候補者の中から2名以上に投票できる。}\end{array}\right.$

★4　イタリアのムッソリーニ政権が行った例や，ゲリマンダー(⇨p.116)がある。

★5　連記制には，次の2種類がある。
①完全連記制　定員いっぱいの人数を選んで投票できる。
②制限連記制　定員より少ない人数しか投票できない。

4
現代の日本の政治

POINT!

選挙区制 { 小選挙区（単記制），大選挙区完全連記制　⇨　多数代表制
大選挙区単記制，大選挙区制限連記制　⇨　少数代表制 }

	小選挙区制	大選挙区制
長所	①多数党の出現または二大政党制となり，**安定政権**が成立する。 ②選挙運動の**費用が節約**される。 ③選挙人が候補者をよく知る機会が多い。 ④政党の候補者間の同志討ちを防げる。 ⑤投票や選挙結果が単純でわかりやすい。	①**死票（落選者の得票）が減り**，小政党も代表を出せるし，新人も出馬しやすい。 ②**多様な民意**が議会に反映される。 ③選挙区のせまい利害にとらわれない国民の代表にふさわしい人物を選出しやすい。 ④選挙干渉・買収などの不正が減少する。
短所	①**死票が多く**，多数党に有利になる。 ②国民の意思が議会に公平に反映されない。 ③新党の出現を妨げる傾向がある。 ④**ゲリマンダーの危険性**が最も高い。 ⑤選挙区の利害にとらわれる議員が増える。 ⑥私情のからむ**不正選挙の誘惑**が多い。	①**小党分立による政局の不安定**をまねく。 ②選挙費用が多くかかる。 ③議員と有権者との関係が疎遠になる。 ④大政党の候補者間で同志討ちになる恐れがある。 ⑤補欠選挙や再選挙を行いにくい。

用語　**ゲリマンダー**　自分の政党に有利なように選挙区を定めること。アメリカのゲリー（マサチューセッツ州知事）が1812年の選挙で行い，その選挙区の形が，サラマンダー（ギリシア神話の火蛇）に似ていると諷刺されたことが語源となっている。

年	できごと
1848	フランスで男子普通選挙
67	イギリスの第2次選挙法改正 （都市の労働者に選挙権）
70	アメリカで黒人に選挙権
84	イギリスの第3次選挙法改正 （鉱山労働者・農民に選挙権）
1918	イギリスの第4次選挙法改正 （男子普通選挙と一部婦人）
19	ドイツで男女普通選挙
20	アメリカで婦人に参政権
25	日本で男子普通選挙
28	イギリスで男女普通選挙
44	フランスで男女普通選挙
45	日本で男女普通選挙

▲おもな国の普通選挙実現

3 比例代表制

比例代表制は**政党本位に選挙を行い**，得票数に比例させて各党に公平な議席配分を行う方式である。**死票を減らし**，民意を議会へ正確に反映させる点で，最も民主的な選挙であるといえる。19世紀半ば以降，ヨーロッパで採用されてきた。少数代表制の一種であるから，**小党分立となり，政局不安定**の傾向などをもつ。また，政党本位の選挙であるから，無所属での立候補は不可能であること，手続きのわずらわしいことなどが欠点である。

4 日本の現在の選挙制度

❶**衆議院の選挙制度**　衆議院は現在，**小選挙区比例代表並立制**を採用し，小選挙区では，全国を289選挙区に分け，1つの選挙区から1人が選出される制度。比例代表では全国を11ブロックに分け，ブロックごとに人口比例で定められた定数を各政党の得票数に応じてドント式で比例配分して，比例名簿登載順に当選を決める（**拘束名簿式比例代表制**）。

★6　**ドント式**というのは，各政党の総得票数を1，2，3…と整数で割り，その商の大きい順に定数まで当選者を決めていく方式。

　小選挙区の候補者は，同時に比例代表の名簿登載者となる重複立候補もできるから，小選挙区で落選しても比例代表で当選することもある。重複立候補者は，小選挙区で当選すれば比例代表者名簿から削られる。また，小選挙区での惜敗率[7]（最多得票者の得票数に対する割合）が名簿順位に反映されるので，小選挙区制を重視した並立であるといえる。

❷参議院の選挙制度　参議院の選挙は**都道府県を単位**とする選挙区選挙[8]と全国を単位とする非拘束名簿式比例代表制[9]を採用している。都道府県を1つの区割りとする**都道府県単位の選挙区**では，人口の少ない県は定数1で小選挙区制とよべるが，都市部では多くの定数が割り当てられていて大選挙区制となっている。

> **用語　非拘束名簿式**　参議院の比例代表制では，候補者は順位付けされていない。これを**非拘束名簿式**とよぶ。衆議院の場合，あらかじめ順位をつけた候補者名簿を公表しているので，有権者は投票では支持する政党名だけを記入するが，参議院の場合は「**支持する政党名**」，もしくは比例代表名簿中の候補者の「**個人名**」を記入して投票する。個人名が書かれた票は，その候補者が所属する政党の得票となるので，政党名の記入票と合わせた合計がその政党の得票数となり，**ドント式**で議席配分が決定される（議席を得た政党内での当選者は，個人名での得票数で決定される）。このため，参議院では政党は全国的な組織をもつ候補や知名度が高い人物を候補者にして政党得票数を増やそうとしている。2018年には，個人の得票とは無関係に政党の決めた順位に従って当選者が決まる，**特定枠**が導入された。

衆議院と参議院の選挙制度の違い
- 衆議院…小選挙区比例代表並立制
- 参議院…都道府県単位の選挙区と非拘束名簿式比例代表制

★7　**惜敗率**　小選挙区での落選者が，当選者の票にどこまで迫れたのかを示すもの。

> 惜敗率＝落選した候補者の得票数÷当選者の得票数×100（％）

同一順位の候補者は，獲得議席数に限りある場合，惜敗率の高い者から順に当選者を確定していく。

★8　衆議院と違い，選挙区と比例区の**重複立候補**は認められていない。

★9　一票の格差是正のため合区（2つの県を1つの選挙区とする）が2箇所できた。鳥取県と島根県，および徳島県と高知県が合区である。

4│日本の選挙制度と問題点

▶　わが国では，第二次世界大戦後に男女平等の普通選挙が実現し，近年，有権者は18歳以上に引き下げられて全人口の80％以上になっているが，選挙運動の自由や民意の反映など課題も残されている。

1　公職選挙法

　公正な選挙を行うために公職選挙法で具体的な規定を設けている。
❶選挙の管理　選挙に関する事務は選挙管理委員会[1]が行う。
❷投票　投票は，選挙人名簿に載っている者が，その市町村の投票所において，自分で行う（本人出頭・投票自書制）。期日前投票や点字投票，代理投票も認められる。

★1　**中央選挙管理会**は比例代表制議員の選挙と最高裁裁判官の国民審査，**都道府県選挙管理委員会**は衆議院小選挙区・参議院選挙区・地方議会の議員や都道府県知事の選挙，**市町村選挙管理委員会**は市町村の長と議員の選挙を，それぞれあつかう。

用語　**選挙人名簿**　3か月以上その市町村に住んでいる有権者の名簿。選挙権があることを公的に証明する目的で，市町村の**選挙管理委員会**が作成・保管する。この名簿に載っていなければ，投票できない。

❸**選挙運動**　選挙運動に対しては，**公職選挙法**で次のような制限が設けられている。

1 **運動期間**　立候補の届出のあった日から選挙の前日まで。**事前運動や投票日の運動は禁止**されている。

2 **禁止事項**　買収やそれに応ずること，**戸別訪問**・飲食物提供・署名運動・連呼行為，選挙区内での政治家の寄付行為の禁止。

3 **連座制**　選挙運動の責任者や候補者の親族や秘書が選挙違反を行い，その刑罰が確定した場合，候補者本人がその行為にかかわっていなくても，**当選者の当選を無効とする**制度。

❹**選挙公営**　候補者の経済力の差によって選挙に不公平が生じないように，国や地方公共団体が費用を負担し，それ以外を規制している。

補説　**ネット選挙元年2013**　インターネットを使った選挙運動(ネット選挙)が2013年の参議院選挙から解禁された。それまで，先進国でネット選挙運動が禁止されているのは日本だけだった。これにより，各候補者が選挙期間中も積極的な情報発信ができ，有権者も候補者に関する多くの情報を手軽に入手することができることから，選挙が身近なものへと変わっていく可能性がある。

2 選挙の問題点

❶**議員定数不均衡の問題**　各選挙区の議員定数は選挙区の有権者数に比例して決めなければならない。しかし，中選挙区制時代の衆議院や参議院選挙区では，選挙区間の格差が3倍以上に達し，**衆議院議員定数不均衡を違憲とする最高裁判決**が出た。衆議院は小選挙区比例代表並立制に変わったが，小選挙区の人口格差が2倍以上となって，**1票の価値の不平等**が問題になっている(1票の格差)。

❷**選挙運動の規制**　選挙運動期間外の事前運動や，戸別訪問の禁止など，日本の選挙は規制が厳しすぎるという批判もある。

★2　選挙権年齢は改正公職選挙法(2016年)で18歳以上に変更された。

★3　期日前投票制度は，選挙期日前であっても，選挙期日と同じ方法で投票を行うことができる制度。

★4　選挙公報の発行，ポスターの掲示，選挙放送・新聞の利用，選挙公報個人版のビラ・はがきの発行など。

★5　**中選挙区制**は1選挙区から3～5名の代表者を選出する制度。大選挙区少数代表制の一種で，日本特有の選挙制度だったが，1994年に**小選挙区比例代表並立制**に変更された。

★6　最高裁判決は，違憲または違憲状態であるとしながらも，選挙自体を無効にはしていない(事情判決)。

▼日本の選挙権の拡大

改正年	年齢・性別	納税額	選挙制度	有権者比
1889 (明22)	25歳以上 男子	直接国税 15円以上	小選挙区 記名	1.1%
1900 (明33)	同上	直接国税 10円以上	大選挙区 無記名	2.2%
1919 (大8)	同上	直接国税 3円以上	小選挙区 無記名	5.5%
1925 (大14)	25歳以上 **男子普通選挙**	制限なし	中選挙区 無記名	20.0%
1945 (昭20)	20歳以上 **男女平等普通選挙**	制限なし	大選挙区 無記名	48.7%

＊有権者比は人口に対する割合。選挙権年齢は18歳に引き下げられ，有権者比は現在80%以上になった。

3 世論と国民の政治参加

1 │ 世論の形成とマスメディア

▶ 市民革命後，政治的統合は世論（せろん）に基づくべきものとされた。つまり，民主政治は，主権者である国民の意思が反映する政治という意味で，世論政治でなければならないのである。

1 世論の形成

世論は次のような特徴をもつ。

1 特定の個人や集団の意見ではなく，**多数者が一致して認め支持する**，公共の問題に関する代表的見解である。

2 何らかの**理性的判断に基づいている**点で，偏見に動かされやすい群集心理や，その場限りの非合理的大衆感情とは区別される。

3 強大な政治権力者も無視しえない主張を含んでいる。

❶近代民主政治と世論　制限選挙制の下にあった19世紀まで，政治参加は「財産と教養」のある市民に限られていた。彼らは，自ら合理的な意見を形成する**公衆**（public）と自負していた。そして，世論とは公衆の意見であり，議会での理性的討論によって形成されるものであった。

❷大衆民主政治と世論　20世紀の普通選挙制を基盤とする**大衆民主主義**の実現は，世論を多様で流動的なものにした。すなわち，参政の機会はあらゆる人々に拡大されたが，人々の生活基盤は多様化して同質性が失われ，政治も複雑化・専門化して大衆が政治問題を理解して理性的に対処することがたいへん困難となった。

　また，職能団体の利害も多元化し，政党が議会で世論を統合する機能も衰える中，**世論形成のうえで，マスメディアや圧力団体・市民運動の役割が大きくなった。**

世論…公共のさまざまな問題について，多くの人々のもつ最大公約数的意見。

2 マスメディアと世論

❶マスメディアの特色　マスコミとは，マス・コミュニケーションの略である。大量伝達媒体，すなわちマスメディアを通して，**不特定多数の人々に，同時に，同じ内容の情報を伝達する**ことである。

★1　当時の公衆（市民）は，広い視野と合理的判断の材料を与えてくれる新聞によって公共の問題を議論し，検討した。

★2　英語で「世論」のことをpublic opinionというのも，そのためである。

★3　マス・デモクラシー（mass democracy）ともいう。

★4　近年のスマートフォンの普及で，情報収集もテレビよりスマートフォンになった。ただし，好む情報しか見ないなど偏向した収集により世論の分断化を強化しがちと危惧されている。

★5　新聞・雑誌・テレビ・ラジオ・映画などの伝達媒体のこと。科学技術の発達で巨大化し，また，情報を独占しているため，受け手である大衆が受身的・被暗示的・感性的になる傾向を助長しがちである。

4 現代の日本の政治

❷マスメディアの機能

①個人の社会化，②社会の出来事(ニュース)の報道，③文化の大衆化や教育の普及，④娯楽の提供，⑤広告・宣伝によるPR，⑥報道による世論形成と**アナウンスメント効果**★6，など。

3 マスメディアの問題点

マスメディアは，国民の政治についての判断の材料や意見を提供する独占的な地位を占めており，世論形成において最も重要な役割を果たしている★7。しかし，次のような問題点がある。

❶商業主義　マスメディアのほとんどは民間の営利企業として営まれているため，利益をあげるために興味本位の低俗化をまねきやすい。また，広告主に不利な報道をしない可能性もある。

❷恣意的な世論操作の危険性　権力者が，不利な情報の発表を禁止したり，虚偽の情報(フェイクニュースなど)を流したりして，世論を自己の支配に有利なほうへ導くことが世論操作である。マスメディアは世論操作に加担する可能性がある★8。

　これを打破するために，国民の「知る権利」(⤴p.68)に基づく公的機関の情報公開の原則の確立が課題となっている★9。

★6　マスメディアの選挙報道などによって，有権者の投票行動に影響を与えること。

★7　こうした影響力により，マスメディアは「第四の権力」とも称される。

★8　イギリスのE.H.カーも「この新しい民主主義の指導者たちは，もはや世論の反映よりも，世論の形成と操縦に深く意を用いるようになっている」と警告している。

★9　情報の受け手側にも情報を取捨選択して活用する能力が求められる。これをメディア・リテラシーという。

- 正しい世論形成……客観性・中立性………………正確⇨適確な判断と行動

事実 ← 送り手〔取材⇨編集〕 → マスメディア〔新聞・テレビ・ラジオなど〕 → 報道〔記事・放映〕 → 受け手〔読者・視聴者⇨判断〕 → 世論形成

- 意図的世論形成……政治的意図・商業主義………歪曲⇨ゆがんだ判断と行動

▲マスメディアによる世論形成の過程

┤ TOPICS ├

ポピュリズム

　庶民の素朴な情緒や感情によって判断する傾向を利用して，大衆の支持を求める政治手法や大衆的運動を**ポピュリズム**(人民主義，民衆主義)とよぶ。

　ポピュリズムは諸刃の剣である。庶民大衆が素朴な正義感や健全な判断力を発揮してエリートの腐敗や特権を是正するという方向に向かうとき，ポピュリズムは健全な民主政治に向けて改革のエネルギーとなる。しかし，

リーダーが支持を集める手法として，大衆の欲求不満や不安をあおり，ことばを駆使して扇動するデマゴーグと結びつくことがある。このとき，ポピュリズムは**大衆迎合主義**となり，民主政治は**衆愚政治**に陥り，自由や民主主義を破壊する危険性もある。

　一般的に使われるのは後者(大衆迎合主義)の意味であり，「ポピュリズム」はネガティブなイメージとして用いられることが多い。

2 | 圧力団体

▶ 選挙やマスメディアは，国民の世論（せろん）の表明に大きな役割を果たしている。一方，圧力団体や大衆運動も間接民主制を補い，人々の多種多様な要求（よろん）の反映に役立っているが，問題点もある。

1 圧力団体

圧力団体とは，特殊利益の擁護のために，**議会や行政官庁にさまざまな圧力を加え，政策決定に影響力を及ぼそうとする集団**のことである。

❶ **大衆運動との違い**　大衆運動は圧力団体よりも広い政策の基本方向や政治体制を問題とし，世論の力によって公然と支配者に圧力を加えようとする。これに対し，圧力団体の要求は，その団体の利益に限定されており，裏で密約的に行われやすい。

❷ **政党との違い**

1 圧力団体は，政党のように政権を獲得しようとする目的はなく，**集団の特殊利益の達成に目的が限定される**。

2 政党は選挙のときに候補者を立て，政治責任を負うが，圧力団体は選挙に関心をもち政党に影響を与えても，**政治責任はとらない**。

2 圧力団体の出現

圧力団体は，19世紀末のアメリカで出現した。それは，独占資本主義段階になって社会機構が複雑化し，職業の分業化・専門化が進展してさまざまな**職能団体**が登場したことに関連している。職能団体は，地域代表制の政党を媒介（ばいかい）とするよりも，直接に議会や官庁に圧力をかけるほうが，利益の実現に有効であると考えたためである。

アメリカでは，圧力団体は上・下院と並ぶ「**第三院**」とよばれるほどの力をもち，圧力活動に専従するもの（ロビイスト）がいる。

3 圧力団体の問題点

圧力団体の出現は，政党が有効な媒介機能を果たせなくなった現代において，国民の政治参加の活発化の現れともいえる。しかし，次のような問題点が指摘されている。

1 団体に有利な政治を追求し，国民全体の利益に反することもある。

2 選挙の票や政治資金を圧力団体に依存する議員が出れば，**議会での自由な審議を妨げ，政治腐敗をまねきやすい**。

★1 自己の利益のみを追求する集団である。このことから，**利益集団**(interest group)ともよばれる。

わが国のおもな圧力団体には，**日本経団連**や，連合などの労働団体，**日本医師会**，日本歯科医師会，日本農業協同組合，**日本遺族会**などがある。

★2 各種利益団体のつくっている政治団体の出先機関を**ロビイ**という。実際に，**ロビイスト**が全部作成した議員提出法案もあるほどである。

★3 圧力団体と結びついた**族議員**が業界の代弁者として政策を左右し，その見返りに資金と選挙での支持を得るという構図が，わが国にはみられる。その結果，圧力団体に属さない人々の意見は政治に反映されにくくなる。

現代の日本の政治　4

3 | 国民の政治意識と参政のあり方

▶ 民主主義を支え推進するうえで最も重要なのは，主権者である国民の政治に対する考え方であり，政治に参加する心構えや仕方である。

1 政治意識の問題

❶政治的無関心層の増大　今日では，教育の普及やマスメディアによって，国民は政治の知識や情報をかなりもち，政治参加の機会も多い。それにもかかわらず，政治的無関心層が多い原因として，次の点が考えられる。

1 政治の巨大化・複雑化による個人の無力感・あきらめが増大。
2 政治の腐敗などにより，政治に対する嫌悪感・失望感が増大。
3 高度の分業社会で細分化された仕事に没頭し，政治への関心を失う。
4 マスメディアや大衆娯楽による非政治的領域への関心の集中。

❷日本人の政治意識　日本は島国で，長いあいだ封建的支配の下に閉ざされていたことや，民主主義が連合国から「与えられた」という点から，次のような政治風土が残存している。

1 権威主義　「お上」や権力者に従順で逆らわない。訴訟を嫌う。
2 大勢追随　「なる」ようになると考え，主体的に「する」精神が弱い。
3 集団埋没　親族・郷土・学校・職場などの帰属集団に心情的に埋没して，普遍的な規範よりも，身内の団結や和を優先する。

2 参政のあり方

❶非制度的参政の必要　憲法や法律で保障されている制度的参政権は十分に行使しなければならないが，民主社会の実現のためには，国民が自発的に政治を良くしようとする態度が必要である。市民が共通の課題解決のためにおこす市民運動や住民運動のような自発的大衆運動が，非制度的参政の代表的なものである。そして，大衆運動に支えられて，制度的参政も持続し，効果をあげる。

❷国民による民主的統制　国民が主権者として積極的に政治に参加すれば，政党も支持者の獲得のために機能を活発化させ，国会の行政部に対する統制機能も生きてくる。また，世論が形成されると，行政官や裁判官が国民の自由や権利を尊重するようになり，三権分立の抑制と均衡の関係もうまく作用する。

★1　近代以前には，被支配者は政治に関する知識や情報をほとんど与えられておらず，政治は「お上」の仕事で自分たちには関係がないとしていた。これを伝統型無関心といい，今日の現代型無関心とは，質的に異なる。また，近年では無党派層が急増している。

★2　集団（周囲や世間）への強い同調圧力や，他人の心中を推し量る「忖度」が時に話題になる。「忖度」を，空気を読んで上の意向を察し，自分の行動を決定するという意味に使っている点も，日本の政治風土と関連する。

★3　選挙権・国民投票権・国民審査権・請願権・裁判を受ける権利，地方自治における直接請求権など。

★4　新聞への投書や報道への依頼，雑誌投稿などもマスメディアを通じた非制度的参政の方法である。ほかに地域で活動する非営利組織（NPO）や政党・圧力団体の結成・加入など，組織を通じた参政や，集団的示威行動への参加という方法もある。

☑ 要点チェック

CHAPTER 4 現代の日本の政治	答
☐ 1 現代の福祉国家においては，三権の中の行政権が中心的な役割を果たすが，この点に着目した名称は何か。	1 行政国家（行政権の優越）
☐ 2 立法機関が法律で大枠のみを決め，具体的細則の制定を行政機関に委任する立法の方法を何というか。	2 委任立法
☐ 3 大組織に共通する合理的・効率的事務処理の管理体制は何か。	3 官僚制（ビューロクラシー）
☐ 4 官僚制組織の中枢をにない，社会の各分野について専門的知識・技術をもつ者を何というか。	4 専門的技術官僚（テクノクラート）
☐ 5 官僚制の弊害である規則万能，形式偏重的な傾向を何というか。	5 官僚主義
☐ 6 戦前の天皇の官吏に対し，現憲法では公務員を何と規定するか。	6 全体の奉仕者
☐ 7 国家公務員の公正で効率的な人事を担当するために，内閣からも独立して設けられた行政機関は何か。	7 人事院
☐ 8 公務員の採用や昇進を，専門能力・業績により決める制度のことを，スポイルズ・システム（猟官制）に対して何というか。	8 メリット・システム（資格任用制,成績主義）
☐ 9 人事院，公正取引委員会など，内閣から職務上独立した合議制の機関で，規則制定権や裁決権をもつ行政機関を何というか。	9 行政委員会
☐ 10 行政の監視役となり，国民の苦情を解決することによって，行政の適正な運営を確保するための専門委員の制度を何というか。	10 オンブズ・パーソン（マン）制度（行政監察官制度）
☐ 11 二大政党制と多党制のうち，安定政権となり政治責任の所在が明確である一方，政権の長期独占になる傾向にあるのはどちらか。	11 二大政党制
☐ 12 自民党と社会党による1955年以降の二大政党制を何とよんだか。	12 55年体制
☐ 13 政党・政治団体における政治資金の収支を公開する義務や，政治献金の制限を規定している法律は何か。	13 政治資金規正法
☐ 14 国会議員や自治体の長・議員の選挙に関して定めた法律は何か。	14 公職選挙法
☐ 15 近代選挙制度の原則は，直接選挙，秘密投票の他に何があるか。	15 普通選挙，平等選挙
☐ 16 多数の票を獲得した者が代表権や議席を得る選挙方式は何か。	16 多数代表制
☐ 17 各政党の得票数に比例させて議席数を配分する選挙方式は何か。	17 比例代表制
☐ 18 衆議院議員の選挙制度は，1994年に，それまでの中選挙区制から何に変わったか。	18 小選挙区比例代表並立制
☐ 19 選挙で落選候補者に投じられた票を何というか。	19 死票
☐ 20 大選挙区制と小選挙区制のうち，死票の多いのはどちらか。	20 小選挙区制
☐ 21 選挙運動の責任者や親族・秘書などが悪質な選挙違反を行った場合に，立候補者の当選を無効とする制度を何というか。	21 連座制
☐ 22 権力者がマスメディアを使って世論を望む方向に誘導することを何というか。	22 世論操作
☐ 23 集団の特殊利益の実現をめざし，議会や官庁にはたらきかける団体のことを何というか。	23 圧力団体（利益集団）

① 経済社会の変容 ☞ p.126

□ **資本主義の形成と発展**

- 問屋制家内工業→マニュファクチュア(工場制手工業)→産業革命→資本主義経済
の成立。私有財産制と自由経済(→利潤の追求)。
- 自由競争から独占へ…資本の集積・集中→大企業の独占，金融資本と帝国主義。

□ **資本主義の変容**　1929年の世界恐慌後，アメリカのニューディール政策など。

- 政府の経済介入→有効需要政策。アダム＝スミス以来の伝統的な自由放任政策か
らの転換。第二次世界大戦後，資本主義各国で公共企業部門を拡大(混合経済)。

□ **社会主義経済の変容**　資本主義への批判から生産手段の社会的所有と計画経済を
根幹とする社会主義経済が誕生。ソ連・東欧・中国などで展開→しかし生産効率が
上がらず，多くは自由化・市場経済化に転換。中国は社会主義市場経済へ。

② 現代の企業 ☞ p.132

□ **経済の循環**　企業・家計・政府という３つの経済主体のあいだで，財・サービス
と貨幣が循環し，国民経済を形成。企業は資本を投下して生産活動。

□ **株式会社**　産業革命以後に急速に発達，大企業に適した会社形態。利潤を追求。

- しくみ…最高機関は株主総会，経営方針は取締役会。株式発行で資本調達。
- 現代の株式会社…所有(資本)と経営の分離。コーポレート・ガバナンスの重要性。

□ **企業の集中と巨大化**　自由競争の中で強大な企業が弱小企業を吸収・合併→巨大
化(資本集中)と独占組織。カルテル・トラスト・コンツェルン。

③ 市場経済 ☞ p.139

□ **市場と価格**　資本主義は市場経済。自由競争市場では，価格は需給関係で決定(市
場価格)→需給のアンバランスを調整(自動調整機能＝「見えざる手」)。市場の限界。

□ **寡占市場**　少数の大企業が市場を支配→市場機能は停止し，寡占価格を形成→価格
の下方硬直性→大企業に独占的利潤をもたらす一方，消費者に不利益。

□ **独占禁止政策**　戦後日本は，持株会社禁止と集中排除法で財閥を解体し，独占禁
止法を制定。公正取引委員会が監視。1997年，持株会社を条件つきで解禁。

□ **管理価格と非価格競争**　寡占業界では，協調的寡占による管理価格を形成。プラ
イスリーダー(価格先導者)制。広告・デザイン・サービスなどで非価格競争。

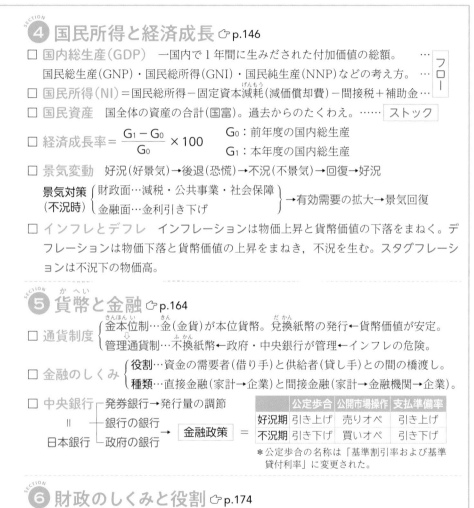

④ 国民所得と経済成長 ☞p.146

□ **国内総生産（GDP）** 一国内で1年間に生みだされた付加価値の総額。 …┐フロー

　国民総生産（GNP）・国民総所得（GNI）・国民純生産（NNP）などの考え方。 …┘

□ **国民所得（NI）**＝国民総所得－固定資本減耗（減価償却費）－間接税＋補助金…

□ **国民資産** 国全体の資産の合計（国富）。過去からのたくわえ。…… ストック

□ **経済成長率**＝$\dfrac{G_1 - G_0}{G_0} \times 100$　G_0：前年度の国内総生産
　　　　　　　　　　　　　　　　　G_1：本年度の国内総生産

□ **景気変動** 好況（好景気）→後退（恐慌）→不況（不景気）→回復→好況

　景気対策（不況時）｛財政面…減税・公共事業・社会保障／金融面…金利引き下げ｝→有効需要の拡大→景気回復

□ **インフレとデフレ** インフレーションは物価上昇と貨幣価値の下落をまねく。デフレーションは物価下落と貨幣価値の上昇をまねき，不況を生む。スタグフレーションは不況下の物価高。

⑤ 貨幣と金融 ☞p.164

□ **通貨制度** ｛金本位制…金（金貨）が本位貨幣。兌換紙幣の発行←貨幣価値が安定。／管理通貨制…不換紙幣←政府・中央銀行が管理←インフレの危険。

□ **金融のしくみ** ｛役割…資金の需要者（借り手）と供給者（貸し手）との間の橋渡し。／種類…直接金融（家計→企業）と間接金融（家計→金融機関→企業）。

□ **中央銀行**－発券銀行→発行量の調節
　＝　　　－銀行の銀行→ 金融政策 ＝
　日本銀行－政府の銀行

	公定歩合	公開市場操作	支払準備率
好況期	引き上げ	売りオペ	引き上げ
不況期	引き下げ	買いオペ	引き下げ

＊公定歩合の名称は「基準割引率および基準貸付利率」に変更された。

⑥ 財政のしくみと役割 ☞p.174

□ **財政のしくみ** 歳出…社会保障費・国債費・地方交付税・公共事業費など。

　歳入｛租税・印紙収入…直接税（所得税などは累進課税）と間接税（消費税など）。／公債金…建設国債・市中消化の原則。国債依存度の増大→赤字国債の発行。

□ **財政政策** 均衡財政から伸縮財政へ。不況期に有効需要増，好況期に有効需要減。

　　　　財政の自動安定化装置（ビルト・イン・スタビライザー）←

1 経済社会の変容

1 資本主義の形成

▶ 農業を中心とする中世の封建社会は，商工業の発達によって徐々に解体し，産業革命によって工業化社会が成立する。そして，資本家が利潤追求を目的として労働者を雇い，生産を行う近代の資本主義経済が形成されていく。

1 経済活動

　人間が生きていくためには，さまざまな財やサービスが必要である。その**財やサービスの生産から流通，消費に至る一連の活動**が経済活動である。

　生産に必要な資源や労働力は無限にあるわけではない。このことを希少性といい，限られた**生産要素(資本・労働力・土地**など)を用いて，いかに自分たちの欲求を最も効率よく満たすか(最大の効用を得るか)ということが，経済の大きな課題である。

　生産者も消費者も「何を」「どれだけ」「どのように」生産し，消費するかを選択しているが，その際，実際にかかる費用だけではなく，ほかの選択肢を選んだならば得られたであろう便益も考慮する必要がある。このことを機会費用という。

　こうした問題の解決を人々の自由な判断に任せ，その調整を市場に委ねるのが資本主義経済であり，政府が計画を立て指令するのが社会主義経済である。

2 問屋制家内工業から工場制手工業へ

❶**商業資本家の台頭**　15世紀の末頃から，「**新大陸**」の探検が相つぎ，外国貿易や商業活動が活発になった。商人たちは，農産物や外国の特産品の売買によって富を蓄積し，**商業資本家**となった。

❷**商業資本家の手工業支配**　商業資本家の中には，工業製品の生産や販売にも手を広げ，手工業の職人たちに原料・工具・資金などを前貸しして製品を作らせ，それを集めて売りさばく**問屋制家内工業**を営む者も現れた。手工業の職人たちは独立性を失い，商業資本家に支配される事実上の労働者の立場に近くなった。

❸**マニュファクチュアの形成**　さらに，機械や工場の建物などの生産過程に資本を投じて利潤をあげる**産業資本家**が登場する。イ

★1 厳密には「ある選択を行ったために失う価値のうち最大のもの(金額)」のこと。たとえば，大学進学のための費用とは，一般的には大学の学費と4年間の生活費の合計金額を考える。しかし，仮に進学しないで4年間働いた場合には，どれだけの収入が得られるかということも考慮しなければならない。また，何かを選択すると他の何かをあきらめざるを得ない関係をトレードオフという。

★2 コロンブスの西インド諸島到達(1492年)。バスコ・ダ・ガマのインド航路の発見(1498年)，マゼラン一行の世界一周(1519〜22年)など。

ギリスでは，封建領主の支配力が弱まる中で，**ヨーマン（独立自営農民）**とよばれる富農たちが，自らの資本で工場を建てて毛織物工業を営み，**賃金労働者**[★3]を雇って，分業による生産を行わせるようになった。これが**マニュファクチュア（工場制手工業）**である。

3 産業革命

マニュファクチュアは，分業によって非常に生産力を高めたが，まだ道具を使った手工業であった。これに一大変革をもたらしたのが産業革命である。18世紀の中頃から，まず**イギリス**において蒸気機関や紡織機[★4]などの発明・改良が相つぎ，これによって機械制工業が発達し，近代の**資本主義経済**が成立した[★5]のである。

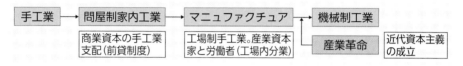

手工業	→	問屋制家内工業	→	マニュファクチュア	→	機械制工業
		商業資本の手工業支配（前貸制度）		工場制手工業。産業資本家と労働者（工場内分業）	産業革命	近代資本主義の成立

2 | 資本主義の発展

▶ 産業革命によって確立した資本主義は，産業資本を主役とした自由主義経済の下に急速な発展をとげた。ところが，分配の不平等（貧富の歪）による階級対立や，恐慌がおこるなど景気変動が激しくなり，独占化も進んだ。

1 資本主義経済のしくみ

資本主義経済では，生産手段[★1]を私有する資本家が，自由競争の中で労働者を雇って賃金を払い，できるだけ多くの利潤[★2]を獲得しようとして自由に企業活動を営む。19世紀の資本主義は，このようなしくみで急速に発展し，国家も産業・貿易に対して干渉せず，**自由放任政策**を基本としていた（自由競争の時代）。

POINT!

資本主義経済 { 私有財産制…生産手段の私有[★3]（私企業体制）
企業の自由…利潤の追求（自由経済体制）

2 自由主義の経済学

経済学は，18世紀後半にイギリスの**アダム＝スミス**[★4]によって初めて学問として体系づけられた。経済学の始まりなので，**古典派経済学（古典学派）**とよばれる。スミスは，産業革命前後の興隆しつつ

★3　賃金労働者になったのは，土地の囲い込み（エンクロージャー）で耕地を失った農民たちであった。

★4　ジョン・ケイの飛び杼の発明（1733年）で，紡織の能率は従来の2倍にもなった。

★5　19世紀の資本主義は工業を中心とする産業活動によって発達したため，**産業資本主義**とよばれる。

★1　**土地・工場・機械**などをさす。

★2　生産物の売上金から，原材料費や人件費などのコスト（生産費）を差し引いた残り。**利益**ともいう。

★3　この場合は生産手段のみをさす。

★4　Adam Smith（1723～90）『**諸国民の富（国富論）**』を著して，「経済学の父」といわれる。

あったイギリスの資本主義を背景に，**重商主義や重農主義**の富に対する考え方を批判し，労働価値説をたてた。さらに，人々の利己心の追求は，「見えざる手」によって調整され，社会全体の利益と進歩をもたらすから，国家による保護・干渉は経済の活力を損なうとして，**自由競争・自由放任を主張した。**

▲アダム＝スミス

★5　18世紀後半にフランスでおこった経済思想。農業だけが富を生むとしたことから，この名がある。自然法に基づいて国家の干渉を排除し，**自由放任**を主張。

|補説| **重商主義**　ヨーロッパ絶対主義時代の経済思想で，貨幣（金銀）を富と考えた。

|用語| **労働価値説**　労働の生産物が富であり，労働が価値を生みだす源泉であるとする説。したがって，スミスは，国の富を増やすためには労働により生産物を増やさなければならず，そのために，分業によって生産能率をあげることと，設備投資に必要な資本蓄積とが重要であると説いた。

Ｑ　アダム＝スミスがいった「見えざる手」というのは，どんなことをさしているのですか。

Ａ　スミスのいうように，各自が勝手に利己心を追求したら，経済の秩序はメチャクチャにならないのか？　これに対するスミスの答えが「見えざる手」(an invisible hand)で，具体的には「**価格の自動調節（調整）機能**」(⤴ p.141)を考えていたのです。つまり，価格の上下が生産量や需要量を調節して，この目に見えないはたらきが経済の秩序を保つと考えたわけです。

③ | 資本主義の修正

▶　資本主義の発展によって経済の規模が拡大するにつれ，景気変動も激しくなった。とくに1929年の世界恐慌は，資本主義各国に大打撃を与えた。これにより，もはや自由放任が通用しなくなり，政府が経済に介入する修正資本主義の時代へと移った。

① 恐慌と政府の経済介入

❶**世界恐慌**　**1929年10月**，アメリカのニューヨーク，ウォール街の株式取引所の株価大暴落から始まった世界恐慌は，史上空前の経済混乱を各国におよぼした。とりわけ，繁栄を誇っていたアメリカ経済は，大不況のどん底に落ち込んだ。物価は暴落して企業の倒産が続出し，**失業者**は町にあふれ，国民所得も半分に減った。

❷**ニューディール政策**　アメリカでは，1933年に就任したF.ローズベルト大統領(⤴p.28，184)が，ニューディール政策(⤴p.157)とよばれる**大胆な不況回復策**を実施した。これは，それまでの経済に対する自由放任主義とは反対に，政府が大規模な公共事業をおこして失業者の救済をはかったり，農業の生産を制限して消費とのバランスをとり，農産物の価格水準の回復をはかるなど，政府が積極的に経済に介入した。

★1　当時のアメリカでは，失業率が25％，失業者数が1,300万人にものぼった。

★2　当時，スウェーデンでは，労働者住宅の建設などの公共事業をおこし，不況の克服をはかった。

補説　**ニューディール政策のおもな内容**[3]

①**全国産業復興法**(NIRA=National Industrial Recovery Act, 1933年)[4]
…産業組合による生産の制限で価格水準の回復をはかり, 同時に失業救済事業も行った。

②**農業調整法**(AAA=Agricultural Adjustment Act, 1933年)…農産物の作付制限と政府補償金の支払いによって, 農産物価格の回復をはかった。

③**公共投資政策**…テネシー川流域開発公社(TVA=Tennessee Valley Authority, 1933年)によるテネシー川流域の総合開発などの大規模な公共事業を行い, 失業者の吸収と有効需要の増加をはかった。

2 政府の経済的役割の増

❶**資本主義の転換**　ニューディール政策は, アダム゠スミス以来の伝統的な自由放任政策からの大きな転換を意味した。つまり, 民間の自由な活動だけでなく, **政府の経済介入**によって資本主義を維持しようとするもので, このように変化した資本主義を修正資本主義[5]とよぶ。

❷**混合経済**　第二次世界大戦後, 先進資本主義各国はいずれも政府による経済への介入を強め, 景気の安定化や完全雇用の維持, 所得の格差の是正や**福祉国家の実現**をはかるようになった。また, 重要な産業分野については, 民間企業と並んで公社や公団などの**公共部門**を拡大し, いわゆる混合経済が成立するようになった。これは, 現代資本主義の1つの大きな特徴である。

3 ケインズの経済学

イギリスの経済学者ケインズ[6], 第一次世界大戦後の不況と失業をみて, 従来の経済学が失業のない状態を前提としていることを批判するとともに, 伝統的な自由放任政策から転換することを主張し, 政府が積極的に経済に介入し, 景気の回復や完全雇用を実現するよう説いた。これが**ケインズ革命**といわれるものである。

この考えは有効需要の理論を基礎とし, 当時各国で実施された有効需要創出政策を理論化したもので, のちに有効需要政策(⇨p.184)とよばれるようになった。

用語　**有効需要**　購買力をともなった需要のことで, 投資と消費から成る。ケインズによれば, 経済発展につれて所得は増えるが, **貯蓄性向**(所得のうち貯蓄にまわる割合)が高まって**消費性向**(所得のうち消費にまわる割合)は下がる。したがって, 生産の拡大ほどには消費は伸びず, 生産と消費のギャップが生じて不況が発生する。そこで, 低金利政策によって民間の投資を促進したり, 公共事業で消費を拡大するなど, 国家の手によって有効需要を作りだしていく必要があるとした。

★3　このほか, 労働者保護のための**全国労働関係法**(ワグナー法)や**社会保障法**が制定された(⇨p.223)。

★4　この法律は1935年に違憲の判決を受け, 同じ目的の法律として細分化された。

★5　資本主義の変質を社会主義国側から批判する立場から, こうよばれた。

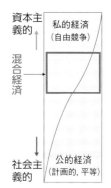

★6　J.M.Keynes (1883~1946)　ケンブリッジ学派に属し, アダム゠スミス, マルクスと並ぶ経済学の巨人。主著『雇用・利子および貨幣の一般理論』。

▲ケインズ

4 | 社会主義の誕生

▶ 一時は人類の40％が社会主義圏に生活していた。しかし，20世紀の末近くになるとソ連と東ヨーロッパの社会主義経済は崩壊し，現在，中国でも資本主義の原理である市場経済が導入されている。社会主義本来の理念であった福祉の達成は，別の形で求められている。

1 社会主義の展開

❶理念としての社会主義　人間による人間からの搾取の廃絶，すべての人の勤労，資源の公平な分配を実現することを人類の理想とするもの。19世紀にサン・シモン，フーリエやロバート・オーウェンらの空想的社会主義者が説いた。★1

❷実践理論としての社会主義　ドイツのマルクス★2は，友人のエンゲルスとともに資本主義経済を分析して得られた社会革命についての主張を科学的社会主義と名づけ，資本主義社会は世界の労働者階級が団結しておこす革命によって打倒されると唱えた。

[補説] **マルクス経済学**　マルクスは，古典学派の**労働価値説**を基礎として，これを批判的に発展させ，「**剰余価値説**」をたてた。その代表的著書が『**資本論**』である。これによれば，生産手段を私有する資本家は，労働者が生みだした剰余価値を利潤として搾取し，労働者はますます貧しくなるから，資本家と労働者の階級闘争が激しくなる。一方，利潤を追求してそれを蓄積する資本家の無制限な生産は，社会全体の消費力を超えて増大するから，周期的な過剰生産恐慌がおこる。
　こうした矛盾によって，資本主義は必然的に崩壊するとしたマルクスは，「万国の労働者よ，団結せよ」（共産党宣言）とよびかけた。そして，革命によって資本主義を倒し，生産手段の私有を廃止して**社会主義社会**を建設することによって，搾取と恐慌のない**共産主義社会**を実現できるとした。この理論はレーニンによって実践され，マルクス・レーニン主義あるいはマルクス経済学として経済学の大きな潮流を成した。

[用語] **剰余価値説**　商品の価値は，その生産に必要な労働量によって決まるが，**労働力**もまた特殊な商品であって，その価値は労働力の生産費（労働者の生活費）によって決まる。ところが，労働力というものはその価値どおりに賃金が支払われても，その価値以上の新しい価値を生産過程で生みだす。この新しい余分の価値が剰余価値であり，労働者が生みだしたものであるのに，利潤として資本家のものとなる。

❸ロシア革命　1917年，レーニンが指導するボリシェヴィキ★3勢力が帝政ロシアの専制政治（ツァーリズム）を倒し，労働者と農民・兵士から成るソビエト政権を樹立し，史上初の社会主義国家を建てた。

★1　16世紀のイギリスでは，トマス・モアのユートピア（理想郷）思想があった。19世紀，ロバート・オーウェンは自分の経営する工場の労働者を人間的に扱う経営をしている。しかし，これらは善意に基づく社会改革思想であるとして，**空想的社会主義**とよばれた。

★2　Karl Marx（1818～83）　亡命先のロンドンで資本主義経済を分析・研究。1848年には友人エンゲルスとともに『共産党宣言』を発表。

▲カール・マルクス

★3　ロシア語で「多数派」の意味。穏健派のメンシェヴィキ（少数派）を倒して革命の達成をめざし，1918年には共産党と改称した。

2 ソビエト社会主義のしくみ[★4]

❶**生産手段の社会的所有**　土地・鉱山・工場などすべての生産手段は社会的所有とし，**資本家や地主の私的所有は廃止**された。

❷**計画経済**　経済活動の基本は中央政府が計画し，生産量・価格などすべては政府が決め，指令により労働と企業経営が営まれた。したがって，景気変動や失業などはおこらないとされた。

❸**分配の方式**　各人はその能力に応じて勤労し，**労働の質と量に応じて分配される**ことを原則とした（利潤の追求は禁止）。教育・医療などの福祉は，無償（む しょう）の社会保障制度によって支えられた。

POINT!
社会主義経済 ｛ 理念…**搾取**がなく，全員が働き，公平に分配される。
　　　　　　　 制度…生産手段の社会的所有，計画経済。

5 ｜ 社会主義の変容

1 ソ連の計画経済の停滞

建国直後のソ連では，土地や重要産業は国有化され，電化と鉄鋼生産を重視して重工業化に全力が注がれた[★1]。その後，二度の世界大戦を経験し，米ソ冷戦の時代には軍需産業に重点が置かれ，国民の生活と直結する軽工業は軽視されてきた。

そのため国民の不満は高まった。企業の運営面でも，ノルマ達成のみを考えて自発的な効率化は放棄され，**労働者の勤労意欲は低下**した。また，中央計画が不完全なため，資源の浪費などの欠陥が表面化し，さまざまな改革の効果もなく，**社会主義経済は破綻した。**（は たん）

2 中国の改革開放政策

1993年の憲法改正で，社会主義市場経済が採用され，市場経済（⇨p.139）が本格的に導入されることになった。経済特区における外国資本の導入，**株式会社**[★2]の設立などもさかんになり，高い経済成長を達成し，「世界の工場」としての役割を果たすようになっている[★3]。GDP（国内総生産）が2010年以降アメリカに次ぐ世界第2位の経済大国である。

3 ベトナムのドイモイ

ベトナムは社会主義国であるが，1986年から**ドイモイ（刷新）**とよばれる開放政策をとり，個人経営を認め，食品や生活消費財の生

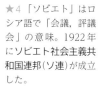

★4　「ソビエト」はロシア語で「会議，評議会」の意味。1922年にソビエト社会主義共和国連邦（ソ連）が成立した。

★1　1928年以降，数回にわたる**5か年計画**が実施され，重工業を中心に急速な経済成長をとげた。

★2　株式会社の設立や株式の売買もさかんになり，各産業部門では，生産物が公開市場で取り引きされ，価格もそこで決められることになった。

★3　一方で貧富の格差の増大，とくに都市と農村の格差や，経済犯罪，汚職の増加，環境破壊などの問題も大きくなっている。

産を重視するなどの政策が効果を発揮し，近年，急速な経済成長を
とげている。ただし，中国と同じように格差や環境破壊など急激な
成長にともなう歪（ゆが）みも生じている。

POINT! 社会主義経済の変容 { ソ連は解体。ロシアは市場経済を導入する経済改革。
中国では，改革開放政策で市場経済や外国資本を導入。

┌ **TOPICS** ┐

経済特区

　先進資本主義国の企業がもつ資本や技術を
導入して経済発展をはかろうというのが，中
国の**対外経済開放路線**。革命以来の「自力更
生（じりきこうせい）」のスローガンからは，大きな転換といえ
る。1979年から，南部の沿岸の5地域を**経
済特区**に指定し，外国資本の進出をうながし
た。経済特区では，外国資本との共同出資企
業（合弁企業（ごうべん））が認められ，香港などの華僑資
本や日本資本が進出している。

　現在の経済特区は，**厦門（アモイ）・汕頭（スワトウ）・深圳（シェンチン）・珠
海（ハイ）・海南（ハイナン）省**の5地域。1997年7月にイギリ
スから返還された香港は**特別行政区**と規定さ
れ，向こう50年は資本主義経済が認められ，
「**一国二制度**」が行われることになっていた
が，2020年の国家安全維持法などにより「一
国二制度」の維持に対する疑念が生じ，香港
経済の将来についても見通しが難しくなって
いる。

SECTION
② 現代の企業

1│経済主体と経済循環

▶ 経済活動は，人体における血液のように循環（じゅんかん）しており，非常に多くの個人や企業がかか
わりながら，生産と消費が絶えまなく繰り返され，国民経済が成り立っている。一国の経
済活動を考えるとき，経済活動に参加するすべての人や企業の行動を，詳細にとりあげて
いくことはできない。そこで経済学では，通常，家計・企業・政府という3つの経済主体
に分けて分析を行う。

1 経済主体

　一国の経済活動のまとまりを**国民経済**という。これは，企業・家
計・政府という3つの経済主体から成り立っている。

★1 政府には国だけ
でなく，地方公共団体
も含まれる。

POINT! 経済主体 { ① 企業…生産活動の主体。
② 家計…主として消費活動を行う。労働力を提供。
③ 政府…生産と消費を行う。国民経済全体の調整役。

2 国民経済の循環

　企業・家計・政府の３部門は，それぞれの役割を果たしながら，互いに密接に結びついている。家計は企業に**労働力**を提供して**賃金**を受け取り，それで企業の**生産**した財やサービスを買う。政府は企業と家計から**税金**を徴収し，その収入で家計に社会保障費を支出したり，企業に補助金支出や投融資を行ったりしている。このような，経済主体間の財・サービスや貨幣の流れを経済循環という。

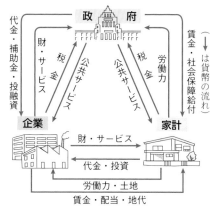

▲国民経済の循環

★2　**家計**　家計収入は，雇用（勤労），自家営業・財産運営などによって得られるが，これらは，労働力・財・サービス・資本・土地などを提供して得られるものである。つまり，家計は，消費の単位だけでなく供給主体としての側面もあわせもっている。家計の提供する労働力は，企業の生産活動だけでなく，公務員として政府にも向けられる。

2 | 企業と資本

▶ 生産活動の主体は企業である。資本主義経済は私企業を中心に成り立っているが，公企業も少なからず存在する。私企業は，個人企業から共同企業へと発展し，現代では株式会社によって代表される会社企業が主流となっている。

1 企業の役割と種類

　企業は，財やサービスの**生産**および**流通を営む組織体**であり，国民経済の中で中心的な役割を果たしている経済主体である。

　資本主義経済では，利潤追求を目的として営まれる私企業が大半を占めている。国家や地方公共団体の営む公企業や半官半民ともよばれる公私合同企業もあるが，最近では民営化すべきだという意見も強く，見直しの対象になっているものも少なくない。

★1　**国営企業**として最後まで残っていた**国有林野**も2012年度末で廃止され，日本の国有林は2013年4月より政府の一般会計の事業として林野庁が管轄し，森林管理事務所等によって管理されることになった。

▼日本の企業の分類と種類

公企業	国営企業	なし ★1	独立行政法人	国立印刷局，造幣局，大学入試センターなど	
	地方公営企業	市バス・市営水道など		その他	公庫など
公私合同企業	NTT，JT，日本銀行，第３セクター，日本赤十字社など				
私企業	個人企業	個人商店・農家・町工場など			
	法人企業 組合企業	農業協同組合・消費生活協同組合など			
	会社企業	株式会社・合資会社・合同会社・合名会社・特例有限会社			

用語　**第3セクター**　大規模な開発事業を行うため，政府や地方公共団体（第1セクター）と民間企業（第2セクター）が共同出資して設立する事業団を，第3セクターという。各地のリゾート開発やテーマパークなどで多く用いられたが，経営不振の事業団が目立つ。

2 会社（会社企業）

❶**会社の種類**　企業は，自営業による個人企業と，組織化された法人企業とに大別できる。資本主義の初期には，小さな個人企業が多かったが，経済発展とともに企業の法人化が進み，共同企業による組織化・大規模化が進んだ。そして多くの会社（会社企業）が設立された。

▼会社の種類と特徴

種類	出資者（社員）	持分譲渡	適合企業
合名会社	無限責任社員	全社員の承認が必要	小企業（家族・親族経営）
合資会社	無限責任社員 有限責任社員	無限責任社員全員の承認が必要	小企業
合同会社	有限責任社員	全社員の承認が必要	中小企業 ベンチャー企業
株式会社[★2] 株式譲渡制限会社	有限責任の株主	株式の譲渡には株主総会の承認が必要	中小企業
公開会社	有限責任の株主	制限なし	大企業

補説　**無限責任と有限責任**　会社（会社企業）は共同出資によるものであり，その出資者の責任の負い方によって，会社の種類が分かれる。
　無限責任というのは，会社が負債を負って倒産したときに，個人財産のすべてを投げだしてもその後始末の責任をとるということである。したがって，あまり大きな事業を予定せず，資金も必要としないなら，無限責任社員だけで構成される合名会社にして，家族や親友などの気心の知れた者だけで経営をすることもできる。
　有限責任というのは，会社が倒産しても，出資額の範囲内で責任を負えばよく，つまり最悪の場合でも所有している株式の価値が失われるだけである。リスクの大きさに限度があるので安心して出資でき，会社側から考えれば広く社会全体から出資者をつのり，大規模化をしやすい。

★2　株主だけではなく，企業を支える経営者，従業員，地域住民，消費者などを含めた利害関係者すべてを，**ステークホルダー**という。

❷**企業活動の多様化**　現代の企業は，文化支援活動（メセナ）や，寄付・奉仕などを通じた慈善活動（フィランソロピー）など，その活動も多様化し，企業の社会的責任（CSR）も増大している。また，環境マネジメントシステムの規格である**ISO14001**を取得する企業も増えてきた。

③ 株式会社

▶ 産業革命以降，急速に発達してきた株式会社[1]は，現代企業の主役となっている。今日の株式会社は，広く大衆からも資本を集めて大規模化しているが，実際には法人大株主が支配し，その運営は専門的経営者によって行われている。

1 株式会社のしくみ

❶資本金　経営に必要な資金(資本金)は，小口の均等な株式に分割して，**広く社会全体から出資者をつのって集める。**

　　補説　**株式**　かつて日本で発行された株式には，50円，500円，50,000円などの額面(株式発行時の基本価格)が決められていたが2001年より**額面株式は廃止され無額面株式**となった。また**単元株制度**(株式売買の際の売買単位を会社が自由に決定)が導入されたが，さらに株式売買の利便性向上のため，国内上場株式の売買単位は2018年10月以降100株に統一された。

❷株主　出資して株式を購入した人のこと。株主に対しては，会社の利益に応じて**配当**(配当金)が支払われる。株主は有限責任であるから，出資額以上の義務を負う必要はない。また，いつでもその株式を市場で自由に売買する[2]ことができる。このように，だれでも出資しやすいため，多額の資金を集めることができる。

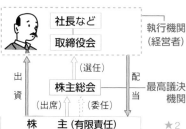

▲株式会社の組織

❸株主総会　株式会社の最高議決機関。会社の経営方針の決定，取締役などの役員(経営陣)が決定・解任される。**議決権は所有する株式数に比例する**ので，大株主ほど発言権が強い。

2 現代の株式会社

　初期の株式会社は，富裕層の個人が大株主として，資本家であると同時に経営者でもあった。しかし，現代のように企業が大規模化[3]してくると，次のような傾向が目立ってきた。

❶**株式の分散と大衆化**　広く社会から資本を集めるため，それだけ株主の数は多くなり，大衆株主が増加することとなった。

❷**法人株主の支配**　多数の大衆株主は株主総会に出席しないから，株主総会は形式化する。そして，少数の大株主によって会社は支配される。しかも，個人株主の資力には限界があるから，銀行などの金融機関や関連企業などの法人，外国法人の株主の持株が多い。

★1　株式会社のおこりは，1602年のオランダ東インド会社であるといわれている。

5

経済社会の変容と現代経済のしくみ

★2　株式の売買は証券取引所で行われるが，その売買業務は証券会社が株式の売り手・買い手から手数料を得て行う。2009年に紙の株券は原則として廃止され，電子データで管理されることになった。

★3　今日でも，中小企業の場合は，経営者(社長)がその会社の大株主(オーナー)であることが多い。

用語　**会社法**　国際的競争に対応し、日本経済に活力を生みだすために起業を簡単にするなどの内容の法律。2006年(一部2007年)より施行。
①**最低資本金制度の廃止**　株式会社1,000万円以上などの規制を廃止。資本金は1円でも会社の設立が可能になった。
②**有限会社の廃止**　ただし、既存の有限会社の存続は認められる。
③ベンチャー企業の起業などに適した**合同会社**を新設。

★4　所有者(株主)の支配に属さない自律性をもつところから、現代の資本主義経済を**法人資本主義**とよぶ場合がある。

❸**所有(資本)と経営の分離**　会社の経営は、個人の資本家の手を離れ、専門的な経営者層にまかされるようになった。

❹**コーポレート・ガバナンス**　**企業を運営するための統治機構**。企業のコンプライアンス(法令遵守)を重視し、経営者が、自己の利益を優先し株主の利益に反したり反社会的行動をとることを監視・統制するために、企業情報の開示(ディスクロージャー)の重視や、**社外取締役**を任命し、監視機能を強化している。

Q 今日の株式会社において、所有と経営とが分離するようになったのはなぜですか。

A 株式が一般に公開されている(これを**上場**といいます)ような大企業の資本は、多くの出資者(株主)によって共有されています。そのうちの大部分を占める零細な株主は、所有する株式の比率が小さく、企業を動かすことができませんから、初めから経営は他人にまかせています。ここにすでに**所有(資本)と経営の分離**がみられます。今日の大企業を経営するには、組織を統率し、市場を分析・開拓していく専門的な能力が必要ですから、そうした経営の技術的専門家に企業経営を委ねるのが一般的になったわけです。

POINT!　**現代の株式会社**…株式の分散・大衆化、法人大株主の支配、所有(資本)と経営の分離。コーポレート・ガバナンスの導入。

TOPICS

株式の所有数と所有者の変化

| 株主数6,132万人 | 1〜4単元 68.7% | 50〜999単元3.6 | 5〜49単元 27.4 | 1,000単元以上0.3 |

2.2%　6.8

| 株式数31.2億単元 | 10.0 | 81.0 |

＊単元株…株式の最低取引単位　(「日本国勢図会」による)

▲**株式の所有単元数別分布**(2020年度末)

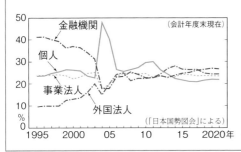

(会計年度末現在)
金融機関
個人
事業法人
外国法人
(「日本国勢図会」による)
1995　2000　05　10　15　2020年

「株式の所有単元数別分布」のグラフをみると、人数では、数単元の小額の株を所有している株主が多い。しかし、日本全体の株式の81％は、1,000単元以上の株を所有する、わずか0.3％の大株主に所有されていることがわかる。

「所有者別持株比率の推移」のグラフをみると、いわゆるバブルがはじける90年代初めまでは、銀行などの金融機関や企業が別の企業の株を所有するという傾向が強かったが、その後、企業収益の悪化から、株を手放す金融機関や企業が増え、いわゆる株式の「持ち合い」も減少し、最近では個人投資家や外国法人の比率が高くなっていることがわかる。

◀**所有者別持株比率の推移**

4 │ 企業の集中と巨大化

▶ 資本は貨幣の形で投下され，さまざまに形を変えてまた貨幣にもどる。資本は循環の過程で利潤を生み，利潤が蓄積されて企業は大規模化していく。また，吸収・合併やカルテル・トラスト・コンツェルンなどの独占組織により，少数の大企業に資本が集中していく。

1 資本の循環と増殖

　企業は，一定額の資本を集めてスタートする。この時点での資本は，貨幣（カネ）の形をとっているので貨幣資本といわれるが，その集め方によって，自己資本と他人資本とに分けられる。次に，この資本を投下して生産活動を行うが，生産に必要な生産手段・労働力などを総称して生産資本という。

　生産物は商品資本として市場に出まわり，やがて，回収された資本は，固定資本の減耗分をうめあわせる更新投資のほか，利潤の一部が新しい機械の購入など純投資にまわされ，拡大再生産が行われることが多い。

　資本はこのように投下され循環する過程で増殖され，自由競争に勝ち抜いた企業は大規模化していく。これを資本の集積という。

> 用語 **自己資本と他人資本** 　株式や内部留保[★2]など，企業自身が所有している資本を自己資本，社債や銀行からの借入金[★3]など外部から調達（外部金融）して利子を付けて返済しなければならないものを他人資本という。

★1 企業の拡大には，他企業の株式を買い占めてその企業を買収・合併するM&A（⊃p.138）という方法もある。

★2 企業の純利益から社内に積み立てておかれる分。

★3 企業が手持ちの資金でまかなう場合を内部金融という。

TOPICS

資本の循環と増殖のしくみ

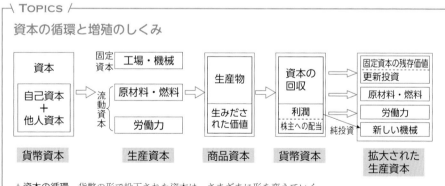

▲資本の循環　貨幣の形で投下された資本は，さまざまに形を変えていく。

　回収された資本は，固定資本の減耗分をうめあわせる更新投資のほか，利潤の一部が工場などの増設を行う純投資にまわされるから，この図は拡大再生産を示している。つまり，資本の増殖によって経済規模は拡大する。

　なお，同一規模の循環を繰り返す場合を単純再生産，不況期などにおける規模の縮小した再生産を縮小再生産という。

2 資本の集中

　企業が大規模化する道は，資本の集積のほかに，2つ以上の企業・資本が何らかの形で結びついて大きくなっていく方法がある。これを資本の集中(企業集中)という。これには，吸収・合併の形をとる場合と，大企業どうしが手を組んで独占組織をつくる場合とがある。そのおもなものは次の通りである。

❶カルテル(企業連合)　同じ産業の同種の企業が，独立性を保ちながら生産量・価格・販売市場などについて協定を結んで競争を回避すること。日本では独占禁止法(⇨p.143)によって禁止されている。1870年代のドイツでこのような組織が生まれ，各国に広がった。

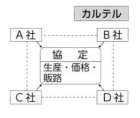

❷トラスト(企業合同)　同じ産業の同種の企業が合同して新たな大企業をつくること。典型的な例が合併である。独占禁止法による一定の制限があるが，競争力強化のため大型の合併が行われることも多くなった。

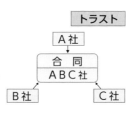

❸コンツェルン(企業結合)　持株会社が親会社(本社)となり，同種・異種を問わずあらゆる産業部門の企業を，株式保有を通して資本的に支配するもの。戦前の日本の財閥がこれに相当する。

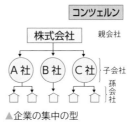

▲企業の集中の型

❹企業の巨大化・集団化　資本の集積によって大規模化した企業は，かつてみられなかったような巨大な姿をもつようになった。異なった産業部門や他業種の会社を次々に買収・合併(M＆A)するコングロマリットや，国境を越えた多国籍企業(⇨p.298)などがそれである。さらに，これらの大企業が横に手をつなぎ，企業集団を形成するものもみられる。

★4　独占禁止法
独占法ともいう。正式名称は「私的独占の禁止及び公正取引の確保に関する法律」。

★5　カルテルに参加する企業が共同で中央機関や共同会社を組織したものを，シンジケートという。

★6　企業連携ともいう。

★7　戦後の財閥解体以来禁止されていた持株会社も，1997年，独占禁止法の改正により設立が可能になった。

★8　子会社はさらに孫会社を支配する。これらの会社は形式的には独立しているが，実質的には株式保有を通して，親会社を中心とした1つの企業体を成している。

★9　コングロマリット(Conglomerate)は，普通，複合企業と訳される。たとえば，自動車会社が電子工業会社を買収し，さらに住宅建設会社・食品会社部門に進出していくなど。

企業の集中 { カルテル………同種企業が協定を結んで市場を支配，高利潤保持。
トラスト………同種企業が合併して巨大化→各企業の独立性消滅。
コンツェルン…親会社(持株会社)が資本のうえで傘下企業を支配。

SECTION ③ 市場経済

1 ｜ 市場と価格

▶ 資本主義は市場経済であり，自由競争の下で，商品の価格は市場における需給関係で決定される。そして，この価格によって生産量が調節され，資源の有効配分が行われる。

1 市場経済

市場というのは，売り手(供給者)と買い手(需要者)のあいだで商品などが取り引きされる場のことである。普通の商品市場のほか，株式市場・外国為替市場・労働市場などがある。株式市場のように，株が証券取引所という限定された場所，つまり市場(マーケット)で売買されるものもあれば，食品や電気製品のように，日本全国のいたる所で常に売買が行われ，まさに日本全体が市場をつくっているものもある。あるいは，外国為替市場のように，世界各国の通貨が，おもに銀行間の電話やインターネット上で売買され，これらのネットワークが市場を形成しているものもある。

資本主義経済では，市場でどんな商品が，どんな価格で，どれだけの量，売買されるかが決まるので，市場経済とよばれる。

社会主義経済の，何を，どれだけ，いくらで生産し，販売するかを中央政府が計画し，決定する計画経済とは根本的に異なる。

★1 資本主義経済では，貨幣・為替が取り引きの対象とされるほか，**労働力**も商品として売買される。

▲野菜の卸売市場

2 市場機構

❶**市場機構**　資本主義経済では，生産者や消費者は各自の利益や満足を求めて各人各様に生産や消費をしているにもかかわらず，通常は大きな混乱もなく経済活動が営まれている。そこに資本主義経済がもっているしくみとはたらきがあるからで，このような市場のはたらきを市場機構(市場メカニズム)という。

❷**市場の競争原理**　競争関係は，売り手も買い手も，より高い利潤や満足を得ようとすることによって成立する。つまり，売り手はより高い価格で売ろうとし，買い手はより安く求めようとして，互いに相手を自由に選ぶ。しかし，**売り手・買い手ともに多数**であれば，それぞれが条件のよい取引相手を求め，競争がおこる。

★2　売り手・買い手とも多数で，だれひとりとして価格を決定する力をもたない状態を，**完全競争市場**という。

5
経済社会の変容と現代経済のしくみ

市場機構の**特徴**
① 経済主体が互いに自由競争の関係にある。
② 自由競争を通じて価格と数量が変動し，需要・供給が一致するようになる。

3 価格の決定

❶**需要と供給**　自由競争が行われている場合，商品の価格は市場の需給関係によって決定される。一般に需要（Demand）は，価格が高くなれば少なくなり，価格が安くなれば多くなるから，グラフで描けば右の**グラフ1**に示された**右下がりの曲線**となる（需要曲線D）。これに対して，供給（Supply）は，価格が高くなれば増えるから，**右上がりの曲線**（供給曲線S）となる。

　したがって，価格は需要と供給の一致したP_0に決まり，取引数量はQ_0となる。

❷**需要曲線のシフト**　所得の上昇や購買意欲の高まりなどにより，ある商品の需要が増えたとき，市場にどんな変化が生じるかをグラフで示すと**グラフ2**のようになる。

　供給が変わらなければ，**グラフ3**のように，需要の増加により価格P_0はP_1に上昇し，取引数量もQ_0からQ_1に増える。逆に所得の減少や代替となる商品（代替材）の価格が下落した場合，より安い代替品が買われるため，価格P_0はP_2に下落し，取引数量もQ_0からQ_2に減少する。また，たとえばパンの価格が高騰すると，合わせて購入されることが多いジャムなどの商品（補完材）も需要が減少する。

❸**供給曲線のシフト**　豊作などで農作物の供給が増えた場合は，**グラフ4**に示したように供給曲線を右側にシフトすれば，価格P_0はP_1に下落し，取引数量はQ_0からQ_1へ増えることがわかる。逆に天候不順などで農作物の供給が減少した場合，価格P_0はP_2へ上昇し，取引数量はQ_0からQ_2に減る。

[補説]　**公共料金**　需要・供給の関係とは無関係に，国や地方公共団体が価格決定に関与する商品やサービスの価格のこと。国会や国が直接決定するものに社会保険診療報酬，介護報酬など，国が認可するものに電気・ガス料金，鉄道・バス運賃などがある。地方公共団体が決定するものには，水道料金，公立学校授業料などがある。

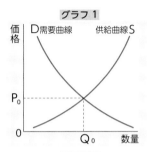

グラフ1

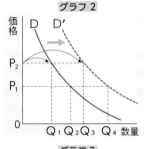

グラフ2

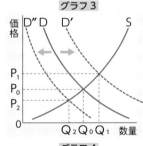

グラフ3

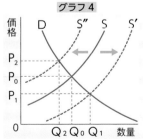

グラフ4

▲価格と需要・供給の関係

4 価格の機能（価格メカニズム）

　右のグラフの価格P₀ような**市場の需給関係で決定された価格**[★3]
は，逆に需給のアンバランスを調節する機能をもつ。たとえば，
価格P₁のときのように供給過剰であれば，値下げによって供給
を減らし，需要を増やす。また，価格P₂のときのように超過需
要があれば，値上げによって需要を減らし，供給を増やす。こ
れを価格の自動調節（調整）機能[★4]（⊃p.128）という。このようなし
くみによって，必要なモノが必要なだけ生産され（資源の最適配
分），経済の秩序が保たれているのが資本主義である。

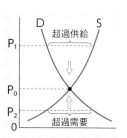

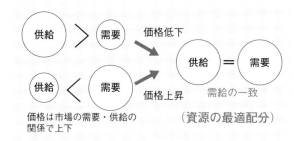

▲価格の自動調節機能

5 市場の失敗

　市場メカニズムにまかせておけば，経済がすべてうまくいくとい
うわけではなく，以下のような**市場の失敗**[★5]といわれるものがある。

❶**寡占**　市場が寡占化されて健全な競争が制限されると，商品の価
　格は高く維持されるなど，消費者の利益が損なわれることがある。

❷**社会資本**　社会資本（社会的共通資本）[★6]や公共サービスは，多く
　の人が利用できる競合性，費用を負担しない人を断ることができ
　ない非排除性をもっているため，市場機構を通じては供給されに
　くい分野がある。

❸**外部不経済**　企業の経済活動によって環境汚染や公害がおこっ
　ても，その処理の費用は，多くの場合，企業の負担にはならず，
　製品の価格（市場価格）にも反映されなかった。市場の問題として
　は対応がなされず，過大供給となる。これが，**外部不経済**[★7]
　（⊃p.202）といわれる問題である。

❹**情報の非対称性**　売り手と買い手の情報量に格差があることを
　いう。専門家でなければわからない商品の不備を消費者は見抜く
　ことが難しく，市場での売買が成立しづらくなる。

★3　**均衡価格**（市場価
格）という。

★4　アダム＝スミス
はこれを「見えざる
手」とよんだ。

★5　「市場の欠陥」ま
たは「市場の限界」と
もいう。

★6　道路・公園・上
下水道・教育・消防・
警察など。社会的に不
可欠だが，利潤追求を
目的とする民間企業で
は供給しにくい。

★7　汚染処理などの
公害対策費用が製品価
格に組み込まれれば，
価格が上がってその商
品の需要が減る。その
ため，すべてを企業の
自由な競争と市場にま
かせておくのではなく，
政府が環境対策費用を
税金（**環境税**など）とし
て製品価格に上乗せさ
せるというようなこと
も期待されている。

★8　これに対し，社会
に望ましい効果を与え
ること（鉄道の新駅開業
により，周辺の地価が
上昇することなど）を**外
部経済**という。

2 ┃ 寡占市場

▶ 19世紀の末頃から，資本主義経済に大きな変化が現れた。それは，自由競争の結果，大企業の出現によって市場がしだいに寡占化し，20世紀以降，現代の市場は寡占市場とよばれるようになったことである。寡占市場では，価格の動きも大きく変わり，また，市場機構がくずれることから，さまざまな弊害が出てきている。

1 寡占（管理）価格の形成

　19世紀の末頃から，主要な産業部門で，**少数の大企業が生産の大半を占めて，市場を占有する**ようになった。これを寡占という。

　市場が寡占化すると，価格の決定や機能に大きな変化がおこる。すなわち，競争が行われなくなり，価格も市場の需給関係によっては変動しなくなって，**価格の下方硬直性**が生じ[1]る。こうして形成される価格が**寡占（管理）価格**で，大企業は平均利潤以上の超過利潤を手に入れることになる。

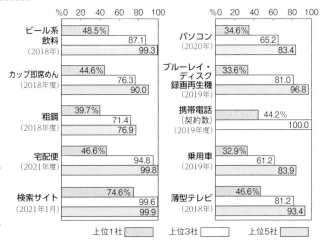

▲わが国の生産集中度　　（「日本マーケットシェア事典」などによる）

上位1社 ■　上位3社 □　上位5社 □

2 寡占の弊害

❶**消費者・中小企業への圧迫**　市場の寡占化により，消費者は高いモノを買わされることになり，損失を受ける。中小企業も，原材料などの基礎資材を寡占的大企業から供給されているため，不利益を受けやすい。

❷**価格メカニズムの停止**　資本主義の経済秩序を維持している価格の自動調節機能が失われ，資源の有効な配分が損なわれる。つまり，価格の変動による生産量の調節が行われにくくなる。

★1　ある商品が供給過剰でも，価格は下がらず，また，技術の進歩によってコストが下がっても，価格はもとのままに維持されやすくなること。

寡占市場での価格の下方硬直性 ➡ 寡占（管理）価格の形成。
└→価格メカニズムの停止

大企業は独占的超過利潤 ➡ 消費者・中小企業を圧迫。

３｜独占禁止政策

▶　寡占市場や独占の弊害が目立ってくると，1890年にアメリカで世界最初の独占禁止法といわれるシャーマン反トラスト法が制定されたのをはじめ，各国で独占禁止政策がとられ，自由競争や公正取引の維持，および消費者・中小企業の保護がはかられるようになった。

1　戦後日本の財閥解体

❶**戦前の独占の状況**　第二次世界大戦前の日本には独占禁止法はなく，三井・三菱・住友・安田の四大財閥をはじめとして，独占組織が日本経済を支配していた。

❷**財閥の解体**　戦後の経済民主化政策を主導した占領軍は，これらの財閥を日本軍国主義の黒幕として，その解体を指令した。そして，1946年から**持株会社整理委員会**によって財閥本社(持株会社)の解体が実施された。また，1947年の**過度経済力集中排除法**によって，独占的支配力をもつ大企業325社が分割されることになった。しかし，これは冷戦時代の始まりと朝鮮戦争の勃発にともなう占領政策の転換によって，不徹底に終わった。

三井本社		
		(おもな傘下企業)
● 三井物産 (49)	○ 三井不動	○ 三機工業
○ 三井鉱山 (29)	● 三井船舶 (14)	● 東洋レーヨン
○ 三井信託	○ 三井製粉	● 東洋高圧
● 三井生命	○ 三井倉庫	● 三井油脂化学
● 三井農林	● 大正海上	● 三井軽金属
● 三井造船	● 熱帯産業	● 三井木船
● 三井精機	● 東洋棉花	● 三井木材
● 三井化学 (9)		(数字は支配下の社数)

三井系持株率
- ● 90%以上
- ● 80%以上
- ○ 50%以上
- ○ 50%未満

その他 { 東芝支配下 104 社 / 北海道炭坑汽船 / 支配下 15 社など

▲解体直前の三井財閥(1944年)

★1　実際に分割されたのは，日本製鉄など約10社にとどまった。

2　日本の独占禁止法

❶**独占禁止法の成立**　財閥解体の成果を維持し，自由競争と消費者の利益を守るために，「**私的独占の禁止及び公正取引の確保に関する法律**」が制定された(1947年)。これが日本の独占禁止法で，**カルテルや持株会社を禁止し，合併を制限**した厳しいものであり，「経済の憲法」ともいえる。そして，この法律の目的を達成するために，運用機関として公正取引委員会が設置された。

　用語　**公正取引委員会**　内閣総理大臣の所轄に属する行政委員会。委員は5名で，内閣総理大臣が両議院の同意を得て任命。

❷**内容の変化**　その後，独占禁止法は1953年に一部改められ，不況カルテルや合理化カルテルが認可制になるなど，しだいに規制が緩和されて骨ぬきにされた。しかし，石油危機前後のヤミカルテルなど目にあまる企業行動に対して，世論の批判が高まり，

★2　不況期の利潤低減を防ぐためにとられる協定。

★3　生産・販売の合理化促進を目的とした協定。

　なお，1999年に独占禁止法の適用除外制度が見直され，不況カルテル，合理化カルテルともに廃止された。

5

経済社会の変容と現代経済のしくみ

1977年に，独占的状態にある企業の分割・違法カルテルに対する課徴金制度，同調的値上げに対する報告命令など，初めて厳しい方向への改正が行われた。また，1992年にはヤミカルテルや談合に対する刑事罰が強化された。

　ところが，1990年代以降の不況の中で，1997年には企業の競争力を高めるために経営形態の選択肢を増やすという意味で，条件つきながら**持株会社が解禁**された。さらに，2006年1月から公正取引委員会が企業から情報を集め，談合やカルテルを摘発しやすくするため**課徴金減免制度**が施行される一方で，法令違反に対する課徴金算定率も引き上げられた。

★4　事業支配力が過度に集中した場合，持株会社の設立は禁止されている。

★5　最初に自主的に報告した企業は全額免除。2番目は20％，3番目～5番目は10％，6番目以下は5％。

4 ┃ 管理価格と非価格競争

▶ 独占禁止法によってカルテルやトラストなどが規制されるようになっても，独占の弊害はなくならない。価格競争を避ける管理価格というような抜け道があるからである。そして，現代の市場では，非価格競争とよばれる競争が激しくなり，さまざまな問題が生じている。

1 管理価格

❶ **協調的寡占**による価格の決定　**独占禁止政策**によって，カルテルなどを結成して高価格を維持することができなくなると，生産集中度の高い寡占業界では，各社が**価格面での競争を避けて**，暗黙のうちに足並みをそろえ，**高い価格を維持しようとする**（協調的寡占）。この場合，価格は市場の需給関係によって変動せず，企業によって一方的に決められる（管理価格）。

★1　これに対して，競争的関係にある場合を**競争的寡占**という。

┌─ TOPICS ─

ビール業界の管理価格

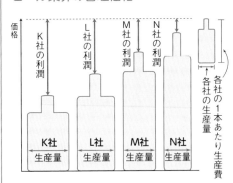

　ビール業界は典型的な寡占化がみられ，左図の4社でほぼ100％の市場を占めるが，生産量の多い企業ほど1本あたり生産費が安くなるから，同一価格であれば，生産費が安い分だけ利潤が増える。

　ただし，2005年から大手4社のビールはオープン価格化し，価格への影響力は低下している。

❷**管理価格の決まり方**　管理価格は，プライスリーダー(価格先導者)制といって，**業界のトップ企業が決めた価格に他社もならう**のが普通である。そして，価格決定の基礎となるのは，業界の中で最も生産性が低く，したがって最もコストの高い企業(**限界企業**)でも一定の利潤が確保できるような割高の価格である。

❸**独占企業の利潤独占**　管理価格をとれば，企業間の競争を避けて高値安定型の価格を維持することができ，しかもトップ企業は他社以上の利潤を手に入れることができる。また，賃金や原材料費の上昇を理由にして値上げもしやすい。その一方で，技術進歩や生産性向上によるコスト低下があっても，値下げはされにくい。したがって，管理価格は事実上は独占価格の一種であるが，独占禁止法で取り締まるのは困難な実情にある。

★2　マーケット・シェア(market share)，あるいはシェアという。

★3　モデルチェンジや，スタイル・色彩競争など。

2　非価格競争

管理価格が形成され，価格面での競争がうすれても，企業と企業との競争がなくなるわけではない。競争の中心は広告・デザイン・サービスなど，価格以外の分野に移る。これが非価格競争である。

❶**目的**　大量生産を維持・拡大して売り上げを伸ばし，自社の市場占有率を高める。

❷**方法**　巨額の広告・宣伝費を使って消費者の欲望をかきたてたり，デザインを工夫したりして，自社製品が他社の製品よりも優れていることを印象づけようとする(**製品差別化**)。

❸**影響**

1　商業や情報産業，広告・宣伝業などの第3次産業をいちじるしく発展させた。

2　宣伝費などはコストであるから，その分だけ価格を高める。

3　コマーシャルの氾濫などによって，消費者が不必要なものを買わされるなど，社会的な無駄や浪費が生じやすい(無駄の制度化)。

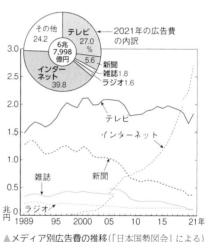
▲メディア別広告費の推移(「日本国勢図会」による)

2021年の広告費の内訳
6兆7,998億円
その他 24.2
テレビ 27.0 %
5.6
新聞
雑誌1.8
ラジオ1.6
インターネット 39.8

★4　アメリカの経済学者ガルブレイスは，このような傾向を，**依存効果**(デモンストレーション効果)とよんだ。

POINT!

管理価格 ⎰ **協調的寡占**が土台。プライスリーダー制による価格同調。
　　　　 ⎱ 非価格競争の激化。
　　　　　 価格の上昇，無駄の制度化による社会的損失。

5
経済社会の変容と現代経済のしくみ

4 国民所得と経済成長

1 | 国内総生産と国民総所得

▶ 一国の経済規模を示す指標として、これまでは国民総生産(GNP)[1]がよく使われてきた。しかし、**現在では国内総生産(GDP)[2]や国民総所得(GNI)[3]が使われる**ようになっている。

1 国内総生産(GDP)の意味

　ある国で1年間に、どれだけの財やサービスを生産したかは、どのように計算するのだろうか。

　生産されたモノが全部売れたとして、[4]すべての企業の売上高を単純に累計すればよさそうにも思えるが、そうすると生産額を重複して計算することになる。

　たとえば、右の図で、A・B・Cの3企業の売上累計は60億円である。しかし、Bの生産額のうち10億円分はA農場が生産した小麦を原料として買ったものであり、Bが生みだした価値は⑧の部分の10億円である。したがって、10億円と20億円を単純に合計すると、A農場が生みだした価値⑥の部分を二重計算することになる。同じように、パンという最終生産物を作っているC製パンの生産額30億円のうち、20億円分はB製粉が生産した小麦粉を原料として買ったもので、Cが生産したわけではない。Cが生みだした価値は図の©の部分の10億円である。したがって、20億円と30億円を単純に足し算すると、小麦粉20億円分の価値を二重に計算してしまうことになる。

　このように、企業の売上高の中には、他社で生産した原材料や半製品などの中間生産物の金額が含まれているから、重複計算を避けるために、**売上高の合計から中間生産物の金額を差し引かなければならない**。この例では(10億円＋20億円＋30億円)－(10億円＋20億円)＝30億円となる(⑥＋⑧＋©として求めてもよい)。

　こういう考え方で、その国の国内の売上総額から中間生産物の総額を引いたものが国内総生産(GDP)であり、その国で1年間に生みだした財やサービスの総額、つまり、**1年間の生産活動で新たに生みだされた粗付加価値の合計**を意味する。

売上累計60億円
総生産30億円

▲総生産の考え方

★1　Gross National Product の略。

★2　Gross Domestic Product の略。

★3　最近の国民経済計算では、GNPに代えて、**国民総所得(GNI＝Gross National Income** の略)が用いられている。これは、国内総生産に海外からの所得の純受取を加えたもので、GNPの額に等しい。

★4　国民経済計算は、市場価格によって行われる。

2 国内総生産（GDP）と国民総所得（GNI）

❶**統計指標の中心**　日本の国内総生産（GDP）は文字通り，**1年間に日本の国内で作りだされた粗付加価値[★5]の総生産額**であり，国内で働いている外国人の生みだした価値（所得）は含むが，海外で働いている日本人が生みだした価値（所得）は含まない。しかし現在では，日本経済の国際化・ボーダレス化が進んでおり，日本人が外国で働いて得た所得や，銀行の海外向けの貸出で外国から稼いで得た利子なども相当な金額になる。

　そこで，GDPのように領土を基準にした統計とは別に，その国の国籍をもった国民を基準に，**国民総所得（GNI）**という統計が使われることも多い。

❷**GNIの求め方**　GNIを求めるためには，GDPに日本人が外国で働いて得た所得や，日本企業が海外への投資であげた利子・配当所得などの**海外からの要素所得[★6]をプラス**する。そして逆に，GNIには入れないがGDPには入れる，外国人が日本で働いて得た所得や，外国企業が日本への投資であげた利子・配当所得などの**海外への要素所得をマイナス**する必要がある（右下図参照）。

★5　**粗付加価値は固定資本減耗（減価償却費**。生産活動に伴う機械などの価値のすり減り分）を含むので，（純）付加価値を求めるためには「粗付加価値」から「固定資本減耗」を差し引く必要がある（☞p.148「Q＆A」）。

★6　**要素所得は生産要素**（資本，土地，労働など）の提供者が受け取る，利潤，地代，賃金などの所得のこと。

▼主要国の国内総生産（2020年）

国名	国内総生産
アメリカ	208,937
中　　　国	147,228
日　　　本	50,578
ド　イ　ツ	38,464
イ ギ リ ス	27,642
イ ン ド	26,647
フ ラ ン ス	26,303
イ タ リ ア	18,887
カ　ナ　ダ	16,440
韓　　　国	16,380

（単位：億米ドル）
＊中国には香港，マカオ，台湾を含まず
（IMF資料による）

▼日本の名目GDPの推移

年度	国内総生産
1965	33兆7,650億円
70	75兆2,990億円
75	152兆3,620億円
80	249兆3,760億円
85	330兆3,970億円
90	451兆4,630億円
95	521兆6,140億円
2000	535兆4,180億円
15	538兆　320億円
20	538兆1,150億円

＊1975年まではGNP
（「日本国勢図会」による）

　すなわち，

　GNI＝GDP＋（海外からの要素所得－海外への要素所得）となる。

「海外からの要素所得－海外への要素所得」を**海外からの純要素所得**という。

　国内総生産，国民総所得は，次ページで扱う国民所得とともに経済の重要な指標であり，一国の経済活動の規模を示し，経済成長を計るモノサシである。よって，政府が経済計画を立てたり，経済政策を決定したりする場合になくてはならないものである。

▲GNIとGDPの関係

経済規模を示す指標 ｛ 国内総生産（GDP）＝国内全体の売上総額－中間生産物の総額
国民総所得（GNI）＝GDP＋（**海外からの要素所得－海外への要素所得**）
　　　　　　　　　　　　　　　　　└→海外からの純要素所得

2 │ 国民所得

▶ 私たちの所得は，何らかの形で生産活動に参加することによって得られるか，またはそれを元に，政府の社会保障政策などによって再分配されたものである。したがって，国民の所得は国内総生産の大きさで決まる。

1 国民純生産(NNP)

❶純生産の考え方　企業の利益を計算するには，まず，総売上額から原材料費など，中間生産物の代金を差し引く必要がある。[★1]

★1 これが，「総生産」(⤷p.146)の考え方である。

さらに，費用にはもう1つ大事なものがある。それは，工場の建物や機械などの設備にかかった費用で，固定資本減耗または減価償却費という。この固定資本減耗も差し引くことによって，生産に要した費用は全部除かれ，残りが正味の生産額，つまり純生産となる。これは，いろいろな費用をかけてこれだけの価値を生みだしたという意味で，付加価値といわれる。

Q 国民純生産の計算をするときに，固定資本減耗を差し引くのはなぜですか。

A 工場の建物や機械は，1回の生産でなくなってしまうものではありませんが，生産の過程で徐々に劣化し，その価値も減っていきます。たとえば，10億円で買った機械の寿命が10年だとすれば，1年間に1億円ずつ減価し，10年経てばゼロになります。いいかえれば，毎年1億円ずつ機械の費用がかかったことになります。それで，こういう建物や機械など固定資本の減耗分の費用(減価償却費)を差し引かなければならないのです。

╱ TOPICS ╱

純生産の考え方と付加価値(所得)のゆくえ

　売上高から中間生産物の価額を差し引いたものが**総生産**，総生産から固定資本減耗を差し引いたものが**純生産**である。純生産は**付加価値**に等しい。

　付加価値＝所得は，図のように分配されるが，労働を提供した人が得る賃金・俸給を**雇用者報酬(労働所得)**，貨幣資本や土地を提供した人が得る配当・利子・地代を**財産所得(資本所得)**という。また，個人で家族労働力などを使って事業を営んで得る**個人業主所得**があるが，これは労働所得と資本所得との混合したものといえる。

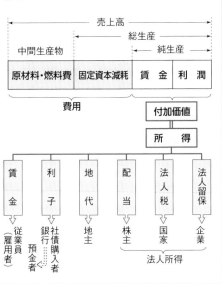

❷**付加価値の分配**　この**純生産＝付加価値**が，その企業に関わっている人々の所得となる。まず，従業員には**賃金**が支払われ，残りが利潤となる。利潤は，配当・利子・地代などとなって，株主や地主などの資本提供者の所得となる。また，賃金や利子・地代などを支払った残りが法人所得であるが，その一部は**配当**として支払われ，また**法人税**として国に納められる。その残りが**法人留保**として企業内部に蓄積され，経営拡大などの資金にあてられる。これを**内部留保**[★2]ともいう。

❸**国民純生産**　上記の考え方を国民経済全体に広げ，全産業・全企業の純生産を合計したものを，国民純生産(NNP)[★3]という。したがって，**国民純生産は，その国でつくりだされた付加価値の総額**であるといえる。

1 国民所得

❶**国民所得の計算**　国民総所得から固定資本減耗を引けば，国民純生産が得られるが，ここで注意しなければならない点は，最初の出発点である売上額が，市場価格で計算されていることである。市場価格には，消費税などの**間接税**[★4]が含まれ，その分だけ高くなっている。逆に，政府が企業に与える補助金は含まれていないので，その分だけ安くなっている。したがって，人々の所得となる正味の純生産＝付加価値を算出するためには，**国民純生産から間接税を引き，補助金を加えなければならない**。こうして得られた額を，**国民所得(NI)**[★5]とよんでいる。

❷**国民所得の利用**　国民所得は，国内総生産とともに，経済分析の有力な道具である。とくに，国民所得を人口で割った１人あたり国民所得は，国民のふところ具合を示すモノサシとして，よく利用される。ただし，国民所得だけでは，国民の生活水準や暮らし向きを比較することはできない(⟲p.152)。

★2　企業の自由になる資金であることから，**余裕資金**とよばれることもある。

★3　Net National Productの略。
「国民純生産−海外純要素所得＝国内純生産」となる。

★4　消費税・酒税・揮発油(ガソリン)税など。

★5　National Incomeの略。

5

経済社会の変容と現代経済のしくみ

▼日本の国民所得の推移(名目：10億円)

年度	国民所得
1965	26,827
70	61,030
75	123,991
80	199,590
85	260,278
90	350,715
95	376,454
2000	380,450
10	361,924
15	388,460
20	375,695

▼おもな国の１人あたりの国民所得

国名	１人あたり国民所得(2020年，ドル)
アメリカ	64,310
ドイツ	47,186
カナダ	43,093
日本	40,770
イギリス	40,114
フランス	39,573
イタリア	31,622
韓国	32,193
中国	10,160
インド	1,910

(「日本国勢図会」による)

国民所得(NI)＝国民総所得−固定資本減耗(減価償却費)−間接税＋補助金

国民純生産(NNP)

3 国民所得の三面等価

　生産活動によって得られる所得はすべて分配され，分配された所得は，貯蓄を含めて何らかの形で支出される。したがって，国民所得も，**生産・分配・支出という三つの側面から集計される**が，これらは，同じものをそれぞれ別の面からとらえたものであるから，**理論上同額**である。これを，国民所得の三面等価の原則という。

補説　**支出国民所得**　支出国民所得は，統計上国民総支出(GNE＝Gross National Expenditure の略)を用いるが，合計金額は国民総支出＝国民総生産であるから，固定資本減耗(減価償却費)と間接税を引き，補助金を加えなければならない。

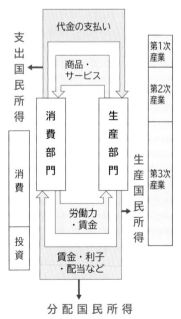

代金の支払い

支出国民所得

商品・サービス

消費

投資

消費部門　生産部門

労働力・賃金

賃金・利子・配当など

第1次産業

第2次産業

生産国民所得

第3次産業

分配国民所得

雇用者報酬	財産所得	企業所得

▼国民所得の三面(名目・要素費用表示)

	項目	1970年(百億円，%)		2019年(百億円，%)	
生産国民所得	第1次産業(農林水)	384	6.5	387	1.0
	第2次産業	2,604	44.0	9,048	22.5
	鉱業	48	0.8	15	0.0
	製造業	2,069	35.0	6,564	16.3
	建設業	487	8.2	2,469	6.1
	第3次産業	3,225	54.5	28,572	71.1
	電気・ガス・水道業	101	1.7	797	2.0
	卸売・小売業	943	15.9	5,483	13.6
	金融・保険業	298	5.0	1,992	5.0
	不動産業	433	7.3	3,298	8.2
	運輸業	370	6.3	1,952	4.9
	情報通信業			1,794	4.5
	サービス業	835	14.1	11,625	28.9
	公務	244	4.1	1,631	4.1
	帰属利子	−282	−4.8	----	----
	海外からの純所得	−16	−0.3	2,170	5.4
	合計	5,915	100.0	40,177	100.0
分配国民所得	雇用者報酬	3,194	54.0	28,689	71.4
	財産所得	489	8.3	2,588	6.4
	企業所得	2,232	37.7	8,899	22.2
	民間法人企業	972	16.4	5,632	14.0
	公的企業	23	0.4	212	0.5
	個人企業	1,237	20.9	3,055	7.6
	合計	5,915	100.0	40,177	100.0
支出国民所得	民間最終消費支出	3,833	52.4	30,562	52.4
	政府最終消費支出	546	7.5	11,127	19.1
	国内総資本形成	2,862	39.1	14,455	24.8
	総固定資本形成	2,604	35.6	14,243	24.4
	民間	2,015	27.5	11,345	19.5
	公的	589	8.0	2,899	5.0
	在庫品増加	257	3.5	212	0.4
	経常海外余剰＊	78	1.1	2,152	3.7
	国民総支出	7,319	100.0	58,296	100.0
	(控除)				
	固定資本減耗	△973		△13,465	
	間接税−補助金＋統計上の不突合	△431		△4,655	
	合計	5,915		40,177	

△は控除項目
＊(輸出＋海外からの所得)−(輸入＋海外への所得)

(内閣府「国民経済計算年報」による)

③ 国民の資産

▶ 国の経済力や国民の生活程度をみるためには，国内総生産や国民所得をみるだけではわからない。過去からの蓄積である国としての資産がどのくらいあるか，ということも大切なカギとなる。生産は，国民資産をベースにして行われるからである。

1 フローとストック

　国内総生産や国民所得は，経済活動を貨幣の流れ（フロー：flow）としてとらえたものである。個人でいえば，月給や年収などの“かせぎ”にあたる。しかし，生活していくうえでは，住宅や家具などの資産（ストック：stock）もなくてはならない。たとえば，仮に同じ収入の人でも，持ち家があれば家賃は不要であるが，賃貸住宅などを借りていれば，家賃の支払いが必要となる。

　だから，生活の豊かさをみるためには，フローだけではなく，過去からの“蓄積”であるストックの視点も必要である。

　このストックを，国全体で合計したものが国民の資産である。それを国富といい，国民所得を生みだす元本であり，新たに生みだされた国民所得の一部が消費されずにたくわえられて増加していく。

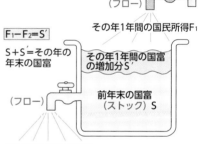

$F_1 - F_2 = S'$
$S + S' = $その年の年末の国富

（フロー）　その年1年間の国民所得F_1

その年1年間の国富の増加分S'

前年末の国富（ストック）S

（フロー）

その年1年間の消費F_2

▲フローとストックの考え方

国民経済の規模
フロー…貨幣の流れ。国内総生産，国民所得。
ストック…資産の蓄積。国富。

2 日本の国民資産

❶ **国民総資産**　非金融資産と金融資産の合計額を，**国民総資産**という。非金融資産というのは，生産資産（建物・機械・在庫など）と，有形非生産資産（土地・森林など）をさし，金融資産は現金・預金，貸出金，株式，債券などをいう。

❷ **国富**　金融資産というのは他のだれかの負債であるから，国全体としては正味の資産とはいえない。そこで，非金融資産に**対外純資産**（＝対外資産－対外負債）を加えたものを**国民純資産**といい，これが普通，国富とよばれるものである。

★1　たとえば，銀行は一定の時期になると預金に利子を加えて預金者に返済する。そのため，預金は銀行の負債となる。

❸**日本の国富の特色**　日本の場合は，土地の値段が外国に比べて非常に高いので，国富に占める土地の比重が大きい。2020年度の国富3,669兆円のうち，約34%が土地である。そして，国民1人あたりのストックを国際的に比較すると，日本は経済大国といわれるわりには貧弱である。これは，住宅や公共施設などの**社会資本**★2(とくに生活関連施設)の整備が遅れているからである。

★2　**社会資本**とは国民の共有財産で，道路・港湾・工業用水道などの**産業基盤施設**と，住宅・公園・上下水道などの**生活関連施設**とがあり，わが国では後者の整備が遅れている。

$$国民資産 = \underbrace{\overbrace{\underbrace{金融資産 + 非金融資産}_{(有形資産)}}^{国民総資産} + 対外純資産(対外資産 - 対外負債)}_{国民純資産 = 国富}$$

4 ｜ 国民福祉指標

▶ 日本は，GDPや1人あたり国民所得で世界有数の経済大国になり，国富も増えた。しかし，それだけで生活が真に豊かになったとはいいきれない。すなわち，地価が上がれば国富は増えるが，国民のマイホーム建設は困難になるからである。だから，国民の福祉が本当に向上したかどうかを測る質的な豊かさの指標が必要となっている。

❶**豊かさの指標**　一国の経済力や国民生活の実質的な水準や程度をみるには，フローだけでなくストックの面からも調べる必要がある。しかし，国民生活の質や豊かさをもっと的確に表す指標はないものだろうか。

　GDPには，公害などでその国の環境が悪化して，対策費用がかかればかかるほどGDPは大きくなるといった問題があり，また，土地の値段が上がれば上がるほど，日本の国富は増えるという矛盾がある。

　土地の広さが一定であれば，人口が増えるにつれて，1人あたり面積が小さくなり，地価も上がる。したがって額面上は国富も増加するが，人々は住みにくくなり，国民福祉の面は低下する。

　そこで，真の豊かさを表そうとする指標づくりが試みられるようになった。

▲地価の値上がりからみた国富と国民福祉との関係

❷**国民純福祉(NNW)**★1　1970年代に，主婦の家事労働やレジャーなどの余暇時間をプラス項目とし，環境汚染や都市化にともなう

★1　Net National Welfareの略。

損失などをマイナス項目として，GNPに加味することが試みられた。これが，国民純福祉の考え方である。今日では，環境から得る利益と環境に対する負荷を比較計算する**環境会計**の考え方も重要になっている。

　近年は，国内純生産(NDP)から環境汚染や土地開発と森林伐採(さい)による生態系の破壊，地下資源の枯渇(こかつ)などのマイナス要素を差し引いた**グリーンGDP**の考え方が提唱されている。これは，**環境調整済み国内純生産(EDP)**[★2]ともよばれる。

★2　Eco　Domestic Productの略。

5 | 経済成長

▶ 人間でいえば子どもが大人になるように，経済も成長する。経済成長とは生産が年々増え，経済の規模が拡大していくことである。その成長率は国内総生産の伸びで計る。

❶**成長の指標**　人間の身体的成長は身長や体重で計るが，経済成長は**国内総生産(GDP)の伸び率**，すなわち経済成長率で計るのが一般的である。[★1]

　この場合，物価の変動を考慮しない，その年の時価で表現される名目GDPの伸び率で計算したものを名目経済成長率という。**一方で**，物価の変動による影響を除き，修正して計算した実質GDPの伸び率で計算したものを実質経済成長率という。

　なお，実質GDPを求めるには，名目GDPをGDPデフレーター[★2]で割り，100をかける。

★1　国民総生産(GNP)の伸び率で計ることもあるが，近年は国内総生産(GDP)で計算している(⊃p.147)。

★2　GDPデフレーターは，物価動向を把握するための物価指数の1つで，名目値と実質値の差を調整する値である。

❷**経済成長の条件**

1　国内総生産が伸びるには，**拡大再生産**が必要である。

2　生産が拡大するには，工場を拡張したり，新しい機械・技術を導入したりするための**純投資**が行われなければならない。

3　純投資の実現には，貯蓄の役割が大きい。

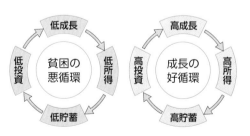

経済成長率の計算方法 $\left\{\begin{array}{l}\text{実質経済成長率}=\dfrac{\text{本年度の実質GDP}-\text{前年度の実質GDP}}{\text{前年度の実質GDP}}\times100\\[3mm]\text{実質GDP}=\dfrac{\text{名目GDP}}{\text{GDPデフレーター}}\times100\end{array}\right.$

6 ｜ 景気変動

▶ 資本主義経済の成長は，山もあれば谷もあって一様ではない。これが景気変動といわれるもので，ひどいときには恐慌がおこって，経済は大混乱に陥る。これは，資本主義におこりがちの現象であり，市場経済のしくみにその原因がある。

1 景気の変動と循環

❶ 景気の変動　天気に晴れた日，くもった日があるように，経済にも好・不調の波がある。成長率が高く経済が順調に伸びていれば好況（好景気）といい，成長率が落ちこむと不況（不景気）といわれる。

　この景気の変動は，右の図のように，好況→後退（または恐慌）→不況→回復という４つの局面を繰り返すので，景気循環ともいう。

❷ 景気の各局面の特徴　好況のときには生産も売り上げも伸びるから，国民所得は増え，企業の倒産や失業は少ない。景気の後退期には，生産は減退し，企業の倒産や失業が増える。この後退が急激におこって経済が混乱するのが恐慌である。恐慌後の沈滞した経済状態が不況で，これはやがて回復に向かい，再び好況期がやってくる。

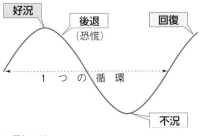

▲景気の波

> [補説]　**景気変動の波**　景気変動の循環の周期は，規則的な性質をもっている。「コンドラチェフの波」「ジュグラーの波」「キチンの波」が有名であり，さらに建築投資の変動に基づく約20年周期の「クズネッツの波」がある。

▼景気の各局面の特徴

	好況期	後退期	不況期	回復期
生産	最大	減退	最小	増大
物価	最高	下降	最低	上昇
雇用	最大	減退	最小	増大
賃金	高水準	下降	低水準	上昇
ストライキ	少ない	多い	多い	少ない
企業の倒産	わずか	増大	最多	減少
銀行預金額	多額	減少	少額	増大
利子率	高水準	下降	低水準	上昇
株価	天井	暴落	底値	急騰

▼景気変動の波

平均周期	発見者による名称	変動の原因
約50年	コンドラチェフの波	技術革新，市場の開拓
約20年	クズネッツの波	建物の更新，建築循環
約10年	ジュグラーの波	機械・設備などの更新
約40か月	キチンの波	在庫の調整

2 景気変動の原因

　前に学んだように，資本主義は市場経済であって，**社会全体の生産と消費，需要と供給，価格の調節は市場の機能に委ねられている**。[1]

　たとえば好況期には，売れ行きがさかんで物価は上がるから，企業は争って生産を拡大し，設備投資をどんどん行う。投資が増えれば，機械や原材料などに対する需要も増える。ところが，投資が一段落すると需要は減り，逆に新設備が動きだして供給が増えるから，生産過剰になってしまう。生産過剰になれば価格は下落するから，

★1　これを，生産の無政府性ともいう。

予定していた売上げ金は回収できず，資金繰りのつかなくなった企業は倒産し，失業が増える（**恐慌**）。

こうなると，産業界は生産を縮小し，投資をひかえるから，需要はますます減る（**不況**）。しかし，供給が減って在庫がさばけると，需給のバランスも回復し，商品価格も上向くから，再び生産の拡大や投資が活発となり，景気は上昇する。

★2　英語では危機という意味でcrisisを使うこともあるが，普通はdepressionという。

3 世界恐慌

資本主義が最も早く発達したイギリスでは，1825年に最初の過剰生産恐慌がおこり，それ以後，ほぼ10年に一度，恐慌にみまわれた。その他の資本主義国でも，恐慌がおこり，しかもこの恐慌は，貿易を中心とした国際経済の結びつきによって連鎖反応をおこし，世界恐慌（⇨p.184）という形になって世界経済を襲った。とくに1929年の場合は，**世界大恐慌**といわれるように史上空前のものであり，発端となったアメリカでは，国民所得は半減し，失業率は25％にも達した。

ただし，第二次世界大戦後は**有効需要政策**（⇨p.129）などによって，世界恐慌ほどの激しい恐慌はおこっていない。

▼世界恐慌時のアメリカ経済

1929年を100としたときの1932年の指数	
工業生産	53.8
国民所得	49.7
俸給・賃金	60.7
配当金	45.0
農家収入	44.2
卸売物価	67.4
小売物価	48.6
失業者数	708.6

（都留重人「米国の政治と経済政策」による。失業者の実数は，1929年が186万人，1932年は1,318万人）

▲おもな資本主義国における恐慌の時期（●印は恐慌のおこった年）　（バルガ「世界経済恐慌史」による）

4 戦後日本の景気動向

❶高度成長時代　神武景気（1954〜57年）から始まって，岩戸景気（1958〜61年）・いざなぎ景気（1965〜70年）など長期で大型の好況が続いた。そのあいだ，なべ底不況（1957〜58年）・構造不況（40年不況，1965年）などの景気後退はあったが，一時的で小規模なものであった。

★3　当時は，景気後退期でも実質経済成長率は5〜6％であった。

❷低成長時代　石油危機以後は，世界同時不況（1980〜82年）や円高不況（1985〜86年）（⇨p.192）など不況が長期化し，バブル経済（1986〜90年）はあったが，その崩壊後は景気の低迷が続いている。

★4　急激に円高が進むと，輸出関連産業の売り上げが落ちこみ，不況になりやすい。

5

経済社会の変容と現代経済のしくみ

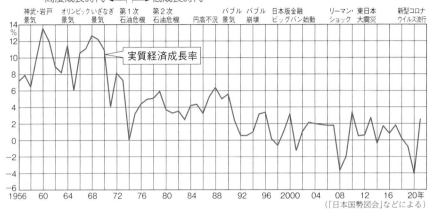

高度成長時代 ←─┤├─→ 低成長時代

神武・岩戸景気　オリンピック景気　いざなぎ景気　第1次石油危機　第2次石油危機　円高不況　バブル景気　バブル崩壊　日本版金融ビッグバン始動　リーマン・ショック　東日本大震災　新型コロナウイルス流行

実質経済成長率

（「日本国勢図会」などによる）

▲戦後日本の景気動向

7│景気対策

▶ 激しい景気変動や恐慌がおこると経済は混乱し，国民生活は深刻な打撃を受ける。そこで，国家はさまざまな手段で，恐慌の防止や不況からの回復をはかる景気対策を行う。

1 景気対策とその手段

❶不況対策　景気対策の中心は不況対策である。これは，国の政策で需要を増やし生産と消費の不均衡を是正して景気を回復させようとするものである。そのために，財政（⇨p.181）や金融（⇨p.170）の面から，有効需要をつくりだす政策★1をとる。

　たとえば，減税や社会保障給付を行えば，その分だけ可処分所得★2が増えて消費需要が増える。また，公共事業をおこしたり，金利を引き下げて民間企業が銀行から資金を借りやすくしたりすれば，投資需要も増える。これらは，産業相互に波及効果をもたらして有効需要全体を増やし，景気を回復させるのである。

❷景気抑制策　好況が過熱するとインフレが激しくなり，生産過剰による急激な景気悪化が予想されるので，景気のゆきすぎを抑えることも必要となる。その手段は不況対策の逆で，増税や金利引き上げなどの有効需要を抑制する政策である。

★1　有効需要とは，単なる商品購入の希望や願いではなく，購買力の裏づけのある需要のことである。

★2　実収入から税金や社会保険料などの非消費支出を差し引いた，実際に使えるお金を可処分所得という。

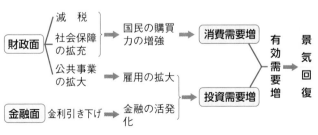

▲不況対策のしくみ

2 景気対策の実例と効果

　景気対策が行われるようになったのは，1929年の世界恐慌がおこってからのことである。その代表例をみてみよう。

❶**アメリカの場合**　ニューディール政策（⤴p.128）の一環として行われたTVA[★3]は，大規模な公共事業として有名である。これは，洪水防止のほか，発電・灌漑・水運などの多目的ダムを建設したもので，建設資材の需要を増やし，失業者に職を与えるとともに，地域の住民にも大きな恩恵をもたらした。

▲TVAによって建設された多目的ダム

[★3] Tennessee Valley Authority（テネシー川流域開発公社）の略。

❷**スウェーデンの場合**　1930年当時の社会民主党政権は，労働者の住宅建設などの公共投資をさかんにして有効需要を増やし，恐慌からの脱出をはかった[★4]。

❸**新たな問題**　こうした景気対策は他の国々でも行われるようになり，第二次世界大戦後の先進資本主義諸国では，以前のような大規模な恐慌や失業はおこらなくなった。それは，**政府が経済に介入して有効需要を調整し，財政・金融政策によって景気の波をやわらげる**ようになったからである。しかし最近では，社会保障費の増人や，景気刺激のための財政支出拡大による**財政赤字**などの新たな問題も生じるようになった。

[★4] 今日，スウェーデンが福祉国家の代表格としてすぐれた社会保障制度や公共施設をもっているのは，1930年代の不況対策に始まっている。

TOPICS

「暗黒の木曜日」 －1929年10月24日－

　この日，アメリカはニューヨークのウォール街にある株式取引所で株価の大暴落がおこった。これが大恐慌の始まりで，アメリカ経済は不況のどん底におちこんでいく。

　街角では，株のセールスマンがリンゴを売り，事務員はペンをブラシに持ちかえて，靴みがきで暮らしをたてようとした。失業して住居も追われた者は，浮浪罪でつかまることを望んだ。刑務所に入れば，寒さと飢えだけはしのげるからである。10万人を超えるアメリカの労働者が，恐慌のない社会主義国ソ連からの求人に応募した。

　工業都市やその周辺には，掘立て小屋の並ぶ街がつくられた。この街は，当時のアメリ

▲都市のはずれに建てられたフーバー村

カ大統領の名をとって，「フーバー村」という皮肉な名でよばれた。なぜなら，フーバー大統領は，「好況はすぐにやってくる」といい続けていたからである。しかし，不況はますます深刻化していった。

8 | 物価の動き

▶ 物価の上昇は庶民の生活を圧迫する。高度成長期にじわじわと上昇した日本の消費者物価は，1980年代以降は安定したとはいうものの，国際的にみて割高だといわれている。また，さまざまな内外情勢の変動により，物価上昇は常におこりうる。

1 物価と物価指数

❶物価　モノの価格は，英語でいえばpriceである。しかし，モノの値段には上がるものもあれば，下がるものもある。また，上がり方もさまざまである。そこで，これらを**平均して全体としてとらえたもの**が物価(prices)である。

❷物価指数　物価は，**基準年を100とした指数**(物価指数)によって，その動向をみる。わが国では，次の2つが代表的である。

1 企業物価指数[★1]　企業間で取り引きされる商品の価格を調べたもので，景気の動向を反映しやすい。調査品目は，原材料・燃料などの**中間財**や**資本財**[★2]が中心で，生産性の高い大企業の製品が多く，生鮮食品やサービス料金は含まれていない。

2 消費者物価指数[★3]　家計調査をもとに，消費者が日常生活で接する小売段階での商品やサービスの価格を表すものである。生産性の低い中小企業・農水畜産業部門の製品やサービス業関係の価格が多く含まれている。

★1　日銀統計局が調査・発表している。以前は卸売物価指数とよばれていたが，2003年度より企業物価指数と名称が変わった。

★2　機械・設備類をさし，投資財ともいう。

★3　総務省統計局が調査・発表している。

┌ TOPICS ┐

物価指数

企業物価指数（国内・輸入品の平均）　　　　　　　　　　（2015年基準）

	国内需要財（国内品＋輸入品）					
	中間財 53.6				最終財 36.4	
素原材料 10.0	製品原材料 34.3	建設材料 6.2	燃料動力 7.3	他の中間財 5.8	資本財 11.2	消費財 25.2

消費者物価指数　　　　　　　　　　　　　　　　　　　（2020年基準）

		財 50.5			
公共サービス 12.2	サービス 49.5%	生鮮商品 6.6	工業製品 36.8		その他 7.1

▲企業物価指数と消費者物価指数の構成（「日本国勢図会」による）

企業物価指数と消費者物価指数は，その対象品目が一致しないから，両者の動きには大きな違いがある。なお，消費者物価の計算では，対象価格を単純に平均するのではなく，消費支出の割合に応じてウェイトをつけて加重平均するが，土地・家屋の購入費などは含まれていないので，国民生活の実感から離れているという指摘もある。

2 日本の物価動向

❶高度経済成長期　池田内閣の国民所得倍増計画が発表され，高度経済成長が本格化した1960年頃から，**消費者物価**は年平均約5%のペースで上昇を続けた。これは，生産性の低い部門の価格(生鮮食料品や中小企業製品，サービス料金など)が人件費の上昇によって値上がりしたためである。

　これに対して，**企業物価**が安定していたのは，生産性の高い重化学工業部門の大企業製品が多く，賃金の上昇を価格に転嫁(てんか)しないで経営したからである。

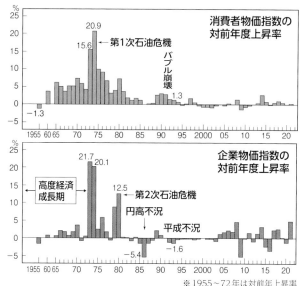

▲日本の物価の動き　　（「消費者物価指数年報」，日本銀行資料による）

※1955〜72年は対前年上昇率

❷石油危機　第1次石油危機の際には，原油価格の大幅な値上がりによって，1974年の卸売物価は31%，消費者物価は23%も急騰し「狂乱(きょうらん)物価」(⊃p.197)といわれた。1979年の第2次石油危機は，比較的小幅な上昇で乗りきることができた(⊃p.192)。

★4　現在は企業物価指数とよばれている。

❸1980年代の円高・原油安　**1980年代は，円高・原油安の傾向**が続いたため，物価は安定的に推移し，日本は「物価の優等生」といわれた。しかし，**内外価格差**は大きく，日本の物価水準は国際的にみて割高で，豊かさの満足度が低い一因ともいわれた。

補説　**内外価格差**　たとえば，東京の物価はニューヨークやロンドンなどに比べてかなり高く，生活費がかかるといわれた。とりわけ，円高で安くなってもよいはずの輸入品の価格が高かった。これは，複雑な流通機構によるコスト高，ブランド品価格の高値設定などのほかに，輸入制限や大規模小売店の出店規制などのさまざまな公的規制が原因としてあげられ，その規制緩和(かんわ)が求められた。

❹バブル崩壊後，1990年代後半以降のデフレ　戦後の混乱期を除くと消費者物価の上昇率が最初にマイナスとなったのは1995年だった。翌年わずかにプラスに転じ，翌97年も消費税増税の影響でプラスであったが，1999年にマイナスに転ずると，それ以降，**価格破壊**とよばれる現象も生じ，わずかな上昇を除き下がり

★5　1995年に対する1999年の主要国の消費者物価上昇率は，ドイツ4.9%，アメリカ9.3%，イギリス10.9%，日本2.2%であった。

続けた。デフレが不況の要因の1つと考えられ，**年率2％程度の緩やかなインフレを政策的につくりだす**という構想が2013年に発表された。2022年にはロシアによるウクライナ侵攻によって，消費者物価指数が上がり続けている。

★6　調整インフレ論，インフレ・ターゲット政策といわれる。

9 | インフレとデフレ

▶ 20世紀初めまで，資本主義経済の最大の悩みは失業問題であったが，今日ではインフレの慢性化に手こずっている国が多い。有効需要をつくりだして経済成長を促進する政策は，インフレをまねきやすいからである。しかし，インフレとは逆にデフレという経済現象もあり，バブル経済崩壊後，デフレ基調であった日本がこれにあてはまる。

1 インフレの原因と種類

カネとモノの値段は相対関係にあるから，モノが増えないのにカネばかり増えれば，当然モノの値段は上がり，カネの価値は下がる。カネが増えても，モノも増えればインフレーション[1]にはならない。

第一次世界大戦直後のドイツでは，不換紙幣の増発によるすさまじいインフレがおこったが[2]，このようなインフレのほかに，さまざまな種類や原因のインフレがあるので，次にまとめておく。

★1　inflation。もともとは膨張という意味。インフレと略す。

★2　戦争中の戦費の調達や戦後の賠償金支払いのため，中央銀行引き受けの赤字公債を発行したことによりおこった。

種類		原因	種類		原因
（ディマンド・プル・インフレ）需要インフレ	財政インフレ	財政支出による**有効需要の拡大**が引き金となるインフレ。**赤字公債発行**による場合が多いので，公債インフレともいう。戦費調達のための公債発行による場合は，軍事インフレともいう。	（コスト・プッシュ・インフレ）費用インフレ	コスト・インフレ	賃金・原材料・燃料などのコストの上昇によっておこるインフレ。大企業の価格支配力の強い**寡占市場**では**管理価格**が一般的となり，コストの上昇を価格に上乗せしやすく，慢性的な物価上昇が続く。
	信用インフレ	中央銀行や市中銀行の過度の貸付による**需要超過**によっておこるインフレ。		構造インフレ	産業構造に成長格差がいちじるしい場合には，生産性の低い農畜水産物や中小企業製品などの物価上昇がいちじるしい。そのため，**生産性格差インフレ**ともいう。
	輸出インフレ	輸出（海外需要）の急激な増大によるもので，外貨準備がたまって**過剰流動性**（カネのだぶつき）が生じておこる。		輸入インフレ	海外のインフレが輸入品価格の上昇を通じてもたらされたもの。石油価格の高騰による場合が代表的。これを石油インフレという場合もある。

POINT!

インフレの原因 { ①通貨の過剰な発行 ②供給に対して需要超過 } →物価の上昇

2 デフレーション

❶デフレ政策　インフレの反対の現象がデフレーションである★3。

　インフレの例はよくみられるが，デフレの例は少ない。デフレになると産業界は**不況となり，企業の倒産や失業が増える**。景気の悪いデフレ政策は人気が落ちるので，どの内閣もやりたがらないのである。明治以降の近代日本でも，デフレ政策といえるものは，わずかに下の３回程度である。これらはいずれも，インフレをとめるブレーキの役目を果たしたもので，その反動としてデフレとなったものである。

❷デフレ・スパイラル　1990年代後半の日本経済には，デフレと不況が悪循環するデフレ・スパイラルとよばれる現象がみられるようになった。これはデフレで物価が下落しても，一方で，企業の利益の減少→人員整理(リストラ)，給与の削減→労働者の所得の減少という形で，需要が回復せず，さらなる売上げの減少がまた所得の減少をまねいて，需要の減少と物価下落の連鎖が断ち切れない状態をいう。

★3　deflation。デフレと略す。

Q デフレになると，物価が下がって，一般の国民にとって喜ばしいことではないのですか。

A 物価が下がるのはよいのですが，世の中が不景気になって，会社がつぶれたり，失業が増えたりします。これでは，元も子もなくなってしまいます。インフレにしてもデフレにしても，経済の激しい変動は国民にとって困ることになるのです。

▼近代日本の代表的なデフレ政策

年	デフレの原因
1882(明15)	紙幣整理(松方蔵相)
1930(昭5)	金解禁(井上蔵相)
1949(昭24)	ドッジ・ラインによる国債償還

POINT! デフレーション…商品の取引量以下に通貨が収縮し，貨幣価値が上昇して物価が下がっていく現象。

10 | 第二次世界大戦後のインフレ

▶ 戦後の先進工業国では，ゆるやかなインフレが慢性的に続いていた。これが戦後のインフレの特徴で，しかも不況と物価高の同時進行という，かつてみられなかったスタグフレーションとよばれる現象も生じた。

1 ゆるやかなインフレ

　現代では，一部の発展途上国(2008年のジンバブエなど)を除くと，第一次世界大戦後のドイツでみられたような猛烈な悪性インフレはおこっていない。しかし，インフレがまったくおさまったわけではなく，年率５〜10%程度の物価上昇がたえまなく続くクリーピング・インフレ(しのびよるインフレ)という状態が先進工業国に

★1　物価が約１兆倍という天文学的数字のハイパー・インフレがおこった。

みられることがある。これが20世紀後半のインフレの特徴である。[★2]
その原因をまとめておく。

❶**政府の有効需要拡大政策**　各国とも，不況を防止して成長を促
進するため，**有効需要を拡大する政策**をとる場合が多い。また，
農産物などの価格下落を防ぐための**価格支持政策**も行われている。
その結果，**物価が上がりやすく下がりにくい経済のしくみが定着**
した。これには，必要に応じて通貨を供給できる**管理通貨制**が大
きな役目を果たしている。

❷**管理価格の形成**　先進工業国では，**市場が寡占化**して主要な産
業分野では**管理価格**が形成されることも多かった。そうすると，
コストが下がっても価格は下がらず[★3]，逆に賃金の上昇[★4]や原材料な
どの値上がりはすぐに価格へ上乗せされる。

❸**国際的影響**　貿易などを通じて，経済の国際的結びつきが強ま
っているから，インフレは国際的に連動する。かつて，アメリカ
のインフレでドルの価値が下がると，産油国は原油価格を引き上
げて石油代金を増やそうとし，それが日本の物価を押し上げる原
因にもなった（輸入インフレ）。

★2　インフレは，イ
ンフレ率が加速する程
度に応じて分類される。
悪性インフレをハイパ
ー・インフレ（超インフ
レ）とよぶ。石油危
機のときの「狂乱物価」
（⇨p.159,197）などは
ギャロッピング・イン
フレ（駆け足インフレ）
という。

★3　いわゆる価格の
下方硬直性（⇨p.142）
である。

★4　巨大労働組合の
強い賃金交渉力によっ
て，賃金の下方硬直化
がみられる。

2 スタグフレーション

　以前は，不況になれば物価が下がるのが鉄則であり，
経済学の基本であった。しかし，これまで述べたよ
うに，不況を防止して需要を拡大し，完全雇用を維
持しようとする政策や，寡占体制による管理価格の
形成で，これがあてはまらないこともあった。とく
に石油危機のときには，石油価格の大幅な上昇によ
り多くの商品の価格が上昇しインフレが生じたが，
一方で経済の混乱とそれによる不況も同時におこっ
た（スタグフレーション）。

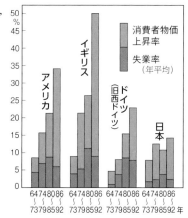

▲主要国でのスタグフレーションの進行

　用語　**スタグフレーション（Stagflation）**　景気停滞（ス
タグネーション，Stagnation）とインフレーション
（Inflation）の合成語。1970年代の石油危機後の世界同
時不況の頃から，よく使われるようになったことば。こ
の現象は，資本主義の新しい病気であるといわれた。

POINT!　スタグフレーション…不況下の物価高。景気が後退して失業が増えても物価は
上がるという現象。

❸ インフレの影響と対策

❶インフレと国民生活　インフレが続くと，庶民の生活は圧迫される。とくに，年金生活者や生活保護を受けているような人は，収入が一定額に固定されがちなため打撃が大きい。また，貯蓄の元金も目減りして，利子も物価の上昇率に及ばず不利である。

　これに対して，土地や株式をもつ資産家は，その値上がりで得をするし，債務者は元金・利子の支払いが楽になるから有利となる。したがってインフレは，**所得格差を拡大し，社会的不公正を生む。**

❷インフレ対策　原因に応じてきめ細かく行われなければならない。たとえば，生産性の上昇を大幅に上回るような賃金の引き上げは，**コスト・プッシュ・インフレ**をおこす。これに対しては，一定率以上の賃上げを抑制する所得政策[★5]が考えられる。また，管理価格に対しては，独占禁止政策によって競争を促進し，生産性の低い農業・中小企業に対しては，政府融資などによってその体質を改善する近代化政策などがある。

★5　所得政策はアメリカやイギリスなどで行われたことがあるが，成功していない。労働者だけに犠牲を押しつけることになりがちだからである。

❸インフレ対策のジレンマ　しかし，どの国もインフレ対策には手を焼いている。それは，強力に物価を抑制しようとすると不況が進むし，景気を回復させようとするとインフレが進むというジレンマがあるからである。

	原因		対策
需要インフレ	過剰通貨供給	←	通貨政策
	超過需要	←	総需要抑制
費用インフレ	賃金プッシュ	←	所得政策
	管理価格	←	独禁政策
	生産性格差	←	近代化政策

用語　**マネタリズム**　通貨供給量の増加を抑制して物価を安定化させることを重視する立場で，雇用の安定をめざしたケインズ政策を否定した。アメリカの経済学者フリードマン（⇨p.185）に代表される。

POINT!

インフレの影響と対策
｛
戦後の**インフレ**…クリーピング・インフレ
↳影響＝所得分配の不平等を強め，社会的不公正を生む
インフレ対策の強行→不況化→景気回復策→インフレ化

年月	為替(マルク／ドル)	できごと	年月	為替(マルク／ドル)	できごと
1914.7	4.2	(戦前)	1922.7	493.2	
.5	13.5	(戦後)	1923.1	17,972	ルール占領
.12	46.8		.7	353,412	
1920.1	64.8		.8	4,620,455	
.6	39.1		.9	98,860,000	
1921.7	76.7		.10	25,260,280,000	
1922.6	320.0		.11	4,200,000,000,000	レンテンマルク発行

◀第一次世界大戦後のドイツのインフレのようす
　紙幣は紙くずのように扱われた。

（「ビジュアル世界史」による）

5　経済社会の変容と現代経済のしくみ

SECTION ⑤ 貨幣と金融

1 | 貨幣

1 貨幣の発達

　歴史的にみると，初めは物々交換の過程でだれもが交換に応じるような特定の品物が，貨幣(通貨)の役割をもった(**物品貨幣**)。それがしだいに，特定の金属や金貨・銀貨などの国家による**鋳造貨幣**へと発達し，さらにそれ自体には価値のない紙幣や小切手などの信用貨幣が主役となった。これまで，大口取引では，当座預金を裏づけとした小切手が預金通貨(⇨p.168)として用いられてきた。しかし今日では，信用取引の拡大により当座預金は減少し，ほとんどが電子決済となっている。

★1　生活必需品の塩・布・稲や装飾品の貝がら・象牙など。

★2　一定の目方・品質・形に鋳造され，持ち運びも便利になった。

★3　小切手や手形によって安全に支払いが行われる預金。無利子。

★4　現金によらず，データ処理によって支払いが行われる。

2 貨幣の機能

　貨幣の機能は，次の5つに分けられる。

基本的機能
- 1 価値尺度…価値を計るものさし。
- 2 交換手段…商品交換の仲だち。

派生的機能
- 3 貯蔵手段…富をたくわえる。
- 4 支払手段…信用取引を決済する。
- 5 世界貨幣…国際取引を決済する。

　これらの機能をすべてもちあわせているのは，金である。だから人々は，社会の混乱や通貨不安に際して，いちばん頼りになる金をためこもうとするのである。

Q 貨幣と通貨はオカネという意味で使われていますが，同じなのですか。それとも意味が違うのですか。

A 貨幣は money で，本来，金貨のように額面価値と素材価値とが一致する本位貨幣を意味します。一方，通貨は currency で，補助貨幣や紙幣を意味します。現在，一般的にはほとんど区別なく使われています。

　ただし，経済学では，一定の制度の下に流通するおカネを通貨といいます。

2 | 通貨制度

▶ 貨幣の発行のしかたにはいろいろあるが，最も代表的なものは19世紀以来の金本位制である。この通貨制度は，貨幣価値の安定という大きな長所をもっていたものの，1930年代に崩壊し，現代では管理通貨制へと移行している。

1 金本位制

　近代的な貨幣制度は，金本位制からスタートした。これは，1816年にイギリスが始め，その後，各国で採用されるようになった。

❶金本位制のしくみ　一国の基本となる貨幣を本位貨幣という。金を本位貨幣とするのが金本位制であり，**金または金貨との交換が保証された兌換紙幣**（だかん）が発行される。

　兌換紙幣は金または金貨との引き換え券のようなもので，発行当局は金または金貨の準備高以上に発行することはできない。したがって，**兌換紙幣の価値は安定**するという長所がある。

❷金本位制の機能　国際取引は，最終的には世界貨幣としての性格をもっている金で決済されるから，金本位制は，金の輸出入の自由を前提として，**国際収支を均衡化**（きんこう）していくはたらきをもつ。

　たとえば，ある国で好況が続き，資源や海外からの商品の輸入が増えるとともに，国内の物価が上昇し，輸出品の価格が上昇して国際的な価格競争力が低下すると，輸入が増え，輸出が減少して国際収支は赤字になる。その支払いのため金が海外へ流出すると，中央銀行の金保有量は減少し，国内で発行できる通貨の量も少なくなり，金利も上がる。その結果，景気が抑制され物価が下がると，今度は反対に，輸出品の価格が下がり，国際競争力を回復して輸出が増える。

　一方，国内の産業活動は不活発なので，資源などの輸入も減り，また外国製品の価格は相対的に高いものになるので輸入は減少し，結果として国際収支は黒字になり，やがては金が流入する。そして中央銀行の金保有量が増えれば通貨の発行量も増え，金利も低下する。再び景気は回復し，物価は上がってくる。

　以上のように，金本位制は，国際収支の赤字，黒字を一定の範囲の中に収め，安定させるはたらきをもつ。

▲金本位制下の日本の百円紙幣
兌換紙幣のため「此券引換（このけんひきかえ）に金貨百圓相渡可申候（あいわたすべくもうしそうろう）」と印刷してある。

▼金本位制に関する略年表

年	できごと
1816	イギリス，世界で最初に金本位制を実施
97	日本，金本位制を実施
1914	イギリス，金輸出を禁止
17	アメリカ・日本，金輸出を禁止
19	アメリカ，金輸出解禁
25	イギリス，金輸出解禁
29	世界大恐慌が始まる
30	日本，金輸出解禁
31	イギリス・日本，金本位制を離脱

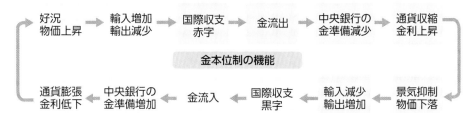

好況
物価上昇　→　輸入増加
輸出減少　→　国際収支
赤字　→　金流出　→　中央銀行の
金準備減少　→　通貨収縮
金利上昇

金本位制の機能

通貨膨張
金利低下　←　中央銀行の
金準備増加　←　金流入　←　国際収支
黒字　←　輸入減少
輸出増加　←　景気抑制
物価下落

5　経済社会の変容と現代経済のしくみ

2 管理通貨制への移行

　第一次世界大戦により，イギリスなどヨーロッパ諸国は，アメリカからの武器輸入のために金流出が続いたため，**金の輸出を禁止し，金本位制を一時停止**した。戦後，各国は金の輸出を自由化して**金本位制に復帰**した。これを**金解禁**という。しかし，この頃各国の経済は戦後の一時的安定期から，大恐慌の時代へと突入しつつあった。経済恐慌が深刻化すると，企業の倒産や失業が増大する。そこに金解禁にともなう金の流出や物価下落がおこると，国内経済はいっそう不況になる。そこで各国は，金本位制の維持による貨幣価値の安定よりも，国内経済の安定と景気の回復を重視して，いっせいに金本位制をやめて現在の**管理通貨制へと移行**したのである。

★1　日本が金解禁を行った1930（昭和5）年は，まさにそのような時期であった。

3 管理通貨制

❶**管理通貨制のしくみ**　管理通貨制というのは，金の準備量とは無関係に通貨を発行できる制度である。したがって，金本位制時代の金との交換が保証された**兌換紙幣**ではなく，金の裏づけのない**不換紙幣**が発行され流通する。しかし，無制限に発行すればインフレになるから，中央銀行（⇨p.169）がその発行量を管理する。

❷**管理通貨制の特色**　管理通貨制では，経済情勢に合わせて通貨量を人為的に増減できるから，財政・金融政策を通じて**経済の安定や景気の調整をはかることができる**。その反面，**通貨が増発されやすい**ので，貨幣価値が下落しインフレの原因となる。

★2　私たちが持っている現在のお札は，不換紙幣である。

通貨制度
- 金本位制…**兌換紙幣**。貨幣価値は安定するが，不況になれば深刻化する。
- 管理通貨制…**不換紙幣**。景気の調整はしやすいが，インフレをまねきやすい。

3 ｜ 金融のしくみ

▶ 「カネは天下のまわりもの」というように，貨幣は血液のように国民経済の経済主体のあいだを循環し，商品取引や投資などの経済活動を円滑にする。その資金の融通をはかるのが金融で，その取引の場が**金融市場**である。

1 金融の役割

　企業は，その生産活動にあたって，運転資金が一時的に不足する場合があるし，規模拡大のための設備資金は自己資金だけでは足り

ないことが多い。一方，私たちの家計では，さしあたり必要
でない資金や，老後の生活のためなどに貨幣が貯蓄されている。
この貯蓄は，タンス預金などのような形で寝かせておくよりも，
だれかに貸して利子を得たほうが有利であるだろう。

　ここに，資金の需要者(借り手)と供給者(貸し手)とのあい
だを橋渡しして資金の融通をはかる，金融の必要性と役割が
ある。

▲日本銀行

5

経済社会の変容と現代経済のしくみ

2 直接金融と間接金融

❶**直接金融**　企業が株式や社債を発行して長期にわたる設備資金
を集めるやり方の1つが，直接金融である。家計はこれらの**株式
や社債を買う**というかたちで，**ある特定の企業に直接，資金を提
供する**。企業は，その資金を運用して経済活動を行い，得た利潤
の中から，株式には**配当**を，社債には利子を支払う。

★1　その仲介をする
のが証券会社。株式は
証券取引所で自由に売
買される。

❷**間接金融**　家計が銀行などの金融
機関に預金し，金融機関は多くの
預金者から集めた資金を，その金
融機関の判断で，さまざまな企業
に貸し付けたり，証券投資を行う。
これを**間接金融**という。企業は，
借入金の**利子**を銀行に支払い，銀
行はその一部を預金の利子として
家計に支払う。銀行はこれらの利
子の差額が利潤となる。

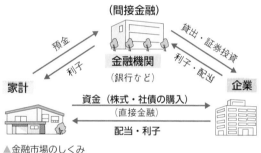
▲金融市場のしくみ

　日本の金融は，その大部分が間接金融であったが，**バブル経済
以降，直接金融も増大してきている。**

4 ｜ 金融機関とそのはたらき

1 銀行の業務

　代表的な金融機関である普通銀行の業務には，次の3つがある。
❶**預金業務**　個人や企業からおカネをあずかる業務で，**受信業務**
ともいう。当座預金・普通預金・定期預金・通知預金・譲渡性預
金(CD)などがある。
❷**貸付業務**　預金を元手として，おカネを貸し出す業務で，**授信
(または与信)業務**ともいう。証書貸付・手形貸付・**手形割引**・当

★1　預金は相手の信
用を受ける，貸付は相
手に信用をさずけると
いう意味。

★2　支払い期日前の
手形を，期日までの利
子を割り引いて引き受
けること。

座貸越^{★3}・コール・ローンなどがある。

❸為替業務　遠く離れたところに送金するとき，近くの銀行におカネを振りこみ，銀行間の決済によって相手に支払ってもらう方法を「**為替**」という。**内国為替**と**外国為替**とがある。

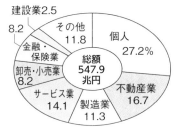

▲全国の銀行の貸付先の割合（2021年）

★3　融資の限度額を当座預金の残高以上に設定し，その限度額まで自由に資金を借りたり返したりできる融資方法。

★4　金融機関相互のあいだの短期の融資をコールという。その資金は，貸し手からみてコール・ローン，借り手からみてコール・マネーという。

用語 **譲渡性預金（CD）**
　他人への譲渡が可能な特別なタイプの預金のこと。銀行が無記名の預金証書を発行する特別の定期預金で，金融市場において自由に譲渡できる。

2 現金通貨と預金通貨

　企業間の取引は金額が大きいから，現金で決済していては能率もあがらないし，危険をともなう。そこで，手形や小切手などを使って預金で決済する。このような支払いや決済に使うことを目的とした預金が当座預金で，手形や小切手は当座預金の払い出しに使われ，決済の仲だちをする。

　このように，銀行に普通預金や当座預金をもっていれば，現金を使わなくてもすむ場合が多いことがわかる。つまり，いつでも必要な金額だけ出し入れができる**普通預金や当座預金が，現金と同じはたらきをしているわけである**。したがって，普通預金や当座預金などは通貨とみなされ，日本銀行券や政府発行の貨幣（硬貨）が現金通貨とよばれるのに対し，預金通貨という。

★5　手形には，取引当事者間の**約束手形**と，第三者に支払いを依頼する**為替手形**とがある。

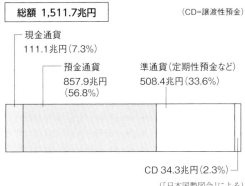

▲日本全体の通貨量とその内訳（2021年，マネーストック）

3 銀行の信用創造

❶信用創造のしくみ　預金通貨は銀行によって供給され，預金者は必要に応じていつでも銀行から預金を引き出せる。しかし，すべての預金がいっせいに引き出されることはないので，銀行が預金の引出に備えて用意しておく現金（**支払準備金**）は，預金全体のほんの一部でよく，残りの大部分は貸出などにまわすことができる。貸し出された資金は，いろいろな取引などに使われるが，結

局その資金は再びどこかの銀行に預金される。このような過程を
繰り返して，銀行全体としては，最初の預金額の何倍もの預金を
つくりだすことになる。これを，銀行の信用創造という。

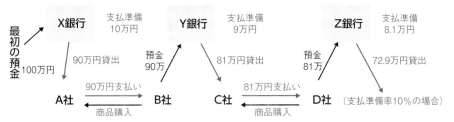

上図のような連鎖が途切れることなく続くとすると，理論上考え
られる預金の総額（100万＋90万＋81万＋72.9万＋………）は，

等比数列の和の公式　$S = \dfrac{a(1-r^n)}{1-r}$　　　a：初項

　　　　　　　　　　　　　　　　　　　　r：公比（0＜r＜1）

で求められる。0＜r＜1の場合，r^nは限りなく0に近づくため，

この公式は，$S = \dfrac{a}{1-r}$と変形できる。したがって，

預金合計＝最初の預金×$\dfrac{1}{支払準備率}$となる。

❷信用創造のはたらき　信用創造は，現金通貨を節約して企業間
の取引を円滑にし，経済活動を活発にするはたらきをもっている。
しかし一方で，信用創造は通貨を膨張させるために，恐慌のとき
に銀行の取りつけさわぎを引きおこすという危険性ももつ。

銀行の役割 $\left\{ \begin{array}{l} 業務…\underline{預金業務}・貸付業務・為替業務。\\ \quad\quad\quad\downarrow 当座預金・普通預金は預金通貨として決済に利用\\ 信用創造…最初の預金額の何倍もの預金をつくりだすこと。 \end{array} \right.$

★6　この場合，公比r
は0.9だから，
1−r＝1−0.9＝0.1
これは支払準備率10
％にあたる。

$S = \dfrac{100}{0.1} = 1000$

となる。

　つまり，最初の預金
が100万円で，支払
準備率が10％とする
と，信用創造によって
900万円が生みだされ
ることになる。

5 ┃ 中央銀行と金融政策

▶ ほとんどの国に，わが国の日本銀行のような中央銀行が置かれている。日本銀行は，わ
が国の中央銀行として金融制度の中心となっている。

1 日本銀行の業務

日本銀行は，その業務から次の3つの役割がある。

❶発券銀行　銀行券の発行を独占している。日本銀行券（日銀券）
とよばれる紙幣を発行する。

❷銀行の銀行　日本銀行は，**民間の市中銀行を相手に**，預金の受入や貸出などを行う。この貸出などを通じて**日本銀行券（日銀券）**が発行されることになる。また，一般の銀行は，他の銀行とのあいだの手形や小切手などの取引を，日銀への預金残高を帳簿上でプラス・マイナスすることで決済している。

❸政府の銀行　日本銀行は**政府の取引銀行**として，税金などの歳入金を預金として受け入れ，歳出金の支払いにあてている。また，政府が**国債**（⇨p.179）を発行する業務を代行している。

用語 **日本銀行政策委員会**　日本銀行の**最高意思決定機関**で，1997年の改正によってその独立性が強化された。委員会は**日銀の総裁，副総裁2名，審議委員6名の計9名**で構成される。政府から**財務大臣と内閣府の2人**（または指名された職員）が出席できるが，議決権はもたない。

▼おもな国の中央銀行	
国　名	**中央銀行名（設立年）**
イギリス	イングランド銀行（1694）
フランス	フランス銀行（1800）
日　　本	日本銀行（1882）
アメリカ	連邦準備銀行（1913）
ドイツ	ドイツ連邦銀行（1957）

★1　市中銀行とは別に，預金の受け入れを行わず貸し出しのみを行う消費者金融会社や信販会社を**ノンバンク**という。

日本銀行
{ 国の**唯一の発券銀行**…**日本銀行券**の発行。
銀行の銀行・政府の銀行としての役割。 }

★2　**日本銀行政策委員会の会合の1つが金融政策決定会合**である。この会合は月1～2回開かれ，政策金利である短期金利の誘導目標などが決められる。会合の議事録は公開されている。

2 金融政策

日本銀行は，経済情勢に応じて通貨を安定的に供給するとともに，**通貨価値の安定**をはかるために，金融政策を行う。現在は**公開市場操作（オペレーション）**が中心であり，日本銀行の**政策委員会**によって決定される。

❶公定歩合操作　日本銀行が民間の市中銀行を相手に資金を貸し出すときの利子率を，**公定歩合**という。公定歩合政策とは，日銀がこの公定歩合を景気の動向に合わせて上げ下げし，市中金利を望ましい方向に誘導することをいい，**金利政策**ともいう。

　一般の銀行は，公定歩合が引き上げられれば，企業などに融資するときの利子も引き上げる。そうすると，企業は資金を借りにくくなる。また一方で，消費者も預金利子が上がれば，消費を抑制して，預金を増やそうとするので，投資活動や需要は抑制される。これとは反対に，公定歩合が引き下げられれば，銀行の貸出金利も預金金利も下がるので，投資や消費が増える。これまで日銀は，**好況期には金融を引き締めて景気の過熱をおさえ，不況期には逆に金融を緩和して景気にテコ入れ**をしてきた。しかし，金利の自由化が完了して公定歩合と預金金利の連動性がなくなり，現在の日本では公定歩合操作は行われていない。

★3　このほかに，民間の金融機関の貸出額を規制する**窓口規制（窓口指導）**があったが，1991年に廃止された。

★4　2006年8月に，日本銀行は公定歩合の名称を「**基準割引率および基準貸付利率**」へ変更した。また金利政策として，公定歩合に代わり無担保コールレート（銀行間で短期資金を融通しあう際の金利）を**政策金利**（⇨p.172）として日銀が操作することにより，マネーストックを調整するようになった。

❷公開市場操作　日本銀行が，金融市場で国債などの有価証券を売買することによって，通貨量を調節すること。オープン・マーケット・オペレーションともいう。現在の金融政策の中心となっている。

① 売りオペレーション（売りオペ）　日本銀行が債券を売って，市中銀行から資金を吸いあげる。好況期や民間資金がだぶついているときに行う。

② 買いオペレーション（買いオペ）　日本銀行が市中の債券を買って，市中銀行へ資金を放出する。不況期や民間資金が不足しているときに行う。

❸預金準備率操作　一般の銀行は，受け入れた預金の一部を預金（支払）準備金として日銀に預金し，他は貸出や投資にまわしている。日銀は，この支払準備率を上げ下げすることによって，銀行が貸出や投資にまわす資金の量を調整する。金融引き締めのときは準備率を引き上げ，金融緩和のときは引き下げる。
★5

★5　支払準備率操作ともいう。1991年10月以降，準備率は変更されていない。

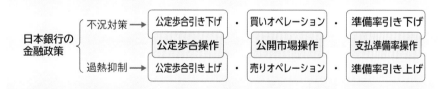

補説　マネーストック（通貨量の残高）　世間に流通している通貨の量を意味し，日銀はこれを毎月発表して政策決定の重要な指標としている。マネーストックが経済の実態からかけはなれると，インフレやデフレの危険がある。たとえば，経済成長率が5％のときにマネーストックが10％も伸びたとすると，成長率の2倍もの通貨が市中にあふれることになり，インフレになりかねない。
★6

★6　2008年6月以降は，現金通貨＋全預金取扱機関（ゆうちょ銀行を含む）に預けられた預金であるM3が代表的な指標である。

用語　為替平衡操作　為替レートの安定をはかるため，日銀が外国為替市場に公的介入すること。たとえば，急激な円高・ドル安の場合には，日銀が円を売ってドルを買い支える。

3 ゼロ金利政策と量的緩和政策（かんわ）

　日本銀行はバブル崩壊後の不況とデフレからの脱却をはかるため，1999年2月にゼロ金利政策を，2001年3月には量的緩和政策とよばれる新たな金融政策を実施した。[7]

❶ゼロ金利政策　一般に金融機関のあいだでは今日借りて明日には返済するといった無担保コールレート（翌日物，またはオーバーナイト物）とよばれる短期金融市場が成立しており，コール市場ともよばれている。この市場の金利（コールレート）を政策金利（金融政策の目処（めど）を示すための金利）というが，これをおおむね0%に近づける政策のことである。手段としては，おもに国債などの買いオペレーションを用いて，銀行に資金を供給することにより行われている。

❷量的緩和政策　ゼロ金利政策と並行して2001年3月から06年3月まで実施された。ゼロ金利政策により金利水準をさらに下げる余地はなくなってしまったが，景気回復はみられなかったため，金融政策の目標を利子率から金融機関のもつ資金量に置き，実施された。手段としては，買いオペレーションにより，各銀行が日銀にもつ当座預金（利子は付かないが，いつでも出し入れが可能）[8]の残高を一定水準以上に維持することで，日銀が自ら供給する通貨量（マネタリーベース）[9]を増やし，金融機関の貸出を拡大しようとした政策である。しかし，世界金融危機以降再びデフレになったため，2013年から消費者物価上昇率を2%とするインフレ・ターゲット政策を導入した。また，買い入れ対象資産を多様化させた買いオペレーションによって，マネタリーベースを増加させようとした量的・質的緩和を行った。

❸マイナス金利政策　日銀は2016年2月より，金融機関から日銀の当座預金口座に預けられる一定額以上の預金に対して，その分の利息をマイナスにすることを決定した。

4 金融の自由化

　わが国では従来，金融機関に対する保護と統制が行われてきた。しかし，日本経済の飛躍的成長と，海外からの批判などもあって，金融の自由化が段階的に進められてきた。これには，金融機関の競争を促進し，より効率的で利用者本位の金融をめざすというねらいもあり，1997年に発表された金融システムの大改革は，日本版金融ビッグバン[10]といわれている。

★7　1999年2月から2000年8月まで実施され，2001年2月に再導入され，景気の回復により06年7月には解除された。しかし，2008年のリーマン・ショックによる景気の悪化により，10年10月に再導入されている。

★8　日銀の当座預金残高の総額は，2001年2月時点の4兆円から最大で30〜35兆円に引き上げられた。

★9　マネタリーベース（現金通貨＋日銀当座預金）の総量。

★10　ビッグバン（big bang）は，宇宙創生の際の大爆発のこと。1986年のイギリス金融大改革にならって，日本版金融ビッグバンといわれる。1998年には金融システム改革法が制定されている。日本では「フリー（自由）」「フェア（公正）」「グローバル（国際化）」が改革のキーワードとされた。

❶**金利の自由化**　銀行や郵便局などの預貯金金利は，1994年までに完全に自由化された。

❷**業務の自由化**　**金融持株会社**を解禁し(1997年)，銀行・証券・信託・保険の各社が相互に参入できるように進められた。

❸**金融の国際化**　外国の金融機関が自由に東京に進出し，ニューヨーク・ロンドンなみの国際金融市場になることをめざしている。

5 金融行政の変化

　日本の金融機関は監督官庁である大蔵省(現在の財務省)により保護され護送船団方式といわれた反面，預金金利や業務のあり方については自由な競争が制限されていたが，**バブル崩壊**をきっかけに，日本も金融の自由化と国際化に対応を迫られることになった。

❶**金融庁**　バブル経済の崩壊によって日本の金融機関は巨額の不良債権を抱えこみ，経営破綻に陥る銀行も現れた。政府は，金融機関の健全性確保や預金者の保護のために，1998年に大蔵省の検査・監督部門を分離し，金融監督庁を設置し，2000年には金融庁に改組した。

❷**BIS規制**　金融庁は，自己資本比率(自己資本の総資本に対する比率)に関してBIS規制を基準に業務改善を命令し，不良債権処理を促進させた。ところが，バブル崩壊後の株価の急激な下落により銀行の保有する株式などの資産の価値が低下したために，自己資本比率が低下した銀行は，BIS規制を遵守しようとして貸出を抑制する貸し渋りという現象が発生した。

> 補説　**貸し渋り**　たとえば，ある銀行で100億円の貸出をするためには，貸出のための預金とは別に，8%ルールにより銀行の自己資本が8億円以上必要である。しかし，その自己資本の多くを株式として保有している場合，株価の値下がりによって自己資本の価値が目減りし，4億円に減少したとすると，貸出可能な金額は4億円が8%に相当する金額，つまり50億円に減少してしまう。貸出のための預金は十分にあっても**BIS規制**によって貸出を抑制せざるをえず，いわゆる貸し渋りが生じることになる。

❸**ペイオフ**　2005年には，預金者の規律と責任を高めるために，それまで金融機関が破綻した場合でも全額保証されていた預金について，**預金元本1,000万円とその利息を限度に保証**されるペイオフ(pay off)制度が完全実施された。

POINT!　ゼロ金利政策…コールレートを0%に近づける政策。
　　　　量的緩和政策…金融政策の目標を金利ではなく資金量におく政策。

★11　銀行は絶対に倒産させないという目的のために，最も弱い銀行に足並みをそろえる形の保護と規制を中心とした金融行政のこと。

★12　回収が困難な貸出のこと。

★13　**国際決済銀行**(Bank for International Settlements)が示した銀行の健全性に関する国際ルール。国際的な業務を行う銀行の**自己資本比率は8%以上**，国内業務だけの銀行は**4%以上**とされている。

★14　具体的には，政府・日銀・民間金融機関が設立した**預金保険機構**により，当座預金などの決済用預金は全額保護され，その他の普通預金，定期預金などは1金融機関につき元本1,000万円とその利息が保護される。

⑥ 財政のしくみと役割

1 | 財政の役割

▶財政とは，政府(国・地方公共団体)の経済活動のことで，国家財政と地方財政に分かれる。財政の性格と機能は時代によって変化し，現代では国民経済で大きな比重を占め，経済活動を調整するうえで重要な役割をもつ。

1 財政の歴史

近代財政が確立する以前の絶対主義国家では，財政も国王の要望の下に行われ，それが市民革命で絶対君主政が倒される一因となった。

●近代の財政　市民革命によって成立した近代民主主義国家は，国防や治安など最小限の任務を行う，いわゆる夜警国家(⇨p.16)であり，経済活動に対しては**自由放任政策**をとった。したがって，行政機構や公務員も少なく，それだけ経費も安上がりであったために「安価な政府」であり，それが理想とされた。また，**財政収支の均衡が重視され，赤字を出さないことを旨**とした。

●現代の財政　20世紀になって，所得分配の不平等や恐慌・失業などの資本主義の矛盾が激しくなると，**経済活動に対する政府の介入と調整**が必要となった。そのため，景気対策や社会保障などによって国民経済を安定させ，福祉国家の実現をはかるようになった。そのため行政機構は拡大し，財政経費は膨張せざるをえなくなった。また，この経費をまかなうためには租税収入だけでは不足するから，公債の発行に依存する割合も大きくなり，**赤字財政が一般的**となっている。

★1 **徴税権**は国王のほしいままの支配にまかされ，支出面には国王の私的な家計のような性格があった。

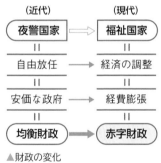

▲財政の変化

2 財政の機能

現代の財政の役割はおもに次の3つの機能をもっている。

●資源配分の調整(公共財の供給)　利潤の追求が大前提となる民間企業では供給しにくいが，**社会を維持するために必要な公共的な財やサービス**を，国や地方公共団体が供給するはたらきである。

●所得の再分配　自由競争原理で動く資本主義経済では，少数の経済的強者に所得が偏り，社会が不平等になりがちである。そこ

★2　道路・港湾・上下水道・公園・警察・消防・教育・公衆衛生・医療など。

で政府は，累進課税や社会保障などを通じて，所得の再分配を行い，格差の是正をはかっている。すなわち高所得者はより多くの税金を納める一方で，低所得者は税を減免されるとともに，より多くの社会保障給付を受ける。

❸経済の安定化（景気の調整）　失業・インフレや，国際収支の不均衡などが生じないよう国民経済の安定化をはかりながら，適度な経済成長が達成されるように誘導するはたらきである。とくに，不況と失業を防止する景気対策が重視される。

★3　課税対象の金額が増えると，それに応じて高い税率が適用される課税のしくみ。

★4　これらは，金融政策と組み合わせて行われる。これをポリシー・ミックスという。

POINT!
財政の機能…資源配分の調整，所得の再分配，経済の安定化。
現代の財政の問題点…福祉国家実現のために経費が膨張。

2 ｜ 財政のしくみ

▶　財政の役割が大きくなるとともに，その運営については民主的な統制が要求されている。わが国でも憲法や財政法などで厳格な規定を設け，勝手な運営ができないようにしている。

1 財政制度

❶会計年度　予算は1年を単位とし，日本では毎年4月1日から翌年3月31日までを1会計年度としている。

❷予算制定　1会計年度の歳入・歳出の見積もりが予算で，国の場合は内閣がつくり，国会の承認を経て執行する。その結果である決算は，会計検査院（⇨p.84）がこれを検査して国会に提出しなければならない。

❸一般会計と特別会計　一般会計は，国や地方公共団体の通常の歳入・歳出をまとめたもので，予算の中心を成している。特別会計は，特定の事業を行うために設けられている会計である。

　国の場合は，このほかに政府関係機関予算がある。これは，日本政策金融公庫，沖縄振興開発金融公庫，国際協力機構（有償資金協力部門），国際協力銀行などの会計で，独立採算制が原則である。

★1　予算には，国会の議決を経て新年度から実施される本予算と，年度途中で修正された補正予算などがある。

★2　年金特別会計，食料安定供給特別会計などがその例である。

★3　現在，統廃合が行われ，独立行政法人化や民営化が進められている。

★4　一般会計から補助する場合もあり，一般会計・特別会計とともに，国会の承認を必要とする。

2 歳入と歳出

❶歳入　租税および印紙収入，公債金，その他から成っている。戦前は，公債金の比率がかなり高かったが，戦後はそれが低下し，租税収入が主役となった。しかし，石油危機以後は再び公債金への依存度が高まり，これを減らすための財政再建策が大きな政治

課題となっている。

❷歳出　戦前は**軍事費**の比重がきわめて大きかったが，戦後は日本国憲法の制約などもあって低下した。その代わりに，地方財政，公共事業，社会保障などの費目とともに，国債費(過去に発行した国債の返済費用)が増えている。全体として，行政機能の拡大にともなう経費の膨張が目立ち，**財政規模は拡大の一途を**たどっている。

補説　**民営化**　1980年代に，行財政改革による「小さな政府」が唱えられ，国鉄(→JR)や電電公社(→NTT)などの民営化が行われた。また，2005年以降，郵政事業の見直しが進められ，2007年10月に民営化が実施された。

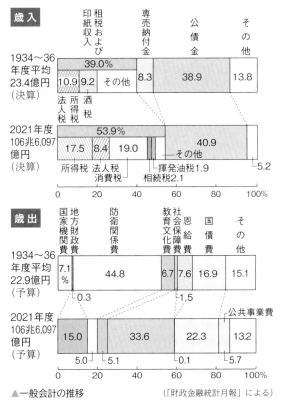

▲一般会計の推移　　　　(「財政金融統計月報」による)

3 ｜ 租税のしくみ

▶ 歳入の中心となるのは租税である。税は昔から人民の不平不満の種であって，アメリカの独立戦争(1776年～)も，徴税のあり方に端を発している。税金をどの階層からどの程度とりたてるかについては，まず第一に公平の原則が貫かれなければならない。

1 租税の体系

　租税はまず，だれが徴収するか(どこに納めるか)で，国税と地方税に分かれ，地方税はさらに(都)道府県税と市町村税とに分かれる。

　さらに，税の納め方，つまり，納税義務者と実際の負担者とが同じかどうかで，直接税と間接税とに区分される。

★1 政府が，その活動に必要な経費を得るために，法律に基づいて家計・企業から徴収する。

課税の対象による分類	
①**収得税**…個人または法人の所得に対して課せられる税。	
②**財産税**…財産の所有または移転に対して課せられる税。	
③**消費税**…財・サービスの購入に対して課せられる税。	
④**流通税**…権利の移転や商品の流通に対して課せられる税。	

2 直接税と間接税

❶直接税　納税者と負担者が一致するもので，所得税や法人税などがこれである。多くの国では累進課税が行われ，高額所得者ほど税率が高くなっているので，所得の再分配機能をもっている。

❷間接税　納税者と負担者が一致しないもの。消費税がその代表的なもので，納税義務者は業者であるが，実際にそれを負担するのは消費者である。これを租税の転嫁という。間接税が生活必需品にかけられると，税額は同じだから所得に対する税の負担率は低所得者ほど大きい。

▼わが国の租税の体系と種類

国税	収得税	所得税・法人税		直接税
	財産税	相続税・贈与税		
	消費税	消費税・酒税・地方道路税・揮発油税・石油ガス税など		間接税
	流通税	印紙税・有価証券取引税・取引所税・登録免許税など		
地方税	(都)道府県税	収得税	(都)道府県民税・事業税など	直接税
		財産税	固定資産税(大規模固定資産)など	
		消費税	自動車税など	
			(都)道府県たばこ税・ゴルフ場利用税など	間接税
		流通税	不動産取得税など	
	市(区)町村税	収得税	市(区)町村民税	直接税
		財産税	固定資産税・鉱産税など	
		消費税	軽自動車税など	
			市(区)町村たばこ税・入湯税	間接税

＊1989年に消費税が新設され，物品税などは廃止された。

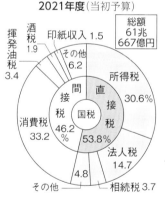

国税の内訳
（戦前と戦後の比較）
（「日本国勢図会」による）

★2　現在のわが国では，所得税・相続税などについて累進課税が行われている。

★3　これを逆進課税という。また，国民の大多数を占める一般大衆に負担の重い税を大衆課税という。

❸直間比率　直接税と間接税の割合を直間比率という。戦前の日本では間接税中心であったが，戦後は直接税中心となり，比率がほぼ7：3となっていた。しかし，消費税率の引き上げなどにより，最近では6：4から5：5に近づきつつある。

3 税制改革

　1988年に大幅な税制改革が実施され，シャウプ勧告以来の直接税中心の租税体系が，間接税重視の方向になった。そして，高齢社会の福祉財源を確保するとして，消費税が導入された。

★4　1949年，米国税制使節団長シャウプの報告書に基づく。

補説 **消費税とその問題点** 消費税は1989年４月から３％で実施され，物品やサービスの購入に一律の税率で広く課される大型の間接税である。そのため，低所得層の負担割合が大きくなる問題点もある。税率は５％(1997年)，８％(2014年)，10％(2019年)と引き上げられた。

売上高が年間１千万円以下の業者は，消費税が免税され，また売上高５千万円以下の業者は簡易課税制度が適用される。そのため**益税**(消費者が支払った税の一部が事業者の収益になる)が生じることの不公正も指摘され，インボイス制度の導入が決定された(2023年10月より開始)。

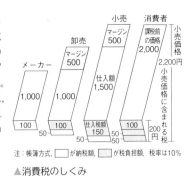

注：帳簿方式，□が納税額，▨が税負担額，税率は10％

▲消費税のしくみ

4 租税負担率

日本の租税負担率は，主要国の中では低いほうである。しかし，各国の社会保障の水準を比較することは難しいため，必ずしも日本の税金が高いか安いか，一概にはいえない。また，税制が不公平であると，重税感や不満もおこりやすい。たとえば，利子・配当所得や医師の診療報酬に対する特例(税の減免措置)などは，金持ち優遇の税制という批判が強い。さらに，政治家の所得に至っては，"黒い霧"につつまれて政治不信の原因にもなっている。増税よりも，不公平の是正が先決であるという意見も強い。

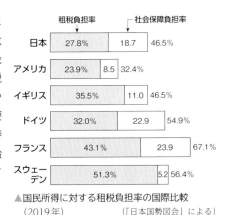

▲国民所得に対する租税負担率の国際比較
(2019年)　　　　　(「日本国勢図会」による)

用語 **租税負担率** 国税と地方税の国民所得に対する割合。租税負担率に社会保障負担を加えたものが国民負担率である。わが国の国民負担率はアメリカより高く，ヨーロッパ各国より低い。

POINT!

租税 {
直接税…納税者と税負担者が一致。累進課税により所得の再分配機能をもつ。
間接税…租税の**転嫁**。逆進性をもち，大衆課税となりやすい。
}

4 公債

▶ 歳入が租税だけでまかなえないと，公債を発行して財源とすることになる。公債は，国や地方公共団体が借金の証文として発行する債券である。そのため，計画性を欠いて公債を発行すれば，財政は不健全となるだけでなく，インフレーションをまねくことになる。

1 軍事費と公債

公債の発行は，軍事費の調達や戦後処理の財源をまかなう必要による場合が多い。日本でも，1937年の日中戦争から軍事費は膨張

★1 国が発行するのが**国債**，地方公共団体が発行するのが**地方債**。

の一途をたどり，その大部分は公債や借入金によってまかなわれた。しかもそれは，日銀引き受けの公債発行というやり方で，その分だけ日銀券の発行高はふくれ上がり，その資金は非生産的な軍需物資に向けられたので，戦中・戦後のインフレーション[2]をもたらした。

★2　国民も国債を買わされたが，インフレで紙くず同然となった。

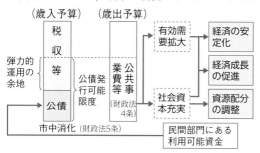

▲公債の機能　　　　　　　　（「図説・日本の財政」による）

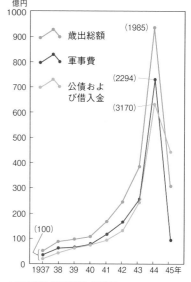

▲軍事費と戦時財政の膨張

（　）内の数値は，1937年を100としたときの指数を表したもの。

2　公債発行の原則

　公債発行によるインフレの激化をみて，戦後は，財政法（1947年制定）によって公債発行に歯止めをかけることとなった。次の2つの原則によって，安易な公債発行を抑制したことがそれである。適度な公債発行は，有効需要の拡大や社会資本の充実など，有効なはたらきをもつことになる。

❶建設国債の原則　国の歳出は，公債または借入金以外の歳入をもってその財源としなければならない。ただし，**公共事業費，出資金および貸付金の財源**については，国会の議決を経た金額の範囲内で公債を発行し，または借入金を成すことができる。このただし書きの公共事業費等にあてるために発行を認められているのが，建設国債である。

　建設国債が認められているのは，これが建設的または投資的な経費で，それによってつくられた道路・橋・住宅などが国民の資産として残り，国民経済全体としてもプラスになるからである。

★3　財政法の第4条に定められており，財政の赤字を埋めるための赤字公債の発行を禁止したものである。

❷市中消化の原則　公債の発行には，**日本銀行引き受けは原則として禁止**されている。[4]これは，民間にある利用可能な資金を使って公債を発行するということで，国民の貯蓄の範囲内ならば，新たな日銀券を発行する必要もなく，インフレの危険がないからである。

★4　財政法第5条による。

公債発行の原則 $\begin{cases} ①建設国債の原則→赤字国債発行の禁止。 \\ ②市中消化の原則→日銀引き受けの禁止。 \end{cases}$

3 国債依存度の増大

❶ 国債発行の推移

1 戦後しばらくのあいだは、国債はほとんど発行されなかったが、**1965年度から不況対策として発行**されはじめた。

2 石油危機による不況で、1975年度からは赤字国債(特例国債)が発行されるようになった。その結果、国債依存度はしだいに高まり、1979年度には歳入の約3分の1が国債で占められ、財政再建が大きな課題となった。

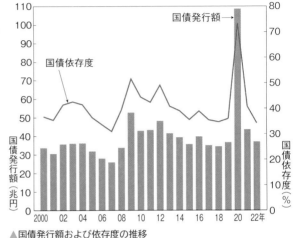

▲国債発行額および依存度の推移
2021年度は当初予算、22年度は予算案。　　（「日本国勢図会」による）

3 1980年代の後半から、景気回復による税収の伸びと歳出の抑制によって、特例国債の発行はしだいに減額され、**1990年度からは赤字国債依存を脱却**することができた。しかし、1994年度では、不況対策として減税が行われ、その財源を再び赤字国債に依存するようになっている。

❷ 国債発行の問題点　国債で財源を確保するのは容易ではあるが、それはいわゆる国の借金であるからいずれは返済しなければならない。すでに国債残高は2022年度末で1,000兆円を超え、したがって**国債費**も膨張している。2022年度でみると、国債費は24兆円を超え、歳出項目では社会保障関係費に次ぎ第2位で約23％を占めている。

こうなると、他の政策的経費を圧迫して財政は硬直化するから、**行政改革による経費節減**と、**税制改革による歳入確保**とが大きな政治課題となっている。また、国及び地方の長期債務残高は1,200兆円を超え、対GDP比も200％以上となっており、先進国の中でも最大の比率である。

★5　財政法に特例法を設けて発行しているので特例国債とよばれている。

★6　満期となった国債の元金返済と、毎年の利払いにあてる費用。

5 | 財政政策

▶ 財政の規模や役割が大きくなると，財政政策のサジ加減によって，国民経済は大きな影響を受ける。現代では，政策的に財政支出を伸縮して景気を調整する。また，財政そのものも自動的に有効需要を調節して経済を安定化させるはたらきをもっている。

1 フィスカル・ポリシー

　第二次世界大戦後，先進国の財政は，景気の動向に合わせて弾力的に財政規模を伸縮させ，**総需要を補整する**ようになっている。たとえば，不況期には有効需要が減っているから，公共事業などの財政支出を増やして総需要の不足を補い，好況期には公共事業費などを削減して総需要を抑制する。こういうやり方をフィスカル・ポリシー(fiscal policy。伸縮財政または裁量的財政政策)といい，これによって**経済の安定化**をはかるのである。[★1]

　しかし，日本の場合，財政支出を増やすために国債発行が長いあいだ続けられ，結果として国債発行残高が大きくなり，毎年一定の国債費を必要とするため，その他の支出に十分な予算を当てづらくなるという財政の硬直化をもたらしてしまった。この状況を改善するために，当面の目標として**基礎的財政収支**，いわゆるプライマリー・バランス[★2]を均衡させる必要が主張されるようになった。

2 ビルト・イン・スタビライザー

　伸縮財政に加えて，累進課税や社会保障が発達し，これが財政制度の中に組み込まれるようになると，財政は自動的に景気を調整するはたらきをもつ。これを，ビルト・イン・スタビライザー(財政の自動安定化装置)という。

　たとえば，好況になると，個人の所得などは増えるが，累進課税によって所得税などがそれ以上の割合で増える。一方，失業保険金や生活保護費などの社会保障給付は減少する。したがって，個人の可処分所得の増加がおさえられて，個人消費の増加にブレーキがかけられ，有効需要が抑制される。逆に，不況期には反対の作用で，有効需要の減退をくいとめる。

　ただし，このような作用が十分に機能するためには，累進課税の税率がかなり高いことと，社会保障給付の額が相当に大きいこととが前提となる。

★1　そのため，不況期に税収が減って歳入が不足すれば，赤字公債を発行してでも景気の立て直しをはかるようになる。

★2　国債発行による収入を除く税収・税外収入などの歳入と，国債費(国債の元本返済と利子支払い)を除く歳出との収支のこと。その時点で必要とされる政策の経費をその時点の収入でどれだけカバーできているのかを示す指標となる。歳入より歳出が多い場合を**プライマリー・バランスの赤字**という。

5

経済社会の変容と現代経済のしくみ

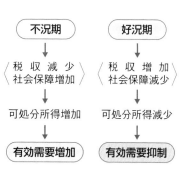

▲ビルト・イン・スタビライザーのしくみ

POINT!
フィスカル・ポリシー…景気動向に合わせて総需要を調整。
ビルト・イン・スタビライザー…財政の自動安定化装置。
└─累進課税・社会保障制度の組み入れ。

3 財政投融資

　わが国では，一般会計の予算と別に財政投融資がある[★3]。これは国の投資や融資などの金融活動であり，かつてはその規模の大きさから「第二の予算」とよばれていた[★4]。

❶原資　元手となる資金は，郵便貯金や国民年金，厚生年金などの積立金であり，2000年度まではそれらの資金が財務省の**資金運用部**に預託され，公庫や公団などの特殊法人の事業を行う資金として貸し出されていた。ところが郵便貯金だけでも240兆円（2002年度）を超える莫大な資金が，自動的に利用できるため，無駄な事業に多額の資金が使われたり，経営の非効率性，公庫・公団が肥大化し，天下りの温床になっているなどの批判が生じて，大きな改革が行われた。

　2001年度からは資金運用部が廃止され，郵便貯金や年金資金も一般の金融市場で資金の運用をすることになった。公庫や各独立行政法人も自らの信用で発行する財投機関債や，新しく設置された財政融資資金特別会計が発行する財投債によって調達された資金の融資を受けるという形で，資金の調達を行っている。

　財投機関債の発行にしても，財投債の発行にしても，一般の金融市場での自由な競争下における資金調達となるため，公庫や独立行政法人などは自らの信用を高め，効率を高める厳しい経営努力が望まれる。

❷使途　戦後の復興期には，**電力・石炭・鉄鋼などの基幹産業に重点的に投資**され，高度成長期には，道路・港湾などの産業基盤整備に重点がおかれて，高度経済成長の推進に大きな役割を果たした。その後，高度成長のひずみが増大するにつれて，生活環境などの社会資本整備にも資金がまわされるようになった。

★3　財政投融資は，景気調節の有力な手段の1つともなり，財政政策を行ううえで大きな役割を果たしている。

★4　財政投融資計画は国会の承認が必要である。

政府関係機関	38.6%
独立行政法人など	41.3%
地方公共団体	13.9%
特殊会社など	5.3%
特別会計	0.9%
中小零細企業	18.9%
農林水産業	3.7%
教育	30.0%
福祉・医療	5.5%
環境	0.5%
産業・イノベーション	5.3%
住宅	4.3%
社会資本	13.9%
海外投融資など	13.1%
その他	4.8%
合計	**188,855億円**

▲財政投融資の対象別・使途別の割合（2022年度予算案）

POINT!
財政投融資…政府の信用を基礎に，金融市場から調達した資金を，独立行政法人等を通じて社会資本整備などに融資する制度。

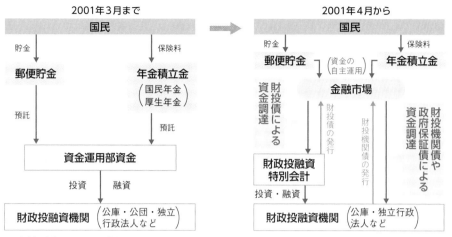

▲財政投融資のしくみの変化

6 大きな政府と小さな政府

▶ 「小さな政府」とは，社会における政府の役割や財政規模が相対的に小さなものをさし，「安価な政府」ともいわれる。「大きな政府」とは，その逆で福祉国家のように高福祉・高負担の国家をさし，「高価な政府」「行政国家」などという（⤴p.106）。

1 政府の経済政策の変化

❶各国の経済政策　右図において国民所得に占める国民負担の比率が大きいものが，「大きな政府」といえるので，スウェーデンが一番「大きな政府」であり，フランス，ドイツも「大きな政府」といえる。逆にアメリカは「小さな政府」に入る。

❷経済政策の変化　歴史的にみれば，同じ国でも時代によって異なる。イギリスを例に考えてみよう。財政規模（対国民所得比）について次ページの表を見れば，19世紀後半は10％を割っていたが，第二次世界大戦後は30％以上を占めている。19世紀は「小さな政府」であったが，20世紀に「大きな政府」になったといえる。このように1つの国で，政府の役割が限定された時期は「小さな政府」であり，政府の役割が拡大された時期は「大きな政府」であった。

(%)
- 租税負担率（国税＋地方税／国民所得）
- 社会保障負担率

	日本	アメリカ	イギリス	ドイツ	フランス	スウェーデン
合計	46.5	32.4	46.5	54.9	67.1	56.4
社会保障負担率	18.7	8.5	11.0	22.9	23.9	5.2
租税負担率	27.8	23.9	35.5	32.0	43.1	51.3

▲国民負担率の国際比較（2019年）
（「日本国勢図会」による）

❸「小さな政府」支持の立場　19世紀イギリスで典型的に現れた「小さな政府」は，18世紀にアダム＝スミスが主張した「自由放任」（国家の経済への介入・干渉を禁じ，自由競争に委ねる考え）を理想として具体化したものであった。彼は，**国家の役割を治安維持や消防および国防を中心に最小限の土木事業に限定し，経済活動に対しては自由放任政策を主張した**（⇨p.128）。

▼イギリスにおける財政規模の拡大

年	時代	国民所得に対する財政の比率
1803～17	対フランス戦争	20.1%
17～18	平　時	13.8
74～75	自由主義時代	6.1
1913～14	第一次世界大戦直前	7.3
24～25	第一次世界大戦直後	15.9
60	第二次世界大戦後	37.6
80		40.9
90		37.5

（大内兵衛ほか「財政学」，日本銀行「国際比較統計」などによる）

　しかし現実には，生産手段の所有者である資本家と，労働力の売り手である労働者とのあいだで階級対立などの深刻な矛盾が生じた。また，自由競争は資本の集積と集中を促進させ，結果，自由競争を妨げる独占資本主義の段階へと進んでいった。独占資本主義段階では矛盾が激化して，労働運動や社会主義運動の活発化や海外への帝国主義的進出がみられた。さらに不況の期間や程度も大きくなり，1929年に始まった世界恐慌（⇨p.155）が1930年代に主要資本主義国を襲い，大量の失業者を抱えて資本主義体制は危機に直面した。

★1　この自由放任主義をフランス語で「レッセ・フェール」という。

❹「大きな政府」支持の立場

1930年代以降，**国家が積極的に経済に介入する**ようになった。この介入政策として有名なのが，アメリカのF.ローズベルト大統領（⇨p.28, 128）の行ったニューディール政策（⇨p.128, 157）である。右図で社会保障支出が増えていることからわかるように，国家が社会保障を制度化し，労働組合を擁護して失業を減らし，産業を救済しようと経済に介入した。

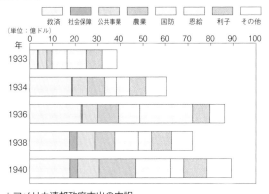

▲アメリカ連邦政府支出の内訳

　こうした政策は他国でもみられ，イギリスのケインズ（⇨p.129）は，これらの政策をまとめて理論化し，有効需要政策の必要性を主張，つまり「大きな政府」を支持した。

❺新自由主義と「第三の道」　1980年代以降，経済の低成長と高齢化の進展の中で「大きな政府」（高福祉・高負担）的な政策への批判がおこり，「小さな政府」への揺りもどしが始まった。アメ

リカの経済学者フリードマンは，国の財政・金融政策によって完全雇用を達成しようとするケインズ主義を批判し，**通貨量を経済成長に見合った率で増加させるマネタリズム**（⇨p.163）によって市場機能の回復をはかるべきだと主張した。これを具体化したのが，**サッチャー英首相**（在職1979〜90年），**レーガン米大統領**（在職1981〜89年），**中曽根首相**（在職1982〜87年）に代表される**民営化**と**規制緩和**，**福祉削減**などの行政・財政改革である。

　イギリスでは労働党政権のブレア首相（在職1997〜2007年）のいう「第三の道」が模索された。これは，社会主義的な企業国有化や社会的弱者への給付重視等によって財政負担が過重になったこともあり，職業訓練など教育により労働能力を開発して新興の情報産業へ雇用機会の拡大をはかるなど，社会保障を重視しつつ改革する政策である。こうして「大きな政府」と「小さな政府」の違いは小さくなっているが，分配の公平や平等理念（「機会の平等」か「結果の平等」か）など価値観の相違は残っている。

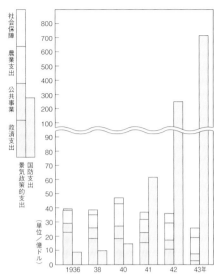

▲アメリカ景気政策的支出と国防支出の比較構

2　2つの対立する立場

❶「小さな政府論」の政策

□1　国の役割を治安維持・防衛，外交，経済協力などに限定する。

□2　福祉・医療・教育など生活面では国民の自助自立を強調し，政府が経済分野へ介入をしない（規制撤廃）で，自由競争と民間活力を重視し，効率のよい市場機能へ委ねる。

□3　税負担の軽いスリムな政府をめざす。

❷「大きな政府論」の政策　「小さな政府」の市場における自由競争（規制緩和）は，結果として貧富の格差の固定（拡大），福祉後退，環境破壊など弊害を生じる。そこで，以下のような政策をとる。

□1　市場を規制し（環境保護，独占規制），雇用・年金を充実させて**セーフティネット**（安全網）を整備する。

□2　地方分権を進め，住民へのきめ細かな行政サービスを行う。

★2　病気・事故や災害など不測の事態や，失業などの経済的不安に対して最低限度の生活を保障する制度のこと。2000年以降，国民の経済格差の拡大とともに，その必要性が高まっている。

5

経済社会の変容と現代経済のしくみ

☑ 要点チェック

	CHAPTER 5　経済社会の変容と現代経済のしくみ	答
☐ 1	賃金労働者を雇って，分業で生産をした手工業を何というか。	1 マニュファクチュア（工場制手工業）
☐ 2	産業革命が最初におこった国はどこか。	2 イギリス
☐ 3	生産に使う土地・工場・機械などを総称して何というか。	3 生産手段
☐ 4	民間企業と並んで公共企業部門が拡大した経済を何というか。	4 混合経済
☐ 5	『諸国民の富（国富論）』を著して，「経済学の祖」といわれるのはだれか。	5 アダム・スミス
☐ 6	「見えざる手」というのは，具体的に何をさすか。	6 価格の自動調節機能（価格の自動調整機能）
☐ 7	強い企業が，弱い企業を吸収・合併することを何というか。	7 資本の集中
☐ 8	世界恐慌はいつおこったか。	8 1929年
☐ 9	世界恐慌のとき，アメリカで行われた不況の回復政策を何とよぶか。	9 ニューディール政策
☐ 10	その政策を実施した大統領はだれか。	10 F. ローズベルト
☐ 11	9でテネシー川流域開発のために設立された機関の略称は何か。	11 TVA
☐ 12	国が介入するようになった資本主義は批判的に何とよばれたか。	12 修正資本主義
☐ 13	「剰余価値説」をたてて，『資本論』を著したのはだれか。	13 マルクス
☐ 14	有効需要の理論で，修正資本主義の理論づけをしたのはだれか。	14 ケインズ
☐ 15	国民経済の活動単位である，3つの経済主体をあげよ。	15 企業・家計・政府
☐ 16	有限責任社員のみで構成し，資本調達が容易な会社企業は何か。	16 株式会社
☐ 17	会社の経営が，個人の資本家の手を離れて専門的経営者にまかされるようになることを何というか。	17 所有（資本）と経営の分離
☐ 18	株式会社の最高議決機関は何か。	18 株主総会
☐ 19	株式や内部留保による資本を何というか。	19 自己資本
☐ 20	社債や銀行借入金などで集めた資本を何というか。	20 他人資本
☐ 21	生産量や価格などについて協定を結ぶことを何とよぶか。	21 カルテル
☐ 22	同種の企業が合同して新たな大企業をつくる独占を何とよぶか。	22 トラスト
☐ 23	コングロマリットは，ふつう何と訳されているか。	23 複合企業
☐ 24	持株会社が本社となって子会社を支配する独占を何とよぶか。	24 コンツェルン
☐ 25	需要と供給の関係で変動する価格を何というか。	25 市場価格
☐ 26	少数の大企業が市場を支配している場合の価格を何というか。	26 寡占価格
☐ 27	有力企業がプライス・リーダーとして価格を決め，同業他社がこれにならう価格を何というか。	27 管理価格
☐ 28	広告・デザイン・サービスなどの価格以外の競争を何というか。	28 非価格競争
☐ 29	日本の独占禁止法のお目付役とされている機関は何か。	29 公正取引委員会
☐ 30	GDPを漢字5字で表すと何というか。	30 国内総生産
☐ 31	国民所得は，生産・分配・支出の各面とも理論上同額であるという原則を何というか。	31 三面等価の原則

☐ 32	貨幣の流れをフローとすれば，過去からの蓄積は何というか。	32	ストック
☐ 33	物価の変動を修正した経済成長率を何というか。	33	実質経済成長率
☐ 34	小売段階での商品やサービスの価格を総合的にとらえた物価を何というか。	34	消費者物価
☐ 35	企業間で取り引きされる商品の価格を総合的にとらえた物価を何というか。	35	企業物価
☐ 36	不況であるにもかかわらず物価が上昇する現象を何というか。	36	スタグフレーション
☐ 37	金などとの交換が保証されている紙幣を何というか。	37	兌換紙幣
☐ 38	金の輸出禁止をやめて，金本位制に復帰することを何というか。	38	金解禁
☐ 39	企業が，株式や社債を発行して資金を集めるやり方を何というか。	39	直接金融
☐ 40	払い出しの際に手形や小切手が使われる預金は何か。	40	当座預金
☐ 41	銀行が預金の受け入れと融資をくり返して，最初の預金の数倍の預金をつくりだすことを何というか。	41	信用創造
☐ 42	金融機関の金利や業務を自由競争にまかせることを何というか。	42	金融の自由化
☐ 43	日本銀行は，日銀券を発行することから何とよばれているか。	43	発券銀行
☐ 44	日本銀行の最高意思決定機関は何か。	44	日本銀行政策委員会
☐ 45	日本銀行が，民間の銀行に貸出をしたときの利子率を何というか。	45	公定歩合
☐ 46	民間の金利水準のことを何というか。	46	市中金利
☐ 47	日銀が，金融市場で債券類を売買することを英語（カタカナ）で何というか。	47	オープン・マーケット・オペレーション
☐ 48	日銀が，債券を売って民間資金を吸い上げることを何というか。	48	売りオペレーション（売りオペ）
☐ 49	日銀が，債券を買って民間に資金を放出することを何というか。	49	買いオペレーション（買いオペ）
☐ 50	国内の個人や法人などが所有する通貨を合計した金額を何というか。	50	マネーストック
☐ 51	高所得者から，より高い税率で税金をとるしくみを何というか。	51	累進課税
☐ 52	51のやり方は，社会的にどのような機能をもつか。	52	所得の再分配機能
☐ 53	国の予算には一般会計，特別会計のほかに何があるか。	53	政府関係機関予算
☐ 54	国の決算を調べて，国会に報告する機関は何か。	54	会計検査院
☐ 55	納税者と租税負担者が一致する税を何というか。	55	直接税
☐ 56	納税者と租税負担者が一致しない税を何というか。	56	間接税
☐ 57	低所得者ほど負担率が重くなる税の性格を何というか。	57	逆進性
☐ 58	公共事業費などにあてるために，財政法で発行が認められている国債を何というか。	58	建設国債
☐ 59	日銀引き受けでなく，民間資金を利用して国債を発行する原則を何というか。	59	市中消化の原則
☐ 60	例外的に発行を認められた赤字国債を何というか。	60	特例国債
☐ 61	国債の元金と利子の支払いにあてる費用を何というか。	61	国債費
☐ 62	景気の動向に合わせて財政規模を操作し，総需要を補整する財政政策を何というか。	62	フィスカル・ポリシー
☐ 63	ビルト・イン・スタビライザーを日本語で表すと何というか。	63	財政の自動安定装置

5

経済社会の変容と現代経済のしくみ

6 » 経済活動と福祉の向上

① 日本経済の発展と諸問題 ☞ p.190

□ 戦後の経済再建 { 経済民主化政策…財閥解体・農地改革・労働の民主化。

経済復興…傾斜生産方式とドッジ・ラインでインフレ収束，朝鮮戦争による特需。

- ・高度経済成長…1955〜73年に，年平均で実質10%前後の驚異的な成長。
- ・バブル経済…1980年代中頃に円高不況が深刻化。低金利政策により，バブル経済となる。1990年代初めに崩壊。
- ・低成長時代…バブル経済の崩壊後，景気の低迷が続いた(平成不況)。

□ 産業構造の変化　第1次産業から第2次・第3次産業へ産業構造の高度化(ペティ・クラークの法則)。

□ 地域格差 → { 都市の過密化…住宅・交通などの都市問題激化と地価高騰。

農村の過疎化…地域開発の必要。全国総合開発計画の推移。

□ 資源・エネルギー問題　「資源小国」日本←石油危機が直撃
- ・対策…①代替エネルギーの開発，②省エネ・省資源┘

② 公害防止と環境保全 ☞ p.199

□ 公害と自然破壊
- ・公害…事業活動その他の人間活動による健康や生活環境の被害。
- ・公害の種類…産業公害・都市公害など。
- ・公害の原点…足尾銅山鉱毒事件，田中正造の活動。
- ・公害対策…公害対策基本法，環境基本法，循環型社会形成推進基本法の制定。

□ 地球環境問題　地球温暖化，オゾン層の破壊，酸性雨，砂漠化など。
- ・国連の取り組み…国連人間環境会議(1972年)，地球サミット(1992年)，環境開発サミット(2002年)の開催。

③ 国民のくらし ☞ p.207

□ 消費者問題　消費者主権の考え方。消費者基本法，製造物責任法(PL法)の制定。

□ 中小企業の課題　大企業との格差(二重構造，景気の安全弁)の是正→中小企業基本法の制定。

□ 農業と食料問題　食糧管理制度を経て減反政策，自由化。食料自給率の低下。

④ 労働関係の改善 ☞p.213

□ **労働運動の展開**　資本主義の成立→低賃金・長時間労働・失業などの労働問題が発生。
└── イギリスが典型的 ──┘　　　　運動の国際化(インターナショナル・ILO)。

□ **日本の労働運動**

・戦前…治安警察法・治安維持法による弾圧→労働組合解散・産業報国会へ(1940年)。

・戦後…日本国憲法による労働基本権(勤労の権利と労働三権)の保障。

労働三法制定→労働運動の発展。総評など労働4団体→解散→**連合**の結成。

- 労働基準法…賃金・労働時間・休日など労働条件の最低基準。
- 労働組合法…組合活動の保障。不当労働行為の禁止。
- 労働関係調整法…労働委員会の斡旋・調停・仲裁。争議の制限と禁止(公務員)。

□ **現代の労働問題**

・日本型雇用慣行の変化…終身雇用制, 年功序列型賃金体系, 企業別労働組合のゆらぎ。

・現代の問題…失業者, 非正規雇用者の増加など。

⑤ 社会保障と福祉 ☞p.222

□ **社会保障への歩み**

・公的扶助のおこり…エリザベス救貧法(慈善事業的な性格)。

・社会保険のおこり…ビスマルクの社会保険(労働力確保のためのアメとムチ政策)。

・権利としての社会保障…ベバリッジ報告(ゆりかごから墓場まで)。

□ **日本の社会保障**

・戦前…明治の恤救規則。戦時体制下では労働力確保と強兵政策。

・戦後…日本国憲法第25条で生存権を規定→社会保障制度の発展。

・社会保険…①医療保険…**健康保険**と**国民健康保険**→国民皆保険,

②年金保険…**厚生年金**と**国民年金**→国民皆年金, ③失業保険→**雇用保険**,

④労働者災害補償保険, ⑤**介護保険**

・公的扶助＝生活保護法…生活扶助など8種の資金援助。扶助額などに問題。

・社会福祉…児童・身体障がい者・知的障がい者・老人・母子など**福祉六法**が中心。

□ **高齢社会の到来**

・人口構成の変化…出生率の低下→年少人口の減少。長寿化→老年人口の増大。

・日本の老人福祉…雇用・年金・介護などで課題が山積み。

SECTION 1　日本経済の発展と諸問題

1│戦後の経済再建と高度経済成長

▶ 太平洋戦争で日本経済は壊滅的な打撃を受け，国民はインフレと物不足の窮乏生活で苦しんだ。しかし，民主化政策と生産の復興によって経済の再建は急速に進み，その後は世界の驚異となった高度経済成長が実現し，経済大国となるに至った。

1 経済の民主化

　戦後経済の出発点は，GHQの主導による**経済民主化政策**で，次の三大改革が行われた。それは，後の高度成長の基盤となった。

　1 **財閥解体**　四大財閥などの持株会社が解散させられた。また，**独占禁止法**によりカルテルの禁止，**過度経済力集中排除法**により独占大企業の分割がはかられた（⤳p.143）。

　2 **農地改革**　不耕作地主・不在地主などの寄生地主の所有地は強制的に買収され，小作人に安く売り渡された。土地保有も制限され，小作料も金納となった。

　3 **労働の民主化**　戦前の弾圧法規は廃止され，**労働基本権**が保障されて，**労働三法**が制定された（⤳p.215）。

2 経済の復興

　1947年，石炭・鉄鋼・電力などの基幹産業の生産に重点を置く**傾斜生産方式**によって，戦後の経済復興はスタートしたが，デフレに陥った。その財源は**復興金融金庫**（復金）の融資によるものだったが，その大部分を日本銀行が直接引き受けた。それにより，インフレーションが続き，物価は高騰した。アメリカは日本に復興支援を続けるとともに，1948年末**経済安定9原則**を示し，財政の均衡化をはかって，**ドッジ顧問の提言による緊縮政策**（ドッジ・ライン）が実施され，ようやくインフレーションは収束した。1949年の安定恐慌ののち，1950年からの3年間にわたる朝鮮戦争による**特需**★2によって，日本経済は本格的な復興を果たした。

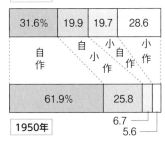

1943年

31.6%	19.9	19.7	28.6
自作	自小作	小自作	小作

61.9%	25.8		

6.7
5.6
1950年

▲**自小作別農家数の割合の変化**
自作農は，経営耕地の90%以上を自分が所有する農家のこと。自小作農は50〜90%，小自作農は10〜50%，小作農は10%以下を所有する農家をさす。

年度	田	畑	計
1941	53.1%	37.4%	45.9%
1947	44.1	33.6	39.6
1950	9.9	7.2	9.4

▲**耕作地のうちの小作地の割合**

★1　ガリオア資金（占領地域救済行政基金）は食料や衣料品などに，エロア資金（占領地域経済復興資金）は工業原料の輸入などに用いられた。

★2　アメリカ軍が，日本国内で衣料の調達や武器の補修などを行ったことによる。

3 日本経済の高度成長とその要因

　1955年頃から60年代を通じて，日本は年平均10％前後の経済成長をとげ，世界の注目を集めた。これが，日本の高度経済成長（高度成長）とよばれるものである。おもな要因には，次のような点があげられる。

❶**高率の設備投資**　右のグラフのように，設備投資比率[★3]が高い国は経済成長率も高かったが，なかでも日本はとびぬけて高かった。これは，古くなった機械や，戦争で破壊された工場設備を新しい大型のものととりかえるとともに，技術革新の波にのって新しい産業分野にも巨額の設備投資が行われたからである。

❷**豊富な資金**　設備投資の元手となる資金は，世界一といわれる**国民の高い貯蓄率**[★4]に支えられ，銀行などの金融機関を通じて企業に貸し出された。

　こうした巨額の投資が行われた背景には，社会保障制度の不備などのために，将来の生活不安に対して貯蓄する傾向が強いこと，外国に比べて防衛関係費が少なく，その分が産業資金にまわりやすいこと，などの理由があった。

❸**良質な労働力**　生産設備が増大しても，よい働き手がいなければ経済は成長しない。その点，日本は人口が多く，教育普及率も高く，**良質の勤勉な労働力**が存在し，重化学工業中心の大企業で必要とする人手は，農業や中小企業からの流出によってまかなわれた。

❹**市場の拡大**　生産が増えても売れなければカベにつきあたる。戦前の国内市場は，大衆が貧しかったので購買力が低く，無理に輸出を伸ばした。しかし，戦後は農民や労働者の所得が増え，国内での売れゆきがよくなった。また，大規模な設備投資の結果，安くて良い商品がつくられるようになって，日本商品の国際競争力が強まった。さらに，当時は**1ドル＝360円**という円安の固定為替レートも加わって，輸出がめざましく伸びた。

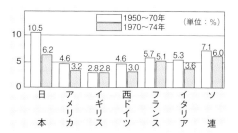

▲おもな国の年平均実質経済成長率の比較

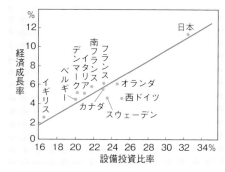

▲経済成長と設備投資との関係

　設備投資比率は，1960・63・66・69年の平均値で示し，経済成長率は1964～69年の年平均で示した。

年	日本	アメリカ	イギリス	ドイツ
1965	17.7%	6.6%	6.3%	16.8%
1970	20.4	7.6	5.9	17.9
1980	17.9	7.9	13.3	12.8
1995	13.4[*1]	4.7	5.7[*2]	11.6

▲個人貯蓄率の国際比較（＊1は1998年，＊2は1994年）

★3　設備投資比率は，国民総生産に対する設備投資額の割合で，「設備投資比率＝設備投資額÷国民総生産×100」で表される。設備投資比率と経済成長率とは，ほぼ比例している。

★4　貯蓄率は，可処分所得に対する貯蓄額の割合で表す。

6

経済活動と福祉の向上

補説 **固定為替レート**　第二次世界大戦後，ブレトン・ウッズ体制(⟳ p.291)の下で世界の自由貿易が推進されたという，日本にとって好都合な世界経済環境にあったことが，高度経済成長の最大の要因ともいえる。

❺**国家の成長政策**　政府は，産業優先・企業保護によって，積極的に経済成長を促進する政策をとった。★5

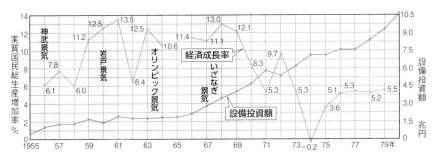

▲戦後日本の経済成長の推移と景気の変動(1955～64年度の経済成長率は旧体系の統計)

4 低成長時代への移行

❶**高度成長の矛盾の露呈**　1970年代に入ると，高度経済成長の矛盾がふきだし，それまでのような経済成長は困難となった。

　産業発展第一主義の結果，公害問題や社会資本の不足が深刻になり，「成長より福祉」を求める世論が高まった。また，**労働力不足と物価の上昇**が目立ってきた。

　東南アジア諸国でも，日本の企業や商品の力にまかせた進出に対し，批判が高まった。

❷**高度成長の終幕**　第1次石油危機の打撃は大きく，**総需要抑制政策**で**狂乱物価**(⟳p.159)は鎮静化したが，1974年に日本経済は**戦後初のマイナス成長**となった。1979年の第2次石油危機は，大きな混乱もなく乗り切ったが，内外の経済環境はもはや高度成長を持続することを不可能にした。

❸**バブル経済とその崩壊**　日本商品の「集中豪雨的」輸出に悩まされる欧米諸国とのあいだの経済摩擦が強まった。1985年のプラザ合意により，円高傾向が急速に進んだため，**「円高不況」**(⟳p.155)が深刻となった。

　その対策として低金利政策が実施され，公定歩合は戦後最低の水準にまで下げられた。これにともなって，「カネ余り現象」が

★5　**成長政策の例**
①財政面　安い利子で産業資金を供給。
②税制面　企業を優遇して資本蓄積を促進。
③貿易面　農産物などの輸入制限をする一方，日本商品の輸出拡大を促進。

★6　1987年，2.5%。なおその後，93年に1.75%にまで下げられた。

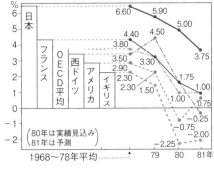

▲1970年代における主要国の経済成長率の推移

生じ，余った大量の資金が生産面以外の土地・株式などの投機に流れ込み，その価格は異常に騰貴した。これがいわゆる「バブル経済(バブル景気)★7」とよばれるものである。

しかし，金融引き締め政策への転換や土地取引の規制強化によって，1990年代の初めから株価・地価は下落に転じ，「バブル経済」は崩壊した。それ以後は景気の低迷が続き，長びく不況(平成不況★8)の中で「リストラ★9」による失業率の上昇や資産価値の下落が続いた。

★7　実体なく膨らむ泡を意味する。
★8　多くの金融機関が不良債権を抱え，経営破綻する銀行もあった(⤵p.173)。
★9　リストラクチャリング(restructuring)の略。事業再構築の意。日本では従業員解雇を意味することもある。

POINT!
| 戦後日本経済の流れ | 1960年代
(高度経済成長) | ➡ | 1973・79年
(石油危機) | ➡ | 公害・貿易
摩擦の激化 | ➡ | バブル
経済 | ➡ | 低成長
へ |

6
経済活動と福祉の向上

2｜産業構造の変化

▶ 日本経済の成長と発展の結果，産業の中心は第1次産業から第2次・第3次産業へと移り，**重化学工業化**が急速に進んだ。これを産業構造の高度化という。さらに，最近では重化学工業部門や第3次産業内部において，新しい動きがおこっている。

1 産業構造の高度化

❶ **ペティ・クラークの法則**　一般に経済が発展するにつれて，産業の中心は第1次産業から第2次・第3次産業★1へと移っていく。この傾向をペティ・クラークの法則という。これは，所得水準が上昇すると消費構造が変化し，食料よりも工業製品やサービスなどに対する需要が伸びるためにおこる。

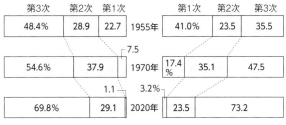

▲産業別国民所得構成　　▲産業別就業者構成
2020年の産業別国民所得構成はGDPで算出。
＊四捨五入の関係で合計は100％にならない。(「日本国勢図会」による)

わが国でも高度成長の過程で，右上のグラフのように，国民所得と就業者の両面で，その傾向が短期間に急速に進んだ。

> 補説　**第1次産業**　第1次産業では，就業者の比率よりも所得の比率が低い。これは，第1次産業の**労働生産性**が低いことを意味し，その労働力はしだいに他産業へと流れていく。

❷ **重化学工業化**　第2次産業の中心である製造業においても，繊維・雑貨などの**軽工業中心**から，機械・金属・化学などの**重化学**

★1　第1次産業は農林水産業，第2次産業は製造業，工業，建設業，第3次産業はこれら以外のすべての産業である。

工業中心へと変化した。重化学工業は一般に設備が巨大で省力化が進み，労働者1人あたりの生産高(**労働生産性**)が高い。

POINT!

産業構造の
高度化
$\begin{cases} 第1次産業→第2・第3次産業 \\ 軽工業中心→重化学工業化 \end{cases}$ （付加価値小→付加価値大）

2 第2次産業の新たな動向

❶「**重厚長大**」から「**軽薄短小**」へ　設備も製品も大型の鉄鋼・造船・石油化学などの部門が高度経済成長をリードしたが，石油危機以後は停滞し，代わって**知識集約型**の**IC**(半導体)[★2]・**OA**機器[★3]などの軽薄短小型産業が急成長した。

❷**工場立地の変化**

[1] **臨空工業地帯**　従来は，貿易に便利な港湾付近に臨海工業地帯が多かったが，製品の小型化と空輸の発達によって，日本各地の内陸部の空港付近や高速道路沿いにも工場が立地する傾向が現れてきた。

[2] **海外立地**　賃金コストの安い発展途上国に海外工場を建てたり，貿易摩擦を避けるために欧米先進国に工場を移したりして，**現地生産**[★4]を行う企業も増えてきた。

3 第3次産業

今日，産業別国民所得と就業者の両面において，首位は第3次産業である。とくに下記の各部門で拡大し，新たな展開をみせている。

❶**流通部門の拡大**　大量生産・大量消費を支えるものは，大量販売を可能にする**流通業務**[★5]である。従来のデパートや小売商店と並んで，現在スーパーやコンビニエンス・ストア(コンビニ)，また宅配便などが，消費者の日常生活に欠かせないものとなっている。

❷**レジャー産業の成長**　所得と余暇が増えた結果，娯楽・教養・スポーツ・旅行などのレジャーに関連する業務分野も，いちじるしく伸びている。

❸**情報産業の時代**　情報の重要性が高まるにつれて，情報機器の生産以外に，その利用技術(ソフト)の開発や，情報の収集・提供の業務も産業化され，IT革命[★7]が進行している。

★2　Integrated Circuit の略で，集積回路のこと。

★3　Office Automation の略で，事務の自動化のこと。

★4　この動きが進んで，国内総生産と雇用が減少することを産業の空洞化(⊂⇒p.311)という。

★5　卸売業，小売業，倉庫業，輸送業などをさす。

★6　情報やサービスなどの市場価値が高まることを**経済のソフト化・サービス化**という。

★7　ITとはInformation Technology(情報技術)の略。

Q 情報産業というのは新聞やラジオ・テレビなどのマスコミ産業のことをいうのですか。

A そうではありません。情報産業とは，電子工学と結びついた新分野の産業のことです。これには，①コンピュータ・端末装置などの情報処理機器(ハードウェア)，②情報資料の利用技術(ソフトウェア)，③資料の提供(データバンク)の3分野の産業があります。この情報産業に教育・研究開発・報道・出版などを含めたものを，知識産業とよんでいます。

③│都市問題と地域開発

▶ 農村の過疎化に対して，大都市では過密化によってさまざまな都市問題が深刻化し，その解決に土地問題が大きな障害となっている。地域格差を是正するための地域開発も行われているが，過疎と過密の解消には至っていない。

■1 都市の過密化

❶人口の大都市集中　経済発展につれて**人口の都市集中**が進む。日本ではそれが，戦後の高度経済成長期にきわめて短期間に急激に進行した。とくに，東京・大阪・名古屋を中心とした三大都市圏への集中がいちじるしい。

❷集積の利益　企業が工場や事務所を新たに建てる場合には，用地・用水や労働力の確保，原料・製品の輸送，販売市場との距離，情報収集と伝達などの点で，最も経済効率のよい場所を選ぶ。

　その点で，すでに開発の進んでいた**太平洋ベルト地帯**は，貿易にも便利なため，この地域に産業・企業が集中した。これを集積の経済という。それは当然，人口の集中をもたらしたから，この限られた地域の過密化が進み，深刻な都市問題が生じた。

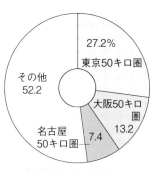

▲三大都市圏の人口比率（2021年）
国土面積では，約6％の三大都市圏に人口の約半数が集中している。
（「日本国勢図会」による）

■2 都市問題

❶住宅の入手難　住宅需要は急増したが，地価や建築費の高騰で，平均的な会社員が都心でマイホームを手に入れるのは容易ではなかった。そこで，大都市郊外の比較的地価の安い土地が住宅地として無秩序に開発された。農地や林野のこのような「虫食い」的な状況を**スプロール現象**という。また，住宅の質的水準が欧米諸国に比べて低いとみなされ，「ウサギ小屋」などと酷評された。その一方で，地価の高い中心部では，人口の減少する**ドーナツ化現象**がおこった。

❷交通渋滞　都市部では，鉄道・バスなどの公共輸送機関の通勤・通学時の混雑は激しい。また，急速なモータリゼーション（自動車の普及）に道路整備が追いつかず，道路は渋滞している。

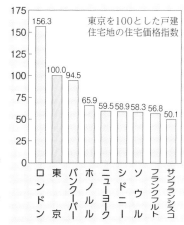

▲住宅価格の国際比較
対象は，都心から約1時間以内の居住環境が良好な戸建住宅。住宅価格は土地・建物一体価格。
（日本不動産鑑定協会「世界地価等調査」
（2013年）による）

3 土地問題

❶地価高騰　もともと，日本の大都市の土地価格は欧米諸国に比べて高かったが，その後2度にわたる異常な高騰があった。

> ① **第1次**　1970年代の初め，「**日本列島改造論**★1」が発表されたのをきっかけに，開発の見込まれる各地で地価が高騰した。
>
> ② **第2次**　1980年代の中頃から，当時の**カネ余り現象**★2を背景として，東京都心部を中心に地価が高騰した。その原因は，余裕資金をもつ企業などが値上がりを見込んで土地を売買した（**財テク・投機**）ことである。

❷その影響

> ① **公共用地の取得難**　都市問題解決のための公共住宅の建設，公共輸送機関や道路整備のための土地取得が困難になる。
>
> ② **資産・所得格差の拡大**　土地の所有者の資産価値と所得は増え，その一方で庶民は高い家賃やローンの支払いに追われる。

★1　田中角栄（当時通産大臣）が，過疎と過密の同時解消をうたった開発構想（1972年）。

★2　**円高不況**（⊃p.155）による金融緩和で資金が余り，このカネが株式や土地投機に流れ，バブル景気（平成景気）がおこった。

4 地域開発

　都市問題を解決し，住みよい国土を建設するためには，地域開発を行って産業を適正に配置し，地域間の所得格差を是正しなければならない。これまで，さまざまな**開発計画**★3が国によって進められてきたが，過疎・過密の解消には至っていない。

★3　2005年より，これまでの全国総合開発計画に代わり，新たに国土形成計画を策定することになった。

開発計画	年	おもな内容
全国総合開発計画 （旧全総）	1962年	重化学工業を中心とした拠点開発方式を全国に拡大しようとするもので，新産業都市（郡山など15か所）や工業整備特別地域（鹿島など6か所）を指定してコンビナートの建設を進めた。
新全国総合開発計画 （新全総）	1969年	日本の国土を中央・北東・南西地帯に三分化し，地域的分業を徹底させようとする巨大開発計画。石油危機により手直しが必要となった。
第三次全国総合開発計画 （三全総）	1977年	石油危機後の低成長時代に対応した人間居住の総合的環境整備を基本目標として，過密の分散と地方定住圏構想を打ち出した。
第四次全国総合開発計画 （四全総）	1987年	日本経済の急速な国際化と東京への一極集中が進み，これに対応した多極分散型国土の建設を基本目標として，工業の分散・再配置の推進，政府機関の一部移転，新設文化・研究機関の東京外への移転を進めた。
第五次全国総合開発計画 （五全総）	1998年	「21世紀の国土のグランドデザイン」と銘うち，参加と連携をキーワードとして，道路と鉄道などの交通基盤を中心とした四本の新国土軸を目玉とした。

▲これまでのおもな開発計画

4 ｜ 資源・エネルギー問題

▶ 日本は，経済大国といわれながらも，主要な資源・エネルギーのほとんどを海外からの輸入に依存する「資源小国」である。1970年代の石油危機がこれを実証した。その対策として，日本は石油に代わるエネルギーの開発や，省エネ・省資源を進めていく必要がある。

1 「資源小国」日本

❶主要資源の海外依存　わが国は，巨大な生産力をもつ経済大国といわれる。しかし，鉄鉱石・ボーキサイト（アルミの原料）・りん鉱石などの鉱物資源は100％，石炭・石油・天然ガスなどのエネルギー資源の95％以上を海外からの輸入に依存している。とくに，1960年代の高度成長期には，石炭から石油への**エネルギー革命**が進み，安い石油を大量に輸入することによって重化学工業化を達成したのである。

資源名	1970年	2019年
石炭	57.1	99.6
原油	99.5	99.7
天然ガス	33.5	96.9
木材	48.3	62.2
パルプ	9.4	69.4

▲主要資源の輸入依存度（％）
「輸入依存度＝輸入÷（生産＋輸入）×100」
（「日本国勢図会」による）

❷経済基盤の弱さ　したがって日本は，世界一の資源輸入国でもあり，この点ではきわめてもろい経済基盤の上に立っている「資源小国」であるといえよう。このことを痛切に思い知らされたのは，1970年代の2度にわたる石油危機であった。

2 石油危機

❶第1次石油危機　1973年の第4次中東戦争に際して，OPEC（石油輸出国機構）は原油価格の大幅引き上げを実施し，価格は一挙に4倍にもなった。同時に，OAPEC（アラブ石油輸出国機構）は石油の減産と輸出制限を行った。

　このため，世界各国は大きな影響を受け，とりわけ中東の石油への依存度の高い日本経済への打撃は深刻で，狂乱物価（⇨p.159）とモノ不足でパニック状態となり，1974年には戦後初めてのマイナス成長となった。

❷第2次石油危機　イラン革命を契機に，OPEC諸国は1979年に再び原油価格の大幅引上げ（平均2.5倍）を実施した。

　しかし，第1次石油危機の経験から，日本の産業界は省エネ・省資源を進めており[1]，消費者も比較的冷静に行動したので，大き

地域（国名）	千kL	％
サウジアラビア	57,300	39.7
アラブ首長国連邦	50,056	34.7
クウェート	12,069	8.4
カタール	10,896	7.6
ロシア	5,242	3.6
エクアドル	2,386	1.7
バーレーン	1,099	0.8
アメリカ	1,062	0.7
オマーン	746	0.5
その他	3,454	2.3
計	144,310	100.0
OPEC計	120,453	83.5
中東計	132,627	91.9

▲日本の原油輸入先（2021年）
（「日本国勢図会」による）

★1　高価格で供給が増加した一方，消費国の需要は減退した。

6 経済活動と福祉の向上

な混乱もなくこれを乗り切ることができた。

❸原油安　その後、石油の需給は緩和したため、価格は下落し、1980年代の後半から原油安の状況となった。とはいえ、いつどのような事情で「第3次石油危機」がおこるかわからない。とくに、政情不安な中東の石油に大きく依存している日本としては、輸入地域の多角化や**石油備蓄**のほか、地球環境保全のためにも**省エネ・省資源**の努力と**代替エネルギーの開発・利用**が課題となっている。

★2　石油備蓄法(1975年)によって民間石油関係業者に90日分(現在は70日分)の備蓄を義務づけたほか、国家備蓄も約146日分(2021年12月現在)ある。

★3　1970年の69.9%から、2020年には36.4%へ減少した。

★4　再生不可能な**枯渇性資源**で石炭・石油・天然ガスなどをさし、燃焼によってCO_2(二酸化炭素)を出す。

❸ 資源・エネルギー対策

❶省エネ・省資源　石油危機以降、企業は省エネ・省資源技術の開発を進め、産業の中心も鉄鋼などの資源多消費型から電気機器などの技術集約型へと移ってきた。その結果、エネルギー供給の石油依存度は減少傾向にあるが、地球温暖化対策としてもさらにいっそう、化石燃料の消費を削減するとともに、リサイクルなども進める必要がある。

❷代替エネルギーの開発・利用

　1 **原子力発電**　石油に代わるエネルギーとして実用化が進み、2010年には総発電量の25%を占めた。また地球温暖化対策の観点からも推進の動きがあったが、2011年3月11日の**福島第一原子力発電所の事故**により、日本国内ですべての原発が営業運転を一時停止した。さらに、ヨーロッパの国々を中心に脱原発の動きが加速している。

　2 **自然エネルギー**　太陽光・地熱・風力・潮力などを利用する自然エネルギーは無限であり、環境汚染の恐れもないため、その開発の進展が期待されている。しかし、コストが高いなど、大規模な実用化までには至っていない。

　1993年度から経済成長、環境保全、エネルギーの安定供給の調和をはかる**ニューサンシャイン計画**が実施されている。

総発電量(kWh)の比率(%)

日本(1960)　水力50.6%　火力49.4%

日本(以下2019)　原子力6.3　81.7　8.9　地熱・新エネルギー3.1

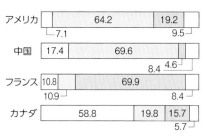

アメリカ　7.1　64.2　19.2　9.5

中国　17.4　69.6　8.4　4.6

フランス　10.8　69.9　10.9　8.4

カナダ　58.8　19.8　15.7　5.7

▲主要国の発電のエネルギー源別割合
（「世界国勢図会」による）

★5　ロシアのウクライナ侵攻により、再び原発推進をめざす動きもみられる。

資源・エネルギー問題 { 「資源小国」日本…主要資源の海外依存。対策…省エネ・省資源、代替エネルギー。

SECTION 2 公害防止と環境保全

1 | 公害と自然破壊

▶ 日本は，かつて公害の「最先進国」などといわれ，その後やや改善されたものの，環境汚染は依然として国民生活に重大な脅威となっている。豊かな社会を生みだした産業活動などが，逆に人間の生活基盤である自然環境や**生態系(エコ・システム)**までも破壊している。

1 公害の種類

公害，環境破壊，環境汚染などいろいろなよび方があるが，わが国の環境基本法(⇨p.203)で定義している。

❶**産業公害**　企業などの生産過程から発生するもので，次のようなものがあり，公害の大半を占める。

1 工場のばい煙や亜硫酸ガスなどの有毒ガスによる**大気汚染**と悪臭。

2 工場廃液や石油流出などによる川や海の**水質汚濁**と**土壌汚染**。

3 工場・建設現場，新幹線やジェット機などによる**騒音**や**振動**。

4 工業用水や天然ガスの過度のくみ上げによる**地盤沈下**。

5 農薬による水質や土壌の汚染，など。

❷**都市公害**　過密化した都市の消費過程から生ずるもので，都市政策のたち遅れや，**大量消費と使い捨ての生活様式**がその背景にある。

1 自動車の排気ガスや冷暖房による大気汚染。**光化学スモッグ**など。

2 家庭排水やゴミの廃棄による河川・湖の**水質汚濁**。

3 自動車その他による**騒音・振動**。

用語 **環境基本法**　1967年に施行された公害対策基本法と，1972年に制定された**自然環境保全法**に代わり，1993年に制定された。環境保全政策全体に関する基本方針を示す法律。それまで個別に対応していた国・地方公共団体・事業者・国民の各主体の参加が不可欠という視点に立って，環境行政を推進することをめざしている。

★1 これを「**典型七公害**」といい，このほか，廃棄物，日照・通風の妨害などを公害に含めることもある。

★2 このほか，食品公害・薬品公害も産業公害といえる。

★3 スモッグ(smog)とは，smoke(煙)とfog(霧)の合成語。

6 経済活動と福祉の向上

▲ばい煙による大気汚染が進む工業都市

典型七公害 { 大気汚染，水質汚濁，土壌汚染，騒音，振動，地盤沈下，悪臭。

2 | 公害の歴史

▶ 日本の公害は，イギリスなどと同じように，資本主義が形成される産業革命期に発生し，経済発展とともにさまざまな問題となったが，それはまだ一部の地域に限られていた。

1 公害の原点

　日本における公害第1号は，足尾銅山鉱毒事件である。栃木県渡良瀬川上流の足尾銅山は，江戸幕府によって開発された。のちに，古河財閥が明治政府から払い下げを受けて経営を始めた頃から，鉱毒で魚類が大量に死ぬ事件が生じた。栃木県選出の代議士であった田中正造は，これを帝国議会で取り上げて政府の責任を追及し，天皇に直訴までしようとしたが，問題は解決しなかった。

　結局，反対運動の拠点であった谷中村は，ここを遊水池とする政府の方針によって強制立退きを命ぜられ，廃村となった。なお，1973年に足尾銅山は閉山し，補償が行われて事件は一応終わった。まさに「百年公害」である。

▲天皇に直訴する田中正造

年	第二次世界大戦前
1880(明13)	足尾銅山の鉱毒で渡良瀬川の漁獲禁止
91(明24)	田中正造，議会で足尾銅山の鉱毒問題を追及
1901(明34)	田中正造，足尾銅山問題を天皇に直訴
05(明38)	鉱業法制定(鉱毒の損害賠償を規定)
07(明40)	足尾鉱山鉱毒反対運動の中心地谷中村を遊水池建設の名目で強制移転
09(明42)	日立鉱山煙害事件(14年に高煙突採用)
22(大11)	富山県神通川流域でイタイイタイ病を発見

年	第二次世界大戦後
1949	東京都で地方公共団体初の公害防止条例制定
56	熊本県で水俣病が表面化(53年頃より発生)
65	新潟県で第二水俣病が表面化
67	公害対策基本法制定
68	大気汚染防止法，騒音規制法成立
70	「公害国会」で公害対策基本法の経済調和条項削除。水質汚濁防止法など公害14法成立　この頃東京で光化学スモッグ発生

71	環境庁設置。イタイイタイ病，新潟水俣病訴訟いずれも第一審で被害者側が勝訴
72	スウェーデンで国連人間環境会議を開き「人間環境宣言」採択
	イタイイタイ病，四日市ぜんそく原告勝訴
	公害の無過失賠償責任制度を導入
73	公害健康被害補償法公布
76	川崎市で環境アセスメント条例を制定
78	水質汚濁防止法を改正して総量規制を導入
79	滋賀県で琵琶湖富栄養化防止条例を制定
81	最高裁，大阪空港夜間飛行差止め請求却下
92	ブラジルで「地球サミット」開催
93	環境基本法制定
97	環境アセスメント法(環境影響評価法)成立
	温暖化防止京都会議開催
99	ダイオキシン対策特別措置法成立
2000	循環型社会形成推進基本法成立
09	水俣病被害者救済法成立
12	地球温暖化対策税(環境税)の導入

▲おもな公害事件と公害規制・対策の関連年表

2　戦前の公害

日本の公害の歴史は，日本の資本主義発達の歴史でもある。戦前に，公害が大きな社会問題となったのは，次の2つの時期である。

1. 第1期　明治初期から日清戦争前後の産業革命までの時期。前述の足尾銅山事件や**別子銅山事件**などが，この頃のおもな事件である。

   補説　**足尾銅山事件**　日本資本主義の発展にともない，電線や電気機器の材料として銅の需要が増え，これが足尾銅山の急速な発展の背景となっていた。

2. 第2期　第一次世界大戦前後の頃で，この時期に重化学工業を中心に独占化が進み，日立鉱山煙害事件などがおこった。しかし，戦前の公害はいずれも局地的であり，汚染の程度も潜在的に進行していたので，国民的な課題とまではならなかった。

★1　愛媛県の住友鉱業別子銅山の煙害で，農作物の被害を受けた農民が製銅所を襲撃した。

3　四大公害訴訟

日本の公害は産業革命期に発生したが，それはまだ一部の地域に限られていた。しかし，日本が高度経済成長をとげる中で，公害は深刻化し，社会問題となった。水俣病，新潟水俣病，四日市ぜんそく，イタイイタイ病は四大公害とよばれた。

		イタイイタイ病	水俣病	四日市ぜんそく	新潟水俣病
発生状況		戦後富山県神通川下流域で多発。大正年間にもあった	1953年から60年にかけて，熊本県水俣湾周辺で発生	1961年頃から四日市市の石油化学コンビナート周辺で発生	1964年から70年にかけて新潟県阿賀野川流域で発生
症状		腎臓が侵され，骨がもろくなり，激痛に襲われて死ぬ	手足がしびれ，目や耳が不自由になり死ぬ	気管支など呼吸器が侵され，ゼンソク発作が襲う	水俣病と同じ
被害者数		認定患者　44人死亡者　61人	認定患者　1,294人死亡者　327人	認定患者　985人死亡者　204人	認定患者　602人死亡者　76人
訴訟	提訴	1968年3月	1969年6月	1967年9月	1967年6月
	被告	三井金属鉱業	チッソ	四日市コンビナート6社	昭和電工
	判決日	1972年8月9日	1973年3月20日	1972年7月24日	1971年9月29日

▲四大公害裁判　　　　　　　　　　　　　　（被害者数は，1980年3月の数値）

3 ｜ 公害の原因

▶　第二次世界大戦後，日本経済は急速な復興をとげたあと，世界が眼をみはるほどの高度成長を実現した。しかし，まさにこの高度成長のしかたが公害を激化させ，一時は「日本列島総公害」とよばれるような状況をつくったのである。

6

経済活動と福祉の向上

1 公害が激化した原因

❶産業廃棄物の増大　高度経済成長による産業活動の増大は，「大量生産＝大量消費」の「豊かな社会」をつくった。しかし，同時にこれは，大量の産業廃棄物を生みだす社会でもあった。

　しかも，高度成長を推進した技術革新によって，さまざまな有害物質が増大した。エネルギー革命による重油の消費量の増大とともに**窒素酸化物**や**硫黄酸化物**などの有害物質も増大し，これが大気汚染を激化させた。また，重金属の大量使用が悲惨な公害病を生んだ。

★1　有機水銀による水俣病，カドミウムによるイタイイタイ病など。

❷重化学工業の特定地域集中　日本の高度経済成長は，重化学工業化を軸に展開した。主力産業である鉄鋼・化学・電力などは公害多発型の産業であり，しかもこれらの企業が太平洋ベルト地帯に集中した。これが産業公害を激化させるとともに，これらの地域への人口集中によって，都市公害も生みだした。

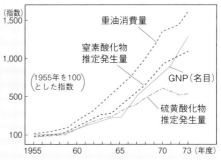

▲経済成長と産業廃棄物の増大との関係

❸企業・政府の生産第一主義　企業は生産と売り上げを伸ばして利潤を増やすことを第一としたから，公害のタレ流しを続けた。政府もまた高度成長を推進して産業優先政策をとったから，公害に対する厳しい規制をせず，都市の生活環境整備をないがしろにした。

★2　公害対策基本法にも当初，環境保全と経済発展との調和をはかる（経済調和条項）という規定があった。

POINT

公害が激化した原因
① 産業廃棄物の増大，未処理のままの排出。
② 重化学工業化，公害多発型産業の特定地域集中。
③ 政府の産業優先政策，企業の利益第一主義。

2 外部不経済としての公害

　市場の取引によらないで他人に利益を与える場合を外部経済，損失を与える場合を外部不経済（⇒p.141）という。企業は最小の費用で最大の利潤をあげようとするから，たとえば工場の廃棄物を処理する費用は避けたい出費である。したがって，これを未処理のまま排出するため公害が発生して地域社会や住民が損失を受ける。

　つまり，本来は企業が負担しなければならない公害防止装置などの各種の費用を，第三者や社会に転嫁しているのであるから，公害は外部不経済の典型といえる。**企業は公害防止装置などの費用を負**

★3　内容的には外部正経済，外部プラス経済と考えられる。ただし収益が少なく，過少供給になりやすい。そのため，政府が補助金で補填する必要がある。

担し，商品の価格に組み入れることで，外部不経済を内部化（コストとして市場経済の中に入れる）をはかる必要があるといえる。

3 社会的費用の増大

個々の企業については，無駄を省き，コストを安くするのは当然のことで，合理的である。一般に，生産量が増えれば，商品1単位あたりのコストは下がる。つまり，私的費用は低下する。

★4　国民経済全体からみると，合理的ではないといえる。

しかし，企業にとって合理的であることが，社会全体にとっても合理的であるとは限らない。生産量が増えれば公害も増大し，破壊された自然や国民の健康をとりもどし，公害を防止するための出費（社会的費用）は増加する。事前に公害防止のためにかける費用よりも，はるかに巨額の社会的費用が必要となる。

したがって，私的費用と社会的費用の合計である社会的総費用は，生産量がある限界点（右図のP）を超えると，かえって増大する。

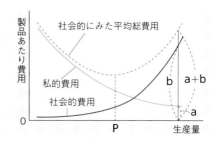

▲私的費用と社会的費用の関係

6 経済活動と福祉の向上

4 | 公害対策

❶公害立法　1967年に制定された公害対策基本法は，公害反対の世論を背景に，1970年のいわゆる"公害国会"で改正され，公害対策関係14法も整備された。1973年には公害健康被害補償法が定められ，1993年には環境基本法（⊃p.199）が制定された。

1992年の「地球サミット」で宣言された環境アセスメント（影響評価）については，日本でも1997年に環境アセスメント法（環境影響評価法）が成立した。また，2000年には循環型社会形成推進基本法も成立し，それに関連して家電・容器包装・建設・食品・自動車の5つのリサイクル法が改正，または新たに制定された。

❷地方公共団体の公害対策　地方公共団体でも公害防止条例が制定され，1972年には全都道府県で施行されるようになった。また，企業とのあいだで公害防止協定を結ぶ自治体も増え，一部の地方では環境アセスメントが条例化されている。

❸公害行政　1971年に環境庁（2001年より環境省）が設けられ，公害行政が一本化されて，公害規制を強めるようになった。

★1　大気汚染防止法・水質汚濁防止法など。

★2　大規模な開発が，環境におよぼす影響を事前に調査し，その可否を審査する制度。

★3　循環型社会とは，ゴミを出さない社会をめざした物質循環の確保，出たゴミの資源としての再利用，環境負荷の低減と規定されている。この法律に基づき，循環型社会形成推進基本計画が策定された。

★4　北海道・神奈川県・東京都などで条例化された。

1 **環境基準**　環境上の許容度を示す。だが，これは公害発生源
の個々の企業と直接に結びつかないので，排出基準が必要に
なる。

2 **排出基準**　工場からでる排煙や排水に含まれる有害物質の濃
度を規制するもので，ppm方式[5]といわれる。しかし，濃度規
制では汚染物質の絶対量は減らず，経済成長とともに増えて
しまう。有害の廃液でも，水道の水でうすめれば基準をパス
してしまうからである。したがって，公害を減らすには汚染
物質の絶対量を減らす総量規制も必要で，一部の地域で行わ
れている。

★ 5　parts per million
の略で，100万分の1
の濃度を表す。

❹**汚染者負担の原則(PPP)[6]**　公害防除の費用は，すべて汚染の発生
源である企業が負担しなければならないという原則で，1972年
にOECD環境委員会で採択され，わが国でも受け入れるように
なった。また，企業が排出基準などを守り過失がなくても，公害
被害がおこればその賠償責任を負う無過失責任制度が導入された。

★ 6　Polluter Pays
Principleの略。

5｜地球環境問題

▶ 経済のグローバル化とともに，環境問題は国境を越えた地球的規模のものとなった。生
態系は一度破壊されると復元が難しく，その影響は将来世代にまで及ぶことが懸念されて
いる。

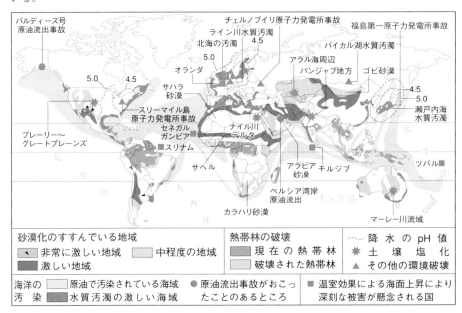

1 地球環境問題

①地球温暖化　化石燃料の燃焼などにともなって，大気中の**二酸化炭素**や**メタンガス**などの温室効果ガスが増加すると，地球の熱の放散が妨げられ，大気の温度が上昇する。熱帯林の減少も，二酸化炭素の吸収を減らし温暖化をもたらす。極地の氷が解けて，海面が上昇し，低地や島国は水没するといわれている。

赤外線

太陽光

温室効果ガス

★1　1997年に京都で**気候変動枠組み条約第3回締約国会議（COP3）**が開かれ，2008〜12年に先進国全体で二酸化炭素排出量を平均5.2％削減することなどが合意された。これを**京都議定書**という。最大の排出国であるアメリカは，国内経済に悪影響があるという理由で，京都議定書から離脱した。

　2015年にパリで開催されたCOP21では，2020年以降の新たな枠組みである「**パリ協定**」が定められた（⇨p.321）。

②オゾン層の破壊　大気中に放出された**フロンガス**は，大気圏上層のオゾン層を破壊し，宇宙からの有害な紫外線をブロックする機能を低下させ，皮膚ガンや，免疫機能の低下などが心配される。

　フロンガス規制では，1987年に**モントリオール議定書**が採択され，1995年には特定フロンの生産が全廃された。

③酸性雨　大気中の**NOx（窒素酸化物）**や**SOx（硫黄酸化物）**が水分と結合し，硝酸や硫酸の性質を含んだ雨となる。森林は枯死し，湖沼は酸性化して魚類が死滅する。大理石などの建築物が溶食される。ヨーロッパでは，国境を越えて被害が拡大し，大きな問題となっている。

④砂漠化　熱帯林の過度の伐採，乾燥帯における過耕作や家畜の過放牧，過度の灌漑による塩害（地表に塩分が析出），表土の流出（土壌侵食）などによって土地が荒廃し，不毛の地と化す。

⑤熱帯林の減少　人口増による過度の焼畑農業や，道路などの開発によって，熱帯林の減少がいちじるしい。二酸化炭素を吸収し，酸素を放出する機能が低下し，温暖化をもたらす。**生物種が絶滅し，貴重な遺伝子資源が失われる。地球の生態系全体のバランス**がこわされてしまう。

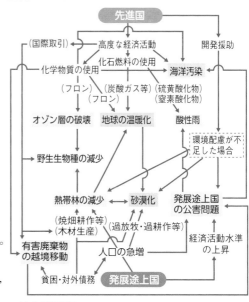

▲地球環境問題

6

経済活動と福祉の向上

❻有害物質の越境移動　先進国の**有害な産業廃棄物**を，発展途上国に送って処理すること。不法投棄など環境汚染をおこすので，防ぐ必要がある。

❼その他　原油流出などによる海洋の汚染。原子力発電事故や核実験による放射性物質の汚染。

2 国連を中心とした取り組み

❶国連人間環境会議（ストックホルム会議）　1972年，スウェーデンのストックホルムで開催。国連で初めて環境問題が議論された。「**かけがえのない地球**」をスローガンとして「**人間環境宣言**」が採択された。また，この会議で環境問題に関する国際的な協力を進める国連環境計画（UNEP）の設立を決議した。

> 用語　**環境と開発に関する世界委員会**　1984年に国連に設置された委員会で，1987年までに8回の会合が開かれた。委員長の名前をとって「**ブルントラント委員会**」ともいう。その報告書の中で「**持続可能な開発**」という考え方が提起された。この概念は「将来世代のニーズを損なうことなく現在の世代のニーズを満たすような節度ある発展」のことである。

❷国連環境開発会議（地球サミット）　1992年，全世界から各国の首脳や国連機関，多数のNGOが参加し，ブラジルの**リオデジャネイロ**で開かれた環境会議。持続可能な開発を維持しながら環境保全をはかる道が検討され，21世紀への行動指針として**リオ宣言**とその行動計画である**アジェンダ21**が採択された。この会議では，環境保全には各国の協力が不可欠とされ，**気候変動枠組み条約**や，**生物多様性条約**などが締結された。気候変動枠組み条約の第3回締約国会議では，先進国に対して二酸化炭素などの温室効果ガスの排出削減目標を定めた**京都議定書**が採択された（2005年発効）。また，**環境税（炭素税）の導入**によって地球温暖化の防止に取り組む動きもある。

❸環境開発サミット（ヨハネスブルク・サミット）　2002年に南アフリカ共和国のヨハネスブルクで開催された国連主催の国際会議（**持続可能な開発に関する世界首脳会議**）。1992年の国連環境開発会議（地球サミット）から10年の節目に，地球環境の現状を改めて点検し，今後の対処方法に道筋をつけることを目的とした。貧困対策や自然資源の保全など，さまざまな重要課題について討議を行い，**ヨハネスブルク宣言**が採択され，具体的な取り組みを進めるための実施計画が合意された。

★2　絶滅の恐れのある野生動植物の取引を規制し，生物種を保存することを目的として，**ワシントン条約**が締結された。1973年に調印され，日本は1980年に加盟している。

★3　有害廃棄物の国境を越えた移動や処分を規制するため，**バーゼル条約**が締結された。

★4　「地球温暖化対策のための税」として，2012年に日本でも導入された。

③ 国民のくらし

1 | 消費者問題

▶ 売買において，企業は消費者よりも多くの情報をもち，有利な立場にある。だが，消費者も，本来は生産者と対等な権利を有している。ここから，消費者主権の考え方が生まれた。

1 消費者問題と消費者主権

❶消費者問題 高度経済成長によって「大量生産＝大量消費」の時代に入ると，消費者の生活をおびやかす問題がおこった。欠陥商品や有害な食品・薬品など，あるいは訪問販売などの売買契約をめぐるトラブルが頻発し，消費者は生命や健康さえ危険にさらされるようになった。また，企業の宣伝によって購買意欲をあおる**依存効果**や，他人の消費行動に影響を受ける**デモンストレーション効果**が原因で，自主的な消費が難しくなっている。

❷消費者主権 消費者が生産のあり方を決定すべきだとする考え方を**消費者主権**という。政治における国民主権にならったもので，**消費者運動の理論的支柱**となっている。

❸消費者の権利 1962年，アメリカのケネディ大統領(1961～63年在任)は特別教書で「消費者の四つの権利」を発表した。**安全の権利，知らされる権利，選ぶ権利，意見を聞いてもらう権利**である。

年	できごと
1955	森永ヒ素ミルク事件で乳児130人死亡
62	ケネディ米大統領「消費者保護特別教書」
	サリドマイド事件(睡眠薬で奇形児)
68	消費者保護基本法公布
70	欠陥電子レンジ事件／スモン病キノホルム説発表で厚生省がキノホルム禁止
	国民生活センターの設立
76	訪問販売等に関する法律の制定
78	スモン病訴訟で原告側勝訴
80	石油ヤミカルテル事件で価格協定に有罪
94	製造物責任法(PL法)の成立
2000	消費者契約法の成立
02	迷惑メール防止法の成立
	JAS(日本農林規格)法の成立
	品質表示，原産国表示の義務づけ，食品の偽装表示などの違反は業者名公表
04	消費者基本法の成立
05	預金者保護法の成立
	偽造・盗難カードによる被害は原則として金融機関が負担
06	貸金業法改正(グレーゾーン金利廃止)
09	消費者庁が発足

▲消費者問題関連年表

2 消費者政策

❶消費者基本法 消費生活の安全と改善をめざし，消費者の権利を規定した。これを受け，**国民生活センター**[★1]が設立。1968年にできた**消費者保護基本法**が，2004年に改正されて，消費者基本法となった。

❷消費者庁 消費者行政を統一的に行うため，2009年に内閣府の

★1 消費者の苦情や相談，商品テストなどを行う。地方公共団体では**消費者センター**を設置し，消費者被害に関するさまざまな相談，アドバイス，情報提供などを行っている。

下に設置された。食品の表示基準，製造物責任，悪質商法の被害
者救済などが，消費者庁のおもな業務となっている。

❸**製造物責任法(PL法)**　この法律では，製造物の欠陥によって消
費者に被害を与えた場合，**企業の過失の有無にかかわらず，損害
賠償をする責任**を負うことを規定している。

> ［補説］**損害賠償**　通常，損害賠償の制度では，被害の立証は被害者の側がし
> なければならない。しかし，消費者と生産者の関係では，現代の複雑な生
> 産のしくみから考えると，消費者が生産者の過失を立証することは不可能
> に近い。この状況を改善するため，生産者に生産物に関するいっさいの責
> 任を義務づける消費者保護法として，**製造物責任法(PL法)**が1994年に
> 制定された。PLとは，Product Liabilityの略。

▲「消費者の四つの
権利」を発表した
ケネディ

❹**消費者契約法**　消費者を不当な契約から守るための法律。悪徳
商法や，強引な勧誘による契約を取り消すことが可能になった。

❺**特定商取引法**　**訪問販売**，通信販売，電話勧誘販売などで，契
約書の作成，**クーリングオフ制度**，不当な勧誘禁止，**悪徳商法**の
規制などを定めている。

　その後の改正で，クーリングオフを妨害された場合の消費者保
護や，**マルチ商法**の規制強化などが行われた。

★2　2000年に訪問販
売法が改正され，訪問
販売以外の問題にも対
応する**特定商取引法**に
なった。

┌─ TOPICS ─

クーリングオフ制度

　私たちのくらしは，契約で成り立っている。
普通，一度結んだ契約は解約できないが，電
話による勧誘販売，割賦販売やセールスマン
による訪問販売で商品購入の契約を結んだ場
合，一定の期間内に通知すれば，無条件で解
約できる制度。通知は証拠の残る文書が確実
である。

　これは，**特定商取引法**などの規定で，商品
の購入契約をした消費者が契約を解除できる
期間として設けられた。

　訪問販売，電話勧誘販売，割賦販売などは，
書面受領日から8日間がクーリングオフ期
間。連鎖訪問販売（マルチ商法）では20日間
となっている。

> ［補説］**消費者の新たな動き**　消費者が自ら社会や将来世代のことを考え，
> 環境に配慮した商品を選ぶなど環境を大切にする消費者の活動（**グリーン・
> コンシューマー活動**）や，発展途上国の生産物を適正な価格で購入する**フェ
> アトレード**など，**エシカル消費**（倫理的消費）とよばれる行動が広がりをみ
> せている。また，2006年の改正で，被害者個人に代わり，消費者団体が
> 訴訟を起こす**消費者団体訴訟制度**が始まった。

2│中小企業の現状と課題

▶ わが国の大企業と中小企業のあいだには大きな格差と支配・従属の関係があり，これは
日本経済の二重構造とよばれてきた。今日では，賃金格差などがやや縮小しているとはい
え，大企業は中小企業を支配・利用し，中小企業は大企業に従属・依存している場合が多い。

1 大企業と企業集団

今日，日本の大企業の中には，その規模や技術水準からみて，世界的レベルにあるものも少なくない。それらの大企業は，旧財閥系[★1]の銀行や総合商社，あるいは各業界の主力企業を中心にグループをつくり，企業集団（⊂▷p.138）を形成している。[★2]

企業集団は，株式の持ち合いや社長会などを通じて結びつき，日本経済に大きな比重を占めるだけでなく，政治献金や選挙の際の集票力などを通じて政治的にも影響力をもっている。ただし最近では，グループの中心だった銀行どうしの合併や外国企業との結びつきもみられ，企業集団のあり方にも変化が生じている。

★1　売上高上位世界500社をみると，日本は第3位で，50社前後がランキング入りしている（2020年）。

★2　みずほ銀行・三菱UFJ銀行・三井住友銀行の各グループやトヨタグループ，日立グループ，パナソニックグループなど。

2 日本の中小企業

❶地位と役割　わが国では中小企業が圧倒的に多く，**製造業出荷額の約半分，従業者数の約7割を占め**，卸売・小売業ではさらにその比率が高い。したがって，大企業と並んで数多くの中小企業が，日本の国内総生産と雇用に大きな役割を果たしている。

❷特質　どの国にも中小企業は存在するが，欧米諸国と比較した場合，わが国の中小企業には次のような特色がみられる。

1 **規模別格差**　一般に，小企業ほど資本装備率（労働者1人あたりの固定資本額）が低いため，**労働生産性も低い**。そのため，労働者の賃金・休日などの労働条件も大企業より悪くなる。

2 **系列企業**　地場産業[★3]などでは自立企業もみられるが，中小企業の多くは部品生産の下請けなどの形で**大企業の系列下に組みこまれている**。これらの中小企業は大企業に依存し，大企業から注文・資金援助・技術指導などを受け，その支配下にある。

	中小企業	大企業
事業所数 338,238	99.0%	1.0%
従業者数 802万人	67.3%	32.7%
出荷額 325兆円	47.4%	52.6%

（2019年）

（「日本国勢図会」による）
▲製造業における中小企業と大企業の比較

★3　地場産業　ある特定の地域で，その地域の特性や伝統を生かした特産品を生産する産業のこと。伝統産業ともいわれる。輪島・会津の漆器，瀬戸・有田の陶磁器などが有名。

Q 大企業と中小企業は，何を基準にして分けるのですか。業種によっても基準が違うのですか。

A 1999年改正の中小企業基本法によると，製造業では，資本金3億円以下，あるいは従業員300人以下の会社や個人企業を中小企業としています。ただし，卸売業では資本金1億円以下か従業員100人以下，小売業・サービス業では資本金5千万円以下か従業員100人（小売業50人）以下を大企業との境界点としています。

6

経済活動と福祉の向上

補説　**系列企業の分類**　大企業による支配の受け方により，次のように分けられる。

①**下請系列**　大企業製品の部品づくりなど生産過程の一部を受けもつもの。機械工業や建設業に多い。

②**原料系列**　大企業製品に加工を施すもの。金属・繊維工業や製紙業などに多い。

③**金融・流通系列**　銀行と信用金庫，保険会社と代理店のあいだのほか，メーカー直結の販売会社に多い。

④**関連産業系列**　化学系産業やサービス系産業などで，修理・輸送その他のサービス系業務を大企業から分けてもらうもの。

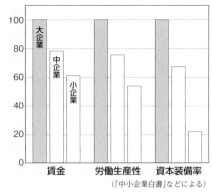

（「中小企業白書」などによる）

▲**企業規模別格差（製造業）**
大企業を100とした時の指数（賃金・労働生産性2020年，資本装備率2016年）。

3 中小企業の現状と対応

❶**新たな問題**　中小企業に関して以下の新たな問題が生じている。

[1] 大企業の中小企業分野への進出や，系列企業の選別・切り捨て。

[2] 若年労働力に敬遠され，人集めが容易ではない。

[3] 賃金の安いNIES（新興工業経済地域）や中国製品の追い上げ。

❷**中小企業対策**　国としては次のような政策をとっている。

[1] **中小企業基本法**　1963年，「大企業との格差の**是正**」を目標として制定され，①設備の近代化，②経営の合理化と共同化，③技術の向上，④過当競争の防止および下請取引の適正化，⑤労働条件の向上，などを示している。

　1999年の改正により，「独立した中小企業の多様で活力ある成長発展」の方向が新しく示された。[★4]

[2] **日本政策金融公庫・商工組合中央金庫**などの融資をすすめる。

[3] 政府関係機関による技術指導・情報提供や，公共事業の発注などを行う。

❸**中小企業の進路**　不況期には，大企業から発注量を減らされたり，下請単価を切り下げられたりするなど，中小企業は，**大企業から景気変動による損害を押しつけられる**（景気の安全弁[調整弁]）。しかし，その一方で，消費者の要求や経済事情の変動に即応しやすいなどの利点をもっている。

　ベンチャー・ビジネスのように，**創意工夫により中小企業ならではの独自の分野の開拓**や，大企業では採算が取れないような**ニッチ（すきま）産業への進出**が期待される。また，クラウドファンディングによる資金調達も増加している。

★4　このほか「中小企業等協同組合法」「中小企業団体の組織に関する法律」によって，同種の企業が生産・加工・販売などの面で協力するよう指導している。

★5　**ベンチャー・ビジネス**（venture business）はベンチャー企業ともいう。新技術を開発し企業化する技術・能力によって発展している，頭脳集約的で冒険的な新鋭企業のこと。経営者・従業員は高度の専門的知識・能力や創造的才能をもつ。

3 | 農業と食料問題

▶ 高度経済成長の過程で，日本の農業は大きく変貌した。他産業の発展にとり残され，離農化・兼業化が進んだ。また，輸入自由化やTPP11の加入などによる市場開放によって農産物輸入は増大し，食料自給率の低下傾向が続いている。

1 日本農業の特質と変貌

❶ 日本農業の特質　戦後の農地改革によって大部分は自作農となったが，依然として次のような特質は残った。

1 零細経営　農家の経営面積は諸外国に比べて極端に小さい。[★1]
　したがって機械化もしにくく，共同経営や企業経営は少ない。

2 集約農業　狭い耕地に多くの肥料と人手をかける多肥・多就労の集約農業で，欧米諸国の大農式粗放農業と対照的である。[★2]

3 低生産性　土地生産性は高いが労働生産性は低いため，国際[★3]
　価格に比べて農産物が割高となる。

❷ 高度経済成長の影響　他産業がいちじるしく経済成長し，産業間所得格差が拡大したため，日本農業の姿は大きく変わった。

1 離農化　他産業で働いたほうが所得が高くなるため，農業人口が急速に流出した。

2 兼業化　専業農家は激減し，ほとんどが兼業農家となった。

3 女性化・高齢化　男子の労働力が減り，じいちゃん・ばあちゃん・かあちゃんに依存する，いわゆる「三ちゃん農業」となった。

4 農村の過疎化　人口の流出する農山漁村では，過疎化が進んだ。

★1　農業従事者1人あたり経営面積は，日本が3.5ha，アメリカが126ha，イギリスが26ha，フランスが44haである（2016年）。

★2　人手や肥料などをあまり使わないやり方。

★3　単位面積あたりの生産高。

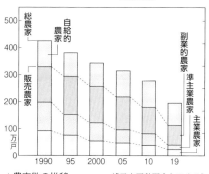

▲農家数の推移　　（「日本国勢図会」による）

農家は，耕地面積30a以上または農産物販売額50万円以上の販売農家と，それ未満の自給的農家に区分される。販売農家がさらに主業農家・準主業農家・副業的農家に分けられる。

2 農業政策の動向

❶ 農業基本法（1961年）　農業生産の選択的拡大や構造改善などによって，農業と他産業との生産性・所得格差を是正し，自立的経営農家の育成をめざしたが，兼業化の動きは止まらなかった。[★4]

❷ コメの政府管理と減反政策

1 食糧管理制度　政府は，生産者米価を保証して全量買入れを[★5]
　実施してきたため，安定したコメ作りに依存する農家が多く，

★4　需要増加の見込まれる野菜・果樹・畜産などを拡大すること。

★5　戦時中の食糧確保を目的とした食糧管理法（1942年）による。新食糧法（1995年）実施により廃止。

その供給は増えた。ところが，コメ需要が減退してきたため在庫米は増加し，**食糧管理特別会計の赤字が累積**して財政負担も増大した。

[2] **減反政策**　そこで，1970年から減反政策（コメの作付制限）が実施され，国際価格の数倍にもなった米価の抑制もはかられた。

❸**コメの自由化**　主食用のコメは，自給することを原則としてきたが，1993年末にウルグアイ・ラウンド（⇨p.302）でアメリカなどが要求する**コメ市場の部分的開放**を受け入れ，ミニマム・アクセス（最低輸入量）を約束した。さらに，1999年からは**コメ輸入の関税化**が実施され，自由化が実現した。

❹**食料・農業・農村基本法（新農業基本法，1999年）**　農業人口の高齢化，兼業化の進行，農産物の輸入自由化の進行など，日本農業の状況の変化を受けとめ，新しい農業基本法として成立した。この法律は，食料安全保障，環境保全など農業の多面的機能を重視し，農業経営の法人化推進，**中山間地域への公的支援**などを含む，総合的な農業政策を示した。

❺**近年の動き**　地域の伝統的な食文化を守るローフード，地域で生産した農産物を地域で消費する**地産地消**，観光で農業を体験するグリーン・ツーリズムなどが取り組まれている。

❸ 食料自給率の低下

❶**農産物輸入の増大**　コメ以外の農産物は，1960年代以降の貿易自由化の流れの中で，早くから段階的に輸入が自由化されてきた。そのため，外国農産物の輸入はしだいに増え，**日本は世界有数の食料輸入国**となっている。

❷**食料自給率の低下**　その結果，わが国の食料自給率は年々低下し，2020年度の食料自給率（カロリーベース）は37％と，先進国の中では最低の水準となっている。安い外国農産物は消費者に利益となっているが，食料自給率を高めることは国の安全保障の上から必要であるという食料安全保障の考え方も重要となっている。

★6　コスト（生産者米価＋管理経費）が消費者米価より高い（米価の二重価格制）ため。

★7　減反政策は2018年に廃止された。

★8　関税を支払えばだれでも輸入できるが，1kgあたり341円と高い関税をかけることで，輸入量を制限している（2022年12月現在）。

★9　平野の外縁部から山間部に入り込んだ傾斜地など。

★10　1970年代後半以降，日本への農作物輸入自由化の圧力が高まった。とくにアメリカからの12品目の自由化要求に対して，1991年からは**牛肉とオレンジの輸入自由化**が始まった。また，2018年には，**TPP11協定**が調印された。

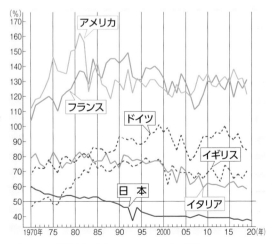

▲主要国の食料自給率（カロリーベース）の推移
（「食料需給表」による）

SECTION 4　労働関係の改善

1 ｜ 労働運動の発展

▶ 資本主義の成立とともに，労働問題が発生した。これに対して，まずイギリスで労働運動がおこり，労働条件の改善に大きな役割を果たした。労働運動は各国にも広がり，国際的な協力組織もつくられるようになった。

1 労働問題の発生

❶契約関係の成立　封建制度が倒れて近代資本主義が形成されるようになると，社会での人と人との関係は，「**身分から契約へ**」と変わった。

　　資本主義社会においては，工場などの生産手段をもつ資本家と，それをもたないため自分の労働力を売る労働者とが，賃金その他の労働条件について平等の立場で契約を結び，雇う者と雇われる者という**労使関係**ができる。これは一見，労働者が自分に不利な労働契約を結ばなくてもよい自由な立場にみえる。

❷労働者の実質的な立場　しかし，土地を失った農民は工場などで雇われて働く以外に生きていく手段がないから，いくら賃金が安くても契約を結ばざるをえない。つまり，自由で平等な契約といっても，それは形式上のことで，実質的には労働者は弱い立場にある。そのうえ資本家は，より多くの利潤を得ようとするから，労働者をできるだけ安く雇い，長時間労働させ，人手が余れば解雇する。

★1　中世の領主と農民はそれぞれ身分が固定され，農民は政治的にも経済的にも領主に支配され，年貢の納入を強制された。

★2　これを「契約自由の原則」(⤴p.18)という。

★3　イギリスでは，16〜18世紀を中心に，大地主たちによる大規模な土地の囲い込み（エンクロージャー）が2次にわたって繰り広げられ，多くの農民が土地を追われた。

労働問題 ｛ 資本主義の成立→資本主義経済のしくみによる劣悪な労働条件や失業などの問題の発生。

2 労働運動の展開

❶労働運動のおこり　労働者たちは，**劣悪な労働条件**や生活不安に対して，**同じ立場にある仲間と団結**し，資本家に対し改善を求める労働運動を始めた。この運動は，資本主義の成立が最も早かったイギリスで典型的に発展した。

❷労働運動の国際化　イギリスに始まった労働運動は，欧米各国に波及するとともに，国際的な協力組織も結成されるようになった。

★4　とくに産業革命期には，どこの国でも，安く雇える女子や子どもが大量に使われ，過酷な労働を強いられた。

1 **インターナショナル**　労働者の団結と解放をめざす労働者・社会主義者の国際協力組織である。**マルクス**(⊃p.130)『共産党宣言』の「万国の労働者，団結せよ」のよびかけに始まった。

第1インターナショナル(国際労働者協会，1864〜76年)
第2インターナショナル(国際社会主義者大会，1889〜1914年)
第3インターナショナル(コミンテルン，1919〜43年)

2 **労働組合の国際協力**　世界労働組合連盟(世界労連，**WFTU**)や**国際労働組合総連合**[5](国際労連，**ITUC**)などがある。

3 **国際労働機関(ILO)**　労働条件を改善するための国際協力機関。1919年に国際連盟の下でつくられ，現在は国際連合の専門機関となっている。加盟国は，それぞれ政府・使用者・労働者の代表を送り，総会で**国際労働基準(ILO条約)**[6]などについて討論し採択を決議する。ILO条約は，加盟国が批准することによって拘束力をもつ。これまで多くの条約がつくられ，労働条件の改善に大きな役割を果たしてきた。

★5　国際自由労働組合総連合(国際自由労連)と世界労働組合連合が2006年11月1日に合併して成立。

★6　その第1号条約が1919年の8時間労働制条約である。

2 | 日本の労働運動

▶ 日本でも産業革命が進むにつれて工場労働者が増え，労働運動が始まった。しかし，第二次世界大戦以前には厳しい弾圧を受け，その発展は抑えられた。戦後の民主化政策によって労働組合が公認され，憲法や労働三法などによってその活動が保障されるようになった。

1 戦前の労働運動

❶**明治時代**　1897(明治30)年に，片山潜や高野房太郎らが**労働組合期成会**をつくり，その指導で鉄工組合などが結成され，活動がめばえた。しかし政府は，治安警察法でこれを取り締まったため，運動は沈滞した。当時の労働者の生活は悲惨なもので，1911(明治44)年には工場法が制定されたが，その内容は不十分なものであった。

補説 **当時の労働者の生活**　横山源之助の『日本之下層社会』や農商務省の『職工事情』に詳しく報告されている。

❷**大正時代**　ロシア革命や国際的労働運動の影響を受けて，わが国の労働運動も再び活発となり，全国的労働組織として友愛会が設立さ

年	できごと
1886(明19)	甲府雨宮製糸場で最初のスト
97(明30)	労働組合期成会結成／鉄工組合成立(日本最初の労働組合)
99(明32)	横山源之助『日本之下層社会』
1900(明33)	治安警察法制定
03(明36)	農商務省『職工事情』
11(明44)	工場法制定(1916年施行)
12(大1)	友愛会結成
19(大8)	日本，ILOに加盟
20(大9)	日本最初のメーデー
25(大14)	治安維持法制定
	細井和喜蔵『女工哀史』
28(昭3)	三・一五事件(共産党員大検挙)
38(昭13)	日本，ILOに脱退を通告
40(昭15)	総同盟解散／産業報国会成立

▲第二次世界大戦以前の労働運動関連年表

れた。これに対して政府は，治安維持法を制定し，厳しい弾圧を行った。組合自体も内部の対立など分裂抗争を繰り返し，力を弱めた。

> [用語] **友愛会**　1912(大正元)年に鈴木文治らが結成。初めはキリスト教的立場にたった労使協調主義の組織であったが，1921(大正10)年に**日本労働総同盟**と改称して急進的活動に転じた。そのため，政府の厳しい弾圧を受けた。

❸**昭和時代**　1928(昭和3)年には治安維持法が改正されて死刑を含む刑が科されることになり，これをきっかけに共産党員や組合活動家が多数検挙され，左派系組合は壊滅した。戦時体制が進むにつれ，右派系総同盟も解散。戦争に協力する官製の**大日本産業報国会**がつくられ，戦前の労働運動には終止符が打たれた。

> **Q** 治安警察法や治安維持法は，どのような内容によって労働運動を弾圧したのですか。
>
> **A** 治安警察法は，集会，結社の自由などを取り締まる法律で，とくに第17条は労働組合の結成やストライキを徹底的に制限したものでしたが，世論の強い反対で，1926(大正15)年にこの条項は削除されました。
>
> その前年に制定された治安維持法は，普通選挙法による社会主義勢力の進出を阻止しようとしたものです。これは，直接に労働運動を禁止したわけではありませんが，国体の変革や私有財産制の廃止をめざす団体を禁止することによって，間接的に労働組合運動を弾圧したのです。

2 戦後の労働運動

❶**労働関係の民主化**　ポツダム宣言受諾後の民主化政策により，労働関係も根本的に改革された。治安維持法などの弾圧法規は廃止され，**日本国憲法**によって労働基本権が確立し，労働組合の活動も初めて法的保護を受けるようになった。

　憲法第27条[1]では勤労の権利が保障され，第28条では労働三権が規定されている。労働三権は労働組合をつくる権利(団結権)，労働者が団結して使用者と交渉する権利(団体交渉権)，労働者がストライキなどの争議行動をする権利(団体行動権または争議権)から成る(⇨p.61)。

> ★1　第27条1項に「すべて国民は，勤労の権利を有し，義務を負ふ」と定められている。

労働三法の制定 $\left\{\begin{array}{l}\text{労働組合法(1945年)} \\ \text{労働関係調整法(1946年)} \\ \text{労働基準法(1947年)}\end{array}\right.$

❷**労働界の再編と課題**　戦後，わが国の労働組合は，組合員数・組織率のうえで，戦前とは比較にならないほど発展し，社会的にも大きな勢力となった。しかし，運動方針や支持政党をめぐって分裂と対立を繰り返し，現在は総評・同盟[2]・新産別・中立労連の労働団体が解散・再編成されて，日本労働組合総連合会(連合)を結成しているが，連合に対抗する全労連[3]，全労協などもある。

> ★2　総評は官公庁労働者が多く，旧社会党系。同盟は大手民間企業労働者が多く，旧民社党系。

> ★3　**全国労働組合総連合**。共産党系が中心。

年	できごと
1945	労働組合法制定
46	労働関係調整法制定
47	2・1ゼネスト中止
	労働基準法制定
51	ILOに復帰
55	春闘方式始まる
59	最低賃金法制定
85	男女雇用機会均等法成立
89	総評解散，連合発足
1991	育児休業法成立
93	パートタイム労働法成立
95	育児・介護休業法成立
97	労働基準法女子保護規定撤廃
2004	労働者派遣事業法改正
	→製造業への派遣も自由化
2015	専門26業務と自由化業務の業務区分ごとの派遣期間制度廃止

▲日本の労働関係略年表

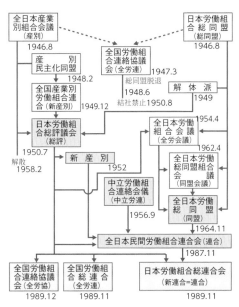

▲戦後の労働団体の系統

3 | 労働の条件

1 賃金

❶賃金格差　労働条件の基本となるものは賃金である。かつて低賃金であった日本も，戦後の高度経済成長と労働組合の「春闘[★1]」などによって賃金水準が向上し，欧米諸国に近いレベルに達した。

　一方，労働基準法の「男女同一労働同一賃金の原則」（第4条）の規定にもかかわらず，女子の賃金は男子のそれを大きく下回っている。また，女性の就業者の増加はいちじるしく，全就業者の約42％に達しているが，パート労働など非正規雇用の比率が高く，賃金や昇進・昇格などの面で格差があった。

　そこで，1985年に男女雇用機会均等法（⊃p.50）が制定され，事業主に対して**募集・採用などで均等な機会を女性に与える努力**を求め，定年・退職・解雇の差別的扱いを禁止した。1997年の改正では努力義務は**禁止規定**となり，違反した事業主に対しては，

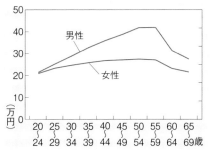

パートタイムを含まない一般労働者のみ。
▲年齢別男女別賃金格差（2020年）
（「賃金構造基本統計調査」による）

★1　「春季闘争」の略。労働組合が，毎年春に賃金や労働時間などの労働条件の改善要求を掲げて，産業ごとにまとまって企業と交渉すること。

是正勧告に従わない場合，**企業名の公表**などの制裁措置も可能とした。

❷最低賃金制　賃金の最低額を保障することにより，労働者の生活の安定と国民経済の健全な発展をはかろうとする制度。最低賃金は**地域別**と**産業別**があり，産業別のほうが，地域別より優先される。

産業別で設定されている産業（業種）については産業別の最低賃金が適用され，産業別で設定されていないその他の産業については地域別の最低賃金が適用される。

用語 **労働協約**　労働組合と使用者が結ぶ協定で，就業規則に優先する。

2 労働時間と休日

❶労働時間　労働基準法では，**1日8時間，週40時間労働**を最低基準としているが，1987年の改正により**変形労働時間制**（一定期間の平均労働時間が法定労働時間を超えていなければ，1日8時間を超えて労働させる日を設けることができる）や**裁量労働制**（何日・何時間働くかを労働者本人の裁量に任せる）が認められた。

❷休日・休暇　使用者は，労働者に対して**毎週少なくとも1日，または4週間に4日以上の休日を与えなければならない**。しかし，欧米では完全週休2日制が普及している。また，日本は年次有給休暇の取得も少ないため，「働き過ぎ」による**過労死**も問題になっている。

企業規模 30〜99人	52.4%	隔週など月何回かの週休2日制 38.0	9.5
企業規模 1,000人以上	完全週休2日制 79.3%	16.6	

その他　4.1

「その他」は，週休1日制，1日半制，3日制など。

▲週休2日制の普及状況（2021年）　（「労働統計要覧」による）

用語 **育児休業法**　1991年制定。子どもが満1歳になるまで，父母のどちらかがその申し出によって勤めを休むことができるようになった。1995年の改正で，介護のための休業を1人につき通算93日まで認める**介護休業**も制度化され，**育児・介護休業法**となった。

用語 **SOHO**　small office home officeの略。自宅やその近くの事務所で働く新しい勤務形態。近年，増加している。

POINT!

労働基準法 { ① 労働者が人たるに値する生活を保障（第1条）
② 労働者と使用者が対等の立場で決定（第2条）

★2　このほか，労働環境の改善として，**セクシュアルハラスメントの防止**も事業主の義務となった。また，育児・介護休業法が制定され，近年男性の育児休暇の取得率が伸びているが，女性の取得率の方が圧倒的に高い。

★3　1987年の**労働基準法**改正で，週48時間労働が週40時間に改められた。

★4　**フレックスタイム制**。変形労働時間制の1つ。労働者が一定の時間内で，始業時刻・終業時刻を決めて働く制度。

6

経済活動と福祉の向上

４│労働組合

１ 組合活動の保障

❶刑事上の免責（労働組合法第１条）　労働組合が，団体交渉や争議行為などで正当な活動をしたとみなされる場合は，その行為は処罰の対象とはならない。ただし，暴力行為は認められない。

❷民事上の免責（第８条）　ストライキなどをすれば，労務の提供を怠ったことになり，組合側は契約違反で損害賠償を請求される。しかしそれが正当な争議行為であれば，賠償の責任はない。

❸不当労働行為の禁止（第７条）　使用者側がしてはならないこととして，次のことを不当労働行為と定め，禁止している。

　１ 労働者が，組合員であることや組合活動をしたことなどを理由として，解雇その他の不利益な取り扱いをすること。また，組合に加入しないことや脱退することを雇用条件とすること。

　２ 正当な理由がないのに，団体交渉を拒むこと。

　３ 組合の運営に介入したり，組合を支配したりすること。

★1　法的保障のなかった戦前は，刑法の威力業務妨害罪などで取り締まりを受けた。

★2　これを黄犬契約という。黄犬とはのら犬，弱虫犬という意味。また，使用者の意のままになる労働組合を御用組合という。

★3　これは労働組合の自主性を守り，使用者の意のままになる御用組合化を防ぐためである。

２ 日本の労働組合の特色と問題点

　１ **未組織労働者が多い**　組合組織率は約20％で，低下傾向にあり，労働条件が悪くて組合を必要とする小企業ほど，組織率が低い。

　２ **企業別組合が中心**　欧米では，職業別組合から産業別組合へと発展してきた。これに対して日本では，終身雇用制を背景として，会社ごとの従業員組合という性格をもつ企業別組合（⇨p.220）である。そのため，組合員に会社あっての組合という企業意識が強く，交渉力や他労組との連帯行動に弱点がある。

　３ **オープン・ショップか尻ぬけユニオンがほとんどである。**

★4　同一職種の熟練工を中心とした組合。

★5　職種や企業の枠を越えた同一産業の組合。

|用語|　**ショップ制**　労働組合員資格と採用・解雇との関係を示す制度。

オープン・ショップ 〔労働者の組合加入および脱退は自由で，採用・解雇には関係がない。この制度は，組合側に不利である。日本の官公庁労働組合はほとんどこれである。

ユニオン・ショップ 〔雇用された労働者は組合に加入しなければならず，組合を脱退または除名された者は解雇される。この解雇の規定のない場合を，尻ぬけユニオンという。

クローズド・ショップ 〔使用者は組合員の中から労働者を採用しなければならず，組合を脱退または除名された者は解雇される。組合側に最も有利であるが，日本ではみられない。

POINT!

労働組合法 〔労働組合の活動を法的に保障。
　　　　　↳労働者が自主的に労働条件の改善をはかる団体。

5 | 労使関係

▶ 労使間では，労働条件をめぐってたびたび対立し，紛争がおこることもある。そのため，ストライキなどの争議行為が行われる。当事者間で解決できないときは，労働委員会が解決をはかることになっている。

1 争議行為とその規制

❶争議行為 労使間の団体交渉がこじれて，互いに要求や主張を通そうとして行うのが**争議行為**で，次のようなものがある。

1. **ストライキ(同盟罷業)** 組合側が労務の提供を拒否する戦術で，企業活動はストップするから，最も効果的で最後の手段としてよく使われる。スト中の賃金は支払われない。[★1]
2. **サボタージュ(怠業)** 組合側が故意に作業能率を低下させる。[★2]
3. **ロックアウト(作業所閉鎖)** これは使用者の行う争議行為で，工場などを閉鎖して労働者の就労を拒否するものである。

❷公務員・国営企業等職員のスト禁止 日本の公務員には**争議権が認められず，団体交渉権も制約を受けている**(⇨p.62)。一方，ヨーロッパ各国では，警察官・軍人を除き，公務員全体に争議権を認めている国が多い。また，労働三権(第28条)が十分に保障されていないという見地から違憲ではないかという声もあり，代償措置として人事院が国家公務員の給与改善を勧告している。

★1 多くの産業で一斉に行う場合を**ゼネスト**という。

★2 旧国鉄の動力車労組が「順法闘争」と称して行ったノロノロ運転などは，これにあたる。

区分	団結権	団 体交渉権	争議権
民間企業	○	○	○
国営企業など*	○	○	×
公務員一般職	○	△**	×
警察・消防・刑務所・防衛省	×	×	×

○＝あり，△＝制限，×＝なし

▲公務員・国営企業等職員の労働三権の制限
＊印刷・造幣などの特定独立行政法人の職員を含む。
＊＊労働協約締結権がないことなどで制限されている。

2 争議の調整

労働争議が長びいたり頻発したりすれば，当事者だけでなく国民生活にも支障が出る。そこで労働関係調整法は，紛争当事者の自主的解決を原則としながらも，労働委員会による調整で解決をはかるようにしている。その調整の方法には，次の3つがある。[★3]

1. **斡旋** 労使双方の主張をきいて，交渉をとりなす。
2. **調停** 賃上げ金額などの具体的な調停案を示して，受諾をすすめる。これは和解のための勧告にすぎないので，受諾しなくてもよい。
3. **仲裁** 仲裁の裁定は，労働協約と同一の効力をもち，労使双方とも不満があってもこれには従わなければならない。

★3 行政委員会の一種で，使用者・労働者・公益側のそれぞれ同数の委員で構成。**中央労働委員会**・地方の**労働委員会**などがある(⇨p.108)。

6

経済活動と福祉の向上

③ 現代の労働問題

　バブル経済崩壊後，1990年代からの長期不況下では，企業の倒産やリストラなどで雇用状況は急速に悪化した。2001年には完全失業率も5%を超え**有効求人倍率**[★4]や新規学卒者の就職内定率も悪化したが，2011年以降，回復している。

①賃金　日本の賃金水準は名目上では国際的にも高い部類に属する。しかし，物価水準が高いため，**購買力平価**[★5]ではかる実質賃金は高いとはいえない。この他にも，大企業と中小企業のあいだや，男女間の賃金格差が大きい。さらに，オランダをはじめEU諸国でみられる，パートタイムの社員であっても，同じ労働に対しては正社員と時間あたり賃金を同じにするという，同一労働同一賃金の原則は普及しておらず，フルタイムで働いても最低生活水準を維持する収入を得られない**ワーキングプア**(⤳p.51)とよばれる新しい貧困問題が生まれている。

②労働時間　わが国の労働時間は徐々に短縮されつつあるが，他の先進国，とくにドイツやフランスと比べるとまだ数百時間多い。欧米に比べて年次有給休暇の消化率が低いことや，手当ての支払われない**サービス残業**を含めて時間外労働が多いなどの問題がある。その結果，鬱病(うつびょう)など精神疾患(しっかん)の発症や，過労死・過労自殺などの問題がおこっている。仕事と生活の調和(ワーク・ライフ・バランス)はなかなか改善されない。

③日本型雇用関係の変化　日本では高度成長期に定年まで同一企業に勤める終身雇用制と，勤続年数が長くなるほど賃金が増える年功序列型の賃金体系が定着した。また欧米の産業別・職能別組合とは異なり，正社員を中心に企業単位で組織される企業別組合(⤳p.218)が中心であった。これらの**日本型雇用慣行**は従業員の企業に対する帰属意識・忠誠心を強固にして日本的経営方式として評価される時期もあった。しかし，グローバル経済の進

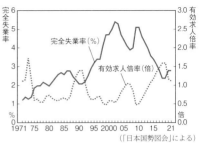

▲完全失業率と有効求人倍率の推移(年平均)

★4　**有効求人倍率**
「求人数÷求職者数」で表す。求人・求職ともに**ハローワーク**(職業安定所)に申し込んだ日からその翌々月の末日までが有効とされる。

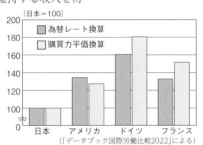

▲時間あたり賃金(製造業，2020年)

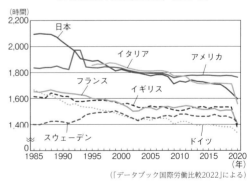

▲1人あたり平均年間総実労働時間(就業者)

★5　通貨1単位でどれだけの商品を買うことができるのかを比較したもの。

展と平成不況により経営環境が厳しさを増す中で，職務給や能力給といった**能力主義による賃金体系**を導入する企業が増え，さらに労働者の解雇に踏み出す企業も増加した。このことは労働者の会社に対する帰属意識を希薄にし，労働組合の組織率の低下をまねいているともいわれている。

❹**完全失業率の上昇**　1990年代前半まで2％台を保っていた日本の失業率も，2001〜03年と2009〜10年には5％を超え，とくに若年層と高年齢層で高くなった。その背景には，バブル崩壊後，日本の企業が雇用の調整による業績回復のために希望退職制を実施するとともに新規の採用を極力抑えてきたことがある。このため，若年層の失業率が高まり，定職につかないフリーターや就業・就学の意思がないニート*6とよばれる若者が増加した。その後は低下傾向にあり，3％を下回っている。

❺**非正規雇用の増加**　企業は人件費の抑制のために正社員（正規雇用者）を減らし，アルバイト，パートタイマー，派遣社員*7，契約社員*8などの非正規雇用を増やしてきた。この背景には，労働者派遣法が制定された1985年当初は限定されていた派遣対象業種が，2004年からは港湾運送・建設・警備・医療を除いて業種の制限がなくなったことも大きく影響したと考えられる。企業にとって非正規社員は賃金が安いだけでなく，健康保険や年金などの社会保険料の負担を免れることができ，さらに景気悪化の際には容易に解雇が可能であるという点も重視された。

　このような状況の中，政府も2007年に雇用対策法を改正し，青少年の応募機会の拡大や女性・高齢者・障がい者の就業促進を明記し，募集・採用時の年齢制限禁止を義務化したが，事態改善に大きな効果があったとはいえない。

❻**高齢者の雇用**　高年齢者雇用安定法の改正により，65歳まで定年が延長された。また，事業主は70歳までの就業機会の確保が努力義務となった。

★6　NEETは，Not in Education, Employment or Trainingの頭文字をとった用語。日本では15〜34歳で職をもたず，学校にも行かず，職業訓練も受けていない未婚の若者のこと。

★7　労働者派遣事業者に雇用され，さまざまな企業に派遣され，そこでの指揮命令の下で働く社員のこと。労働契約は派遣元企業と結ぶ。

★8　6か月，3年など，一定期間（有期）の雇用契約によって働く社員。雇用期間は契約更改で延長できる可能性もあるが，その保障はない。

6

経済活動と福祉の向上

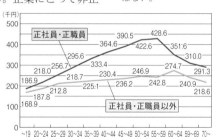

▲賃金カーブ（月給ベース）

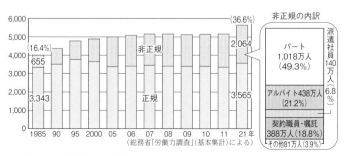

▲正規・非正規雇用者の推移

⑤ 社会保障と福祉

1 | 社会保障への歩み

▶ 社会保障は，公的扶助と社会保険の2つの柱から成っている。その歴史は古く，端緒は17世紀初めのイギリスの救貧法や19世紀末のドイツの社会保険に求められるが，これらは慈善事業や労働力確保の必要から生まれたものであった。

1 社会保障のおこり

❶ エリザベス救貧法　15世紀の末から，イギリスでは土地の囲い込みが行われ，多数の農民が土地を失った。これにより，生活の手段を失い，浮浪者や盗賊におちぶれるものも増えて社会不安が高まった。そこで，エリザベス1世の1601年にエリザベス救貧法が制定され，労働能力のない者については国家が救済するようになった。これが公的扶助の始まりといわれている。しかし，この段階は国王の恩恵による慈善事業という性格のものであった。[★1]

❷ 相互扶助の始まり　救貧法は，労働能力のある者に対しては強制労働を課した。そのため労働者は，しだいに相互扶助組織である共済組合をつくって，失業や貧困から自分たちの生活を守ろうとするようになった。

★1　ただし，その財源を救貧税に求めた点において，それまでの単なる慈善事業を一歩近代化したものではあった。

2 社会保険制度のおこり

❶ ビスマルクの社会保険　19世紀後半，イギリスより遅れて資本主義の発達したドイツでは，低賃金・長時間労働とそれによる病気や労働災害が広がり，労働者のあいだに社会主義の思想や運動が広まった。これに対して当時の「鉄血宰相」ビスマルクは，1878年に社会主義者鎮圧法を制定して弾圧したが，他方で疾病保険法など各種の社会保険制度を創始して労働者階級を手なづけようとした。これが有名な「アメとムチ」とよばれる政策である。

　この段階は，社会保障が「救貧」から「防貧」へと一歩進んだものであるが，産業発展に必要な人的資源として労働力を確保しようとする社会政策という性格をもっていた。

年	できごと
1601	エリザベス救貧法(英)
1883	疾病保険法；最初の社会保険(独)
84	災害保険法(独)
89	養老・廃疾保険法(独)
94	最低賃金法(ニュージーランド)
1911	国民保険法；最初の失業保険(英)
29	世界大恐慌
35	社会保障法(米)
42	ベバリッジ報告(英)
44	ILO「フィラデルフィア宣言」
45	家族手当法(英)
46	国民産業災害保険法(英)
52	ILO 102号条約採択

▲世界の社会保障関連年表

❷失業保険の設置　ビスマルクの社会保険には，失業を救済する失業保険が欠けていた。**失業保険を初めて実現したのは，1911年にイギリスで制定された国民保険法である。**

★2　これには，健康保険と失業保険とが含まれていた。

3 権利としての社会保障

❶個人の責任から社会の問題へ　もともと，貧乏や失業などは個人の問題であり，個人の責任で解決すべきであると考えられてきた。しかし，資本主義の発展が生みだした所得分配の不平等や恐慌・失業などの現象は，個人の能力を超えた社会のしくみからおこる問題であると考えられるようになった。

　とくに1929年から始まった世界大恐慌では，国家や社会の責任において国民が人間らしく最低限度の生活を営めるような社会保障を求める気運が強まった。

★3　当時，生存権思想も発達してきた。

❷社会保障の理念の確立　1942年のイギリスのベバリッジ報告は，すべての国民に最低生活を保障する原則を示し，また1944年のILOの「フィラデルフィア宣言」は「保護を必要とするすべての者に基礎的所得と包括的な医療を与える」ことを確認した。これは，1948年の世界人権宣言(⇨p.28)にもうたわれている。こうして，基本的人権としての社会保障の理念が確立され，各国の社会保障制度に基礎を与えることとなった。

★4　ILOでは，1952年の総会で「社会保障の最低基準に関する条約」を採択した。これはILO102号条約とよばれ，日本も1976年に批准した。

★5　第25条の「社会保障の原則」にある。

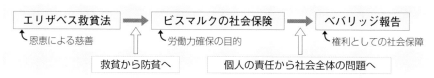

エリザベス救貧法 → ビスマルクの社会保険 → ベバリッジ報告
　↑恩恵による慈善　　↑労働力確保の目的　　↑権利としての社会保障
　　　救貧から防貧へ　　　個人の責任から社会全体の問題へ

2 | 諸外国の社会保障

▶　おもな国の社会保障制度をその財源からみると，イギリス・北欧諸国の租税中心型と，ヨーロッパ大陸諸国の保険料中心型とがある。アメリカや日本は，その中間型といえる。

1 アメリカ

　「社会保障」ということばのおこりは，アメリカでニューディール政策の一環として制定された1935年の社会保障法(Social Security Act)(⇨p.129)に始まる。これによって，失業・老齢などの社会保険と公的扶助が整備されたが，大恐慌からの脱出という景気対策の性格ももっていた。また，民間の私的保険が発達しているため，

★1　アメリカは自己責任の精神の風土があり，社会保障制度そのものの成立は遅れがちであった。

6
経済活動と福祉の向上

1965年まで医療扶助がなかった。そのため，医者にかかると高額の医療費を請求された。

★2 1965年に高齢者や低所得者に対する医療保険制度（メディケア）が導入された。

2 イギリス

❶ベバリッジ報告 イギリスでは，第二次世界大戦中から社会保障のあり方を研究していたが，それをまとめたものがベバリッジ報告である。これは，①最低限度の生活水準（ナショナル・ミニマム）を保障する均一の給付，②一律の保険料，③全国民のすべてに適用する，などの原則をかかげ，「ゆりかごから墓場まで」といわれる戦後イギリスの社会保障の基礎をつくった。

★3 W. H. Beveridge（1879～1963） イギリスの経済学者。雇用問題の専門家。

❷社会保障制度の特色 イギリスでは租税中心型をとっている。このタイプは，平等という点で社会保障の理念に忠実であるが，**租税負担率が高く，財源調達が難しい。**

⚀ **国民保険法** 失業・疾病による労働不能，出産，寡婦，老齢などを対象とする社会保険。保険料と給付額は所得比例ではなく，雇用者・自営業者・無業者の三区別ごとに一律である。

⚁ **国民保健サービス法** 全国民に無料の医療を提供するもの。国の社会保障の中核をなし，費用の大半は国庫で負担される。

★4 スウェーデン・ノルウェー・フィンランド・デンマーク・アイスランドの北欧5か国も同じタイプである。

★5 そのため，「小さな政府」をめざしたサッチャー政権は社会保障費を削減した。

補説 **スウェーデンの高福祉・高負担** 「お腹の中から墓場まで」といわれるほど，スウェーデンはイギリス以上の高福祉の国とされる。たとえば，大学の授業料は無料で，大多数の学生が年に約130万円の奨学金（その3分の1は無返済）をもらっている。しかし，この高福祉を支える国民の負担率もきわめて高い。

★6 租税負担率は約50％で，社会保障負担を加えるとさらに高くなる。

3 ヨーロッパ諸国

フランス・イタリア・ドイツなどのヨーロッパ大陸諸国では，**保険料中心型**の運営をしている。これらの国では，雇用者・農民・自営業者など職業別に制度が分かれ，その財源の多くを労使双方から徴収する保険料に依存している。保険料は一律ではなく，所得の高さに応じて決められ，また保険料の高さに応じて給付の水準もちがう。

したがって，所得の伸びに比例して保険料が増えるから，**財源確保が比較的容易**であり，また収入や生活水準に応じた保障が受けられるという利点をもつが，平等性という点に問題がある。

	保険料		公的負担	その他の収入
	使用者	被保険者		
日本	26.5	29.4	39.2	4.9
イギリス	32.5	16.2	49.6	1.7
スウェーデン	40.8	8.6	48.7	1.9
アメリカ	25.7	22.1	39.1	13.1
ドイツ	36.3	27.6	34.5	1.6
フランス	45.5	20.6	30.4	3.5

▲主要国の社会保障の財源構成(%)
日本は2019年。その他の国は1995～2004年。
（「日本国勢図会」による）

3｜日本の社会保障の歩み

▶ わが国の社会保障は第二次世界大戦後に整備されたが，戦前にも不十分な形で形成されていた。恩恵的な公的扶助から共済組合へ，そして労働力確保のための社会保険へという流れは，欧米諸国とほぼ同じである。

1 明治時代

❶公的扶助の始まり 幕末から維新の大きな社会変動の中で，多数の生活困窮者が発生した。これに対して新政府は，**恤救規則**を制定して救済にあたった。これは，貧民の救済を本来は人民どうしで行うべきこととし，例外的に身寄りのない老人や子どもを天皇の恩恵によって助けようという立場にたっていたから，対象は極貧者に限られていた。しかし，わが国の最初の**公的扶助**であった。

★1 恤救とは，あわれみ救うという意味。

❷共済活動へ その後，労働組合運動がおこったが，治安警察法による弾圧で，相互扶助組織である共済組合活動に転化していった。しかし，一部の大企業や官業が中心であった。

2 大正から昭和へ

❶社会保険の発達 第一次世界大戦後，インフレや恐慌の中で，労働運動と社会主義思想が高まった。これらを背景として，1922(大正11)年にわが国最初の健康保険法が制定された。これは，労働者本人だけに適用されて家族への給付はなく，しかも業務上の傷病まで本人が半額を負担するような不十分なものであった。

昭和に入って戦時体制が進むにつれ，農民などを対象とした**国民健康保険法**や，日本最初の養老・廃疾保険である**労働者年金保険法**などが相ついで制定された。後者は，戦争末期に厚生年金保険法と改称された。

これらは，労働力確保のためだけでなく，戦争のための強兵政策という性格をもち，国民の保険積立金は軍事費の財源としても利用された。なお，戦前の日本では失業保険はなかった。

年	できごと
1874(明7)	恤救規則
1905(明38)	鐘紡共済組合(共済組合の始め)
22(大11)	健康保険法(昭和2年施行)
38(昭13)	国民健康保険法
41(昭16)	労働者年金保険法
44(昭19)	厚生年金保険法
46(昭21)	生活保護法
47(昭22)	失業保険法・職業安定法 労働者災害補償保険法 児童福祉法
49(昭24)	身体障害者福祉法
58(昭33)	国民健康保険法(国民皆保険)
59(昭34)	国民年金法(国民皆年金)
60(昭35)	精神薄弱(知的障害)者福祉法
63(昭38)	老人福祉法
74(昭49)	雇用保険法(←失業保険法)
76(昭51)	ILO102号条約批准
82(昭57)	老人保健法(老人医療有料化)
84(昭59)	健康保険法改正(本人1割負担)
85(昭60)	国民年金法改正(全国民の加入)
94(平6)	国民年金法改正 (支給年齢の段階的引き上げ)
97(平9)	健康保険法改正(本人2割負担) 介護保険法成立，2000年より施行
2001(平13)	確定拠出型年金法成立
02(平14)	健康保険法改正(本人3割負担)
08(平20)	後期高齢者医療制度(長寿医療制度)開始
09(平21)	基礎年金の国庫負担を3分の1から2分の1へ引き上げ
15(平27)	共済年金が厚生年金に統一

▲日本の社会保障関連年表

❷戦後の発達　第二次世界大戦後は，日本国憲法第25条の生存権
　規定(⇨p.60)を基礎として，日本の社会保障制度はいちじるしく
　向上するようになった。しかし，1980年代後半になると，少子
　高齢化の影響等により医療や年金を支える財源の不足が生じ，近
　年では，給付水準の低下や本人負担の増加の傾向もみられる。

4 ｜ 現代日本の社会保障

▶ わが国の社会保障は，社会保険・公的扶助・社会福祉・公衆衛生の４部門から成る。

1 社会保険

❶医療保険　病気や負傷などをしたときに，
医療費や生活費の一部を給付して，生活の
困窮化を防ごうとするものである。

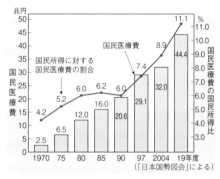
▲国民医療費の動向

1 健康保険　民間企業の被用者(家族を含
　　む)を対象として，業務外の負傷・病気に
　　対する医療給付，休業したときの傷病手
　　当金，出産費・葬祭料などの給付が行わ
　　れる。大企業や同種企業合同の組合健康
　　保険と，中小企業の全国健康保険協会管
　　掌健康保険(協会けんぽ)などがある。[★1]

2 国民健康保険　農家，商店などの自営業者や無業者を対象とし，
　　市町村が運営する。1958年の国民健康保険法によって国民皆
　　保険が実現したが，健康保険に比べて給付内容が劣る。

3 後期高齢者医療制度　老人保健法は2008年４月より「高齢者
　　の医療の確保に関する法律」に名称変更し，75歳以上の高齢
　　者医療は後期高齢者医療制度(長寿医療制度)へ移行した。

補説 **医療費負担**　医療費の増大を背景として，一部負担制が導入される
　　ようになった。たとえば，無料であった70歳以上の老人医療費が，
　　1983年施行の老人保健法で一部有料化され，また，1984年以降，健康
　　保険法の改正により，本人の自己負担が１割，２割と段階的に引き上げら
　　れ，2003年４月から３割負担となった。

❷年金保険　高齢になったり，心身に障がいをもつようになった
りしたときなどに，その生活費を保障しようとするものである。
　　しかし，急速な高齢化によって，年金の給付総額が増大するた
め厚生年金や共済年金の給付開始年齢が段階的に引き上げられ，
これまでの**60歳から65歳支給**となった。また，年金の財源をど[★2]

[★1]　このほかに日雇
労働者健康保険がある。
協会けんぽは，2008
年10月１日より実施。

[★2]　2004年度の制度
改正により，将来の現
役世代の保険料負担が
重くなりすぎないよう
に，賃金や物価による
年金額の伸びから「ス
ライド調整率」を差し
引いて年金額を改定す
る「マクロ経済スライ
ド」という制度が導入
された。

日本の社会保障制度の体系

日本国憲法第25条2項
　国は，すべての生活部面について，社会福祉，社会保障及び公衆衛生の向上及び増進に努めなければならない。

公衆衛生
- 一般国民：下水道法／水道法／廃棄物処理・清掃法／予防接種法／精神保健福祉法／結核予防法／感染症予防法

社会福祉
- 母子世帯：母子福祉法／母子保健法
- 児童：児童扶養手当法／児童福祉法
- 知的障害者：知的障害者福祉法
- 身体障害者：身体障害者福祉法
- 老齢者：老人福祉法
- 社会的弱者一般：社会福祉法

公的扶助
- 生活困窮者：生活保護法

社会保険
- 一般国民：児童手当法
- 農業者：農業者年金基金法
- その他の国民：国民年金法／後期高齢者医療制度／国民健康保険法
- 国家公務員：国家公務員等共済組合法
- 地方公務員：地方公務員等共済組合法
- 船員：船員保険法
- 日雇労働者：労働者災害補償保険法
- 被用者：雇用保険法／厚生年金保険法
- 一般民間：健康保険法
- その他の国民：介護保険法

のような方式で調達するかも大きな問題である。これまで日本では，積立方式(被保険者自らが年金受給費用を在職期間中に積み立てる方法)と賦課方式(その年に必要な年金給付費用をその年に働いている人の保険料でまかなう方法)の中間である修正積立方式がとられていたが，最近は賦課方式の要素が大きくなり，**事実上，賦課方式で運用されている**。

1 **厚生年金保険**　民間の雇用者が対象だったが，2015年に共済年金と統合され，条件を満たせば，被保険者本人やその家族に老齢厚生年金・障害厚生年金・遺族厚生年金が給付される。

2 **国民年金**　1959年の国民年金法により，自営業者や農家などの年金保険としてスタートした。これにより国民皆年金が実現したが，1986年の大幅な法改正で，従来の国民年金を全国民共通の基礎年金とし，それに加えて，民間企業の雇用者及び公務員には，それぞれの在職中の積み立て額に応じて厚生年金が上乗せして給付されることになっている。

❸ **雇用保険**　1947年に初めての**失業保険法**が制定された。その後の高度成長により失業者が減り，保険収支が大幅な黒字になるなど，状況が大きく変わった。そこで，1975年からは**雇用保険法**へと切りかえられ，失業した場合に離職前の賃金の一定割合を失業保険金として支給するなど，雇用促進をはかっている。

★3　2015年10月には共済年金が厚生年金に統合され，これまで共済年金に加入していた公務員は厚生年金に加入することになった。

★4　老齢基礎年金・障害基礎年金・遺族基礎年金の3種類がある。

★5　中高年齢者・低所得者への給付を有利にしてある。

★6　雇用保険法が2010年に改正され，31日以上の雇用見込みがあれば，短時間労働者や派遣労働者にも**雇用保険**が適用されることになった。

❹労働者災害補償保険(労災保険)　民間の雇用者の業務上の負傷・疾病に対し,療養補償費や休業補償費などを給付する。

★7　事業主のみが負担する。

❺介護保険　認知症や寝たきりなどにより介護が必要になったときに,訪問看護や特別養護老人ホームへの入所などの介護サービスを受けることができる制度であり,40歳以上の国民から保険料を徴収して財源とする。2000年4月から実施された。

★8　介護が必要になったときは,市町村の窓口に申請し,要介護の認定を受ける。

雇用労働者のための社会保険

健康保険・厚生年金保険・雇用保険・労災保険・介護保険
　　↑医療保障　↑老後の生活安定　↑失業救済　↑業務上事故の補償　↑介護サービスの提供

2 公的扶助

　公的扶助とは,社会保険にも加入できない生活困窮者を救済する制度で,明治初年の恤救規則以来,その歴史は古いが,戦後は憲法第25条によって,国家が最低限度の生活を保障するようになった。

❶生活保護法　公的扶助の中心となる法規で,生活に困窮するすべての国民に対し,その困窮の度合いに応じて必要な保護を行うとともに,その自立を助けることを目的としている。

★9　生活保護を受けようとする者は,福祉事務所に申し出,民生委員が収入・資産の調査を行って保護の決定がなされる。

　生活保護には,生活・教育・住宅・医療・出産・生業・葬祭・介護の8種の扶助があり,必要に応じて扶助が与えられる。保護の基準は厚生労働大臣が定め,経済変動などに応じて改訂される。扶助はこの基準に不足する分に対して行われるので,少しでも収入が増えると,その分だけ扶助金額が減らされる。

❷生活保護の実態　生活保護の基準は,一般国民の消費水準の伸びを基礎として改定され,一般勤労者世帯のほぼ3分の2の水準にある。

　生活保護を受けている人員・世帯数と保護率は,1990年代に減少傾向にあった。これには「受給の適正化」を名目にした行政当局による生活保護のしめつけや切り捨てによるものという批判もあり,対応の見通しが進められた。また,90年代後半からは長く続く不況の中で受給者の数も増加している。

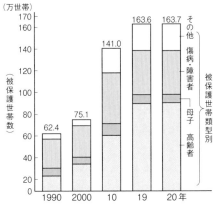

▲生活保護の実施状況(「日本国勢図会」による)

1級地 政令指定都市	標準3人世帯 夫33歳,妻29歳,子ども4歳	
	2000年度	2022年度
生活扶助	163,970円	146,795円
住宅扶助	13,000円	53,700円
児童養育加算※	——	10,190円
合計(世帯)	176,970円	210,685円
(1人あたり)	58,990円	70,228円

▲生活保護基準(厚生労働省調べ)
※児童養育加算の対象は2011年度から中学生まで拡大。

3 社会福祉

❶社会福祉　社会福祉というのは，ハンディキャップをもっているために，健常者とは同じ条件では生活していけない弱い立場にある人を助けて，人間らしく生きられるようにすることである。わが国では生活保護法を含めて，**児童福祉法・身体障害者福祉法・知的障害者福祉法・老人福祉法・母子寡婦福祉法**の福祉六法を中心に行われている。

❷バリアフリー　障がい者も普通に地域で生活できるようにすべきだというノーマライゼーション[10]やバリアフリーの考え方が一般的となり，1994年には建築物のバリアフリー化努力義務を課す**ハートビル法**が，2000年には鉄道・バスなどの公共交通機関にエスカレーターの設置や低床車の導入を促進する**交通バリアフリー法**が，そして，2006年にこの2つの法律をまとめた**バリアフリー新法**が成立した。日本でも障がい者用のトイレや歩道や駅の点字ブロックなどが目立つようになったが，まだまだ障がい者の生活が便利になったとはいえない。

❸障がい者雇用　障害者雇用促進法に基づき障がい者の雇用を義務づける**法定雇用率**[11]は，一般の民間企業で2.3％となっているが，それを達成している企業は全体の半分程度しかない。

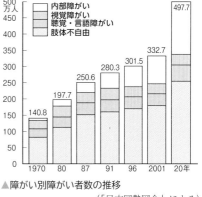

▲障がい別障がい者数の推移
（「日本国勢図会」による）

★10　normalization。また，すべての人が平等に使える製品をデザインしようというユニバーサルデザインの普及も求められている。

★11　国と地方公共団体は2.6％に，都道府県等の教育委員会は2.5％に定められている。また，法定雇用率を満たしている場合には助成金が支給され，満たしていない場合には納付金が徴収される。

6　経済活動と福祉の向上

▲社会保障給付費の対国民所得比
（2017年）
（OECD資料による）

▲租税・社会保障負担の対国民所得比
日本は2022年度見通し，他は2019年実績。
（「日本国勢図会」による）

日本の社会保障の問題点

① 制度が複雑・不統一で，その間に給付格差があり不平等である。
② 国際的に比較すると，先進国の中では高い水準ではない。
③ 社会保障費負担の増大にともなう財源確保が困難。

☑ **要点チェック**

CHAPTER 6　経済活動と福祉の向上	答
□ 1　持株会社を解散させ，独占的大企業の分割をはかった戦後の経済改革を何というか。	1　財閥解体
□ 2　寄生地主などの土地を強制的に買収し，小作人に安く売り渡した戦後の経済改革を何というか。	2　農地改革
□ 3　戦後のインフレを収束した緊縮政策は何か。	3　ドッジ・ライン
□ 4　石炭・電力・鉄鋼などの基幹産業を重点に，戦後の経済復興をはかった産業政策を何というか。	4　傾斜生産方式
□ 5　朝鮮戦争の際に，日本でのアメリカ軍の需要を何とよんだか。	5　(朝鮮)特需
□ 6　経済の発展につれて，産業の中心が第1次産業から第2次・第3次産業へと移っていく傾向を何の法則というか。	6　ペティ・クラークの法則
□ 7　海外生産が増え，国内での生産と雇用が減ることを何というか。	7　産業の空洞化
□ 8　モノの生産よりも，知識・情報の価値が高くなり，広い意味のサービス部門の比重が大きくなることを何というか。	8　経済のソフト化・サービス化
□ 9　情報技術のいちじるしい発達による変革を何というか。	9　IT革命
□ 10　2度にわたって石油危機がおこったのは，何年代のことか。	10　1970年代
□ 11　OPECとは何の略称か。	11　石油輸出国機構
□ 12　都市に人口・工場・施設が集まるのは，何を求めるからか。	12　集積(集中)の利益
□ 13　都市の中心部より周辺部に人口が多くなる現象を何というか。	13　ドーナツ化現象
□ 14　住宅地が大都市郊外へ無秩序に拡大していく現象を何というか。	14　スプロール現象
□ 15　公害対策基本法に代わって，1993年に制定された法律は何か。	15　環境基本法
□ 16　企業などの生産過程から発生する公害を何というか。	16　産業公害
□ 17　過密都市の消費過程から発生する公害を何というか。	17　都市公害
□ 18　エコ・システムは何と訳されているか。	18　生態系
□ 19　わが国の公害第1号とよばれている事件は何か。	19　足尾銅山鉱毒事件
□ 20　熊本県でおきた有機水銀中毒による公害病は何とよばれるか。	20　水俣病
□ 21　カドミウムによる公害病は何とよばれるか。	21　イタイイタイ病
□ 22　市場の取引によらないで他人に損失を与えることを何というか。	22　外部不経済
□ 23　消費者保護基本法は現在，何という法律になっているか。	23　消費者基本法
□ 24　消費者行政を統一的に行うため，2009年に置かれた機関は何か。	24　消費者庁
□ 25　1963年に大企業と中小企業との格差の是正をめざして制定された法律は何か。	25　中小企業基本法
□ 26　新技術で独自の分野を開拓する企業を何というか。	26　ベンチャー・ビジネス(ベンチャー企業)
□ 27　自立的経営農家の育成をめざして1961年に制定された法律は何か。	27　農業基本法
□ 28　日本がコメのミニマム・アクセスを受諾したGATTの交渉は何か。	28　ウルグアイ・ラウンド

□ 29	労働運動が最初におこった国はどこか。	29	イギリス
□ 30	ILOとは何の略称か。	30	国際労働機関
□ 31	1925年に制定され，日本の労働運動を弾圧した法律は何か。	31	治安維持法
□ 32	労働三権とは何をさすか。	32	団結権・団体交渉権・団体行動権（争議権）
□ 33	1985年に制定され，募集・採用などで女性労働者への差別的扱いを禁止した法律を何というか。	33	男女雇用機会均等法
□ 34	勤労の権利と労働三権を総称して何というか。	34	労働基本権
□ 35	労働基準法では，労働時間をどう定めているか。	35	1日8時間，週40時間
□ 36	何日・何時間働くのかを労働者本人の裁量に任せ，実際の労働時間に関係なく，協定で定めた時間を労働したものとみなす制度を何というか。	36	裁量労働制
□ 37	使用者側が労働組合に対して，してはならない行為を何とよぶか。	37	不当労働行為
□ 38	組合への不加入や脱退を雇用条件とすることを何というか。	38	黄犬契約
□ 39	2000年以降の日本の労働組合組織率はおよそ何％か。	39	20%
□ 40	使用者側の行う作業所閉鎖という争議行為を何というか。	40	ロックアウト
□ 41	労働三権のうち，日本の公務員に認められていないものは何か。	41	団体行動権（争議権）
□ 42	労働委員会の行う労働争議の3つの調整方法をあげよ。	42	斡旋・調停・仲裁
□ 43	42のうち，労使双方とも従わなければならないのはどれか。	43	仲裁
□ 44	フルタイムで働いても最低限の生活水準を維持する収入すら得られない就労者を何というか。	44	ワーキングプア
□ 45	1601年制定の，公的扶助の始まりと考えられている法は何か。	45	エリザベス救貧法
□ 46	社会保険を創始したドイツの首相はだれか。	46	ビスマルク
□ 47	「ゆりかごから墓場まで」といわれるイギリスの社会保障の基礎をつくった報告を何というか。	47	ベバリッジ報告
□ 48	イギリス・北欧諸国の社会保障のタイプを何型というか。	48	租税中心型
□ 49	ヨーロッパ大陸諸国の社会保障のタイプを何型というか。	49	保険料中心型
□ 50	明治7年につくられた日本最初の公的扶助の法規は何か。	50	恤救規則
□ 51	日本国憲法第25条の規定する社会保障の権利を何というか。	51	生存権
□ 52	民間企業の被用者とその家族を対象とする医療保険は何か。	52	健康保険
□ 53	自営業者や無業者を対象とする医療保険は何か。	53	国民健康保険
□ 54	2008年4月から始まった，75歳以上の高齢者を対象とする，他の医療制度とは独立した医療制度を何というか。	54	後期高齢者医療制度
□ 55	民間の被用者や公務員などを対象とした年金保険は何か。	55	厚生年金保険
□ 56	その年に必要な年金給付の費用をその年に働いている人の保険料でまかなう年金の財源調達方法を何というか。	56	賦課方式
□ 57	失業保険法に代わって1975年から施行された法律は何か。	57	雇用保険法
□ 58	現代日本で，公的扶助の中心となっている法律は何か。	58	生活保護法
□ 59	障がい者も，普通の人と同じように共に生活ができるようにすべきであるという考え方ややり方を何というか。	59	ノーマライゼーション

6

経済活動と福祉の向上

1 少子高齢化と社会保障

▶日本では急速に少子高齢化が進んでいる。医療や年金など高齢者への社会保障関係の費用が増大するとともに，少子化による労働力不足や経済全体の活力の低下なども深刻になっている。また，経済的格差の拡大により，現役世代の経済的弱者の生活や人生を支える社会保障の必要性も高まっている。これまでは保険料や年金支給開始年齢の引き上げ，健康保険の給付割合の削減などで対応してきたが，そのような手直しでは限界が生じ本格的な制度改革の必要性が高まっている。

課題 社会保障は自助努力か，公的保障か

Ⓐ Ⓑ それぞれの立場と意見

Ⓐ 自助努力と自己責任を重視すべきである

①現役世代の税金・社会保障負担は限界に近付きつつあり，国や自治体の財政事情の悪化を考えると，自助努力に委ねなければ制度の存続は難しい。

②国や地方公共団体など，公的部門が主導する社会保障は内容・制度が画一的になりがちで国民の多様なニーズにこたえられない。公的な福祉サービスには競争が生まれにくく，その非効率が批判されることも多い。

③日本を含む先進国では，国民の所得水準も高く，できるところは人々の自助努力に任せるほうが，社会の多様なニーズにこたえ，労働力などの経済的資源を効率的に配分することになる。

④アメリカでは401(k)プランとよばれる個人の責任で運用し，給付額はその結果によって決まる年金が普及している。日本でも2001年に確定拠出年金が導入され，2017年からは原則20歳以上60歳未満であれば誰でも加入できるようになった。[★1]

Ⓑ 公的保障を中心にすべきである

①近代民主国家，福祉国家とよばれる多くの国家では，生存権が保障されている。日本国憲法でも第25条で「健康で文化的な最低限度の生活」の達成を政府の責任としている。

②社会保障はサービスの不平等や地域格差があってはならず，公共性も高いものなので民間に委ねるべきではない。

③他の先進国と比べても，日本の国民負担率は高いわけではない。高負担でも高福祉であれば，それも1つの選択である。

④確定拠出型の年金は完全に個人が運用のリスクを負うことになるので，老後の生活を保証するものとして，最低限の公的保障は必要である。

★1 2022年5月から，加入年齢は，加入者自身が拠出するiDeCo（個人型確定拠出年金）では65歳未満，掛金を事業主が拠出する企業型DC（企業型確定拠出年金）では最大70歳未満に拡大された。

●新しい社会保障制度の提案

❶ベーシックインカム（Basic Income：BI）　近年，大胆な社会保障のしくみとして「ベーシックインカム（基礎的所得）」が議論されている。ベーシックインカムとは所得制限などの受給条件を一切設けず，全ての個人に毎月政府から一律に渡される生活費のことである。たとえば夫婦と子ども1人の家庭でBIが7万円であれば毎月3人に各7万円，合計21万円がこの家庭に支給される。単身者には7万円の支給になる。もちろん，働いて所得がある人にも失業中の人にも，また所得の多い，少ないに関係なく，一律に7万円が渡される。

　基本的にはこの制度の導入により，現行の社会保障制度のうち基礎的年金や生活保護，失業保険などの所得保障は廃止される。現在これらの制度はそれぞれに受給条件が細かく規定され，給付額の計算も複雑で，手続きも煩雑である。これをBIと1つにまとめることで，支給額もシンプルで分かりやすく，国や自治体の情報管理も容易になり，行政の事務管理費や人件費などの削減につながると期待される。

　導入に対する反論の第一は財源確保の問題である。現在の日本の人口を1.25億人として，毎月1人あたり7万円を支給するためには約100兆円が必要になる。現行の基礎的年金や生活保護，失業給付の廃止でかなりの財源が確保できたとしても，現在の税収では足りず，相当の増税を含む，何らかの形での財源確保が必要になると考えられる。

　もう1つの大きな懸念は，すべての人が最低限の所得を得ることにより，働く意欲を失うのではないかということである。このような批判が大きく影響したのかもしれないが，実際にスイスでは，2016年6月5日にBI導入の是非を問う国民投票が行われたが，賛成23.1％反対76.9％で否決された。

　一方，現在の制度の下では，新しい仕事へのチャレンジや起業に失敗すると経済的困難に陥るが，BIがあれば最低限の生活は保障されているため，失敗を恐れずチャレンジできるとも考えられる。また，日本では少子化が問題になっているが，BIは世帯ではなく個人支給のため，子どもを産むインセンティブ（動機づけ）につながるという意見もある。

❷これからの社会保障制度　BI議論の高まりの背景には，伝統的な社会保障制度では救いきれない人々の増大がある。議論されているものの中にはいろいろなものがあり，年金や健康保険などすべての社会保障を廃止することと引き換えに導入するというものから，一定程度，現在の社会保障を維持しながら導入するというものまで，バリエーションはさまざまである。

　さらに別の提案として，現金を渡すのではなく，**医療，介護，教育，子育て，といった万人が必要とするサービスを「ベーシックサービス」と位置づけ，これをすべての人に，**所得制限なしで給付するというものもある。

　ベーシックインカムについては，今までもフィンランドやオランダなどを先駆けとして，試験的な導入の試みが行われてきたが，それらの成果を踏まえ，更に議論を深めていく必要があるであろう。

地域社会(関連pp.98〜101)

 # 持続可能な地域社会，地域社会の自立と政府

▶ 東京圏への一極集中の一方で，地方では高齢化と人口減少が進み，共同生活が困難な限界集落に象徴される過疎化など衰退が深刻化すると想定されている。地方財政の実情をつかみ，地域再生・地域活性化のための方策について考えてみよう。

◎地方財政の現状

　地方分権一括法(⊃ p.100)により，地方公共団体(都道府県・市町村)は多くの事務をになっているが(防衛・外交・裁判・年金行政などの役割を除く)，それと比較して地方公共団体には自主財源(自主的に徴収できる税源)が少ない。

　かつて地方公共団体は，**自主財源**である地方税などの割合が歳入全体の 3 〜 4 割程度しかなく，国から配分される**地方交付税**と**国庫支出金**が多くの割合を占めていた(「三割自治」または「四割自治」)。近年，地方公共団体の歳入に占める地方税の割合は増加傾向にあるが，不十分なため，国からの資金に依存し，国の指示に従わざるをえない状況にはあまり変化がない。

　また，高齢社会の到来により地方公共団体の介護負担が増加するなどし，財政状態は悪化している。かつて炭鉱によって繁栄した夕張市が，炭鉱閉山後，それに代わる産業がないまま借金(地方債)を累積し，**財政再建団体**に指定されたような例もある。

◎地方財政の内訳

❶**地方税**　都道府県・市町村が，徴税権に基づいて地域の住民や法人から徴収する租税。(都)道府県税と市町村税に分類される。

❷**地方交付税**　国税(所得税・法人税・酒税・消費税・たばこ税)の一定割合を自動的に地方公共団体に配分するもの。地域的な所得格差によって地方公共団体のあいだで不均衡が生じるのを是正するため，国が税収の少ない地方公共団体へ手厚く交付することで調整する。

❸**国庫支出金**　「補助金」ともいう。国が資金の使いみちを指定して，地方公共団体へ支出される。国が地方公共団体にまかせる仕事に対して，国が負担する特定財源。

❹**地方債**　地方公共団体が公営企業や建築事業への財源にあてるために発行する公債。従来は政府(総務大臣または都道府県知事)の許可が必要であったが，2006年度から**事前協議制**に移行した。

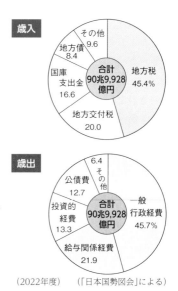

歳入

その他 9.6
地方債 8.4
国庫支出金 16.6
合計 90兆9,928億円
地方税 45.4%
地方交付税 20.0

歳出

6.4 その他
公債費 12.7
投資的経費 13.3
合計 90兆9,928億円
一般行政経費 45.7%
給与関係経費 21.9

(2022年度)　(「日本国勢図会」による)

地方創生を主導するのは，政府か，それとも地方公共団体・住民か

Ⓐ Ⓑ それぞれの立場と意見

Ⓐ 中央政府主導のコンパクト・シティ形成で持続可能な都市・社会を実現する

①コンパクト・シティとは，公共施設・商店・医療・福祉・住宅などを市の中心部に集中させた都市のことで，住民が日常生活圏で買い物や通勤・通院ができ便利になる。福祉・介護サービスも効率化でき，財政支出が減る。
②コンパクト・シティを推進する国交省は次の３つの留意点を示している。
　1. 一極集中ではない。多極型である(旧町村の役場周辺などの生活拠点も含め，多極ネットワーク型のコンパクト化)。2. すべての居住者(住宅)を一定のエリアに集約させるのではない(住居の集約で一定エリアの人口密度を維持するが，農業等の従事者が農村部に居住することは当然)。3. 中心都市への強制的な集約ではなく，誘導による集約化を推進する。
③コンパクト・シティが提起されたのは，多くの地方都市で住宅や店舗等の郊外立地が進み，拡散して低密度な市街地によって財政の効率も悪く，また拡散した居住者が各種サービスを受けるのも将来不便になるとの想定からである。コンパクト・シティ形成により「経済成長のけん引」，「高次都市機能の集積・強化」，「生活関連機能サービスの向上」をめざすのである。

Ⓑ 地域主導で資源の価値を生かした自立を実現する（宮崎県東諸県郡綾町）

①綾町は宮崎市の西方約20kmの中山間地域に位置し，町へのアクセスは路線バスだけの不便な場所で，かつて基幹産業であった林業の衰退と共に過疎化も進んで，過疎振興地域の指定を受け，町自体が沈滞状況に陥った。
　ところが今では照葉樹林を生かした環境保全と文化の継承および有機農業など，自然生態系を重んじた持続可能なまちづくりに成功し，観光客が年間累計100万人も訪れる人口7,500人前後で推移する町になった。
　過疎の町に大変化をおこしたまちづくりの特徴は，町長の「地域の豊富な自然と調和し自然生態系を重んずるということに尽きる」という姿勢で，町長は，全国約60の小規模自治体で構成する「全国小さくても輝く自治体フォーラムの会」の会長も務め，持続可能な自立した地域社会のリーダーになった。
②国内最大規模の広い照葉樹林を有する綾町は面積の８割が森林で(国有林が過半)，国の２回の伐採計画を阻止し，照葉樹林へ入るための「照葉大吊橋」(有料)をつくった。橋は多いときで年間250万人が利用して収益を生み，照葉樹林は自然散策や自然科学の学習の場，保養・休養の場としても活用され，観光地としても成長していった。また有機農業を推進したことにより綾町の基幹産業は農業となり，農家の約74%(387戸/524戸)が有機農家に登録している。農作物は，多くを町外，県外にも出荷するまでに成長した。

(参考：「AFCフォーラム2016年1月号」前田穣「原生の照葉樹林と有機農業の里　変わらない昔からの自然が人を招く」)

労働問題（関連pp.213〜221）

❸ 多様な働き方・生き方を実現する社会

▶高度経済成長期には**日本型雇用慣行**が高く評価されていたが，1990年代のバブル崩壊以降，小泉内閣により「構造改革」政策が進められ，非正規雇用，ワーキングプアなどが増加した。2020年からの新型コロナウイルスの世界的流行もあり，テレワークなど情報通信技術を活用した在宅勤務など，多様な働き方が可能となる一方で，従来の終身雇用を若者の5割以上が望むなど，安定志向も見られる。

◉終身雇用，年功序列賃金（日本型雇用慣行）の「影」

①男性が企業に正社員として採用されて家計を支え，女性は専業主婦として家庭を支えたり，パートタイマーとして家計補助的賃金を稼いだりする性別役割分業を前提としていた。男性の正社員が企業の中枢にいて，女性労働者は差別的待遇を受けていた。

②正社員は他企業に移ると，退職金などで損失を被るだけでなく，**年功序列賃金**のために移った先の企業では低賃金となる。よって，転職が困難となる。

③1つの企業にしばられるので，正社員は会社の理不尽な命令にも従うことになり，長時間労働，過労死などがおきやすくなる。

◉自由で多様な働き方（非正規雇用など）の「影」

①公的な雇用規制が緩いアメリカではすでに生じた現象であるが，日本でも**非正規雇用者**のほとんどは一般的に賃金や労働条件が劣悪で，長時間労働や不規則勤務が常態化している。フルタイムで働く非正規雇用者でも，そのほぼ半数は，年収200万円未満しかない。

②パートタイマーは正規雇用者と比べて，同じ労働をしても賃金，各種の労働・社会保険の不適用，退職金・福利厚生などの格差がある。**同一労働同一賃金**の要求や「正社員パート」（パートでも正社員待遇）を求める意見が出ている。

③企業が正規雇用者を解雇して，非正規雇用者に代替する傾向が続いている。正規労働者は失業の不安にかられて長時間労働などを受け入れやすくなる。これによりストレスにさらされ，全体的に労働の劣化が進む。

◉理想の働き方「ディーセント・ワーク」

　ILO（国際労働機関）は，1999年の総会で「ディーセント・ワークを達成することを世界目標とする」との方向性を示した。ディーセント・ワークとは「働きがいのある人間らしい仕事」をさす。具体的には，労働者にとって労働時間，賃金，休日の日数，労働の内容などが人間としての尊厳と健康を損なうことなく，生活の安心と安定が得られる労働条件が確保されていることである。

課題　日本型雇用慣行を守るべきか?
自由で多様な働き方を尊重すべきか?

Ⓐ Ⓑ それぞれの立場と意見

Ⓐ 日本型雇用慣行を守るべきである

①**終身雇用**(長期雇用慣行)は雇用を安定させ，長期的な視点から人材を育てる機能を備えている。正社員は新卒で入社して会社が配属を決め，企業の中で職務経験を積み，能力を高める。一企業の訓練・教育で育った人材は社内に留まり，流出しない。

②職務経験とともに賃金が上がっていく「**職能賃金制度**」(潜在的可能性も考えた人間評価)であり，毎月の給与やボーナスで同期入社の社員に大きな差をつけることのない年功序列のしくみになっている。これにより，社員どうしに協調的・信頼的関係が生まれ，生産・経営・研究開発などで効率性が高まる効果がある。

③企業は不況でも解雇を避け，残業時間削減，配置転換や系列企業グループへの出向，賃金・ボーナスの抑制などで対応する。これにより，社員の雇用が維持される。

④とくに大企業では，正社員への福利厚生が充実している。企業は家賃補助，社員寮，低利での貸付による持ち家支援，保養所や社員食堂利用，社員旅行やクラブ活動支援などを行う。

⑤定年まで安定した雇用と年功序列賃金が保障されるため，社員は生活設計など将来の見通しを立てやすい。このため，日本型雇用慣行は従業員の企業に対する帰属意識・忠誠心を強固にした。

Ⓑ 自由で多様な働き方を尊重すべきである

①パートタイマー・派遣社員のような就業形態の多様化は，本人が希望している新しい働き方である。「仕事と生活(家庭)の両立をはかる(**ワーク・ライフ・バランス**)」，「専門性を生かした」，「契約本位」の働き方は，中高年者や主婦など就職の困難な者に多くの雇用機会を提供しており，雇用の創出にも役立っている。企業に拘束されない働き方としてパートタイマーや派遣社員を希望する者がいるのだから，規制により雇用機会を奪ってはならない。

②年功序列賃金では生産性を下回る賃金しか受け取れなかった若者が，**成果主義**の導入により生産性に見合った賃金を得られる。また，中途採用者が不利になることもなくなり，転職によって自分に合った適職や労働条件の良い職場に移る選択が可能となる。

③転職の機会を広げるために雇用を弾力化・流動化する規制緩和政策を推進すべきである。すなわち，市場メカニズムを働かせるためには，正社員の既得権益を否定し，雇用の弾力化をはかる必要がある。つまり，解雇を自由にすれば雇用することも容易になり，非正規雇用者を活用することで雇用が増えるし，失業も賃金の引き下げによって解消される。

論点　労働時間などを労働者本人が自由裁量できる高度プロフェッショナル制度や裁量労働制は，残業代がなく長時間労働になりがちである。また，成果主義は評価の仕方が難しく，従業員間での不公平さや個人プレーの横行という問題が生じがちである。非正規雇用を不安定就業と捉えるのか，それとも労働者が自ら選択した「新しい働き方」と考えるのか，論議されている。多様な働き方・生き方は望ましいが，それが同時に雇用の安定性や一定水準の労働条件の保障という，ディーセント・ワークにかなったものであるか，が論点である。

7

現代日本の諸課題

中小企業(関連pp.208～210)

中小企業・産業構造の変化・起業

▶日本では中小企業の占める割合が非常に大きいが，産業構造の高度化やグローバル化の流れの中で今後，どのような姿をめざすべきか。また，新しい分野への参入や起業の可能性を広げるためには何が必要か。

●民間活力の活用により中小企業の自立と発展を進める考え方

　現在の大企業も，小さな町工場から一粒のアイデアを上手く育てながら発展したものが少なくない。大組織よりも小回りの利く小組織のほうが経営上の決断をしやすく有利になる場合もある。独創的な技術・サービスの開発を目標として積極的にベンチャー・ビジネスに取り組むべきである。しかし，新規事業に参入するにしても，あるいは起業するにしても，中小企業やベンチャーにとって資金調達は大きな問題である。

　そこで最近はベンチャー・キャピタルとよばれる，成長の見込みのある企業に「出資」をして，その企業が成長した後に資金を回収する投資会社も多く出現しているので，これらの投資会社との連携を図るのも1つの選択である。ベンチャー・キャピタルとは未上場時にその企業の株式を購入して，その企業が成長した後に株式を売却して，キャピタルゲイン(当初の投資額と株式公開後の売却額との差額)を得ることを目的としている企業のことである。

●中小企業の現状は厳しいので，一定の保護と支援を進める考え方

　中小企業の現実を見れば，依然として賃金や労働条件において大企業との格差は大きく，中小企業には人材が集まりにくい。技術の開発や人材の育成に政府や自治体の支援が必要である。

　とくに中小企業では近年，経営者の高齢化が進んでおり，いかに後継者を確保して事業をスムーズに継承するかも大きな課題となっている。そのため，第三者に事業を譲り渡したい経営者とそれを引き継ぐ意思がある者とをマッチングさせるために，全都道府県に事業引継ぎ支援センターなどが設置されるようになった。また，2008年には経営承継円滑化法が制定され，融資の点で日本政策金融公庫からの支援や，相続にともなう相続税や贈与税の納税猶予や免除などの制度も用意されており，このような制度の活用も有効であろう。

　さらに，多くの資産を持たない中小企業には金融機関の融資基準も厳しく，技術開発や設備投資のための資金も集まりにくい。中小企業の経営基盤の整備のためには財政・金融面での援助や，「貸し渋り」などによって倒産した場合のためのセーフティネット(安全網)も必要ではないだろうか。

❺ 食料の安定供給・持続可能な農業構造

▶ 日本の農業人口の7割は65歳以上の高齢者で，低い生産性や割高な農産物価格，増大する耕作放棄地などさまざまな問題を抱えている。また，食料自給率は約38％（カロリーベース，2021年）と先進国の中でも極めて低い現状を考えれば，食料の安定供給という点からも，今後の日本農業を持続可能なものにするために，どのような政策が考えられるであろうか。

◉規制を緩和し，農地の集約や会社による農業経営などの可能性を広げる考え方

　日本の農業の大きな弱点は生産性の低さであり，その原因の1つに農地が小規模で分散していることがある。分散した農地を集積・集約化して経営規模を大きくするためには，農地の移転や貸し借りに対する規制を緩和・撤廃し，農地の流動化を促進する必要も生じる。その1つの試みとして，地域の農地を借り受け，それを担い手に貸し出す農地バンク（農地中間管理機構）などの制度も始まっている。また，経営規模が拡大すれば家族労働では不十分な場合もあり，いわゆる会社などの大きな組織による農業経営も必要になる。2009年の農地法改正で一般企業の農業への参入が容易になり，株式会社などの法人による農業経営が増えている。

　日本の農業の大きな問題の1つに後継者不足・担い手不足があるが，会社組織の農業は，新しい就農希望者の受け皿としても期待されている。近年，農産物の高付加価値化のために，農産物のブランド化や6次産業化（1次×2次×3次）が話題になることも多いが，これらの点でも，会社組織による農業には大きな可能性があるのではないだろうか。

　　★1　農業（1次）が製造や加工（2次），販売（3次）まで行うこと。

◉食料自給率を高め，環境を守るために，国内農業の保護を進める考え方

　世界の食糧問題の深刻化を考えれば，**食料安全保障**の見地から，日本の食料自給率を高めるべきであるし，食料を輸送する際に生じる環境負荷への影響（フードマイレージ，輸入食料の総重量×輸送距離）を考えると，国内生産の拡大，地産地消を推進すべきである。また，食料・農業・農村基本法でも農業の多面的機能（環境保全・災害防止など）が指摘されている。農地はダムと同様に水資源を確保するとともに洪水を防止し，また空気を浄化するなど，国土と環境の保全のために大きな役割をもっている。そこで政府は，食料自給率を高めるために，農産物の販売価格が生産費を下回った場合に政府が差額を負担する，**戸別所得補償制度**を2010年に始めた（2013年に**経営所得安定対策**に変更）。

　さらに，輸入農産物は国産品に比べ安いものが多いが，安全性の判断基準に不安を感じるものも少なくない。国産品は価格の面では不利でも産地直送や，生産地・生産者名を明記し，流通・販売経路も詳しく表示して**トレーサビリティ**（履歴管理）を明確にするなど，特性を生かしていけば，自立できる可能性も広がっていくのではないだろうか。

❻ 日本の財政（歳入・歳出）の健全化

▶日本の財政はかつてないほどの巨額の債務を抱えている。少子高齢化にともない社会保障給付を受ける高齢者が増えていく一方，税収を支える現役世代の減少は止まらない状況にある。下のグラフに見られるように，近年の状況は「ワニの口」にたとえられる。社会保障費などの歳出がワニの「上あご」，租税を中心とした歳入がワニの「下あご」をさし，バブル崩壊の1991年あたりから歳入（税収）は横ばいなのに歳出は増える一方で，「ワニの口」が開き続けている状況からこのようによばれる。この「上あご」と「下あご」の差を埋めるために，赤字国債の発行が続いており，この状態をそのままにしておくことは，将来世代の負担を考えると世代間の公平性の点からも大きな問題である。開きつつある「ワニの口」をどうしたら閉じることができるのかが日本の財政の課題である。

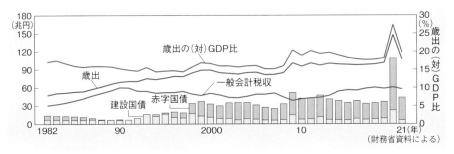

▲一般会計歳出と税収および国債発行額の推移

⬤歳出を減らすことは可能だろうか？

　財政再建が叫ばれるようになってから，国家予算の無駄を省き，予算を効率的に運用する努力が続けられてきたが，結果として，高齢化にともなう社会保障費の増加分を相殺することはできなかったといえるだろう。また，予算や公務員の人件費の節約が，社会的弱者の切り捨てや，本来必要な行政サービスの低下をもたらしたという批判を招いた。

　公共事業費も以前に比べればかなり削減されたが，最近はかつてつくられた全国の道路・橋・建物などが老朽化し，それらの維持やメンテナンスの費用にとどまらず，設備そのものの更新の必要性も強く主張されている。さらに，世界全体が抱える地球温暖化への対処など，新たな予算の増加要因もさまざまに考えられる。

　もちろん，明らかな無駄づかいは避けられるべきだし，小さな政府を主張する立場からの提言を議論することも大事である。しかし，今後もしばらくは高齢化がさらに進行することを考慮すると，日本社会の安全・安心を維持し，人間らしい生活を保障し，将来世代を育てていくために必要な歳出を削減することは，非常に難しいことが予想される。

◉歳入を増やすことは可能だろうか?

　歳入を増やすために基本的には増税が必要である。ただし，注意しなければならないのは，法人税など企業への増税にしても，所得税や消費税などおもに消費者への増税にしても，そのこと自体が，消費者の購買意欲を減少させ，景気を悪化させ，企業の売り上げや個人の所得の減少につながり，結果として，税収の減少につながりかねないということである。

　その点をふまえた上で，増税を考える際にも消費税などの間接税を中心にするかや，所得税や法人税などの直接税を中心にするか，いつのタイミングに行うのかなども難しい問題である。現在，世界的な問題になっている格差の拡大を考慮し，政府の役割として所得再分配機能を重視する立場の人は，所得税や相続税などの累進税率を強め，富裕層からの徴税を強めるべきだと主張するであろう。また反対に，現在多くのヨーロッパ諸国の付加価値税がおおむね20%以上であることを参考に，日本でも消費税の20%前後への増税は許容すべきであると考える人もいるであろう。では，現実的にどの程度の負担が可能であろうか。次の2つのデータを参考に考えてみよう。

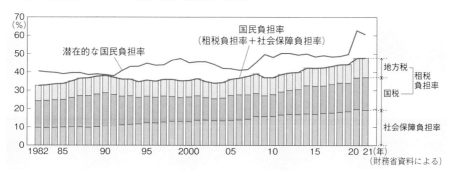

▲国民負担率の推移

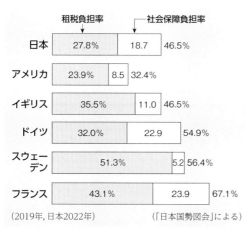

(2019年, 日本2022年)　　　　　(「日本国勢図会」による)

▲国民負担率の国際比較

　1970年から日本の国民負担率(⇨p.178)は増加傾向にあり，2022年現在46.5%になっている。現状としてアメリカは低負担低福祉，ヨーロッパ諸国は高負担高福祉の典型的な国であると考えられる。

　「潜在的な国民負担率」とは，租税負担と社会保障負担に将来世代の潜在的な負担として財政赤字を加えた額が国民所得に占める割合のことである。

防災と安全・安心な社会の実現

▶自然災害（天災）には，地震，津波，風水害（台風，洪水），竜巻，火山噴火・火砕流，干ばつ，大雪，熱波や山火事，氷河融解や凍土融解などさまざまな種類がある。日本での発生件数は「台風」がその半数を超え，次いで「地震」，「洪水」である。自然災害には，近年の地球温暖化にともなう異常気象によって発生の頻発化や甚大化など人災の面もあるが，地震・津波，火山噴火・火砕流のように人力では避けられない災害もある。それぞれの災害に対応した防災・減災をはかる工夫が望まれる。

●防災政策のハード面とソフト面

　防災・減災には，たとえば津波や洪水に対しては防波堤や堤防を高く築き，低地の集落を高台に移すなどハード面の対策がある。防波堤は高いほど安全を高めることになるが，その一方で海と分断され，海が見えないなど景観が破壊されたり，渚で遊べなくなったりするなど自然との関わりが薄くなってしまう。また，高台へ移住した漁師は職住近接ではなくなり，移転によりこれまでのコミュニティーの人間関係が壊れるなどの問題もおこる。川筋をコンクリートで高くする河川改修やダム建設でも似たようなマイナス面が生じる。

　また，頻発する自然災害に対し，国土強靱化という防災に不可欠な社会資本の充実はもちろん望まれるが，ハード面での全国での早急な工事施工は財源的に対応ができない現状では，カネのあまりかからないソフト面での対策で命を守ることが最優先となる。ここでは津波からの避難で生死を分けた例をあげ，ソフト面の重要性を考えたい。

（課題）**津波災害，明暗を分けるもの（東日本大震災での事例）**

Ⓐ Ⓑの対照的な事例

Ⓐ 宮城県石巻市立大川小学校の悲劇

　大川小学校（児童数108人）は石巻市釜谷地区の北上川河口から約4kmの川沿い（川から約200m）に位置し，標高は1m。大津波が襲った時間に校庭にいた児童は78人。このうち74人，教員は11人中10人，その他，学校に避難してきた地域住民や保護者のほか，スクールバスの運転手が命を落とす大惨事となった。津波にあいながら生還した児童は4人，教員は1人だけだった。

　地震から津波到達まで50分あったのだから，

約700m離れた高台（標高20mを超える「バットの森」）へ徒歩で避難すれば津波を回避できた。それなのにどうしてそこへ逃げなかったのか。

　地震直後，校舎は割れたガラスが散乱し余震で倒壊する恐れもあり，全員が校庭に避難して点呼をとった。そして教員の間で，このまま校庭に居続けるか，津波を想定して逃げるとすればどこに避難すればよいのか，避難先についてその場で議論を始め，意見がわか

れていた。

学校南側の校庭のすぐそばには裏山(標高75m)へ登るための緩やかな傾斜が存在し、児童らにとってシイタケ栽培の学習でなじみの深い場所で、裏山は有力な避難場所であった。その裏山へ避難しなかった理由のひとつに、土砂災害警戒区域であり、当日は降雪により足場が悪く、余震で土砂崩れや地盤沈下、倒木・落石の恐れがあったことがあげられた。また、県の津波浸水予想図では学校自体が津波の浸水想定区域に入っておらず、むしろ津波の際の地域の避難所として指定されていて、すでに高齢者を含む近所の住民も避難してきていたことから、校庭にとどまるという主張であった。一方で、裏山ではなく、約200m西側にある周囲の堤防より小高くなっていた新北上大橋のたもと(三角地帯、標高6.7m)へ避難するという案もあがった。教頭は「山に上がらせてくれ」と釜谷地区の区長(自治会長)に提案したが、区長は「ここまで(津波が)来るはずがない。三角地帯に行こう」と主張し、口論となっていた。

この議論の間、20家族ほど親が迎えに来て一緒に帰宅した児童もいた。大津波警報が出ていることを報告した親もいた。結局、最終的に教員と児童らは地震発生から40分以上たってから、全員徒歩で三角地帯に避難することになり移動を開始した。石巻市の広報車が大川小学校付近で津波の接近を告げ、高台への避難を呼びかけた直後に、「ゴー」という音と一緒に川から津波(8.6m)が襲ってきた。移動中の児童たちは校庭の脇の山に登ろうとしたがほとんどが間に合わず、4名の児童と教員1名だけが助かった。

震災後に遺族らがおこした裁判では、大川小学校の『地震(津波)発生時の危機管理マニュアル』に、「第1次避難」は「校庭等」、「第2次避難」は「近隣の空き地・公園等」とあいまいに記載し、改訂を学校が怠った点や、県の策定した津波浸水域予測図(ハザードマップ)の信頼性を検討すべきだった点などから、学校側の防災体制の不備が認定された。判決では、裁判所は市と県に対し、約14億3,600万円の支払いを命じた。

Ⓑ 美談「釜石の奇跡」の真実(「釜石の出来事」：成功した避難の事例)

岩手県釜石市の小中学校に通う子どもたちの場合、当日学校に登校していた生徒全員が生還した。人口約4万人の市内で1,046人の死者・行方不明者が出たが、小中学生の99.8％が無事だったという事実、さらに、釜石市鵜住居地区(死者・行方不明者627人)で中学生が小学生の手を引いて避難した事実は、徹底した事前の防災教育の成果で子どもたちが自主的に動いたと受け止められ、メディアで「奇跡」として高く賞賛された。

以下、とくに称賛された鵜住居地区にある鵜住居小学校と釜石東中学校の約570人を事例としてとりあげる。

大地震発生時、釜石東中学の生徒たちは校

庭の片隅にある「点呼場所」へ集まった。教員たちは学校の中に取り残されている人がいないか見て回った。その時、「点呼はいいから、走れ！」と教員が生徒へ声をかけ、全員の点呼が完了する前、まだ地震の揺れが続くなか生徒たちは避難を始めた。生徒たちが避難先としてまず向かったのは、学校から800m離れた学校指定の避難場所(高齢者施設の駐車場)だった。駐車場に向かう途中、生徒たちは隣の小学校や周囲の住宅に伝わるよう、避難を呼びかけながら走った。800mほど走ったところで、小学校から子どもたちが出てくるのが見えた。避難先の駐車場で5分ほど待機し、中学生と小学生は合流した。

待機する間も何度も余震があり，裏山が崩れ始めていると近所の人から教えられ，落石もおきたので，中学校副校長の決断でさらに上の介護福祉施設(海抜15m)へ移動した。このとき中学校の副校長が小中学生にまとめて指示を出していて，小学生と中学生は駐車場から施設まで手をつないで避難をした。

津波はその介護福祉施設にも到達しそうな勢いだった(実際に到達した)。そのため教員たちが「走れ」「逃げろ」と必死によびかけるなか，生徒たちは即座に裏山と峠の二手に分かれ，てんでに助け合って避難した。

このように真実は「自主的に避難を始めた」のではなく教師のよびかけがあったし，その後の駐車場から介護福祉施設への避難も副校長の指示だった。また，避難誘導をおこなった住民，水門を閉めにいった消防団員など，さまざまな人々が生徒・児童を支え，全員が無事避難し，生還することができた。

● 避難を成功させるためには

Ⓐの大川小学校の場合，過去に津波が到達した記録がないことから，県の津波浸水予測図およびその想定に基づいた市のハザードマップでは，大川小学校は，津波の予想浸水域から外れ，津波の際の避難所となっていた。大川小学校でも大津波への対応はまったく考慮しておらず，大津波に対応する避難場所を定めた危機管理マニュアルがなく，津波避難の訓練も実施していなかった。さらに震災時に，指揮命令系統がある人が機能せず，大きな被害を生じさせた。この点からのちの裁判では，行政の組織的な過失が認定された。

Ⓑの釜石の場合，世界最大級の湾口防波堤が築かれていたため，逃げなくても大丈夫だと言う人が多かった。そこで，過去の津波の経験を生かして，大震災の8年前から専門家の指導で防災教育・訓練を続けていた。また，各教科に津波や地震の学習を織り込んだカリキュラムを開発したり，普段から津波の碑を見て歴史を学び，通学路を歩いて避難場所・避難路の確認マップを作成したりもしていた。さらに家庭では，家族と避難計画を話し合い，地震発生時に家族がそれぞれどこへ逃げるのか確認させた。具体的な行動原則として，地震即避難とともに「想定にとらわれるな」「その状況下で最善をつくせ」「率先避難者たれ」という「避難の3原則」教育を徹底した。災害時は必ず想定外の現象が発生するので，ハザードマップを妄信することなく，その時に「いつ，どこへ逃げるか」というとっさの判断力は，事前に具体的な行動計画を身に付けておかねば働かないという。

震災時には，教員や住民などのよびかけもあり，自助・共助が連携して機能し迅速な避難につながり，震災当日，釜石市内の小中学生で学校に登校していた全員が生還できた。この避難の成功について市教育委員会は，「常識ではあり得ないことが起きたわけではない，訓練や防災教育の成果であり，日頃の取り組みの積み重ねだった」と述べている。

(参考：片田敏孝「釜石の子どもたちにみる防災教育」テンミニッツTV)

国内政治から国際政治へ —相互の関係性について—

//////////////////////////////////////
第1編から第2編へ
//////////////////////////////////////

○国内政治

第1編では近代に成立した国民国家を前提にして，その政治（国内政治）のあり方を中心に述べてきた。

しかし，国内政治と国際社会をきっぱり分けるのは無理で，相互に影響を与え合っている。例えば，日本の安全保障や貿易，円高・円安などは，もともと外国と関わる分野であるから，国内政治と国際政治の交点にあたり，国内政治でも論争点になる。

具体的な例では，近隣諸国との軍事的緊張が高まったことによる，日本の防衛政策の大転換の是非がある。敵基地攻撃能力の保有を含めた軍事面の強化や，防衛予算の増額（GDP比2％）などが，国内政治の論点になった。また，アメリカとの金利差に由来する円高への対策として，日本の金融当局は市場介入をするのか，ゼロ金利政策を止めるのかなどが論点になった。

グローバル化した現代では，もはや国内だけで解決できる問題は存在しないほどに，物事は入り組み，相互関連性がある。

○国際政治

一方，国際政治は，国際社会におこる国際紛争を解決し，国際秩序をうち立て維持することで，そのやり方には大きく2つある。

1つは外交交渉による平和的な解決で，現代ではこれが本命とされる。もう1つは，武力による威嚇やその行使などで決着をつける軍事的解決である。★1 軍事的解決には，過去の世界大戦や紛争をみても明らかなように，戦死や戦傷など多くの人的被害がともない，後々まで悲しみや憎しみなどの重い感情が残り続けてしまう。

『永遠平和のために』を著したカントは，民主主義国家において国民は戦争の苦難を忌避して開戦に同意しないはずだから，世界中の国家が民主主義国家になる必要があると考えた。つまり，独裁国家は戦争を始める危険があるというわけである。

国内政治が民主主義体制を築くことが国際平和に寄与し，そして，国際社会を構成する各国家がどのような性格の国家であるかが，国際平和に重要な影響を与えるといえる。

★1　秩序維持は力（軍事力）によるとする政治を，**権力政治（パワー・ポリティクス）**という。

▼国際政治を国内政治と比較して，その特徴を理解しよう

国内社会		国際社会
議会がある。議会制定法は全国民を拘束する。	立法機関	世界議会はない。国連総会の決定は勧告にとどまる（拘束力はない）。
政府がある。内閣や大統領に行政権がある。	行政機関	世界政府はない。国連事務総長は世界大統領ではなく，事務局の長（仲介などを行う）。ただし，国際機関が一部行政権を補完する。
裁判所があり，強制管轄権を有する（当事者の一方の提訴で裁判が開かれる）。	司法機関	世界裁判所はない（国際司法裁判所は当事国双方が同意しないと開けない）。
警察・検察・裁判所などが執行する。	法の執行	執行しない。ただし，国際機関が一部の法の執行を補完する。

○国内社会と国際社会

国内社会と国際社会の政治面の違いをあげれば，まず国内社会には統一的権力（最高絶対の主権）があり統治する。つまり，統治機関としての政府が，国内に居住するすべての人々に対して統一的なルールを適用し，強制することができるのが国内社会である。

一方，国際社会は，主権国家どうしが独立・対等な併存関係（「ヨコ」の関係）で成り立っており，国家の上位に世界的な権力機構はない。これは国際的な無政府状態ともいうべき状況で，国内社会のような統一的なルールを，国際社会で強制することはできない。

○主権の絶対性をめぐる問題と世界連邦構想

主権国家は独立国として，自らの意志以外何ものにも縛られない。つまり，主権の無制限の行使が可能となる。かつての国家には戦争する権利さえあったが，このような力がむき出しの**権力政治（パワー・ポリティクス）**では，強国のしたい放題という国際的無秩序が生じてしまう。

そこで，各国の主権を制限または廃止して，人類全体を基礎とする世界連邦（世界国家）を樹立すべきという主張が出てきた。世界連邦

の下では，世界行政府や世界議会，世界裁判所が創設され，国家主権を基礎とする条約にかわって，世界法たる性質をもつ世界憲法が規律することになる。

現実の国際社会では，国連憲章などの条約を国家間で締結することで，国際的秩序を整える方向に進んできた。

例えば，①国連安全保障理事会が国際の平和と安全を確保するためにする決定が全加盟国を拘束する点は，各国が自国の主権の制限と委譲をしていて，安保理が世界政府的な存在になったともいえる。②EUは国民国家の絶対主権を自ら制約し，欧州統合（国境なき共同体）をめざすものである。③人権に関しては，多くの国際人権条約には監視機関が設けられていて，加盟国から実施状況の報告書を提出させ，審査し，人権侵害を公に批判できる体制になっている。これは，内政に干渉してでも普遍的人権を守るべきだという規範が確立しているといえる（人権侵害に関する内政不干渉の原則の否定）。

これらにも欠陥や問題があるものの，多種多様な国際法をめぐらして国際社会を「法の支配」の下に近づける努力がはらわれている。

TOPICS

世界連邦による世界秩序の構築

「世界連邦」は，核兵器による破壊や戦争を二度と繰り返してはならないという思いを抱いた世界の科学者・文化人らが提唱したもので，その成立をめざす「世界政府のための世界運動（現在の世界連邦運動）」が1946年に組織された。賛同者にはアインシュタイン，シュバイツァー，バートランド・ラッセル，湯川秀樹，尾崎行雄などがいる。

世界連邦運動のおもな活動原則は，「世界的に共通な問題については，各国家の主権の一部を世界連邦政府に委譲する。」「各国の軍備は全廃し，世界警察軍を設置し，原子力は

世界連邦政府のみが所有・管理する。」「世界連邦の経費は各国政府の供出ではなく，個人からの税金でまかなう。」である。

運動は，世界的な機関に法的，政治的機能を付与することをめざす一方，国内的な問題については国民国家の主権を認めている。これは，人類の共通の利益を保護し前進させるための**世界共同体の集団的権利**と，**国家の自決に関する正当な権利**との均衡がとれ，矛盾しないという世界秩序の構築である。新しい世界秩序の下で，世界の人々は，各国の国民であると同時に，**地球市民**として平等で，基本的人権も尊重されることになる。

第 **2** 編

国際社会の政治と経済

・・

1 ≫ 現代の国際社会

● まとめ

① 国際社会の特質 ☞p.250

☐ **国際社会の成立**　絶対主義の時代に近代国家の枠組みが形成→1648年のウェストファリア会議で国家主権を相互承認。ヨーロッパで国際社会が成立。19世紀に国民国家体制となる。ヨーロッパからアメリカや日本，アジア・アフリカにも拡大。

☐ **主権国家**　対内的には**統治権**，対外的には**独立権**をもつ，国際社会の構成単位。

☐ **国際関係の諸要因**
　政治的要因…ナショナリズムを基盤とした国家の政治的利害関係。
　経済的要因…国益(ナショナル・インタレスト)の追求→通商政策や海外資産の獲得・運用。
　文化的要因…宗教やイデオロギーによる対立や連帯。

☐ **国際紛争と国際協調**　勢力均衡による平和。インターナショナリズムによる民族の協調。近年はNGO(非政府組織)による国際平和への貢献。

② 国際法とその限界 ☞p.253

☐ **国際法の成立**　自然法としての国際法。グロティウスが『戦争と平和の法』などで基礎概念を確立。国際会議の開催，国際規約の成立などを経て発達。

☐ **国際法の性格**　①条約(成文国際法)…国家間の文書による合意。②国際慣習法…公海自由の原則，外交官特権など。③**戦争法規**…捕虜の扱いなど国際会議で承認。

③ 国際連合と国際協力 ☞p.256

☐ **国際平和機構の考え**　アンリ4世，サン・ピエール，カントらの永久平和論。

☐ **集団安全保障**　武力不行使の約束と違反国への集団制裁のための国際組織の結成。

☐ **国際連盟の成立と問題点**
　成立…第一次世界大戦の反省。米大統領ウィルソンの提案。
　組織…総会・理事会・国際労働機関・常設国際司法裁判所。
　欠陥…全会一致制，制裁力が不十分，アメリカの不参加。
　変化…ドイツの加入，世界恐慌に直面，ソ連の参加→日本・ドイツ・イタリアの脱退，ソ連除名。第二次世界大戦により解消。

☐ **国際連合の誕生**　第二次世界大戦末期のヤルタ会談→**サンフランシスコ会議**で国際連合憲章の採択→原加盟51か国で発足。現在193か国が加盟(2022年)。

☐ **国連の目的と役割**
　①国際平和と安全の維持，②諸国間の友好関係の促進，
　③経済・社会・文化面での国際協力，④人権擁護など。

□ **国連の原則**　すべての平和愛好国に開放(普遍主義)。加盟国の主権平等の原則。

・**加盟国の行動原則**…国連憲章の遵守義務の履行，主権尊重→内政不干渉

多数決の原理→諸国の合意の形成

□ **安全保障** ⎰ 経済封鎖などの**非軍事的制裁**。国連軍による**軍事的制裁**。

⎱ **集団的自衛権**の容認。平和維持活動(PKO)の貢献。

安全保障理事会が中心→**五大国を含む15か国**。五大国に**拒否権**。

□ **国連の課題**　国家エゴの克服。安保理の拒否権問題。アメリカの分担金滞納の問題。小国の存在。PKOのあり方，国連待機軍の構想→常備軍化の問題。

④ 国際政治の動向と日本 ⇨p.266

□ **2つの世界の対立**　米ソ対立を軸とする資本主義陣営と社会主義陣営の対立(冷戦)→北大西洋条約機構(NATO)とワルシャワ条約機構の軍事同盟が対抗。

□ **新興独立国の誕生と第三世界**　アジア・アフリカの植民地の独立→**平和五原則・十原則**→**中立主義・非同盟主義**を唱える平和勢力として**第三世界**を形成。

□ **緊張緩和と平和共存**　インドシナ戦争・朝鮮戦争の休戦。東西話し合い外交。

□ **国際社会の多極化**　各体制内部の乱れ。西側諸国間の不調和，東側諸国間の対立→中ソ対立など，第三世界の不統一→**世界の勢力関係の多様化**。

□ **冷戦の終結**　1989年，東欧の民主化。東西協調への転換→米ソ首脳のマルタ会談で冷戦の終結宣言。核軍縮の進展。1990年にドイツの統一，91年にソ連の解体。

□ **大国主義の終焉**　冷戦の終結により，大国の対立から協調へ。諸課題に対し，地球主義・地域主義などで対応し，**新しい世界秩序**を形成する必要。

□ **地域紛争と難民問題**　カンボジア内戦，湾岸戦争，旧ユーゴの内戦，アフリカ各地域での内紛など，**民族紛争**や**地域紛争**が続発→各地で多数の**難民**が発生。

□ **核兵器と軍縮問題**　1950年代半ばからの米ソによる「恐怖の均衡」，「核抑止論」を掲げた核軍拡競争。

・**軍縮への動き**…第五福竜丸事件(1954年)，**原水爆禁止世界大会**の開催。**パグウォッシュ会議**(1957年)，ジュネーブ軍縮委員会の設置。

部分的核実験停止条約(1963年)，核拡散防止条約(NPT)(1968年)，戦略兵器制限交渉(SALT I・II)，戦略兵器削減条約(START I・II)への調印など。

□ **日本の対外関係**　資本主義陣営と安保体制，国連中心主義，アジアの一員の自覚。日本外交に対してアメリカ追従との批判。近隣諸国との関係に大きな課題。

1 国際社会の特質

1 | 国際社会の成立と発展

▶ 今日，地球上には約190の国々があり，約80億の人々が住んでいる。これらの国々から成る国際社会は，いつ頃成立し，どのように展開してきたのだろうか。国際社会の推移と特質を考えてみよう。

1 国際社会の成立

❶ウェストファリア会議　**三十年戦争**[★1]（1618～48年）を終結させたウェストファリア条約において，ヨーロッパ各国の領域や主権が史上初めて承認され，各国が相互に主権を認め合い，主権国家が並立する国際社会がヨーロッパで成立した。

❷国際社会の拡大　当初の国際社会はヨーロッパの**絶対主義国家**から構成されていた。市民革命を経て国民の一体性が自覚されるようになるとともに，国民国家が構成単位になっていった。アメリカ・ラテンアメリカ諸国，トルコと日本が加わり，社会主義国，さらに第二次世界大戦後に独立したアジア，アフリカ諸国にまで拡大した。

❸国際社会の変容　当初はキリスト教を信仰する共通の世界に成立した国際社会も，社会主義の国々，イスラム諸国など異なる価値観をもつ諸国や発展途上国が加わり，多様性と対立がみられるようになった。

❹国際社会の構成単位の拡大　国際社会を構成する単位として，主権国家が基本であることは変わりがないが，国際連合などの国際機関や多国籍企業も重要な役割を果たすようになった。また，今日ではNGO[★2]や市民（個人）[★3]も国際社会に直接関わるようになってきている。

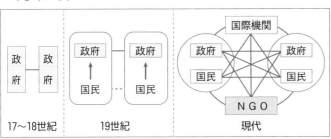

▲国際関係の主体の変遷

★1　ヨーロッパの宗教戦争で諸国が干渉・参戦した。フランスは新教徒側に，スペインは旧教徒側について戦った。1648年のウェストファリア条約により，ローマ教皇を頂点とする古い秩序が終わった。それとともに，ドイツの諸侯国は信教の自由と自己の領域の独立が国際的に保障された。オランダやスイスなど各国の主権と平等が認められ，ヨーロッパにおいて国際社会が成立した。

★2　非政府組織（Non-Governmental Organization）の略語。政治犯などの救済に努める国際的人権擁護団体の**アムネスティ・インターナショナル**や国際赤十字など民間の海外協力団体のこと。

★3　今日の国際社会の構成単位としてNGO以外に個人も認められる例には，国際人権規約の個人通報制度や国際刑事裁判がある。

POINT!

国際社会
（主権国家の並列）

{
構成単位は，主権を有する独立国家。
　→現代では国際機関やNGOも参加
17世紀半ばにヨーロッパで形成。
　→ウェストファリア条約
}

2 | 国際関係に影響を与える要因

▶ 近代国家以降，国内社会には国家主権（領域を統治する統一的権力）が確立しているが，国際社会はその主権国家どうしの並存関係で成立していて，国家を越える世界的権力機構がない。すなわち，主権国家相互は，「ヨコ」（独立・対等）の関係の中でさまざまな要因に動かされる。

1 国際関係の政治的要因

　各国家が**主権の絶対性**を主張して，主権を無制限に行使すれば弱肉強食の世界になり，国際的無秩序に陥るだろう。そこで各国は互いの主権を尊重しあい，国家自ら他国と合意したことを守ることで秩序を保つ必要がある。国家は互いに，**主権の自己制限**により自国の存続など**国益**を保全することになる。

❶**ナショナリズム**　フランス革命に始まる**国民主義**は，各国へ19世紀に広まり，やがて**国家主義**へ傾いていく。一方，第一次世界大戦後からは**植民地ナショナリズム**が植民地民族の独立運動として激しく燃えあがった。

❷**インターナショナリズム**　諸国家の平和的共存のために，相互理解と国際協力をはかる**国際協調主義**が必要である。

❸**勢力均衡**　いくつかの国家間で勢力均衡（バランス・オブ・パワー）を保持するため，同盟を結ぶ例は多い。冷戦終結後，国際関係におけるアメリカは，「世界の警察官」と称された。

2 国際関係の経済的要因

　国家のおもな目的は，国民の利益の擁護と増進にある。国際関係の背景には常に経済的利害がはたらく。帝国主義の時代には，先進国はアジアやアフリカの国々を植民地化し，近年でも，輸出や投資の拡大のための市場争奪競争が国家間で激しく行われている。

　補説　**覇権**　19世紀は「イギリスの世紀（パックス・ブリタニカ）」，20世紀は「アメリカの世紀（パックス・アメリカーナ）」といわれるように，経済的覇権が軍事的・政治的覇権の基礎になった。

★1　**主権国家**は自ら結んだ条約に拘束されるので，条約締結国が拡大すれば，国際秩序が保てることになる。たとえば安全保障理事会の国際平和と安全に関する決定は，国連の全加盟国を拘束し，国家の主権を制限すると同時に，平和と安全を保障する。

★2　**ナショナリズム**訳語は**国民主義，国家主義，民族主義**の3つに分かれる。

★3　福沢諭吉は『国を作るのは，その国だけの固有の利益を実現するためだ（「立国は私なり，公にあらざるなり」）』と論じた。

★4　今日，アメリカの覇権に中国が挑戦し，新たな覇権国になりつつあり，米中対決の時代になってきている。

❶ナショナル・インタレスト　国益(国家的利益)[5]と訳され，政治・経済・文化も含む広い概念。領土など国家にとっての核心的事柄，経済力・技術力・軍事力など国家の繁栄を左右する事柄，国際社会における地位に関する事柄などがある。

❷通商政策　低い関税率で多量の商品を輸出できる市場の確保に務め，また，格安な価格で自由に原料や製品を輸入できるよう，各国政府は外国と交渉している。

❸対外資産と植民地　17〜19世紀に西欧諸国は世界中に植民地をつくり，**対外資産(海外資産)**を増やし，その保護・拡大を国家の重要政策としてきた。今日でも，先進国はさかんに海外投資を行い，可能な限り高い収益をあげ，多くの資産を獲得するよう激しく競争している。

★5　今日では，国益に対して人類益や地球益が強調されている。一国だけの国益追求では地球全体の破滅をまねき，結果として国益を損なうからである。

Q 国益とは何か，あるいはだれにとっての利益なのか，客観的な基準があるのですか。

A 国益とは国家的利益の略です。外交の目標は国益の確保であり，国家の安全維持，領土の保全・拡大，経済的利益から，国家的栄光なども含まれます。ある商品の輸入を自由化することは，消費者にとっては安く買えるからメリットはありますが，その商品の国内生産者は商品が売れなくなり，不利益をこうむります。したがって，何が国益なのかは一概にはいえないのです。国家は国内産業の保護・育成を国益と考えて対外交渉を進める傾向があります。

3 国際関係の文化的要因

　多民族国家では，国民内部の利害の矛盾や対立はつきものである。それを乗り越えて国民的統一をはかることが国家の使命の1つと考えられ，特定の宗教や政治的信念が保護・奨励されることがしばしばあった。一方で，このような集団的信念の対立により国際関係が緊張することもある。

❶宗教　近代初期の新旧キリスト教徒間(プロテスタントとカトリック)の宗教戦争の後，近代国家においては**政教分離(政治権力の宗教的中立)**が原則とされることになった。しかし，今日でもアラブとイスラエルの国家的対立は，**イスラーム教**[6]と**ユダヤ教**の教徒間の対立が根底にあり，インドとパキスタンの国家間の紛争は**ヒンドゥー教**と**イスラーム教**の対抗関係を背景として展開されてきた。

❷イデオロギー　政治的な主張に関わる信条の体系がイデオロギーである。**ファシズム**(⇨p.258)や共産主義思想は，マスメディアや教育を通して国民に宣伝され，それを批判する者は厳しく弾圧された。そして，冷戦時代の米ソ対立のように，国家の政策はイデオロギー的立場から特定の外国を敵視する形で遂行された。

★6　今日，欧米化・近代化に反対して，イスラーム法の根本にもどろうとする**イスラーム原理主義**(⇨p.36)が，イスラーム諸国家においてみられ，国際関係に強い影響を及ぼしている。

▲イスラーム教徒の祈り

SECTION 2 国際法とその限界

1 | 国際法の成立

▶ 国家といえども，従わなければならない法があるという自然法に由来する国際法の考えは，17世紀にヨーロッパで生まれた。国際法には条約(成文国際法)と国際慣習法(慣習国際法)の2種類があるが，強制力が不十分といわれる。

1 国際法の発達

❶グロティウス★ 三十年戦争の悲惨な経験をふまえ，『**戦争と平和の法**』を著した。国際社会においても国家が服すべき法(自然法)が存在することを論じて国際法の基礎を築き，「**国際法の父**」とよばれる。

❷国際会議 ウェストファリア会議以後も，ナポレオン戦争後の**ウィーン会議(1814~15年)**，ヨーロッパ新秩序を探る**ベルリン会議(1878年)**などが開かれ，国際的合意の形成がはかられた。

❸国際法の形成 国家間の交流がさかんになるにつれ，通商上の共通規則などがしだいに整備され，国際法の法規則が増加した。1899年と1907年にはハーグ平和会議で，紛争の平和的解決にあたる常設仲裁裁判所の創設や非人道的兵器の使用を禁止するなど，戦争のルールを定める条約を制定した。

> 用語 **ウィーン会議** ナポレオン戦争に勝利した列強代表がウィーンに集まり，ヨーロッパ秩序の再建について討議した会議。オーストリア代表の保守反動主義とフランス代表の正統主義が議論をリードした。

▲グロティウス

★1 Hugo Grotius (1583~1645) オランダの法学者。戦争には正義の戦争と不正の戦争があるとして『戦争と平和の法』を著す。そのほかに，『海洋自由論』などの著書がある。

2 | 国際法の性格

▶ 国際社会には各国家より上位に位置する超国家(世界政府)はなく，何が国際法であるかを裁定し，その執行を強制する機関も存在しない。しかし，主権平等・内政不干渉などの原則はほとんどの国が認めており，国際司法裁判所による紛争の処理も期待されている。

1 国内法との違い

❶統一立法機関の欠如 国際法は**当事国間**の文書による合意である条約(成文国際法)，および国際社会における長年にわたる慣行が積み重ねられて形成された国際慣習法(慣習国際法)の2種類から成っている。これらは，国内法のように議会(立法機関)で制定されるものではない。★1

★1 国連総会の決議は勧告にとどまり，加盟国を法的に拘束しないが，安全保障理事会の平和と安全に関わる決議は，全加盟国を拘束する。

❷**強制力の問題**　国際社会の秩序は違反に対する制裁規定に欠け，被害国による**報復**や多数国による共同制裁が認められているにすぎない。また，国際司法裁判は，関係国が相互に第三者である国際司法裁判所(ICJ)に裁定を委任する合意に基づいてのみ開始されるものである(片方の国が裁判を拒めば，裁判にならない)。

用語　**国際刑事裁判所(ICC)**　大量虐殺や戦争犯罪など個人の国際犯罪を裁く国際裁判所。2003年に設置されたが，アメリカや中国，ロシアなどが未加盟なため加害者が訴追されない問題がある。

★2　相手側から加えられた不法行為に対抗し，その防止または原状回復のため，それに等しい効果をもつ制裁をすること。

2 国際法の内容

❶**条約(成文国際法)**　国際間の文書による合意のこと。条約に代表されるが，**協定・協約・取り決め・覚書・議定書・交換公文・憲章**なども含まれる。

　条約は代表者による調印(署名)によって内容が確定し，本国で承認の手続きを経て批准書を作成し，それを交換(または寄託)してはじめて発効する。

条約(成文国際法)		国際慣習法(慣習国際法)
条約，協定，議定書など，国家間の文書による合意		国家間の慣行が拘束力のある法として認められたもの
二国間条約	**多国間条約**	(例)
二国間のみが拘束される条約	多数の国が締結して発効した条約	公海自由の原則 外交官の特権 領海の無害通航権 無主地の先占

❷**国際慣習法(慣習国際法)**

　公海自由の原則，出入国・通商など手続き的事項や海外の自国民の保護などについての国家間の暗黙の合意，つまり長年にわたる慣行により規範力を備えた慣習のこと(条約化が進められている)。

❸**外交使節**　外交使節(大使・公使)は受け入れ国のアグレマン(合意)を得て着任する。派遣国を代表し，治外法権と免税特権が与えられ，身体・名誉および公館や文書の不可侵権(外交特権)をもつ(外交関係に関するウィーン条約に規定)。

❹**戦争法規**　条約化が進み，1907年の「戦争開始に関する条約」では，宣戦布告なしの開戦は違法とされ，1928年の「戦争の放棄に関する条約」(不戦条約または**ケロッグ・ブリアン協定**)では侵略戦争を違法として否定している。また，「陸戦の法規慣例に関する条約」などには，中立国の不可侵，戦闘行為について不必要な大量破壊・残虐行為の禁止や捕虜の取り扱いなどについて多くの規定があるが，現実の戦争ではしばしば無視されている。

★3　**不文国際法**ともいう。条約が締結した国家のみを拘束するのに対して，国際慣習法はすべての国家を拘束する。今日，ほとんど条約化されている。

★4　特定の外国人に対して現地国の法律の適用を排除する特権。幕末の通商条約で外国人に治外法権を与えたことで領事裁判が行われ，その撤廃のために明治政府は約半世紀の時を要した。

▼戦時国際法

年	おもな条約
1856	パリ宣言(海戦に関する諸原則の確定)
64	第1回赤十字条約(戦場の負傷軍人の扱い)
68	サンクト・ペテルブルク宣言 (400g以下の炸裂弾及び焼夷弾の禁止)
99	第1回ハーグ平和会議 (「陸戦の法規, 慣例に関する条約」「ダムダム弾禁止宣言」「空中よりの爆弾投下禁止宣言」「窒息性毒ガス禁止宣言」採択)
1906	第2回赤十字条約 (軍隊中の傷者・病者の扱い)
07	第2回ハーグ平和会議 (新たな「陸戦の法規慣例に関する条約」「開戦に関する条約」「陸戦中立条約」「海戦中立条約」など12条約)
20	国際連盟規約
25	毒ガス(細菌)等の禁止に関する議定書
28	不戦条約(ケロッグ・ブリアン協定)
33	侵略の定義に関する条約
36	潜水艦の戦闘行為に関する議定書
45	国際連合憲章
49	ジュネーブ4条約,「捕虜の待遇に関する条約」(第3条約)ほか戦地および海上の軍隊の傷病者の扱い(第1, 第2条約), 戦時における文民の保護(第4条約)

(筒井若水『戦争と法』による)

▼平時国際法

年		おもな条約
1930	個人	国籍法抵触条約 (各国の制定した国籍法が不統一なため, 国籍の抵触による問題を解決するための条約)
48		ジェノサイド条約 (集団殺害を犯罪として処罰する)
51		難民の地位に関する条約
65		人種差別撤廃条約
66		国際人権規約
89		死刑廃止条約
98		国際刑事裁判所(ICC)規程
1944	領域	国際民間航空条約
59		南極条約
67		宇宙条約
82		国際連合海洋法条約
1961	外交・条約	外交関係に関するウィーン条約
69		条約法に関するウィーン条約 (条約の締結手続等について整理し, 成文化したもの)
1972	軍縮条約	生物毒素兵器禁止条約
80		特定通常兵器使用禁止制限条約
93		化学兵器禁止条約
97		対人地雷全面禁止条約
2017		核兵器禁止条約(2021年発効)
1971	環境	ラムサール条約
92		気候変動枠組み条約
		生物多様性条約

平常時に適用される国際法を**平時国際法**, 戦争時に適用されるものを**戦時国際法**と区分する。

⊣ TOPICS ⊢

国際連合と世界政府の違い

　国際連合(国連)は, 国連憲章を批准して加盟した国家から成る「寄り合い所帯」である。国連の**総会**は立法機関ではなく, その決議は勧告で, 加盟国を拘束する力はない。国連の**事務総長**に行政権はなく, 仲介役のような役割しか果たせない。**国際司法裁判所(ICJ)**も当事国双方の国家が同意しないと開けず, 個人は対象外となっている。このように, 国連に国家を拘束する立法・行政・司法の権限はなく, 国際社会には**世界政府**は存在していない。

　ただし, **安全保障理事会**による国際の平和と安全に関する決議が全加盟国を拘束する点は, 世界政府に近い権限といえる。また, **国際刑事裁判所(ICC)**は, 大量虐殺や人道に対する罪などを犯した個人を国際社会が裁くための裁判所として, 2002年に設立された。

　このように, 国際社会の秩序維持は力(軍事力)によるしかないとする**権力政治(パワー・ポリティクス)**が幅をきかせてきた時代が続いてきたが, 少しずつ法と秩序の方向(法の支配)へ進んでいるといえる。今後, さらに国連中心の民主的な話し合いで国際紛争などを解決するシステムにしていくことが望まれているが, 2022年のロシアによるウクライナ侵攻など, その道のりは容易ではない。

SECTION 3 国際連合と国際協力

1 | 国際社会における平和と安全の維持

▶ 戦争を繰り返してきた人類の歴史の中で，戦争がおこらないようにするには国際的な組織が必要であるとする考え方は早くからあった。カントの国際連盟論がその代表例である。それが現実化するためには，多くの有力な国が団結して侵略国に制裁を加えることが必要であるとされた。

❶永久平和論　近代初期にフランスのアンリ４世（1553〜1610年）はヨーロッパ各国が共同して侵略行為に対抗する「大計画」を唱え，アメリカの開拓者であったイギリス人ウィリアム・ペン（1644〜1718年）も同様の提案をした。また，サン・ピエール（1658〜1743年）は「永久平和案」を説き，哲学者カント（1724〜1804年）も『永久平和のために』の中で国際連盟の結成による平和達成を論じている。

▲カント

❷勢力均衡　17世紀から第一次世界大戦（1914〜18年）まで，国家には「戦争をする権利」がある（主権のうちに含まれる）とされていた。そして，国家が自国の安全を守り，国際平和を維持する方式として勢力均衡政策が採用された。第一次世界大戦直前には，イギリス・フランス・ロシアの三国協商とドイツ・オーストリア・イタリアの三国同盟が武装対立することによって勢力均衡（バランス・オブ・パワー）を保ち，相互を牽制して，戦争を防ごうとした。[★1]

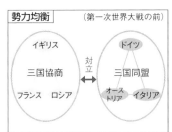

勢力均衡　　（第一次世界大戦の前）

イギリス　　　ドイツ
三国協商　　対立　三国同盟
フランス　ロシア　オーストリア　イタリア

❸集団安全保障　勢力均衡が第一次世界大戦をまねいたという反省から，国際連盟で初めて集団安全保障方式が採用された。集団安全保障は「戦争を違法」とみる考えに立つもので，この考えは，さらに一歩進んで**不戦条約（1928年）**（⇨p.254）に結実した。

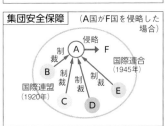

集団安全保障　（A国がF国を侵略した場合）

侵略
制裁　A → F　国際連合（1945年）
B　制裁　制裁
国際連盟（1920年）　制裁
C　D　E

　勢力均衡は仮想敵国を想定し，国家間の力のバランスをとる（軍事同盟を結んだり軍備を増強して）ことで自国の安全を確保しようという発想に立つ。これに対し，集団安全保障とは，対立国も含めた国際組織（集団）を形成し，集団内の各国は相互に武力不行使の約束をし，約束違反国に対して他の全加盟国が集団で制裁を行うこととするので，集団内での平和・安全を維持しようとするものである。

★1　実際には軍備拡張戦争につながり，かえって戦争の原因になることもあった。これを安全保障のジレンマという。

2 | 国際連盟の成立と崩壊

▶ 第一次世界大戦についての反省から，アメリカのウィルソン大統領の提案を受け，1920年，初の平和維持機構である国際連盟が発足した。しかし，国際連盟には多くの欠陥があり，結果としては第二次世界大戦を防ぐことができなかった。

1 国際連盟

❶ **国際連盟の成立**　1914年から４年間続いた第一次世界大戦は，ヨーロッパに大きな惨禍をもたらした。この大戦の末期に，アメリカ合衆国大統領ウィルソンは，議会への特別教書の中で，14か条の平和のための原則（平和原則14か条）を示したが，これが人類最初の国際平和機構である国際連盟設立のきっかけとなった。

　　国際連盟は，**国際社会が初めて集団安全保障の方式を取り入れた**という点でも画期的な意味をもっていた。

❷ **国際連盟の目的と機構**　ベルサイユ平和条約第１編に基づいて創設された国際連盟は，**国際協力の推進**および**平和と安全の維持**をおもな目的とした。

　　主要な組織は，全加盟国から成る**総会**，**理事会**（当初，英・仏・伊・日の４大国で構成），**事務局**および常設国際司法裁判所であった。理事会の下には各種委員会が置かれ，各国の協力を進め，国際紛争の平和的解決をはかった。

❸ **国際連盟の欠陥**　国際連盟は，**提唱国のアメリカが参加せず**[★1]，ソ連とドイツは除外され，加盟国が戦勝国に偏っていた。また，議決において全会一致制をとっていたために重要な決定に手間取り，侵略的な行為をする国に対しても**経済制裁以上の制裁を加えられない**など，制裁力が不十分であった。

　　しかし，国家間の紛争の調停などには成果をあげ，国際労働機関（ILO）[★2]などを通じて諸国が協調し，意義ある活動がなされた。

❹ **国際状況の変化**　1925年のロカルノ条約により，ドイツの国際連盟加盟が実現し[★3]，国際的安定がおとずれた。また，連盟の外でもワシントン会議・ロンドン会議による海軍軍縮条約が成立した。しかし，1929年に世界恐慌がおこり，情勢は不安定化した。

　　[用語]　**海軍軍縮会議**　1921年の**ワシントン会議**では，戦艦などの主力艦の保有比率を米英５：日本３，1930年の**ロンドン会議**では，補助艦の総トン数を米英10：日本7とした。日本は不利な条件を受け入れざるをえなかった。

▲ **国際連盟の機構**
加盟国は当初42，最大時63か国。

★1　国際連盟を提唱したウィルソンの属する民主党は，大統領選挙で国際的孤立主義（モンロー主義）を唱えた共和党に敗北したため，アメリカの国際連盟参加は議会（上院）において拒否された。

★2　ILOは1919年，ベルサイユ条約によって国際連盟と提携する自治機関として設立された。労働条件の国際的な改善を通して世界平和の実現をめざし，1946年には国際連合の最初の専門機関となった。

★3　ソ連の国際連盟加盟は1934年。

❺**ベルサイユ体制の崩壊**　ドイツにヒトラーの**ナチス政権**が誕生すると，**再軍備を断行してベルサイユ条約の履行を拒否**し，公然と侵略的姿勢を示した。また，日本は満州に，イタリアはエチオピアに武力侵攻し，ソ連もフィンランドに領土を広げる侵略政策をとり，国際連盟を脱退したり除名されたりして離脱していった。[4]

★4　国際連盟を脱退したのは，日本・ドイツが1933年，イタリアが1937年。ソ連の除名が1939年。

国際連盟 {
意義…**世界初の集団安全保障**を採用した国際平和機構。
欠陥…議決の全会一致制。制裁力が不十分。アメリカの不参加。
　　　日・独・伊の脱退，ソ連を除名。
}

3 ┃ 国際連合の誕生

▶ 1939年にドイツがポーランド侵略を開始し，第二次世界大戦はヨーロッパを戦場としたが，41年に日本が米英と開戦したことにより，世界中に拡大した。その後，米英ソなどの連合国が日独伊の枢軸国を降伏させて，1945年9月に終結した。連合国の51か国は終戦直前に国際連合憲章(国連憲章)を定め，1945年10月に国際連合が発足した。

1 平和のための組織

❶**連合国の組織**　国際連合(United Nations)とは，**連合国**のことである。F.ローズベルトの発案によるもので，勝利した連合国が力を合わせて再びファシズムの侵略を許さないために結集した機関という意味あいがある(日本語では「国際連合」とされている)。

補説 **ファシズム**　イタリア語のファッショは「束」の意味で，団結を意味する。ムッソリーニは，イタリア民族が栄光を獲得するため私利私欲を捨てて国のために尽くすことを訴えた。ドイツのヒトラーは**国民社会主義ドイツ労働者党(ナチス)**を結成して民族の優越を説き，ベルサイユ体制の**打破**を唱えて政権を獲得した。その後，ナチスは選挙で第一党となり議会から全権委任を受け，一党独裁を実現した。この2国の全体主義政治の特徴は，自由主義・民主主義・労働運動などの人権を否定し，国民を指導者に盲従させることだった。

❷**国際連合の成立過程**　1941年に米英が発表した**大西洋憲章**[1]と1944年のダンバートン・オークス会議[2]の成果をふまえ，45年初めにF.ローズベルト，チャーチル，スターリンの米英ソ3国首脳がソ連のクリミア半島のヤルタに集まり(ヤルタ会談)，第二次世界大戦の遂行のための協力や国際連合の設立方針と運営原則が定められた。

▲ F.ローズベルト

★1　アメリカ大統領ローズベルトとイギリス首相チャーチルが大西洋上で会談し，発表した共同宣言。

★2　この会議で国際連合の原案(「一般的国際機構設立に関する提案」)が作成された。

❸国際連合の精神　**国際連合憲章**は「二度と戦争の惨禍を繰り返さないための努力を結集する」ことをうたい，国際連合がその中心となることを掲げている。

❹加盟国の条件　国連憲章を守る「平和愛好国」であれば，国の大小によらず広く門戸が開かれており，加盟することができる。

❺国際連合の行動の原則　①主権平等の原則，②国連憲章の義務の忠実な履行，③紛争の平和的解決，④戦争，武力の行使，武力による威嚇を禁止，⑤国連の行動に対する援助，⑥平和と安全のために非加盟国に協力を求めること，⑦国内問題への不干渉(内政不干渉の原則)，があげられている。

❻多数決制の採用　重要事項以外については**単純多数決制**を採用し，加盟国の合意が形成されやすいようにしている。

❼大国主義の原則　安全保障理事会においては，五大国が常任理事国となり，大国一致(五大国の拒否権)を原則とする。五大国は国際平和と安全の維持に対する責任において，国際連合の行動の実質的な指導の中心となる。

❽国家主権の尊重　**全加盟国の主権は平等**に尊重される(主権平等の原則)。また，各機関の決議は勧告であり，各国の主権を妨げない(例外が安全保障理事会の決定(⇨p.260))。

POINT!

国際連合 {
・普遍主義，多数決原理の導入
・安全保障理事会の機能拡大(軍事的制裁)
・五大国の優位を認め(拒否権)，重責を課する
　↳アメリカ・イギリス・フランス・ロシア・中国
}

〈国際連合の目的〉
① 国際の平和と安全の維持。
② 諸国間の友好関係の促進。
③ 経済的・社会的・文化的・人道的国際問題の解決と，人権・自由の促進のための国際的協力の達成。
④ 以上の共通目的を達成するための諸国の行動を調和させるための中心となること。

★3 国連の総会などの議決は，一般に過半数である。しかし，新規加盟国の承認などの重要事項については3分の2以上の多数決制となっている。

★4 安全保障理事会の実質事項の議決の場合である。15理事国のうち，常任理事国のすべてを含む9か国の賛成が必要である。五大国のうち1か国の反対でも否決されることから，五大国は拒否権をもつという。

★5 加盟国は総会においてどの国も一国一票の平等な扱いであるが，安全保障理事会の決議だけは例外で，五大国に拒否権がある。

1 現代の国際社会

┤ TOPICS ├

国連憲章における集団的自衛権

　国際連合は集団安全保障で加盟国の安全保障のしくみを整えたが，それでも自国の安全に不安な国々は，**集団的自衛権**を新設することを主張した。これは，集団の外部からの侵略に対し，同盟している集団構成員が一緒に反撃するというシステムである。国際連合憲章51条でも認められ，**北大西洋条約機構**(**NATO**)は，この集団的自衛権に基づく軍事同盟により，ソ連の侵攻を牽制したのである。

　一方，集団安全保障は，集団内における平和と安全の維持をはかるもので，集団内の一国が約束を破って侵略した場合に，他の加盟国が集団で制裁をすることを約束している(ウチ向きの平和維持といえる)。

4 | 国際連合の機構

▶ 国際連合には6つの主要機関がある。全加盟国で構成される総会は，あらゆる問題を討議できるが，最も強力な機関は安全保障理事会である。総会と安全保障理事会以外に，4主要機関と各種専門機関などの付属関連機構がある。

1 国連の6主要機関

❶総会　国連憲章に定められ，あるいは諸決議に示されたすべての事項について討議する。**全加盟国の代表で構成され，投票権は平等**。その決議は安全保障理事会と加盟各国に勧告される。総会は国連の他の機関の活動を監視し，理事国や裁判官を選出する。

❷安全保障理事会　常任理事国のアメリカ・イギリス・フランス・ロシア(当初，ソ連)・中国(当初，中華民国)の5か国と，非常任理事国10か国(2年任期で世界の地域ブロックごとにバランスを考えて総会で選出される)とで構成される。

　　1 任務　国際連合の主要目的である，国際平和と安全の維持において最も重要な役割をになっている。

　　2 表決　手続事項は9理事国の多数決で成立する。**実質事項は5常任理事国を含む9理事国の賛成で成立**する(常任理事国に拒否権)。

　　補説　**安全保障理事会の表決**　安全保障理事会での議長の選出や議事の順序など会議の**手続事項**については9理事国以上の賛成で決め，5常任理事国の**拒否権**は使えない。手続事項以外はすべて拒否権の行使が可能になる。**実質事項**には，平和と安全の維持に関する問題，新加盟国の承認，事務総長の任命勧告など実質的な決定はすべて含まれる。

❸経済社会理事会　総会で選出された54か国(任期は3年)で構成。経済・社会・文化・教育・保健などに関する国際問題の研究・報告・勧告を行う。国際労働機関などの専門機関(国連とは別組織)，国連憲章には規定されていないアジア太平洋などの5つの**地域経済委員会**，人口・統計などの**機能委員会**との連携・調整を担当する。

❹信託統治理事会　植民地のような未開発地域の住民の自治または独立への行動を助けるための組織。1994年，最後のパラオが自治を達成したため，それ以降は活動を休止している。

❺事務局　**事務総長**の下に多くの国際公務員がいて，総会の招集・運営や各機関の実務を担当している(現事務総長は2017年からアントニオ・グテーレス。ポルトガル出身)。

▼国連加盟国の増加

年	加盟国数
1945	51
	(原加盟国)
55	76
60	99
76	147
94	185
2000	189
02	191
06	192
11	193

★1 第二次世界大戦で連合国を戦勝に導いた大国であり，この五大国の協調によって平和を維持することにし，五大国を**常任理事国**にして拒否権を与えるシステム(**五大国一致の原則**)にした。

★2 常任理事国の欠席や棄権は拒否権の行使とはみなされない。したがって，欠席または棄権した常任理事国以外の常任理事国を含む9理事国の賛成で決定となる。

★3 五大国以外から選出される習慣がある。

❻国際司法裁判所　国際連盟時代の常設国際司法裁判所を継承し
たもので，オランダのハーグに
置かれている。総会と安全保障
理事会で選出された15名の裁
判官（任期9年）が判決を下す。
個人や法人は提訴できず，国家
のみ当事者となれる。当事国が
裁判にかけることを拒否すれば，
裁判が行われないという限界が
ある。★4

▲国際司法裁判所

★4　常設仲裁裁判所
（⇨p.253）は，当事国
どちらかだけでも提訴
できるし，国際機関や
私人でも提訴できると
いうメリットがある。
2016年にフィリピン
が提訴した南シナ海仲
裁裁判では，中国は参
加を拒否したが，中国
の主張に根拠はないと
の判決を出した。

国連の機構
｛
6主要機関…総会・安全保障理事会・経済社会理事会・
　信託統治理事会・事務局・国際司法裁判所。
平和の維持…安全保障理事会が中心。実質事項は5常任理事国（拒
　否権をもつ）を含む9理事国の賛成で可決。

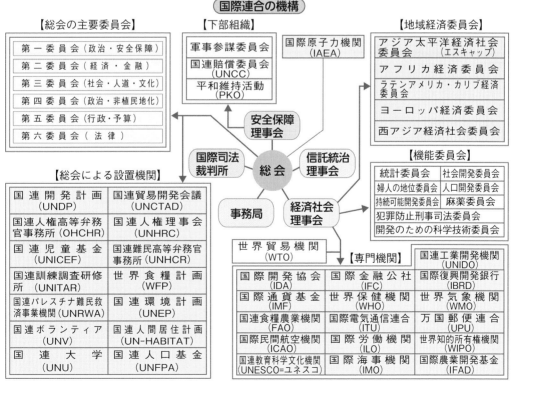

【国際連合の機構】

【総会の主要委員会】
- 第一委員会（政治・安全保障）
- 第二委員会（経済・金融）
- 第三委員会（社会・人道・文化）
- 第四委員会（政治・非植民地化）
- 第五委員会（行政・予算）
- 第六委員会（法律）

【下部組織】
- 軍事参謀委員会
- 国連賠償委員会（UNCC）
- 平和維持活動（PKO）

国際原子力機関（IAEA）

【地域経済委員会】
- アジア太平洋経済社会委員会（エスキャップ）
- アフリカ経済委員会
- ラテンアメリカ・カリブ経済委員会
- ヨーロッパ経済委員会
- 西アジア経済社会委員会

安全保障理事会

国際司法裁判所　　総会　　信託統治理事会

事務局　　経済社会理事会

【機能委員会】
統計委員会	社会開発委員会
婦人の地位委員会	人口開発委員会
持続可能開発委員会	麻薬委員会
犯罪防止刑事司法委員会	
開発のための科学技術委員会	

【総会による設置機関】
国連開発計画（UNDP）	国連貿易開発会議（UNCTAD）
国連人権高等弁務官事務所（OHCHR）	国連人権理事会（UNHRC）
国連児童基金（UNICEF）	国連難民高等弁務官事務所（UNHCR）
国連訓練調査研修所（UNITAR）	世界食糧計画（WFP）
国連パレスチナ難民救済事業機関（UNRWA）	国連環境計画（UNEP）
国連ボランティア（UNV）	国連人間居住計画（UN-HABITAT）
国連大学（UNU）	国連人口基金（UNFPA）

世界貿易機関（WTO）

【専門機関】
国際開発協会（IDA）	国際金融公社（IFC）	国際復興開発銀行（IBRD）
国連工業開発機関（UNIDO）		
国際通貨基金（IMF）	世界保健機関（WHO）	世界気象機関（WMO）
国際食糧農業機関（FAO）	国際電気通信連合（ITU）	万国郵便連合（UPU）
国際民間航空機関（ICAO）	国際労働機関（ILO）	世界知的所有権機関（WIPO）
国連教育科学文化機関（UNESCO＝ユネスコ）	国際海事機関（IMO）	国際農業開発基金（IFAD）

5 ｜ 国際連合の活動

▶ 国際連合は，国際連盟と同じように集団安全保障の方式をとっている。また，国際連盟は第二次世界大戦の勃発を防げなかったという教訓から，国際連合は安全保障理事会を設けて軍事的措置も発動できる手続きを定め，制裁力を強化した。

1 平和維持のシステムと限界

❶ 国際連合の集団安全保障のシステム　原則として，戦争はもちろん武力行使や武力による威嚇も禁止した。そして，安全保障理事会が「国際の平和と安全の維持」について主要な責任を負うことにした(二次的に総会にも責任をもたせた)。

▲安全保障理事会

1 安全保障理事会の権限

①侵略があったかどうか，どの国が侵略をしたかを認定する。

侵略→平和回復の勧告→侵略国への強制措置の決定。

②強制措置(制裁)の2種類

- 非軍事的強制措置…経済制裁，交通通信・外交関係の断絶。
- 軍事的強制措置…国連軍による制裁(武力行使)。

2 国家の自衛権　国連加盟国は，国際連合という集団安全保障によって平和と安全を保障される。ただし，「現実に侵略があった場合に，安全保障理事会が措置をとるまでのあいだ」に限定して被侵略国が自衛権の行使をすることを認めた(国際連合憲章51条)。

❷ 集団安全保障の失敗　国際社会における平和と安全を維持する集団安全保障の理念は，実際にはうまく機能しなかった。冷戦が始まり，米ソを中心に対立が激化すると，五大国の協調は崩れた。安全保障理事会が加盟国と特別協定を結んで国連軍を編成する国連憲章の規定は実施されず，この意味で正式な国連軍は存在しない。

❸ 「平和のための結集」決議　五大国が拒否権を行使することで，安全保障理事会は機能麻痺に陥った。そこで，総会で「平和のための結集」決議(1950年)を行い，拒否権の行使により機能できない安全保障理事会に代わって，緊急特別総会を開いて3分の2以上の賛成で加盟国に集団的措置(軍事的措置を含む)をとるよう勧告できることとした。スエズ動乱以来，十数回開かれたが，軍事的制裁はとられなかった。結果として，総会は五大国の絡む紛争に対して強制行動をとる勧告を出すようなことはできなかった。

★1　自衛権とは，急迫不正な侵略に対して防衛・反撃する権利のことで，一般的には個別的自衛権をさすが，国連は集団的自衛権も認めた。

①個別的自衛権　国家に固有の自衛権(外国から侵略を受けた国が反撃する権利のこと)。

②集団的自衛権　攻撃の対象とされた国と緊密な関係にある国が，攻撃された国を援助して戦う権利。

★2　強大国に対して集団安全保障に基づく軍事的制裁を行えば核兵器を行使する世界戦争に発展する危険があり，そうなれば戦争防止をめざす集団安全保障体制が世界戦争を誘発するという自己矛盾をおかすことになるからである。

❹国連と平和維持活動（PKO）　集団安全保障による平和維持が機能しなかったのとは対照的に，平和維持活動（PKO）は1988年にはノーベル平和賞を受けるほど評価された。ところが，**PKOは国連憲章には規定がなく**，必要性から創出されたものであった。PKOは原則的に安全保障理事会によって設立され，事務総長が指揮するが，派遣される平和維持要員は加盟国が任意に提供する軍人であり，国連のブルーのヘルメット，ベレー帽，記章などを身につける。

★3　国連憲章第6章の「平和的解決」にも第7章の「強制措置」にも分類しがたいことから，「第6章半活動」ともよばれる。

▲国連の平和維持活動の隊員

1　**冷戦時代のPKO**　PKOは次の2つに大別される。
　①平和維持軍（PKF）　紛争当事国のあいだに入って紛争の拡大を防ぐ。軽火器などの武器を携行。
　②停戦監視団　停戦合意が守られるように監視する。武器の携行は認められない。

　　PKO派遣については，次の原則が指針となっていった。すなわち，**停戦合意ができていること**を前提に，①**同意原則**（紛争当事国の同意や要請に基づく派遣），②**中立原則**（紛争に対して干渉しない中立の立場），③**武力不行使原則**（武器使用は自衛のみで，強制行動はしない）というものである。PKOは，停戦の監視や非武装地帯の巡視，兵力撤退の支援などに努めて，紛争の沈静化をはかることに実績をあげてきた。

★4　これを伝統的なPKO3原則という。すなわち紛争当事者の合意，中立性，自衛限定の武力行使で，おもに休戦監視や兵力分離といった軍事的な任務につく。

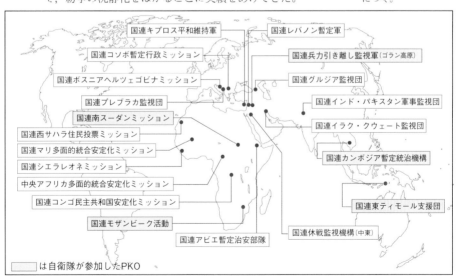

　　国連キプロス平和維持軍
　　国連コソボ暫定行政ミッション
　　国連ボスニアヘルツェゴビナミッション
　　国連プレブラカ監視団
　　国連南スーダンミッション
　　国連西サハラ住民投票ミッション
　　国連マリ多面的統合安定化ミッション
　　国連シエラレオネミッション
　　中央アフリカ多面的統合安定化ミッション
　　国連コンゴ民主共和国安定化ミッション
　　国連モザンビーク活動
　　国連アビエ暫定治安部隊
　　国連レバノン暫定軍
　　国連兵力引き離し監視軍（ゴラン高原）
　　国連グルジア監視団
　　国連インド・パキスタン軍事監視団
　　国連イラク・クウェート監視団
　　国連カンボジア暫定統治機構
　　国連東ティモール支援団
　　国連休戦監視機構（中東）

　　□□□は自衛隊が参加したPKO

▲おもなPKOの活動
PKOの派遣先は，アフリカ30回，中東9回，アジア12回，中南米9回，ヨーロッパ12回（2021年現在）となっており，地域別にみるとアフリカが圧倒的に多い。

2 **冷戦後のPKOの変容（複合型PKO）**　冷戦終結を境に国内の民族対立など各地での内戦の多発・激化により，PKOの派遣は急増した。また，PKOの任務も多様化し，選挙監視団，人道支援，復興支援などが加わり，文民も派遣されるなど，PKOの性格も変容した。

　たとえば，1991年の湾岸戦争後の**国連イラク・クウェート監視団**は第7章に基づく強制活動であり，国連カンボジア暫定統治機構（UNTAC）は選挙監視を含む，平和維持・停戦監視の複合的機能をもつものであった。また，**国連イラク・クウェート監視団**とユーゴ国連保護軍は紛争当事国の同意なしに派遣された。そして，**第2次国連ソマリア活動**とユーゴ国連保護軍は武力行使を認める**平和執行部隊**であったが，うまくいかずに問い直されている。

❺**国連軍でない多国籍軍**　国連が国連軍を組織して国際平和と安全を保障するということができない現状において，冷戦後は，湾岸戦争にみられるように安全保障理事会の決議による支持を受けた多国籍軍による軍事介入がみられた。ところが，旧ユーゴスラビアのボスニア・ヘルツェゴビナやコソボでの紛争では結局，国連にはかることなくNATOがセルビアを空爆して紛争を終結させた（人道的介入）（⇨p.274）。

　2001年9月11日の同時多発テロ（⇨p.274）の後，アメリカは，国連安全保障理事会の承認なしに有志連合を形成し，同年にはアフガニスタンに，2003年にはイラクに侵攻した。ブッシュ（子）大統領は，自衛のための先制攻撃と主張したが，国際法のうえで正当化できないとの批判がおこった。

2 国際協力の推進

❶**年次活動**　1993年は「国際先住民年」，94年は「国際家族年」のように，年ごとに中心となるテーマを決めて活動している。

❷**経済的分野**　専門機関の活動のほか，国連貿易開発会議（UNCTAD）（⇨p.308）による発展途上国（⇨p.304）への援助の推進や，居住・人口・資源・環境などの諸問題についての国際会議を開くなど，21世紀の地球上の人間活動を豊かで安全なものとするた

1948〜50年	2
1951〜60年	3
1961〜70年	5
1971〜80年	3
1981〜90年	5
1991〜2000年	35
2001〜10年	15

▲紛争地域へ派遣されたPKOの数

▲アメリカでおきた同時多発テロ

▼国連のおもな会議と特別総会

年	会議・特別総会
1972	人間環境会議
73	海洋法会議（第3次）
74	世界人口会議・食糧会議，資源特別総会
76	人間居住会議（ハビタット）
77	水会議，砂漠化会議
78	軍縮特別総会（第1回）
81	南北サミット
85	婦人の10年最終年会議
86	アフリカ特別総会
90	麻薬問題特別総会
92	環境開発会議（地球サミット）
93	世界人権会議
94	世界人口開発会議
95	第4回世界女性会議
96	世界食糧サミット
2000	世界教育フォーラム
02	持続可能な開発に関する世界サミット
12	国際共同組合年

めの必要条件を満たすような各国の理解と協力を深めてきた。

❸社会的・人道的分野　国連教育科学文化機関(UNESCO)や世界保健機関(WHO)の活動のほか，難民や女性，子どもを含む世界中すべての人々のために，機関を設けて活動し，国際人権規約の採択やアパルトヘイト禁止決議，女子差別撤廃条約などを設定。

　2006年には，それまでの経済社会理事会の機能委員会の1つだった人権委員会が，総会直属の下部機関(補助機関)へ昇格し，人権理事会となった。★5

★5　アナン事務総長(当時)は，「人権分野における国際連合の活動に新しい時代が開かれた」と演説し，国連の人権への取り組みがクローズアップされた。

6 | 国際連合の課題

▶ 世界各国は大小さまざまであり，その国力や文化は一様でない。そのため，1つのことを決めるにも意見は分かれ，決定後も積極的な協力は期待しがたい。それとともに，国連はその活動を支えるための資金が不足しているという重大な財政問題を抱えている。

1 国際連合の課題

　冷戦後，米ソ対立が終焉したことから，国連への期待は高まったが，地域紛争の急増や，テロの激発，また，環境問題への対処の遅れなど，国連は十分な対応に欠けるという批判がある。国連改革に国連自ら取り組んでいるが，加盟国の協調なしには改革はできない。とくにアメリカの単独行動主義(ユニラテラリズム★1)(⇒p.274)，国連分担金の滞納などは，国連の危機を象徴しているといえる。

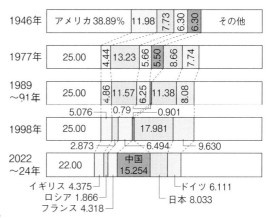

▲主要国の国連分担金比率の推移
ロシア・ドイツは1991年までは旧ソ連・旧西ドイツの比率。

　　① 安全保障　国際社会の平和維持に国連はどのような役割を果たすべきか(国連の性格，活動分野やあり方 [五大国の拒否権など]の改革。PKOのあり方，国連待機軍の常備軍化など)。

　　② 開発の戦略　どのような国際新秩序を構築していくのか(国連中心のグローバル・ガバナンス[世界的な統治システム]への改革)。

　　③ 財政　国連，とくに事務局(職員約14,000人)の行財政改革。これに関連した費用負担問題(アメリカなど主要国が分担金を滞納し，恒常的な財政難に直面している)。

★1　ユニラテラリズムに対して，二国間や多国間の関係を重視する考え方を，それぞれバイラテラリズム，マルチラテラリズムという。

1
現代の国際社会

4 国際政治の動向と日本

1 │ 2つの世界と冷戦体制の成立

▶ 資本主義国のアメリカ・イギリスと社会主義国のソ連は，第二次世界大戦中は同盟関係にあり友好関係が維持されていたかにみえた。しかし，戦後間もなく両者の関係には利害の対立から亀裂が生じ，2つの体制のあいだで「冷たい戦争(cold war)」が始まった。

1 冷戦の開始

❶2つの世界　第二次世界大戦後，ソ連は東欧でソ連に友好的な政権の樹立をはかり，東西ヨーロッパのあいだは「鉄のカーテン」★1で閉ざされた。こうして，東側の社会主義圏(共産圏)と西側の資本主義圏(自由主義世界)の「2つの世界」の対立関係が生まれた。

❷冷戦の表面化　1947年頃から両体制間の対立は深刻化した。

1 **共産圏封じ込め対策**　アメリカ大統領トルーマンはトルーマン・ドクトリンを発表して「封じ込め政策」をとった。

用語　**トルーマン・ドクトリン**　1947年3月，トルーマン米大統領が発表した対共産主義の強硬政策。トルコとギリシアの共産化を防ぐため4億ドルの支援を約束した。

用語　**封じ込め政策**　共産圏を包囲して，拡張を許さないという政策。のちにアイゼンハワー米大統領は，この政策以上に厳しく対共産圏軍事対決を行っていくという「巻き返し政策」を展開した。

2 **マーシャル・プラン**　米国務長官マーシャルは**欧州経済復興援助計画**を提案し，西側の団結により共産主義を**阻止**する政策をとった。

3 **コミンフォルム**★2　マーシャル・プランに対抗して東欧諸国との連帯化をはかるため，ソ連は1947年に**コミンフォルム**(各国共産党の情報交換機関)を結成した。★3

4 **ベルリン封鎖**　1948年，占領下のドイツの首都ベルリンの管理をめぐる対立から，西ベルリンへの交通は東側によって全面封鎖された。

★1　1946年3月，イギリス首相チャーチルが演説の中で，東西両陣営の境界に設けられたソ連の厳しい封鎖線を，皮肉をこめて表現したことば。

> **Q** 第二次世界大戦の結果は，その後の世界の動向にどのような影響を与えたのでしょうか。
>
> **A** ①思想的には，日・独・伊の枢軸国の掲げた全体主義が敗北し，米・英などの連合国の掲げた民主主義が勝利し，戦後，民主主義が世界に広がっていきました。②帝国主義戦争という側面からみて，「持たざる国」(日・独・伊)が経済的支配圏を「持てる国」(米・英・仏)へ挑戦して敗北し，本土に被害を受けなかった米国の政治・経済的な力が圧倒的になりました。③ソ連は，ドイツの侵略と正面から戦って勝利したので，社会主義勢力の拡張につながっていきました。④アジアなど植民地の民族主義を刺激し，植民地の独立をうながすことになりました。

★2　コミンフォルム(共産党情報局)はソ連共産党が支配し，1948年にはユーゴを除名(1956年解散した)。

★3　経済的には1949年コメコン(経済相互援助会議，1991年解散)を設立して対抗した。

2 軍事同盟の対立

❶西側の同盟網　1949年，アメリカ・カナダと西欧12か国は，北大西洋条約機構(NATO)を結成し，ソ連に対する地域的集団防衛体制を築いた。そして，50年に朝鮮戦争が始まると，翌年，太平洋安全保障条約(ANZUS)と日米安全保障条約(⊂⟩p.71)を結んだ。さらに東南アジアには東南アジア条約機構(SEATO)[★4]，中東地域にはバグダッド条約機構(後の中央条約機構，CENTO)[★5]という反共防衛の軍事同盟をつくり，米英中心の西側諸国の団結を強化した。

❷東側の同盟　1949年に中華人民共和国が成立すると，翌年，中ソ友好同盟相互援助条約が結ばれた。また，新しく生まれた朝鮮民主主義人民共和国(北朝鮮)と中ソ両国のあいだにも相互援助条約が結ばれた。そして，西側の軍事同盟網に対抗して，1955年にソ連と東欧7か国でワルシャワ条約機構を結成した[★6]。

　こうして，東西冷戦の緊張度は高まり，朝鮮・ドイツが分断国家となり，朝鮮半島では戦争が勃発した(朝鮮戦争，1950〜53年)。

★4　1954年に設立。1977年に解散。

★5　1955年，バグダッドで締結されたトルコ・イラク相互防衛条約にイギリス・イラン・パキスタンが加わって結成。中東防衛機構(METO)ともいう。のちイラクが脱退し，中央条約機構(CENTO)となったが，1979年に解散。

★6　略称はWTO。加盟国は下図参照。ソ連のペレストロイカ政策と東欧民主化の流れの中で，1991年に解散。

▲1950年代の地域的集団保障体制

NATOには上記のほか，エストニア・ラトビア・リトアニア・ルーマニア・ブルガリア・スロバキア・スロベニア(2004年)，クロアチア・アルバニア(2009年)，モンテネグロ(2017年)，北マケドニア(2020年)，フィンランド(2023年)が加盟した。

現代の国際社会 1

3 局地的熱戦

❶朝鮮戦争　1950年に北朝鮮の侵攻で始まった朝鮮戦争では，**朝鮮国連軍**の中核であるアメリカと北朝鮮(ソ連が支援)が激突した。北朝鮮側には中国の義勇軍も参戦し，戦争は激化した。1953年に**北緯38度線**を挟んで停戦が実現した。

❷インドシナ独立戦争　第二次世界大戦後，ベトナムは**ホー・チミン**の下に独立を宣言したが，旧宗主国のフランスはインドシナの統治を継続して戦争になり，フランスが敗北した。そして，1954年には**ジュネーブ会議**でジュネーブ休戦協定が五大国の保障により実現した。ベトナムは暫定的に北緯17度線で南北2地域に分かれて独立し，2年後に南北統一選挙を実施することになった(結果として選挙は実施されなかった)。

中華人民共和国
鴨緑川
朝鮮民主主義
人民共和国
国連軍の進出線
(1950.11)
ピョンヤン
軍事境界線
38度線
パンムンジョム
ソウル
大韓民国
北朝鮮軍の進出線
(1950.8)
プサン
対馬

★7　朝鮮戦争の際の国連軍は，特別協定により組織されたものではなく，安全保障理事会の勧告に応じて任意に組織された軍である。

★8　朝鮮とインドシナの停戦・休戦問題を討議した会議。朝鮮の外国軍撤退や選挙問題は解決しなかったが，ベトナム・ラオス・カンボジアの独立が認められた。アメリカは会議に参加したが，ジュネーブ休戦協定の調印は拒否した。

4 新興独立国の誕生と第三世界

❶旧植民地の独立　東西の対立関係が緊迫する中，アジア・アフリカ地域の植民地は次々と独立を達成した。その多くの国は東西いずれの国とも友好関係を結び，その反面，どちらの側の軍事同盟にも所属しないという非同盟主義の立場をとり，二極構造に対する第三世界を結成し，「平和共存」を主張した。

❷第三世界の台頭

1 **平和五原則**　1954年，中国の**周恩来**首相とインドの**ネルー**首相とのあいだで「平和五原則」が発表された。

2 **アジア・アフリカ会議(A・A会議)**　1955年，インドネシアのバンドンに，アジア・アフリカの29か国が集まり，植民地主義に反対する「平和十原則」を採択した。これは**バンドン会議**ともいわれ，史上初の有色人種の会議であった。これまで植民地にされていた国々が団結し，民族独立と平和の確保を訴え，やがて非同盟諸国として一大勢力となっていった。

★9　インドのネルー，ユーゴスラビアのチトー，エジプトのナセルらがリーダーだった。

★10　平和五原則
①領土・主権の尊重
②不侵略(相互不可侵)
③内政不干渉
④平等互恵
⑤平和共存

★11　平和十原則
上記の五原則の⑤を人権・国連憲章の尊重に変え，相互の協調などを加え，個別的・集団的自衛権を認めている。

2 緊張緩和と平和共存

▶ 朝鮮統一・インドシナ停戦のためのジュネーブ会議(1954年)を境として，世界は「雪解け」(緊張緩和，デタント)の方向へと進んでいった。

1 緊張緩和

❶ジュネーブ四巨頭会談　ソ連で1953年にスターリンが死去した
のち，米・英・仏の3国でも東西の対話を進めるべきであるという
気運が高まり，1955年，ジュネーブにおいてソ連を交えた東西四
大国首脳会談が実現した。この会議では，ベルリン問題を含めて
東西交流の拡大や軍縮への真剣な取組みが議題とされ，以後，東
西の対話の道が確実に開かれ，東西緊張の緩和（雪解け）が進んだ。

❷ソ連外交の転換　1956年，フルシチョフ第一書記は過去にソ連
が犯した政策の誤りを認め（スターリン批判），冷戦に代わる平和
共存政策をとることを宣言した。

❸米ソの対話　1959年，国連総会出席のため訪米したソ連のフル
シチョフ首相は，アイゼンハワー米大統領とキャンプ・デービッ
ド会議を行い，初の米ソ首脳の直接対話が実現した。翌年には
U2型偵察機の撃墜事件で両国間は一時緊張したが，ケネディ大
統領はそれを克服し，ウィーンで2国首脳会談を実現した。

2 キューバ危機

❶キューバ革命　ラテンアメリカとよばれる中南米諸国には，親
米の軍部独裁政権が多いが，その1つキューバで，1959年にカ
ストロらによる独裁政権打倒の革命が成功した。その後，アメリ
カと不和になり，ソ連の支持を受けて社会主義政権が誕生した。

❷キューバ危機　1962年，キューバにソ連がミサイル基地を建設
する計画を知ったケネディ米大統領は，核戦争も辞さない強硬姿
勢で反対したため，フルシチョフはそれを断念した。この米ソの
核戦争危機の回避を機に，米ソの緊張緩和は進んだ。

3 ｜ 国際社会の多極化

▶ 冷戦時代には，アメリカとソ連という2つの超大国が他の中小
国の内政に至るまでに干渉を加えて，それぞれの陣営の側に導いて
きた。しかし，平和共存の進展とともに，国際社会の対決構図は緩
み，多極化ともいうべき状況が出現した。

1 体制内部の乱れ

❶西側世界の不調和　フランスで第5共和国が成立し，新たに大
統領となったド・ゴール（在任1959〜69年）は，自国の自主性を
主張し，NATOの軍事機構から離脱して独自に核兵器の開発を始

★1　四大国首脳とは，
アイゼンハウアー（米），
イーデン（英），フォー
ル（仏），ブルガーニン
（ソ）の4人。

★2　「雪解け」はもと
もと，1953年のスター
リンの死後のソ連国
内の解放感を表現した
ことばであった。それ
が1955年の四巨頭会
談以降の国際緊張の緩
和を表すことばに転用
された。

★3　アメリカ軍の偵
察機がソ連領土内で撃
墜され，飛行士が捕ら
えられた事件。その結
果，米ソ首脳会談は中
止された。

★4　米ソ間に偶発戦
争の防止のためのホッ
トライン（直通電話回
線）を設置し，またイ
ギリスも加えて部分的
核実験停止条約を結ん
だ（1963年）。

★1　第二次世界大戦
中，フランスのドイツ
降伏に反対し，イギリ
スに亡命，レジスタン
ス運動を指導した。戦
後，1959年大統領に
就任した。アルジェリ
アの独立を承認し，民
族主義者とされたが，
政策は柔軟であったと
される。

めた。それとともに，敗戦国の**西ドイツ**や**日本**もしだいに国力を高める一方，アメリカの経済的地位は相対的に低下し指導力を失ったため，西側陣営の共同歩調に乱れが生じてきた。

❷**中ソ対立**　1960年頃から，ソ連共産党と中国共産党が社会主義の路線をめぐって対立した。やがて両国の関係は国境紛争をおこ^{★2}すまでに冷却し，**社会主義世界は分裂した。**

❸**東欧の動揺と民主化**

  ①　**ハンガリー・ポーランド暴動**　1956年，ソ連における「スターリン批判」の影響により，ポーランドでストライキがおこり，ハンガリーでも反政府運動が展開され，ともに暴動化していった。しかし，ハンガリー動乱はソ連軍の介入により鎮圧された。

  ②　**チェコスロバキアの民主化運動**　1968年，ドプチェク大統領の「人間の顔をした社会主義」方針により，「プラハの春」を謳歌（おうか）する自由化の運動が展開されたが，翌年，ソ連が率いるワルシャワ条約機構軍によって抑圧された。

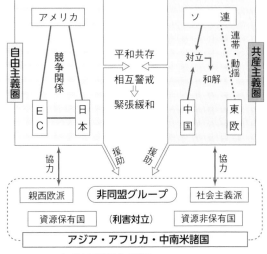

▲1960〜80年代の国際社会の構造

  ③　**ポーランド**　80年代から自主的労働組合「連帯」の議長で後^{★3}に大統領となった**ワレサ**が指導する反政府運動が実り，1989年，選挙によって非共産政権が誕生した。これをきっかけに，他の東欧諸国でも旧共産党政権が次々と倒れた。

❹**第三世界の拡大と分裂**

  ①　**1960年**には独立したアフリカ17か国が国連に加盟し，「**アフリカの年**」といわれた。同年の国連総会で，民族自決と植民地支配の廃絶を表明する「**植民地独立付与宣言**」が採択された。

  ②　**非同盟諸国会議**　1961年，東欧圏から離脱したユーゴスラビアの首都ベオグラードに，東西いずれにも属さない非同盟主義を支持する25か国が参加して開催（その後も開かれ参加国も増えたが，1991年の湾岸戦争への対応をめぐって分裂）。

  ③　**アジア・アフリカ**では，ASEAN（アセアン）の一部の国々やサウジアラビアなどのように親西欧的立場の国と，ソ連や中国の援助に依存（そん）する国との利害が一致せず，その**団結に限界が生じた。**^{★4}

★2　ソ連がアメリカとの平和共存や議会を通じた革命の立場に立つ一方，中国はアメリカとの対決路線や武力革命を主張した。

★3　東欧諸国の労働組合は政府の御用組合であったが，ポーランドでは80年にグダニスク造船所で非合法組合として「連帯」が誕生し，一時は1,000万人を擁する大組織となった。ポーランド政府やソ連の弾圧によって「連帯」は逆に求心力を増し，革命的運動の中心となっていった。

★4　冷戦後の今日ではASEAN＋3（日中韓）による「東アジア共同体」構想など，東アジアの地域統合化の試みも活発化している。

⑤**ベトナム戦争**　南側で南ベトナム**解放民族**戦線が反政府闘争を
始めたのに対し，アメリカがそれを阻止しようとして1965年に
介入（北爆開始）し，8年後にパリ会議で停戦が成立した。[★5]

★5　1976年，北ベトナム主導で南北統一し，ベトナム社会主義共和国が成立した。

$$\left\{ \begin{array}{l} アメリカ \\ ソ連 \end{array} \right. \boxed{二極構造} \Rightarrow \boxed{\begin{array}{l} 米・EC・日本 \\ 中ソの五極構造 \end{array}} \Rightarrow \left\{ \begin{array}{l} アメリカ・EC・日本 \\ 非同盟（発展途上国） \\ 中国・ソ連 \end{array} \right. \boxed{多極構造}$$

4 ｜ 冷戦の終結とソ連の解体

▶ 第二次世界大戦後ほぼ45年間続いた東西間の対立は，1980年代末に始まった東欧諸国
の民主化・自由化の動きによって解消に向かい，1991年のソ連の解体によって，「冷戦」
状態は終結した。

1 東西協調への転換

❶**新冷戦とソ連国内の矛盾激化**　ソ連はブレジネフ政権時代（1964
〜82年）に，親ソ政権の樹立のため，**アフガニスタン侵攻**（1979
年）を行った。これにより，アメリカとの軍縮交渉も中断し，[★1]レ
ーガン大統領とのあいだで，緊張緩和が崩壊した（新冷戦）。また，
経済情勢も悪化し，人心の荒廃もみられた。

❷**ゴルバチョフの改革と「新思考外交」**　1985年に書記長となっ
たゴルバチョフは，内政面で大胆な**ペレストロイカ**（改革）[★2]を断行
し，一党独裁の否定と民主的選挙を実現し，経済活動の自由化を
めざした。しかし，経済の再建は進まず停滞が続いたので，東西
両陣営の平和共存に活路を求めた。1987年には米ソ間で中距離
核戦力（INF）全廃条約を調印し，89年にアフガニスタンから軍隊
を撤退させた。また，**20年ぶりに中国とも和解した。**

❸**マルタ会談とドイツ統一**

1989年，ポーランドに非共産
主義政権が誕生し，その他の東欧
諸国でもいっせいに政権の基盤が
動揺しはじめ，[★3]**東西ドイツをへだ
ててきた「ベルリンの壁」が撤去**
された。このような動きを受け，
同年末，米ソ首脳のマルタ会談で
「冷戦の終結」を確認しあった。[★4]
翌1990年10月，**東西ドイツの統
一が実現**した。

▲ベルリンの壁崩壊

★1　アメリカは**戦略兵器制限交渉**（SALT II）の批准を棚上げにした。

★2　政治分野では，**グラスノスチ（情報公開）**を軸として言論の自由と選挙の自由化を行い，効果をあげた。一方，経済面では私有財産制と市場経済制の導入をはかったが効果は現れず，国民の期待を裏切る結果となった。

★3　ゴルバチョフが東欧諸国に対する不介入の方針をとったことで，東欧諸国で「市民革命」が促進した。

★4　アメリカのブッシュ（父）大統領とソ連のゴルバチョフ書記長が地中海のマルタ島で行った会談。

❹**軍縮と経済協力**　米ソ間の戦略核兵器の削減交渉は急速に進展し, 経済危機に陥（おちい）った旧ソ連・東欧諸国に対して西側諸国が支援をするなど, 世界は新しい国際協調に向かって動きはじめた。

★5　エストニア・ラトビア・リトアニアのバルト 3 国は 1940 年, スターリンとヒトラーの密約で武力によりソ連に征服・合併された。

2 ソ連の解体と新生ロシア

❶**ソ連の解体**　1990 年, 大統領の権限を強化する憲法改正が行われ, 一党独裁を否定し私有財産制も認められた。しかし, 91 年 8 月の反ゴルバチョフ派のクーデタ失敗後, ゴルバチョフ大統領はソ連共産党の解散を宣言した。同年 9 月, バルト 3 国がソ連★5から分離独立し, 他の 12 か国も個別の主権国家として独立, 同年末にはゆるやかな結合組織としての独立国家共同体(CIS)を結成した。この結果, ソ連邦は 1922 年成立以来, 69 年間の歴史に幕を閉じた。

❷**新生ロシアの動き**　ソ連の継承国となったロシア連邦では, 92 年, 新憲法に基づきエリツィンが共和国大統領に就任した。しかし, 国内経済は悪化して改革は停滞し, 大統領と議会の対立が表面化した。

　ロシア連邦内では, 2000 年に大統領に就任した**プーチン**がチェチェンなど自治共和国の独立闘争を弾圧し, 武力衝突（しょうとつ）やテロもおこった。プーチンは, 資源高騰による経済成長のおかげで国民の支持を受け, 2 期 8 年在任した。さらに, 2008 年から 4 年の首相在任後, 再び大統領になったプーチンは反対派を弾圧して独裁化, 3 選(2032 年)まで大統領任期を可能とし, 大ロシア帝国の復活を目論んで, 2014 年にウクライナのクリミア半島を武力併合した。さらに 2022 年にはウクライナへ侵攻し, 戦争となった。

▼東西協調と現代のおもな内戦・紛争

年	できごと
1985 年以降	ソ連の改革（ペレストロイカ）→ソ連・東欧の民主化・自由化
1989 年	東欧諸国東欧革命, 「ベルリンの壁」の撤去(東欧諸国のソ連支配からの脱却)。
	12 月, マルタ会談で米ソの冷戦終結宣言
1990 年	東西ドイツの統一
	湾岸危機(イラクのクウェート侵攻)
1991 年	ソ連邦の解体, ワルシャワ条約機構・コメコンの解散
	湾岸戦争
	旧ユーゴ分裂へ
	ソマリア内戦
1993 年	パレスチナ暫定自治協定締結
1998 年	インド, パキスタン核実験
1999 年	NATO, コソボ問題でユーゴ空爆
2001 年	同時多発テロ
	アメリカのアフガニスタン侵攻
2003 年	イラク戦争
2014 年	ロシアがクリミア半島を併合
2022 年	ロシアがウクライナへ侵攻

5 | 新秩序の模索

▶ 冷戦終結により全面的核戦争のような世界戦争の危険は遠のいたが, 核拡散の恐れが高まり, 発展途上国への武器の流入による局地的な軍事的緊張の高まりがみられる。民族・宗教などをめぐる対立・紛争・内戦の多発とともに, 国際的なテロも頻発して, 国際関係は複雑化・不安定化した新局面に直面し, 新たな世界秩序を模索している。

1 ヨーロッパの脱冷戦化と「1つの欧州」

❶**冷戦終結後のヨーロッパ**　1990年に西ドイツが東ドイツを吸収統合してドイツ統一達成したように，東欧諸国では社会主義政権の崩壊と民主化（共産党一党独裁から複数政党制と自由選挙）および市場経済化へと進む，東欧革命があった。同年にはパリで全欧安全保障協力会議（CSCE）が開かれ，**パリ憲章で不戦を約束**し，**欧州通常戦力（CFE）条約**で戦力の削減をはかった。米ソ2つの超大国による支配体制（二極構造）・軍事対決構造は終わった。

❷**EUの拡大**　1991年に東側の**ワルシャワ条約機構**および経済同盟**コメコン**（⊃p.266）が解体して，東欧諸国のEUへの編入がめざされた。さらにEU共通の外交・安保政策の統一がはかられ，ヨーロッパは「**1つの欧州**」へ前進した。また，1995年にCSCEは全ヨーロッパ諸国にアメリカ，カナダなどを加えた欧州安全保障協力機構（OSCE）と改称し，ヨーロッパの新しい安全保障体制となった。これを無視したのがロシアのプーチン大統領によるクリミア半島併合とウクライナ侵攻だった（2014年，2022年〜）。

2 アメリカの軍事的一極支配の下での協調

冷戦時代に対立していたソ連が崩壊したため一人勝ちしたアメリカは，冷戦後に唯一の軍事的超大国となった。

❶**冷戦終結後の国際協調の進展**　1990年にソ連と韓国が国交樹立し，91年に韓国と北朝鮮が国連に同時加盟。1991年初頭の湾岸戦争では米ソが協調した。さらに，南アフリカのアパルトヘイトの撤廃，米ソ戦略兵器削減交渉（START I）の調印など，世界の新たな安定した秩序形成への動きがみられた。92年に中国と韓国が国交樹立，1993年に**パレスチナ暫定自治協定**の締結があり，2000年には朝鮮半島で分断後初めての南北首脳会談が開かれ，アジアにおける冷戦終結の始まりとして期待された。

❷**ASEANの発展**　ASEAN諸国は，1997年の経済危機から90年代末には回復し，**FTA（自由貿易協定）**を促進するなど経済協力を進めた。それとともに，地域の安全保障のためASEAN地域フォーラム（ARF）などで協議を進め，**東南アジア非核兵器地帯条約**を調印した（1997年発効）。

補説　**中国**　中国は，文化大革命後の1970年代後半から，改革・開放政策をとって外資導入に努め，高度経済成長を達成した。現在，GDPでは日本をぬいてアメリカに次ぐ世界第2位となり，「**世界の工場**」と称されるまでになっているが，香港や台湾などとの緊張関係は続いている。

★1　ヨーロッパの対立と分断の時代が終わったことを宣言し，東西間の信頼醸成措置をすすめた。

★2　1999年にポーランド・チェコ・ハンガリーが，2004年にはバルト3国・ルーマニア・ブルガリア・スロバキア・スロベニアが，2009年にはクロアチア・アルバニアがNATOに加盟した。

★3　2020年にイギリスがEUから離脱するなど，逆流も生じている。

★4　冷戦終結後の最初の軍事衝突が，1990年8月，イラクのクウェート侵攻であった（湾岸危機の発生）。アメリカを中心とする多国籍軍が国連安全保障理事会の決議の下，軍事行動をおこし，イラクを撤退させた。この湾岸戦争（1991年1月）が国連の容認の下に可能になったのは，ソ連がアメリカを支持したからである。

❸宗教対立・民族紛争　インドとパキスタンのあいだでは，**カシミールをめぐる対立と核実験競争**(1998年)で緊張が高まり，それを契機にインドにおけるヒンドゥー教徒によるイスラーム教徒虐殺の横行など，宗教にからむ民族紛争が激化した。また，アフリカのソマリアやルワンダなど破綻国家での悲惨な民族紛争や内戦の頻発化，**ユーゴスラビアでの民族の分離・独立をめぐる内戦**など，民族紛争が多発するようになっている。このような中，アメリカの軍事力を中心とした多国籍軍による平和確保が試みられてきた。

★5 政府が権力や権限を失って無政府状態を呈している国家。統治能力が失われているため，むきだしの力が支配することになり，テロリストの活動拠点になり，世界の不安定化の温床になっている。

❸ 同時多発テロとアメリカの単独行動主義(ユニラテラリズム)

❶**同時多発テロ**　2001年9月11日，アメリカを襲った**同時多発テロ**(⤶p.264)は，冷戦後の世界平和構築に向けての協調の歩みを緊張へと激変させた。アメリカのブッシュ(子)大統領は「テロとの戦い」へ国際協調をよびかけ，テロへの自衛権行使として必要ならば，単独でもテロ組織やテロ支援国家を先制攻撃できるとした(ブッシュ・ドクトリン)。そして，このような**新保守主義**(ネオ・コンサバティブ)路線に基づき，テロリストの首謀者をかくまっているとしてアフガニスタンへ攻撃し，タリバン政権を崩壊させた。さらに2002年，イラク・北朝鮮・イランを「**悪の枢軸**」とよび，これらの国々との対決を国際社会によびかけた。

★6 1999年，セルビア南部のコソボ自治州の紛争に対して「住民虐殺の防止」を理由にNATO(実質的にアメリカ軍)が国連の安全保障理事会の承認を得ずにユーゴを空爆した。人道を理由に，国連決議なしの武力行使は，国際法違反ではないか，との疑問が出された。

❷**イラク戦争**　2002年にはイラクが大量破壊兵器を開発・保有しているのではないかという疑惑に対して国連査察団による査察が行われていた。アメリカは，イラクの保有は明白で査察に非協力だとして武力行使を主張した。そして，国際世論の反対が多い中，2003年3月，**国連安全保障理事会の決議なしにイギリスとともにイラクへの武力攻撃**を始めた。

★7 国連の安全保障理事会において，フランス・ドイツ・ロシアなど多くの国が査察の続行を主張し，武力行使に反対した。

❸**テロとの戦争の影響**　こうした国際テロへの報復戦争の勃発後に，パレスチナ問題も，イスラーム原理主義勢力のテロとイスラエルの報復攻撃が激化し，和平やパレスチナ国家樹立とイスラエル国家との共存をめざす**ロードマップ**(行程表)実現の見通しが立たなくなっている。

　ブッシュ(子)大統領は，圧倒的な経済力・軍事力を背景に，アメリカ第一主義で国際法や国連を無視し，単独行動主義(ユニラテラリズム)(⤶p.265)をとった。このため，フランス・ドイ

★8 **単独行動主義**とは，自国の国益をひたすら追求する外交・安全保障政策などのことである。

〈ブッシュ政権の単独行動主義の例〉
①京都議定書から離脱
②包括的核実験禁止条約(CTBT)の批准を拒否
③生物兵器禁止条約の検証議定書の受入を拒否
④弾道弾撃墜ミサイル(ABM)制限条約の離脱を通告
⑤国際刑事裁判所(ICC)設立条約への署名を拒否

ツなどの国連を中心に民主的な対話と協調で解決する路線（**国際協調路線，多国間主義**）は後退した。しかし，2009年に大統領に就任したオバマは，イラクから撤退するなど，アメリカの単独行動主義からの方向転換をはかった。[9]

4 国際社会の諸問題とグローバル・ガバナンス

❶**地域紛争の激化**　米ソが競って進めてきた第三世界の地域への軍事的・経済的な援助は縮小あるいは停止されたが，それは地域紛争の鎮静化をもたらす面がある一方で，中東あるいは旧ソ連や旧ユーゴ，アフリカなどで地域紛争や内戦が頻発するようになった。これは，それらの地域から影響力を行使する超大国が手を引いたことで，各地域での宗教・民族・領土などをめぐる利害の対立が噴出してきたためである。

❷**グローバル化による格差の拡大**　グローバル化の進展で先進工業国と発展途上国とのいわゆる**南北間の経済格差および国内における貧富の格差**はますます拡大し，世界的な富の偏在（へんざい）は，貧しい国の人々に国際的な政治・経済システムの不公正さを印象づけている。特定の国または集団において，貧困や失業，HIV/エイズなどの感染症さらには人権侵害など絶望的な状況に追い込まれて不公正な扱いを受けていると思う集団からは，テロや武力行使によって打破しようとする政治的急進主義者が生まれてくる。

❸**「人間の安全保障」とグローバル・ガバナンス**[10]　国際社会の秩序を大きく揺るがす恐れがある国際テロに対して，武力で鎮圧をはかるだけでは報復をまねくだけの結果に終わる。よって，テロの温床である南北問題や特定集団の不公正な状況を解決することが急務となっている。軍事力による「国家」の防衛よりも紛争によって難民のように被害を受けている「人間」を保護する「人間の安全保障」[11]の必要性が高まってきている。

　このような，貧困，飢餓（きが），難民，人権侵害や環境破壊，核拡散など地球規模の諸問題に対処するには，国家単位では不十分で，地球規模でのガバナンスが求められている（⇨p.326）。

6 核兵器と軍縮問題

▶ 冷戦体制は崩壊したが，国際政治には数多くの紛争の要因が残されている。核軍縮はアメリカとロシア（ソ連）間で行われてきたが，2021年現在で地球上に約1万3千発の核兵器があるといわれ，核兵器の廃絶にはほど遠いうえ，さらに核拡散の恐れも現実化している。

★9　2011年にアメリカはイラクから全軍を撤退させたが，その後アルカイダやイスラーム国などが勢力を拡大したため，再び地上部隊を投入せざるをえなくなった。

★10　**グローバル・ガバナンス**は，地球規模で人間社会を組織化することを意図するあらゆる規制のこと。

★11　冷戦が終わっても世界各地で民族紛争や飢餓・貧困のもたらす悲劇が繰り返されている。この現実をもとに，これまで国家という枠組み中心に考えられてきた安全保障を，最大の犠牲になっているのは個々の人間である点に留意し，人間にこそ安全保障の焦点が振り向けられるべきだ，と考えるもの。人々のコミュニティ（社会）を「人間の安全保障」の単位としてとらえ，その保護とエンパワーメント（能力強化）をはかることで安全保障の実現を唱えている。

1 恐怖の均衡

　第二次世界大戦後，東西両陣営のそれぞれの頂点に立ったアメリカとソ連は，他を圧倒する大きな軍事力を保持し，とくに1945年のアメリカの原爆保有に始まる**核兵器**の開発競争を通して，巨大な破壊力を蓄積してきた。原爆から水爆へと核兵器はその破壊力を飛躍的に増大させ，その運搬手段であるミサイルや戦闘機，潜水艦も開発された。[★1]

　このような米ソの核戦略の対抗は，1950年代半ばから「恐怖の均衡」を生みだした。互いに核報復の脅威により相手の先制核攻撃を断念させようとする「核抑止論」を掲げて，はてしのない核軍拡競争に走った。[★2]　また，核保有国も，1960年代半ばまでにイギリス，フランス，中国と拡大していった。さらに大量破壊兵器である生物・化学兵器も，量的・質的に強化する開発が進められた。

★1　核弾頭の発射手段として，大陸間弾道ミサイル(ICBM)や潜水艦発射弾道ミサイル(SLBM)などがある。

★2　核兵器が人類を25回も絶滅できる量（ピーク時7万発）を備えるに至った。

2 反核の国際世論と軍備管理

　核軍拡競争により人類は核戦争で滅亡する危機にさらされることになり，世界各地で核兵器の廃絶を求める反核運動がおこった。

1. 1950年には，核兵器禁止を求めるストックホルム・アピールが多くの署名を集めた。
2. 1954年，アメリカの水爆実験によって日本の漁船員が被爆し死亡した**第五福竜丸事件**を契機に，翌年，広島で原水爆禁止世界大会が開かれ，毎年続くことになった。
3. 1957年からは，核廃絶をめざす科学者のパグウォッシュ会議が始まった。
4. 1959年，米ソを中心にジュネーブ軍縮委員会が設置された。
5. 1962年のキューバ危機で，偶発的な核戦争の回避（米ソ間のホットラインの設置）や核管理の必要性が認識され，**軍備管理**[★3]が進んだ。
6. 1963年の部分的核実験停止条約(PTBT)や，1968年の核拡散防止条約(**核不拡散条約**，NPT)は，その早い段階での軍備管理の成果である。
7. 米ソは，戦略兵器制限交渉(SALT Ⅰを1972年，SALT Ⅱを1979年)に調印した。

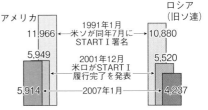

アメリカ　　　　　　　　　　ロシア（旧ソ連）

11,966　←1991年1月 米ソが同年7月にSTART Ⅰ署名→　10,880

5,949　　　　　　　　　　　5,520

　　　　　2001年12月 米ロがSTART Ⅰ履行完了を発表

5,914　←2007年1月→　4,237

（日本の外務省の「日本の軍縮・不拡散外交」による）

▲米ロの戦略核弾頭数の推移

配備中の戦略核(2022年)	1,644 —— アメリカ
	1,588 —— ロシア
配備中・保管中を合わせた戦略核の総数	5,428
	5,977
戦術核	100
	不明

（米国科学者連盟の推計。「世界国勢図会」による）

▲米ロの核兵器の現状

★3　軍縮が軍備の縮小や撤廃を意味するのとは異なり，**軍備管理**とは兵器の製造・保有・使用を相互に規制することを意味する。

軍備管理と核軍縮の違い

　部分的核実験停止条約は大気圏内，宇宙および水中での核実験を禁止したが，それは米ソが**地下実験**で核開発が可能だからである。

　核拡散防止条約（NPT）は核保有の５か国の核独占を前提とした核拡散禁止条約で，非核保有国に対しては核兵器の取得や開発を禁じて査察を義務づけている。その一方で，核保有国が核軍縮を行うという誓約はきちんと履行されなかったため，既成の核保有国の特権化をはかる差別条約であるという反発が強くあった。この反発により，フランスと中国

はNPTへの加盟が遅れた。

　戦略兵器制限交渉（SALT）も，米ソ間での戦略核兵器を増強する上限を設定して均衡をはかるもので，削減ではなかった（よって，軍縮ではなく**軍備管理**である）。

　核実験を全面的に禁止する**包括的核実験禁止条約（CTBT）**は，1996年に署名されて，英・仏・ロの核保有国が批准したが，アメリカなどは批准を拒否して，未発効である。そのうえ，核爆発をともなわない未臨界実験による核開発は禁止されていないので，現在でも核兵器の小型化など核開発は実施されている。

③ 初めての核軍縮

　1985年に登場したソ連のゴルバチョフ政権が東西の緊張緩和を進めたことにより，初めての核軍縮である中距離核戦力（INF）全廃条約（1987年）や，戦略核の部分廃棄をめざす戦略兵器削減条約（START Ⅰ）の締結（1991年），START Ⅱの署名（93年）がなされた。

▲INF全廃条約の調印
ゴルバチョフ書記長（左）とレーガン大統領（右）

★4　2017年に就任したトランプ大統領が履行停止を通告し，2019年に失効した。

★5　米ソ両政府が署名した第２次戦略兵器制限交渉（SALTⅡ）と第２次戦略兵器削減条約（STARTⅡ）は，ともに米議会が批准せず未発効，条約は無効化した。

　こうした動きの背景には，それまでの軍拡競争の結果，米ソ両国とも産業全体に占める軍需産業の割合が高まり，民需産業部門での国際競争力が低下し，軍事費の削減を迫られたという事情がある。

④ 核拡散の不安と非核地帯

❶核拡散防止　核軍縮が進む一方で，その製造が比較的容易になったこともあって，**インド，パキスタン，イスラエル，北朝鮮が核兵器保有国**になった。核保有国は，イランの核開発疑惑にみられるように，発展途上国を含めて増える傾向にある。1991年末に解体したソ連やパキスタンなどから核兵器および核製造技術が流出する核の闇市場もあり，核拡散による核戦争や核テロの不安を増している。

▼発効したおもな軍縮条約

発効年	おもな軍縮条約
1972	弾道弾迎撃ミサイル制限条約（ABM条約）（米ソ間）
75	生物兵器禁止条約
88	中距離核戦力全廃条約（米ソ間）
94	第１次戦略兵器削減条約（START Ⅰ）（米ソ間）
97	化学兵器禁止条約
99	対人地雷の使用，貯蔵，生産及び移譲の禁止並びに廃棄に関する条約*
2010	クラスター弾に関する条約*
11	新戦略兵器削減条約（新START条約）（米ロ間）

＊米，ロ，中は調印せず。

核拡散防止条約(NPT)[6]には191か国と地域が参加(2021年現在)しているが、4核保有国は未加盟である(北朝鮮は2003年に脱退して核実験を繰り返し、2005年に核保有を宣言した)。1995年に核拡散防止条約が無期限延長されたのは、核保有国の核廃絶への要求とともに、核拡散を防ぐ目的がある。2022年、核保有5か国は「核兵器は、防衛や侵略の抑止、戦争を防ぐ目的で存在し、他のいかなる国も標的としていない」と共同声明を発表した。

❷**核廃絶への動き** オバマ大統領は2009年、**プラハ演説**で核兵器を使用したことがある唯一の核保有国としてアメリカが核兵器のない世界を先頭に立って追求する決意を述べ、ノーベル平和賞を受賞した。2010年に米ロ間で新START条約[7]が成立し、それぞれ配備している戦略核弾頭数の上限を1,550発に削減し、ミサイル[8]、原子力潜水艦、爆撃機などの運搬手段についても800基に削減するとした。これは両国が率先して核削減努力を示すことで核不拡散体制の強化を世界にアピールし、北朝鮮やイランなどへ国際圧力を高めることをねらいとしている[9]。

❸**非核地帯** 地球上に非核地帯が広がっていて、すでに南半球全体をおおっている(中南アメリカ、南太平洋、東南アジア、アフリカ)。北半球でも、モンゴルの「非核兵器国の地位」が国連で了承されるとともに、2006年に**中央アジア非核兵器地帯条約**が成立した。さらに日本を含む**北東アジア非核地帯**の設置も議論されている。

５ 核兵器以外の兵器の軍縮

生物兵器と**化学兵器**は核兵器とあわせて**大量破壊兵器**とよばれる。生物兵器禁止条約(1975年)と化学兵器禁止条約(1997年)で、それぞれ全面禁止、全廃を定めた。

❶**通常兵器** 大量破壊兵器以外の戦闘機や艦船などの**通常兵器**(広い意味では小火器も含む)については、軍縮条約はない。通常兵器は各国の戦力の中心であり、正当なものと受け止められており、小銃や機関銃などの小火器は、価格や扱い方が手軽なため、最も使用頻度が高い。アフリカの破綻国家(⇨p.274)での内戦では、子どもに自動小銃を使わせる深刻な**チャイルド・ソルジャー(少年兵)**問題が生じている。

❷**武器の国際移転の規制** 第二次世界大戦後、米ソをはじめ先進工業国から武器輸出が増大し、とくにアジア・アフリカなどの第三世界への兵器の拡散は、紛争を多発化させ、同地域の軍事的緊張を高める結果をまねいた[10]。発展途上国は軍備拡張をはかって、

★6 非核保有国は核兵器の保有を禁止され、軍事技術への転用をしない保証のため、**国際原子力機関(IAEA)**による査察を受け入れることとした。NPT再検討会議は2015年に続き、2022年にも成果文書を出せず決裂した。

★7 2023年2月28日、ロシアのプーチン大統領が履行停止を定めた法律に署名し、即日発効した。

★8 配備から外した核弾頭は、そのまま備蓄に回せばよいので(備蓄は削減の対象外)、保有する全体の核弾頭の数は減りそうにない。

★9 2017年核兵器禁止条約が国連総会で採択され、2021年に発効した。これは核兵器を違法とする初めての条約だが、核保有国や日本などは不参加だった。

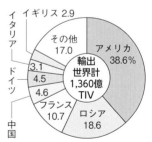

▲通常兵器輸出国の世界に占める割合 (2017～21年計)
(「世界国勢図会」による)

★10 日本は武器輸出三原則で実質的に全面禁輸だったが、2014年、武器輸出三原則に代わる**防衛装備移転三原則**を閣議決定し、輸出を原則可能にした。

自国の近隣地域での主導権の確保をめざす。一方で，先進国は輸出による利益のほか，軍事技術の提供や部品の補給を通して輸出相手国への政治的な影響力の確保を意図している。発展途上国における国際紛争や内戦の鎮静化のためにも，**武器の国際移転の規制**[11]が不可欠である。

★11 2013年，国連総会において**武器貿易条約(ATT)** が採択され，発効した。この条約は，通常兵器や弾薬などの**国際的な移譲を禁止・制限**するものである。

7 | 国際社会と日本

▶ 第二次世界大戦後，高度経済成長をとげて「経済大国」になった日本は，世界平和に対しても大きな役割と責任を果たすことが求められている。

1 国際社会への復帰

❶**日本の独立回復**　1945年8月，連合国に無条件降伏した日本は[1]，約6年間占領を受けたのち，1951年9月にサンフランシスコ平和条約[2]を調印，翌52年4月に独立を回復した。この平和条約は西側諸国とのあいだだけで締結され，ソ連・中国など東側陣営を除くものだった。また，平和条約と同時に日米安全保障条約(⊂〉p.71，267)を結び，講和成立後もアメリカ軍の駐留を認めた。これは，冷戦が激化する中で，わが国が西側陣営の一員となる選択をしたことを意味し，戦後の日本外交はスタートから日米関係を基軸とした。このため，東側諸国との国交の回復は遅れた。

★1 8月10日ポツダム宣言受諾，9月2日降伏文書署名。

★2 日本は40〜50年間領有してきた台湾・朝鮮・樺太(サハリン)・千島列島の領有権を正式に放棄した。沖縄や小笠原諸島は当分のあいだアメリカの施政権下におかれた。

❷**国際連合への加盟**　ソ連(現ロシア)との国交が，1956年の日ソ共同宣言[3]で回復されたことで，同年末，ソ連の賛成も得て，日本の国連への加盟が実現した。しかし，**北方領土の領有問題**もあって平和条約締結の外交交渉は進展せず，現在でもロシアと日本との懸案となっている。わが国は，この領土問題の解決が平和条約締結の前提であるとする立場をとっている。

★3 日ソ共同宣言には，平和条約締結の交渉を継続すること，平和条約締結後に歯舞群島・色丹島を日本に返還することが明記されている。

2 日本の外交三原則

わが国は国連加盟後に外交三原則を定めた。外交三原則では①**国連中心主義**，②**自由主義諸国との協調**，③**アジアの一員としての立場の堅持**を掲げたが，中心は「自由主義諸国との協調」にあり，とくに「**アメリカとの協調」が基軸**であった。すなわち，日本は国連ではアメリカ側に与したし，分裂国家についても，西側に属する国々(西ドイツ，韓国，中華民国(台湾)，南ベトナム)と国交を結んだ。そして，朝鮮戦争やベトナム戦争では，米軍支援基地としてアメリカに寄与した[4]。

★4 戦争にともなって発生した軍需物資やサービスの需要を日本が米軍に供給し(特需)，好況になった。朝鮮戦争では朝鮮特需(⊂〉p.190)，ベトナム戦争ではベトナム特需とよばれる。

③ 日米関係の推移

日米関係は，日米安全保障条約(⇨p.71)を基軸として展開してきた。1970年以降のおもな動きをみていく。

❶沖縄返還と新日米関係　長らくアメリカの軍事基地とされてきた沖縄については，1971年，**返還協定**が結ばれ，翌年，日本に施政権が返還された。それに先立ち，1971年には非核三原則(⇨p.73)の国会決議がなされている。

❷貿易摩擦　1970年代の後半になると，日本の対米輸出超過が恒常化し，1980年代にはその削減を求めるアメリカとのあいだでは経済的な摩擦がしだいに激しくなり，さまざまな協議が行われるようになった。

❸冷戦終結後の日米の新たな関係(安保再定義)　冷戦終結によって，ソ連など共産主義国を仮想敵国としていた日米安保体制はその存在理由を失った。そのため，日米両政府は1996年に日米安保共同宣言を出して日米安保体制に新たな意義づけを行った。また，1997年には新ガイドライン(⇨p.72)を定め，**日米防衛協力の範囲を「アジア・太平洋地域」へ拡大**し，自衛隊が日本領域外(公海とその上空)で米軍支援を行う，という新たな段階に突入した。

❹自衛隊派遣　2001年，米軍のアフガニスタン攻撃に際して，日本はテロ対策特別措置法を制定して，「外国の領域」にも自衛隊を派遣できる(ただし受入国の同意が条件)とした。また，2003年のイラク戦争の際，小泉内閣はイラク復興支援特別措置法に基づき，自衛隊のイラクへの派遣を行ったが，国連決議なしのイラク攻撃を支持する方針は，国際社会から対米追随との批判を受けた。

> 用語　**イラク復興支援特別措置法**　「非戦闘地域」での人道復興支援活動や，米軍などへの安全確保支援活動をおもな任務とした。この法の期限切れで，陸上・海上自衛隊は撤退したが，2007年の改正法に基づき航空自衛隊が多国籍軍の輸送支援を行った。なお，2008年に名古屋高裁はイラクでの航空自衛隊の空輸活動は戦闘地域での活動にあたり，憲法違反との判決を下した。

④ アジア諸国との関係

❶韓国との関係　日本から独立した朝鮮半島では南北2つの異なる政府が対立したが，日本は1965年，南の**大韓民国**と日韓基本

★5　1969年11月，沖縄の本土復帰に関する日米共同声明が発表され，日本政府は「**1972年返還・核ぬき・本土なみ**」の三原則を強調した。

> **Q** 旧安保条約の改定に際しては，国民のあいだで激しい反対運動がおこりましたが，それはなぜですか。
>
> **A** 1951年の安保条約締結は，占領下からの脱却のためという理由があったのに対して，60年の安保条約改定は，日本の自由意思による条約であることが重要な意味をもちました。つまり，この条約ができると，アメリカの行動によってアジアで戦争が始まれば，日本もそれに巻き込まれることになるという懸念がもたれました。そのため，アメリカにも共同防衛の義務が課せられ，10年の固定期限がくれば一方的に破棄できるなどの条項が盛り込まれているにもかかわらず，反対も多かったのです。

★6　沖縄返還後も米軍基地は残り，現在でも沖縄本島面積の約15%を占め，全国の米軍基地の約70%が沖縄県に集中している。

★7　安倍内閣は自衛隊の海外での活動を拡大した(⇨p.73)。集団的自衛権の一部容認にともない他国の戦争に反撃できる**改正武力攻撃事態法**，地球規模で他国軍の後方支援ができる**重要影響事態法**，戦争の最中に現に戦闘が行われていない場所での他国軍の後方支援ができる**国際平和支援法**，国連が関与しない平和維持活動でも駆けつけ警護で武器使用ができる**改正PKO法**など安全保障関連法を制定した。

条約を締結し，正式に国交を開いた。それとともに，日本は有償・無償の経済援助を行うこととなり，両者の関係は密接化した。

　1980年代以降，教科書問題[★8]・指紋押捺問題[★9]，従軍慰安婦や強制連行[★10]など旧統治時代に根源をもつ問題の処理をめぐって両国間に摩擦も生じた。2012年，李明博大統領が竹島に上陸し，ナショナリズムを煽ったことから，日韓関係は悪化した。その後，朴槿恵，文在寅と大統領が変わっても，歴史認識をめぐり安倍総理の発言を「日本の右傾化」とみるなど，日韓関係は冷え切ったままの状態が続いてきたが，2022年に就任した尹錫悦は，日韓関係の改善を模索している。

❷北朝鮮との関係　朝鮮半島の北の朝鮮民主主義人民共和国は，日本と外交関係のない唯一の国である。1991年に始まった国交正常化交渉が一時中断後，2002年に小泉・金正日首脳会談が実現した。そして日朝平壌宣言により交渉再開が決まり，北朝鮮に拉致されていた被害者5人の帰国も実現したが，ほかの拉致被害者などの問題は未解決のままである。さらに，北朝鮮の核開発や弾道ミサイル発射という問題がある。また，韓国との場合と同様に，旧統治時代に犠牲になった人々やその遺族から戦後補償の問題が提起されている。

❸東南アジアとの関係　フィリピン・インドネシアなどASEAN諸国に対しては，大戦中の損害賠償を行ったうえ，日本からの経済協力を拡大し，経済面での関係は密接になっている。ASEAN諸国は1980年代に経済的に躍進し，AFTA（ASEAN自由貿易地域）を創設し，日本・中国・韓国とFTA（自由貿易協定）を結ぶなど，東アジア共同体構想の実現の可能性も出てきた。

❹中国との関係　わが国は1952年，自由主義陣営に属する中華民国（現，台湾）とのあいだに平和条約を結んだ。しかし，中華人民共和国が1971年に国連の中国代表権を得ると，翌72年に日中共同声明を出して国交正常化を実現し（台湾とは断交）[★11]，78年に日中平和友好条約を締結した。中国は対日賠償請求権を放棄し，両国はともに「覇権主義」[★12]に反対して相互不可侵の関係をもった。

　日本の尖閣諸島（魚釣島など）をめぐり，1960年代後半に海底資源が確認されると，台湾と中国が領有権を主張し始め，1990年代以降は反日活動家の抗議船や中国漁船による領海侵犯が頻発するようになった。2010年，同領海内で中国トロール漁船が海上保安庁の巡視船に衝突した事件や，2012年，日本政府が島を国有化した件で中国政府が反発し，関係悪化が続いている。

★8　日本の検定教科書がアジア侵略の事実を歪曲していると，中国や韓国から抗議されたこと。

★9　在日外国人の登録に指紋の押捺が強制されていることに関する問題。永住権を有する朝鮮，韓国人については1992年に廃止，その他の定住者や1年以上の長期滞在者も99年に廃止された。

★10　戦時中，日本軍兵士の性的対象とされる女性がアジア各国から集められた事実について，1993年，日本政府は当時の軍や政府が関与していたことを認め，謝罪した（河野談話）。その後，2015年にはこの問題を最終かつ不可逆的に解決するため，日本と韓国両政府間で慰安婦問題日韓合意が結ばれた。

★11　アメリカのニクソン大統領が中国に敵対する政策を変更し，それを受けて田中角栄首相も同様の路線をとった。

★12　中国は当時，ソ連と対立し，ソ連を覇権主義の国と非難していた。しかし，今日，習近平国家主席は独裁化し，覇権主義の立場に立っている。

☑ 要点チェック

	CHAPTER 1　現代の国際社会	答
☐ 1	現在の主権国家体制の始まりをつくったとされる会議は何か。	1　ウェストファリア会議
☐ 2	国際関係の政治的要因として，国民主義・国家主義の考えや民族自決の基盤を成したものは何主義(何イズム)とよばれるか。	2　ナショナリズム
☐ 3	19世紀のヨーロッパで採用された国際平和維持の政策は何か。	3　勢力均衡(きんこう)
☐ 4	「国際法の父」といわれるオランダの学者はだれか。	4　グロティウス
☐ 5	紛争の平和的解決のため1901年に設立された国際裁判所は何か。	5　常設仲裁裁判所
☐ 6	国際法のうち，国家間の文書による合意を何というか。	6　条約(成文国際法)
☐ 7	国際法は，6と，あと1つは何か。	7　国際慣習法(慣習国際法)
☐ 8	1928年に締結された侵略戦争を違法とする条約は何か。	8　不戦条約(ケロッグ・ブリアン協定)
☐ 9	『永久平和のために』で国際社会の平和を説いた人物はだれか。	9　カント
☐ 10	20世紀以降，平和維持の方式として新たに採用されたのは何か。	10　集団安全保障
☐ 11	国際連盟の創設は，ウィルソンの特別教書の中の何という原則によって示されたか。	11　平和原則14か条
☐ 12	国際連盟の議決方式はどのような方式がとられていたか。	12　全会一致制
☐ 13	国際連盟には有力国の不加盟以外に，国際法の違反国への制裁の弱さという欠陥があったが，武力ではなく何で制裁したか。	13　経済制裁
☐ 14	1941年にローズベルトとチャーチルが大西洋上で行った会談を発表した共同宣言を何というか。	14　大西洋憲章
☐ 15	国際連合憲章を定めたのは，どこで開かれた会議であったか。	15　サンフランシスコ
☐ 16	1945年に米英ソの首脳が集まり，国際連合の設立方針などが決められた会議を何というか。	16　ヤルタ会談
☐ 17	国際連合の行動原則では，平等・武力不行使以外に何が重要か。	17　内政不干渉
☐ 18	国連は大国主義をとっている。そのことは，安全保障理事会の常任理事国の表決権に現れている。それはどういう権利か。	18　拒否権
☐ 19	国連の主要機関を構成する理事会は，安全保障理事会のほかに何があるか，2つ答えよ。	19　経済社会理事会，信託統治理事会
☐ 20	国際司法裁判所はどこに置かれているか。	20　(オランダの)ハーグ
☐ 21	国連による軍事的制裁は，どの機関の決定で始められるか。	21　安全保障理事会
☐ 22	拒否権の応酬で安保理が麻痺した際，その問題を総会に移して議論できるようにした決議は何か。	22　平和のための結集決議
☐ 23	国連が実施する，紛争を抑制したり平和を維持する活動は何か。	23　平和維持活動(PKO)
☐ 24	PKOの任務は停戦監視団と何に大別されるか。	24　国連平和維持軍(PKF)
☐ 25	東西冷戦の宣言ともいえる方針を表明した米大統領はだれか。	25　トルーマン
☐ 26	第二次大戦後進められたヨーロッパの復興支援計画を何というか。	26　マーシャル・プラン

1

□ 27	26に対抗して1949年に設立された東側諸国の経済援助会議を何というか。	27 COMECON （経済相互援助会議）
□ 28	西側陣営の結束をもたらした軍事同盟の名前は何か。	28 北大西洋条約機構 （NATO）
□ 29	東側陣営の団結を意味した軍事同盟は何とよばれていたか。	29 ワルシャワ条約機構 （WTO）
□ 30	1954年，周恩来とネルーとのあいだで合意した原則とは何か。	30 平和五原則
□ 31	1950年に北朝鮮の侵攻で始まった戦争は何か。	31 朝鮮戦争
□ 32	1955年，インドネシアのバンドンで開かれたアジア・アフリカ会議に集まった国々は，冷戦に対してどういう態度をとったか。	32 非同盟中立， 平和共存
□ 33	冷戦の「緊張緩和」を表すフランス語は何か。	33 デタント
□ 34	1961年，ユーゴスラビアの首都ベオグラードに集まって第1回会議を開き，第三世界の結集をはかった会議とは何か。	34 非同盟諸国会議
□ 35	スターリン批判をして平和共存外交を展開したソ連首脳はだれか。	35 フルシチョフ
□ 36	1962年にソ連がキューバのミサイル基地へ核を配備しようとしたことからおこったできごとを何というか。	36 キューバ危機
□ 37	36のあとに設けられた米ソ首脳を直接結ぶ通信回線は何か。	37 ホットライン
□ 38	1966年にNATOの軍事部門から脱退した国はどこか。	38 フランス
□ 39	1968年にチェコでおこった社会主義改革を何というか。	39 プラハの春
□ 40	1980年代にポーランドで反共産主義運動を指導した自主的労働組合は何か。	40 連帯
□ 41	アフリカ17か国が国連に加盟した1960年は何とよばれたか。	41 アフリカの年
□ 42	1979年にソ連が親ソ政権樹立のため侵攻した国はどこか。	42 アフガニスタン
□ 43	アメリカの介入によって泥沼化した東南アジアの戦争は何か。	43 ベトナム戦争
□ 44	1985年にソ連の指導者となり，改革を進めた人物はだれか。	44 ゴルバチョフ
□ 45	44の人物が行った外交政策は何とよばれるか。	45 新思考外交
□ 46	1987年に制定された初の核軍縮条約は何か。	46 INF（中距離核戦力）全廃条約
□ 47	1989年に打ち倒された，東西ドイツ分断の象徴とされた壁は何か。	47 ベルリンの壁
□ 48	1989年に開催された冷戦の終結を宣言した会談は何か。	48 マルタ会談
□ 49	ソ連の解体後，その構成国が結んだ連合体は何とよばれるか。	49 独立国家共同体 （CIS）
□ 50	民族間の不調和から数個の民族国家と地域に分裂して内戦が続けられ，その停戦のために国連やNATOが介入した国はどこか。	50 ユーゴスラビア
□ 51	冷戦後，欧州安全保障協力会議（CSCE）は何という組織に改組れたか。	51 欧州安全保障協力機構
□ 52	アメリカのアフガン攻撃の契機となった2001年の事件は何か。	52 同時多発テロ
□ 53	冷戦後のアメリカがとった，自国の国益をひたすら追求する外交・安全保障政策を何というか。	53 単独行動主義 （ユニラテラリズム）
□ 54	キューバ危機の翌年に結ばれた，核実験に関する条約は何か。	54 部分的核実験停止条約
□ 55	1995年に無期限延長された核に関する条約は何か。	55 核拡散防止条約（NPT）
□ 56	核兵器保有国，国際NGOなどが主導して，核兵器の使用・開発などを全面禁止した条約は何か。	56 核兵器禁止条約

2 ≫ 国民経済と国際経済

① 国際経済の原理 ⇨ p.286

□ **国民経済の循環と国際経済**

・**比較生産費説**…二国間で共通に生産する財は，相対的に有利なものに特化して交易。

・**貿易政策**…先進国は自由貿易を，後発国は保護貿易を主張。

□ **国際決済の手段**　外国為替制度による。**外国為替手形**の交換比率(為替レート)。

・**為替相場** → ｛ 固定相場制…通貨当局の市場介入で公定相場を維持する。

変動相場制…市場での為替の需給関係で相場が変動する。 ｝

□ **国際収支**　2014年から新形式の表示に移行。経常収支(貿易・サービス・第一次所得収支・第二次所得収支)＋資本移転等収支－金融収支＋誤差脱漏＝0

□ **自由貿易主義と国際経済の自由化**

・**ブレトン・ウッズ協定**…**国際通貨基金(IMF)** と**国際復興開発銀行(IBRD≒世界銀行)**。

・**関税と貿易に関する一般協定(GATT)**…貿易保護措置の撤廃と世界貿易の拡大。

・**GATTの三原則**…自由・無差別・多角主義。

② 国際経済の展開 ⇨ p.293

□ **第二次世界大戦前の世界経済**　市場獲得競争やブロック経済で，国際対立が激化。

□ **第二次世界大戦後の経済統合**

・**EU**…1992年のマーストリヒト条約で欧州共同体(EC)はEU(欧州連合)に統合され，2002年にはユーロも流通。経済的・政治的統合をめざす。

□ **アメリカの主導権の後退**　海外援助，軍事支出，貿易赤字によりドル流出→金流出→ドル価値の低下。

・**ニクソン・ショック(ドル・ショック)**…1971年にニクソン大統領が金・ドルの交換の停止を発表。スミソニアン協定が成立。

□ **IMF体制の動揺**　国際流動性の不足が深刻になり，IMF加盟国が外貨を引き出す権利である**SDR(特別引き出し権)** を導入。1973年に変動相場制へ移行。

・**資源カルテルの結成**…石油輸出国機構(OPEC)。1973～74年に第1次石油危機。

・**世界経済のグローバル化**…国境を越えた**多国籍企業**の活動が拡大。

・**保護貿易主義の台頭**…日本の集中豪雨的な輸出に反発が強まった。日本の最も重要な貿易相手国であったアメリカと，日米貿易摩擦。日米構造協議などでも，貿易不均衡は改善されなかった。

□ 新しい経済体制
- ・サミット…先進国首脳会議→1997年にロシアが加わり，主要国首脳会議→G7。
- ・新多角的貿易交渉…ウルグアイ・ラウンド(農産物自由化や知的所有権などに関する多角的貿易交渉)→GATTに代わる世界貿易機関(WTO)の設立→ドーハ・ラウンド(2011年に休止)。
- ・地域統合…EUのほか，USMCAやAPEC も発展。

③ 南北問題 ☞p.304

□ 発展途上国の実態　発展途上国は，人口では世界の大半を占めるが，所得はごくわずかしかない。先進国との所得・資本・技術の格差はひじょうに大きい。

□ 貧困からの脱出
- ・NIES(新興工業経済地域)…韓国・シンガポール・香港・台湾のアジアNIES。
- ・BRICS…20世紀に急成長をとげたブラジル・ロシア・インド・中国・南アフリカの国々。
- ・新国際経済秩序(NIEO)…1974年の国連資源特別総会で決議。
- ・資源ナショナリズム…石油輸出国機構(OPEC)など→南南問題の発生。

□ 先進国による経済協力
- ・経済協力開発機構(OECD)…開発援助委員会(DAC)で，経済協力を調整。
- ・国連貿易開発会議(UNCTAD)…発展途上国の経済発展をはかる。
- ・累積債務問題…発展途上国の債務の累積→返済の遅延。先進国による金融協力。

④ 世界経済の中の日本 ☞p.310

□ 日本の貿易の動向　原料・燃料を輸入して製品を輸出する加工貿易が基盤。
- ・貿易構造の変化
  - 戦前…工業原料を輸入，繊維品の輸出が多かった。
  - 戦後…石油の輸入が増加。重化学工業品の輸出が増加。
  - 　　　　現在は，工業製品の輸入が増大。
- ・貿易収支…高度成長前は不安定。その後，輸出超過，対外投資が定着。

□ 日本経済の国際的地位と責任
- 　アメリカ・EU・中国と，それに次ぐ日本が世界経済を牽引。
- ・ジャパン・マネー…日本からの資金が，世界各地に進出している。

1 国際経済の原理

1 | 国民経済の循環と国際経済

▶ 古代から中世にかけても貿易はあった。それは海洋都市や王侯と結んだ商人が異国の品を仕入れて国内で売って金銀を稼ぐものであり，一般には自給自足の経済が行われていた。近代社会の成立以降，自由貿易がさかんになって，国際分業が進むようになった。

1 国際経済の発達

❶貿易による利益　古代・中世[*1][*2]のオリエント地域や地中海沿岸では，交易がさかんであった。また，近代初期の絶対主義君主も重商主義政策をとり，海外貿易によって金銀の入手をはかっていた。

❷原料の入手と輸出市場　産業革命期には，工業原料となる綿花や鉄鉱石などの供給源として，先進国は植民地を求めてアジア・アフリカ・オセアニア方面に積極的に進出していった。そして，それらの地域を自国製品の輸出市場ともしていった。

2 国際分業[*3]

❶比較生産費説　イギリスでは，アダム・スミス（⟳p.127）らによって自由貿易主義が説かれた。また，リカードは，比較生産費説によって，それぞれの国が，自国での生産性が比較的高く安くつくれる（比較優位）商品に生産を特化（専門化）し，不利な商品は輸入して相互に交換したほうが，どの国にも利益になると論じた。

> 用語　**比較優位の原理**　リカードの比較生産費説を一般化した経済学上の理論で，**自由貿易**を推奨するときの根拠とされている。
>
> たとえば，次ページ「TOPICS」の例では，ラシャについてもぶどう酒についてもポルトガルの生産性のほうが高いが，ラシャはイギリスの10分の9，ぶどう酒は3分の2の労働力で生産することができるから，比較してより優位にあるぶどう酒の生産に特化する。一方，イギリスはポルトガルに比べて，ぶどう酒よりもラシャのほうが生産性が高い。よって，互いに1単位あたりに必要な労働力が少ないほうへ生産を特化し，生産をやめた製品は交易によって得たほうが，互いに有利であるとする理論である。

❷自由貿易と産業構造の分化　19世紀当時，イギリスは最高の先進国であり，「世界の工場」として大量の工業製品を世界中に輸出していた。そのため，他国が輸入制限をすることを嫌い，自由貿易主義を貫こうとした。

★1 紀元前2000年頃フェニキア（現在のレバノン）の商人は，のちのチュニジアにカルタゴをつくるなど，地中海各地に移民して，活躍した。

★2 北ドイツのハンザ同盟やイタリアのベネチアなどのほか，アラビア人や中国人も海外貿易を展開していた。

★3 **国際分業**には，先進国相互間の**水平的分業**と，先進国と発展途上国とのあいだで行われる**垂直的分業**の2つの型がある。

TOPICS

比較生産費説

表より，イギリスがラシャ，ポルトガルがぶどう酒に特化すれば，全体として(100＋120)÷100＝2.2単位のラシャと(90＋80)÷80＝2.125単位のぶどう酒を生産できることがわかる。次の問題は，イギリスとポルトガルが自国で消費しない分を，どのような比率で交換するかということである。その場合，両国にとって，特化する以前のそれぞれの国内でのラシャとぶどう酒の交換比率より有利に交換される貿易でなければ意味がない。

1単位の生産に必要な労働力から考えると，ポルトガルではぶどう酒1単位とラシャ$\frac{80}{90}$単位が等価で交換され，イギリスではぶどう酒1単位とラシャ$\frac{120}{100}$単位が交換されていたと考えられるから，ポルトガルにとっては，ぶどう酒1単位に対して，ラシャ$\frac{80}{90}$単位以上が得られれば有利であり，イギリスにとっては，ぶどう酒1単位を得るのにラシャが$\frac{120}{100}$単位以下であれば有利となる。したがって，ぶどう酒1単位に対するラシャの交換

▼リカードの比較生産費説のしくみ

	イギリス	ポルトガル
ラシャ1単位の生産に必要な労働力	100人	90人
ぶどう酒1単位の生産に必要な労働力	120人	80人

		イギリス	ポルトガル	総計
特化前	ラシャ	100人で1単位	90人で1単位	2単位
	ぶどう酒	120人で1単位	80人で1単位	2単位
特化後	ラシャ	220人で2.2単位	——	2.2単位
	ぶどう酒	——	170人で2.125単位	2.125単位

比率が$\frac{80}{90}$以上で$\frac{120}{100}$以下であれば，この貿易により両国がともに利益を得ることになる。

たとえば，この条件に合うぶどう酒1単位とラシャ1単位という交換比率で貿易を行えば，ポルトガルは生産した2.125単位のぶどう酒のうち1単位をイギリスに輸出して，1単位のラシャを得る。すると，最終的には，ポルトガルは1単位のラシャと1.125単位のぶどう酒を得ることができる。イギリスは生産した2.2単位のラシャのうち1単位をポルトガルに輸出すれば，1単位のぶどう酒を得ることができる。すると，最終的には，イギリスは1単位のぶどう酒と1.2単位のラシャを得ることができ，両国とも特化前より豊かな生活が可能となる。

3 貿易政策

❶保護貿易主義 安い外国製品が大量に輸入されると，同種のものを生産していた自国の業者は競争に負けて倒産する。18世紀まで世界最大の生産をあげていたインドの綿織物の手工業はイギリス製品に圧倒されて壊滅した。

そこで，19世紀ドイツの経済学者リストは，輸入品に高関税をかけて輸入を抑制する保護貿易主義の政策を説いた。また，ドイツの資本家は販売協定のカルテルを結成するなどして，産業の生き残りをはかった。

❷自由貿易主義 自由な国際貿易が行われるようになると，産業(とくに工業生産)においては，それぞれの分野で支配的な地位を占める国が出てきて，国際分業化の傾向が強まってくる。

★4 ドイツの紡績業者たちは，イギリスに負けまいとして販路確保をめざして団結したほか，ビスマルク首相にはたらきかけて，1879年には関税の引き上げを実現している。

★5 意図的にではなく，結果としてそれぞれの地域に有利な産業が分かれて配置される形になることをいう。

2 国際決済の手段

▶ 貿易代金は，近代的金融制度が国際的に定着するまでは，その都度，金銀で支払われてきた。その後，国際的決済は貿易額を等価にして物々交換する方式以外は，外国為替手形で行われるようになった。今日では，電子決済がほとんどである。

1 外国為替制度

❶ **外国為替手形**　国内の為替手形（**内国為替**）と同じく，それを銀行に提示すれば，その国の通貨で支払うことを約束した証券。国を越えて流通し，最終的には銀行間で決済される。

★1 こうした場合に小切手などが使われることがあり，現金や外国為替手形などを含めて外国為替と総称する。

❷ **外国為替のしくみ**　並為替と逆為替の2通りの方法がある。

1 **並為替**　送金者が自国の銀行で外国為替を振り出し，支払いを行う方法。お金を受け取る側は受け取った外国為替を自国の銀行で換金する。これは内国為替と同じ手順である。

2 **逆為替**　商品の輸出入でよく使われるもの。輸出する側が，輸入する側から信用状をとり，それをもとに外国為替を振り出し，銀行に買い取らせ，輸出代金を受け取る方法。輸出する側が外国為替を振り出すので「逆為替」といわれる。為替手形は銀行間で通貨交換の比率（為替レート，為替相場）にしたがって決済される。輸入する側は，自国銀行に回ってきた為替手形に対して，支払いを行う。

▲外国為替（逆為替）

2 外国為替相場

❶ **金為替本位制**　1930年代に各国の金本位制は停止されたが，1944年に締結されたIMF協定の第4条には「加盟国の通貨の平価は，共通尺度である金により，または1944年7月1日現在の量目および純金を有する合衆国ドルにより表示する」と定めていた。つまり，各国通貨の価値は「金との交換が約束されているドル」と結びつけられたことになり，「金

Q 外国為替相場は，何を基準として変動するのですか。

A 為替レートは，基本的には各通貨の購買力の比較を表しています。しかし実際には，インフレの危険があったり，経済や政治の状況が不安定であったりする国の通貨は，現実の購買力平価より安く買われます。一方で，優良な製品や他国では得がたい必需品を多く供給している国の通貨は，高く買われることになります。また，世界各地の外国為替市場には，貿易などの決済に必要な資金をはるかに超える巨額の投機的な資金が集まり，利益を求めて各通貨の売買がさかんとなり，相場を動かしています。

との兌換が約束されている金為替であるドル」を本位(貨幣制度の基本の意)として定められることになった。^{★2}つまり、日本の円は、金$\frac{1}{35}$オンス＝1ドル＝360円というレートでドル・金と結びつけられた。

❷固定相場制　外国為替手形の交換比率(為替レート、為替相場)は、為替市場における需要と供給の関係で現実には上下するが、各国の通貨当局(中央銀行)は自国通貨が公定のレートから1％を超えて変動しそうになったときには**市場介入**をして^{★3}、相場を基準価格に固定させる義務を負った。

❸変動相場制　IMF協定により、各国が定めた自国通貨の価値は、国内物価の上昇などの経済状況の変化により維持が難しかった。

　1971年のニクソン・ショック(ドル・ショック)(⊃ p.296)により、ドルは実質的に切り下げられ、さらにアメリカは金とドルとの兌換を停止したため、外国為替市場は混乱した。同年末スミソニアン協定によって、円高(ドル安)、金の価値を引き下げた固定為替レートを設けた。しかし、1973年になると、ほとんどの国の通貨当局は、為替相場の変動に対して市場介入義務を放棄し、**その時々の為替の需給関係で交換レートが決まる**ことになった。これを変動相場制(変動為替相場制)という。

❹為替変動と国内経済　たとえば日本で、1ドル＝100円の為替レートが90円になれば、1円＝$\frac{1}{100}$ドルから1円＝$\frac{1}{90}$ドルになって、円の価値が高まったことになるので、**円高(ドル安)**という。このとき、国内で900円の商品は9ドルで輸出できていたものが900円＝10ドルになり、国際価格が上がり輸出には不利となる。

　また、円安(ドル高)はこの反対で、輸出には有利だが、輸入品の価格は上がり、物価上昇の原因ともなる。このように、外国為替相場の変動は、国際収支や物価上昇率など各国経済の**基礎的条件**、いわゆるファンダメンタルズと密接に関係している。

POINT!　**為替レート**｛外国為替手形の交換比率＝各国の通貨の交換比率。
　　　　　(為替相場)｛現在は変動相場制。為替相場の変動は国内経済と密接に関連。

3｜国際収支

▶ 外国とのあいだでの経済取引(売買と貸借)による収入と支出のことを、国際収支という。通常、国際収支は年度単位あるいは四半期ごとに集計され、国の経済状況を把握するための重要な資料とされる。IMFが表示形式を変更し、日本も2014年度から新形式に移行した。

★2　金1オンス(31.1グラム)＝35ドルと定められた。1949年、日本の円の為替相場は1ドル＝360円と決められ、1971年までそれが維持された。なお、日本のIMF加盟は1952年。

★3　中央銀行が外国為替取引に参加すること。商品市場の需要と供給の関係と同じように、自国通貨の相場が上がりすぎれば、自国通貨の価格(相場)を下げるために、自国通貨の供給を増やす(売る)。また、逆に下がりすぎた場合は、自国の通貨の需要を増やして価格を上げるために、自国通貨を買うことになる。

2

国民経済と国際経済

1 対外勘定

❶経常収支　商品やサービスの動きを示す。商品の輸出入(貿易収支)と輸送・旅行・通信など(サービス収支)の動きを示す貿易・サービス収支と雇用者報酬や海外投資による収益を示す第一次所得収支，無償資金援助などを示す第二次所得収支から成る。

❷資本移転等収支　途上国に対する道路や港湾など，資本形成のための無償資金援助をはじめとする資産の移転を示す。

❸金融収支　ある国が外国に保有する資産(対外資産)と外国がその国に保有する資産(対外負債)との差額を示す。海外の現地工場建設や，経営支配目的のための外国企業の株式取得などの**直接投資**，利子・配当目的の海外債権・株式購入などの**証券投資**，先物などのデリバティブ取引を示す**金融派生商品**，外国銀行への預金などの**その他投資**，政府・日銀が持つドル・金・外国の国債などの**外貨準備**の項目で構成されている。

❹旧形式と新形式の違い　旧形式の「投資収支」項目では資金の流出入に着目し，その国への資金の流入をプラス，流出をマイナスとみなしていたが，新たな「金融収支」項目では資産・負債の増減に着目し，資産の増加をプラス，減少をマイナスとした。このため，以前はマイナス表示されていた資金流出(外国への投資)が，対外資産の増加ということでプラス表示される。その結果，国際収支は次のような原則が成立する。

旧形式：経常収支＋資本収支＋外貨準備増減＋誤差脱漏＝0

新形式：経常収支＋資本移転等収支−金融収支＋誤差脱漏＝0

★1　国際収支統計上は原則として10%の株式取得で直接投資とみなす。

★2　日本の国際収支関連統計は2014年1月から基準が変更された。

★3　**外貨準備増減**とは，政府・日銀などの公的部門が保有する外貨の1年間の増減を記録した項目で，マイナスの場合は外貨の増加を，プラスの場合は外貨の減少を示す。

★4　統計上の誤差を調整するための項目。

【旧形式】(〜2013年) → 【新形式】(2014年〜)

2021年度（億円）

経常収支		①輸出		経常収支		①輸出	822,837 |←輸出金額
		②輸入				②輸入	806,136 |←輸入金額
	(1) 貿易収支				(1) 貿易収支		16,701 |←①−②
	(2) サービス収支				(2) サービス収支		−42,316 |←輸送・旅行・通信など
	[1] 貿易・サービス収支				[1] 貿易・サービス収支		−25,615 |←(1)+(2)
	[2] 所得収支		→		[2] 第一次所得収支		204,781 |←投資による収益
	[3] 経常移転収支		→		[3] 第二次所得収支		−24,289 |←無償資金援助・国際機関拠出金など
							154,877 |←[1]+[2]+[3]
資本収支	投資収支	[4] (3)直接投資		資本移転等収支			−4,197 |←資本形成のための無償資金援助など
		(4)証券投資		金融収支	(3)直接投資		134,043 |←経営支配目的の投資
		(5)金融派生商品			(4)証券投資		−220,234 |←利子・配当目的の海外債権・株式の購入
		(6)その他投資			(5)金融派生商品		24,141 |←先物などのデリバティブ取引
					(6)その他投資		100,677 |←海外の銀行への預金など
	[5] その他資本収支				(7)外貨準備		68,899 |←政府・日銀が持つドル・金・外国の国債など
							107,527 |←(3)+(4)+(5)+(6)+(7)
外貨準備増減				誤差脱漏			−43,153 |←統計上の不整合の処理
誤差脱漏							

（「日本国勢図会」による）

4 ｜ 自由貿易主義と国際経済の自由化

▶ 戦後の国際経済は，自由貿易主義を原則として諸国間が相互に協力し合っていくことであった。それを制度的に支えたのは，ブレトン・ウッズ協定によって誕生したIMF（国際通貨基金）と世界銀行グループおよびGATTであった。この体制は1960年代までかなり有効に機能した。

1 ブレトン・ウッズ体制

❶ブレトン・ウッズ会議　第二次世界大戦終了の1年前の1944年7月，アメリカのニューハンプシャー州のブレトン・ウッズで開かれた連合国の国際通貨会議。戦後の国際経済体制について論じ合ったが，世界中の金の7割を保有していたアメリカの通貨であるドルを基軸通貨として，ドルと金の兌換を保証する金為替本位制を主張するアメリカ案が採択された。そして，国際通貨基金（IMF）と国際復興開発銀行（IBRD，「世界銀行」）の設立を決めたブレトン・ウッズ協定が成立した。

▼第二次世界大戦前後の欧米諸国の金保有高

国名	1938年	1945年
イギリス	2,690	1,925
フランス	2,430	1,090
オランダ	998	270
オーストリア	88	0
イタリア	193	24
アメリカ	14,512	20,065

（単位：100万ドル）

❷国際通貨基金（IMF）　1945年に設立，1947年から業務を開始した貿易資金を供与する国際金融機関。資本金は加盟各国が出資し，国際収支が赤字の国に出資額の5倍の金額まで短期間貸し出す。設立目的は，自由な国際貿易の促進と外国為替の安定である。

❸国際復興開発銀行（IBRD）　1945年に設立，翌年に開業。世界銀行グループの1つ。加盟国の出資金や世界銀行債券で集まった資金を，戦災からの復興や経済建設を必要とする国に，長期間，貸し付けて，経済発展を支援した。

POINT!

ブレトン・ウッズ協定
- 国際通貨基金（IMF）…固定相場制による為替安定と貿易資金の供給。
- 国際復興開発銀行（IBRD）…「世界銀行」。復興資金の援助。

2 IMF・GATT体制の成立

❶関税と貿易に関する一般協定（GATT）　通商上の差別や輸入制限，高い関税などの貿易の障害を取り除き，自由貿易を進めることが目的。1948年に設立，IMF・IBRDの体制を補完した（⇨p.301）。

★1　国際取引の基準となる貨幣のこと。ブレトン・ウッズ会議では，金本位制を主張するイギリス案は否定され，ドルを基軸通貨とするアメリカ案が採用された。この結果，金1オンス（約31.1g）＝35ドルという金公定価格が設定され，間接的にアメリカが保有する金と結び付けられた（金ドル本位制）。

★2　International Monetary Fundの略。

★3　International Bank for Reconstruction and Developmentの略。

★4　General Agreement on Tariffs and Tradeの略。

2
国民経済と国際経済

❷GATTの原則　GATTは自由・無差別・多角主義の三原則を掲げた。

　　1　**自由貿易**　数量制限の一般的禁止。締結国は，輸出奨励制や輸入許可制などによって貿易を制限し，関税以外の課徴金を課してはならない。

　　2　**無差別最恵国待遇**　どこかの国に有利な条件を与えた場合，それをすべての相手国に無差別・平等に与える。

　　3　**多角主義**　多角的交渉を通じて，関税率の一括的な引き下げをはかる。

❸GATTの原則の例外

　　1　外貨事情がいちじるしく悪い場合（発展途上国の場合など），2　国内資源が枯渇する恐れのある物の輸出など，3　農産物，4　残存輸入制限。協定では認めていないが，先進国でも，特定の品目に種々の理由をつけて制限している。

❹貿易の自由化　GATTの原則に従い，かつIMF協定の第8条の「加盟国は国際収支を理由にして為替制限をしてはならない」とする規定に従い，すべての輸入上の制約をなくすことが貿易の自由化である。日本は1964年4月，それまで政府の許可がなければ輸入が許されなかったのを申請さえすれば無条件で認める自動承認制に変え，同時に外国為替の取得は，日銀の集中管理による外貨割当制度を廃止した（為替の自由化）。

❺資本取引の自由化　OECD（経済協力開発機構）条約には「資本移動の自由」を「維持・拡大すること」と規定している。それは，会社の所有権について国籍条件を廃止し，だれでも，どこの国の会社の株式でももてるようにすることである。日本では，長らく外国人による日本企業の株式取得には，総株数の半分以下というような規制が行われていたが，1967年から，そのような規制を段階的に緩和し，資本取引を自由化した。

▼日本の貿易自由化の推移

年月	自由比率
1960年以前	40%
1960年6月	65
1962年4月	73
1962年10月	88
1963年4月	89
1963年8月	92
1964年10月	93

★5　国際収支の悪化を理由に輸入の数量制限ができない国をGATT11条国，同様に為替制限ができない国をIMF8条国という。日本はそれぞれ1963年，64年に移行した。

★6　輸入許可制度の下で，中央銀行が外国為替を管理し，業者に買取の上限を示すなどして割当すること。

┌─ TOPICS ─

第二の黒船

　1964年，わが国で貿易の自由化が実施され，資本の自由化に向かうとき，マスコミは，幕末にペリーがやって来て開国を迫ったことにたとえ，「第二の黒船の到来」とよび，日本全体が外国資本に乗っ取られるかのように，危機感をあおった。

　しかし，10年あまりのちには，逆に日本企業が次々と海外に進出した。ハワイでは，ホテルが続々と日本資本に買収されたので，アメリカでは「真珠湾を忘れるな」と叫ばれたということである。

POINT!

GATTの三原則　{ 自由（貿易障害の撤廃による自由貿易の促進），無差別（無差別・平等に最恵国待遇），多角主義（多角的交渉）。

2 国際経済の展開

1 | 第二次世界大戦前の世界経済

▶ かつて世界経済には一定の秩序はなく，強国が思うがままに勢力圏を広げていった。そのような先進国による市場支配競争は帝国主義とよばれるが，20世紀に入ると世界恐慌への対応から複数のブロック経済が鋭く対立し，2つの世界大戦をまねく一因となった。

2

国民経済と国際経済

1 市場獲得競争

❶帝国主義の世界分割　19世紀中にアジア・アフリカなどの広大な地域は，ほとんど先進資本主義国によって植民地として分割された。そして，20世紀を迎えようとする頃から，これらの列強が支配圏の再分割をはかるようになり，第一次世界大戦の要因となった。

❷世界恐慌と平価切り下げ競争　1929年にアメリカで大恐慌がおこると，それは他の諸国にも連鎖的に広まり，輸出をしやすくしようとして各国は平価の切り下げ競争を演じた。そのため，為替相場は激動し，貿易は縮小した。

2 ブロック経済

❶「持てる国」のブロック　決済通貨を軸とし広い範囲にわたって相互の関税を減免するなど，圏内通商を確保し，域外からの輸入を防ごうとする排他的なブロック経済が世界恐慌のころ成立。

　① スターリング(ポンド)・ブロック　イギリスを中心に，その植民地や元の植民地の地域(旧大英帝国)が結集した。

　② ドル・ブロック　アメリカ合衆国を中心に，南北アメリカ大陸を1つの経済圏とした。

　③ フラン・ブロック　フランスを中心に，その勢力圏が金による支払いを通じて団結した。

❷「持たざる国」の自給自足圏

　① ヨーロッパ新秩序　第一次世界大戦以前にドイツは中近東方面進出をめざし，イタリアとともに新展開をはかった。

　② 大東亜共栄圏　日本は「円ブロック」の形成を目標に，太平洋戦争のころにこれを唱え，アジア市場確保をねらった。

❸厳しい輸出戦争　日本が低賃金を武器としてインドなどに繊維製品を売り込んで，イギリスと対立するなど，輸出競争は激化。

★1 他民族の土地を武力や経済力で支配下におくことであるが，一般的に，19世紀末以降の植民地の再分割をめぐる先進資本主義国間の国際闘争のことをさす。

★2 各国通貨の対外価値を示す基準。

★3 スターリングは，英語でイギリスの法定貨幣を意味する。ポンドはシリング・ペンスなどとともに，イギリスの貨幣の単位。フランはフランスの通貨の名称。

★4 ドイツ語のアウタルキー(自給自足経済)による。

★5 イギリスは，日本の安価な繊維製品の売り込みを不当廉売(social dumping)であると非難した。

2 | 第二次世界大戦後の経済統合

▶ 地域的な経済統合は，近隣諸国が共同して経済的に1か国と同じような効果をあげる。欧州連合（EU）では，市場統合を完成したが，同じような形で複数の国家が結びつきを強化していくリージョナリズム（地域主義）の動きはますます強くなっている。

1 ヨーロッパ共同市場

❶ **ECの成立** ①1952年，フランスのシューマン外相の提案により，フランス・西ドイツ・イタリアとベネルクス3国[*1]の6か国は，欧州石炭鉄鋼共同体（ECSC[*2]）を結成した。②1958年には，同じ6か国で，欧州原子力共同体（EURATOM[*3]）と，③欧州経済共同体（EEC[*4]）を結成した。④1967年，これらの3つの共同体を合体させることにより，さらに強固な組織となり，欧州共同体（EC[*5]）と名称を改め，団結を強めた。

❷ **ECの目的** ①域内関税の撤廃（域外に対する統一した関税の設定），②資本と労働力の移動の完全自由化，③農業・エネルギーなどの産業政策と社会政策についても，可能な限り共通化する。

❸ **ECの拡大** 1973年には，イギリス・デンマーク・アイルランドが加わり「拡大EC」が実現し，さらに1981年にはギリシアが，1986年にはスペインとポルトガルが加盟し，12か国となった。

❹ **ECからEUへ** ECは1993年に市場統合を完成し，資本（カネ），労働力（人），商品（物），サービスの域内移動は完全に自由化され，世界最大の統一市場となった。1993年11月にマーストリヒト条約の発効により，通貨や安全保障政策の統合を目標とする欧州連合（EU[*6]）が発足した。1995年には，オーストリア・スウェーデン・フィンランドが加盟し，また2002年にはイギリス・スウェーデン・デンマークを除く12か国で通貨が完全にユーロに切り換えられた（2023年1月クロアチアがユーロに参加，20か国に）。さらに，2004年5月にエストニア，ラトビア，リトアニア，ポーランド，チェコ，スロバキア，ハンガリー，スロベニア，キプロス，マルタの10か国，2007年1月にブルガリアとルーマニア，2013年7月にクロアチアが加盟したが，2020年のイギリスのEU離脱により27か国体制となった（2023年現在）[*8]。

ECSC	1967年	1993年
EURATOM	→ EC（欧州共同体）	→ EU（欧州連合）
EEC	市場統合が目標	通貨統合などの実現

★1 Belgium（ベルギー），Netherlands（オランダ），Luxembourg（ルクセンブルク）の3国。

★2 European Coal and Steel Community の略。

★3 European Atomic Energy Community の略。

★4 European Economic Community の略。

★5 European Community の略。

★6 European Union の略。

★7 ノルウェーも加盟する予定であったが，国民投票による反対で加盟を見送った。

★8 2016年，イギリスではEUからの離脱の是非を問う国民投票で離脱が残留を上回った。このEU離脱をBritishとexitの合成語でBrexit（ブレグジット）ともいう。

2 その他の地域的な経済統合

▼世界のおもな地域的経済統合

（人口とGDPは2020年）

地域		おもな地域的経済統合	設立年種類	主要参加国・地域（参加国・地域数）	総人口（億人）	GDP（兆ドル）
先進国間の地域的経済統合	ヨーロッパ	EEC（欧州経済共同体）↓EC（欧州共同体）↓EU（欧州連合）	1958年　EEC1967年　EC1968年　関税同盟1993年　共同市場1993年　EU	ドイツ，フランス，イタリア，オランダ，ベルギー，ルクセンブルク，デンマーク，アイルランド，ギリシア，スペイン，ポルトガル，オーストリア，スウェーデン，フィンランド，エストニア，ラトビア，リトアニア，ポーランド，チェコ，スロバキア，スロベニア，ハンガリー，キプロス，マルタ，ブルガリア，ルーマニア，クロアチア(27か国)	4.5	15.3
		EFTA（欧州自由貿易連合）	1960年自由貿易協定	スイス，ノルウェー，アイスランド，リヒテンシュタイン(4か国)	0.1	1.1
	北アメリカ	USMCA★9（アメリカ・メキシコ・カナダ協定）	2020年自由貿易協定	アメリカ，カナダ，メキシコ(3か国)	5.0	23.6
先進国と発展途上国		APEC（アジア太平洋経済協力会議）	1989年自由貿易協定	日本，韓国，中国，(香港)，(台湾)，シンガポール，マレーシア，インドネシア，フィリピン，タイ，ブルネイ，ベトナム，ロシア，オーストラリア，ニュージーランド，パプアニューギニア，アメリカ，カナダ，メキシコ，チリ，ペルー(21か国・地域)	11.0	32.2
発展途上国間の地域的経済統合	東南アジア	AFTA（ASEAN自由貿易地域）	1993年自由貿易協定	シンガポール，マレーシア，インドネシア，フィリピン，タイ，ブルネイ，ベトナム，ミャンマー，ラオス，カンボジア(10か国)	6.7	3.0
	中南アメリカ	ALADI（ラテンアメリカ統合連合）	1981年自由貿易協定	メキシコ，コロンビア，ベネズエラ，アルゼンチン，ブラジル，チリ，ペルー，パラグアイ，ウルグアイ，ボリビア，エクアドル，キューバ，パナマ(13か国)	5.7	4.1
		MERCOSUR（南米南部共同市場）	1995年関税同盟	ブラジル，アルゼンチン，ウルグアイ，パラグアイ，ベネズエラ，ボリビア	3.1	2.1
	アフリカ	AU（アフリカ連合）	2002年　地域協力（アフリカ統一機構(OAU)から改組）	アフリカの55か国・地域	12.6	2.3

　上記の表以外に，2016年には12か国がTPP(環太平洋経済連携協定)に署名したが，2017年1月にアメリカが離脱表明したため，2018年12月に11か国でTPP11協定が発効した。東アジア地域の大型協定にRCEP(地域的な包括的経済連携，2022年発効)もある。

★9　1992年に結ばれたNAFTA(北米自由貿易協定)にかわる協定として発効した。

③ | アメリカの主導権の後退

▶ 戦後しばらくは，各国ともドル不足に悩んでいたが，日本や西ヨーロッパ諸国の経済が復興してくるとともに，ドル不足は解消して各国ともドル過剰の状況となった。そのため，アメリカの金と兌換され，アメリカからの金の流出，そしてドルの下落をもたらした。

■ ドル危機

❶ **国際収支の悪化**　アメリカ政府による対外援助やベトナム戦争のための出費の増大により，国際収支が悪化した。

❷ **海外投資の拡大**　アメリカ企業は，国内より高い利潤を求めて海外への投資を増やした。

❸ **貿易の赤字化**　アメリカからの輸出は頭打ちとなる一方で，西ヨーロッパや日本からの輸入が増大した。

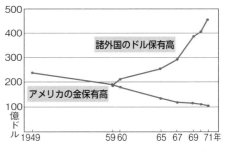

▲アメリカの金保有高と諸外国のドル保有高の変化
（「Federal Reserve Bulletin」による）

❹ **金の流出**　各国は獲得したドルをアメリカの連邦準備銀行に提示して，金への兌換を請求したため，大量の金がアメリカから世界各国に向けて流出していった。

❺ **金の二重価格制**　1961年，主要8か国は金投機に備えて手持ちの金のプール制度をつくった。1968年になると，金取引がさらに拡大したため，金は公定価格によるもの以外に自由価格によるものが認められ，二重価格制となった。

② ニクソン・ショック（ドル・ショック）

❶ **金・ドル交換の停止**　アメリカは1960年代からさまざまなドル防衛策[★1]を実施してきたが，1971年，ニクソン大統領はついに金・ドル交換の停止を発表した[★2]。このニクソン・ショック（ドル・ショック）（⤷p.289）のため，IMF体制の基礎は揺らいだ。

❷ **スミソニアン協定**　こうしたことから，国際通貨市場は混乱を続けたので，同年，先進10か国財務相はワシントンのスミソニアン博物館に集まり，金1オンス＝38ドルの水準で各国通貨の平価調整[★3]を行い，一応，固定相場制は維持されることになった。

★1　ドル価値の下落でドルの信用が失われることを防ぐ意味だが，具体的には輸入を制限してドルの流出を阻止しようとする政策などのことである。

★2　この発表と同時に，すべてのアメリカの輸入品には10％の課徴金がかけられることになり，その分だけドルの購買力は低下し，事実上のドル価値の引き下げとなった。

★3　円については，1ドル＝360円から308円となった。

POINT!

{ アメリカがドルで対外援助，ベトナム戦争，海外投資で海外へ流出。
{ 各国は手持ちのドルを金と兌換→金の流出→ドルの価値が下落。

↳ 金・ドル交換の停止（ニクソン・ショック）

4 ｜ IMF体制の動揺

▶ アメリカのドルは，国際通貨あるいは基軸(きじく)通貨とよばれ，各国の対外支払いのほとんどがドルで行われていた。しかし，1970年代に入ると，ドルの価値が不安定になったことと，各国の支払額が増えたため，新たな国際通貨問題がおこった。

1 国際通貨問題

❶国際流動性の不足　対外支払いに用いられる流動性の資産，すなわち保有外貨の支払い能力のことを国際流動性という。貿易の拡大によって，各国は輸入資金の不足に悩まされることになった。[★1]

❷国際流動性のジレンマ　各国は国際通貨であるドルを求める。そこで，アメリカが輸入を拡大したり海外投資を拡大したりしてドルの供給を増やせば，流動性は高まることになるが，それによってドルの絶対量が大きくなるため，ドルの相対的価値は下落し，国際的に物価が上昇してしまう。そこで，ドルを防衛してその信用を低下させまいとすると，今度は流動性が不足するというジレンマ(流動性ジレンマ)がおこる。

❸SDR　1969年，IMF(国際通貨基金)は特別引き出し権(SDR＝Special Drawing Rights)という新たな国際通貨の導入を決め，[★2] 1970年から実施した。これは，IMFの加盟国に対して，出資額に応じて，融資を受ける権利(引き出し権)を新たに割り当てるものである。[★3]

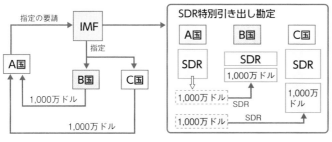

◀A国が外貨2000万ドルを取得するために，SDRの使用をIMFに要請した場合，IMFはA国のSDRを対価として外貨を提供すべき国を指定する。
指定されたB国，C国はSDRを受け取り，外貨を提供する。

❹変動為替相場制への移行　1971年末のスミソニアン協定によって定められた各国通貨のあいだの新しい公定の交換レートは，必ずしも実勢を反映していなかった。そのため，1973年には，固定為替相場制を維持することが困難になり，外国為替市場は変動為替相場制に移行した。[★4]

★1　貿易は一方にかたよることが多く，輸入超過の国では流動性不足の傾向がいちじるしく，これが輸出をしたい国にとっても大きな障害になってきた。

★2　IMF加盟国が，国際収支が赤字のとき，外貨の豊富な国に対してSDRと引き換えに必要な外貨を引き出す権利のこと。

★3　国際収支の黒字の国は，SDRによる支払いを拒むことができず，これによって赤字国の支払い能力は増大した。

★4　これを受けて，変動為替相場制の追認と金に代わってSDRの役割を拡大したキングストン合意が1976年に成立した(1978年発効)。

2 世界経済のグローバル化

　経済のボーダレス化が進み，地球全体の経済が一体化していくことをグローバル化という。商慣習，法制度などの世界基準をグローバル・スタンダードという。

❶ボーダレスの時代　現代の国際社会では，ヒト・モノ・カネが国境を越えて（ボーダレス），自由に住来している。

❷多国籍企業　世界企業ともいう。国際連合の定義によると「2か国以上に工場・鉱山・販売事務所などの経営資産をもつ企業」とされ

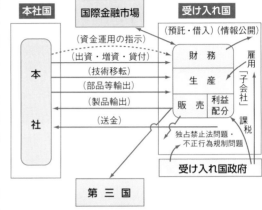
▲多国籍企業の活動

ている。多国籍企業(⊃p.138)の活動がさかんになることによって，世界経済のグローバル化はいよいよ進んでいる。

❸海外活動の規制　OECD（経済協力開発機構）では，1976年，多国籍企業の海外活動を規制する方向を示した。進出先の国の法規の遵守，贈賄の禁止，企業の活動内容の公表などにより，進出先の国に損害を与えず，公正に活動することをめざしている。

世界経済の　｛ ボーダレスの時代…経済に国境はなくなっている。
グローバル化　｛ 多国籍企業…世界各国で活動。規模が大きくなっている。

3 保護貿易主義の台頭

❶集中豪雨的輸出　1970年頃から，アメリカやヨーロッパ諸国に向けて，大量の日本製品が輸出された。特定の商品を一定の海外市場に集中させて輸出したことを，集中豪雨的輸出という。

❷新保護貿易主義　1970年代半ば頃になると，アメリカやヨーロッパ諸国では，日本などの製品に市場を荒らされるのを防ぐべきであるとする声が高まった。アメリカでは，とくに日本の突出した巨額の貿易黒字に対する反発が生じた。

> 補説 **スーパー301条**　アメリカで1974年に成立した通商法では，その301条に「諸外国の不公正慣行に対して，大統領は対抗措置をとることができる」という条項が定められた。この条項は，1988年の新しい**包括通商法**にも**スーパー301条**として引き継がれた。時限立法として成立し，1990年に期限が切れたが，1994年（1997年失効）と1999年（2001年失効）に復活した。

★5　ゼネラルモーターズ（自動車），シェル（石油），ボーダフォン・グループ（携帯電話）といった世界最大級の多国籍企業の年間売上高は，中小諸国のGDP（国内総生産）よりも大きく，その国内活動によって強い影響を受けている発展途上国も多い。日本の大規模な商社や製造会社も，多くは多国籍企業である。

③日米構造協議　日本とアメリカのあいだの**貿易不均衡の原因は，両国の産業構造にある**という認識の下（もと），アメリカの要求で1989年に「構造問題協議」が始められた。日本の複雑な流通機構や閉鎖的な商業慣行など，日本市場の構造的な異質性を除去し，アメリカの企業が参入しやすくするためだった。その結果，1991年に大規模小売店舗法が改正され，海外企業の日本進出が容易になり，また，大規模な公共事業の実施と規制緩和を行うことになった。

④日米包括経済協議　日米構造協議に代わる新しい経済協議の枠組みとして，1993年に開始された。分野別協議，マクロ経済問題，地球規模の協力を３つの柱として，幅広い分野にわたって交渉が行われた。とくに分野別では，自動車・同部品，政府調達，保険を優先３分野とすることで，1995年に合意した。

5　新しい経済体制

▶ 石油危機を契機とした先進諸国間の政策協調は，広域の経済協力へと拡大している。

1　先進国首脳会議から主要国首脳会議・G20へ

①第１回先進国首脳会議　第１次**石油危機後**の国際経済のあり方を論じようというフランスのジスカールデスタン大統領の提案で，1975年に**先進国首脳会議**（サミット★1）が開かれた。**アメリカ・フランス・イギリス・西ドイツ・イタリア・日本**の６か国首脳が，パリに近いランブイエに集まり，意見を交わした。

②その後の先進国首脳会議　毎年１回，開催地を参加国持ち回りにして開くようになった。第２回から**カナダ**★2が，第３回から**EC（現EU）の代表**が加わった。1997年から**ロシア**が参加し**G８**となったが，2014年から**主要国首脳会議**★3**G７**に戻っている。さらに，2008年から経済問題の議論の場としては，中国，インドなどを含む**G20**が重視されはじめている。

2　国際通貨の動揺

①ドル防衛と高金利政策　1970年代末に再び始まったアメリカのドル防衛対策は，レーガン大統領の高金利政策によって目的は果たした。しかし，かえってアメリカの景気を悪化させた。

②プラザ合意と円高時代　1985年，**G５（先進５か国財務相・中央銀行総裁会議）**は不自然なドル高は世界経済のためにならないとし，ドルの相場を協力して下方修正することに**合意**★4した。これにより，日本では急速に円高が進んだ。

★1　**サミット**とは「頂上」の意味。開催地の名をつけて，東京サミットなどとよばれる。

★2　カナダを加えた**先進７か国**を，一般に**G７**（ジーセブン）という。イタリアとカナダを除いた**先進５か国**を**G５**（ジーファイブ）という。

★3　2014年のロシアのクリミア併合により，Ｇ７がロシアの参加停止を決定した。

★4　1987年にパリのルーブルでプラザ合意によるドル安に歯止めをかける**ルーブル合意**が成立した。

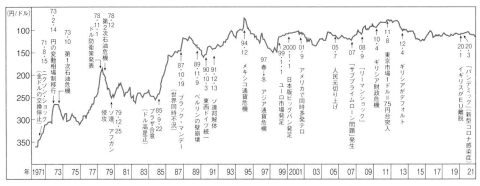

▲円相場の推移　（東京外国為替市場資料による）

❸**ヘッジファンドによる攪乱**　アメリカを中心とするヘッジファンドは，株式だけでなく諸国の通貨を投機の対象にしたため，タイの通貨バーツをきっかけとして，アジアなどの通貨は1997年に暴落，国際通貨は危機的状況になった。

③ 国際資本移動の拡大

❶**金融のグローバル化**　1980年代から欧米を中心に先進国で進展した金融活動の規制緩和により，国際金融市場は拡大した。1990年代からは外国為替取引が急増し，国際的な金融資産の規模は，世界のGDPや世界の貿易総額をはるかに上回るようになった。

とくに近年では，昔から取り引きされていた通貨や預金，株式などとは別に，デリバティブとよばれる**金融派生商品**なども多く取り扱われ，膨大なマネーが国家間を行き来している。

❷**国際金融市場における主体**　このような国際金融市場では，銀行や証券・保険会社といった古典的な金融機関以外に**大口の顧客**から資金を預かり，**短期間で高い運用利益をめざす基金である**ヘッジファンドが大きな影響力をもつようになっている。彼らの投資行動は，少ない元金で大きな運用益を出すために「てこ」の原理を意味する“レバレッジ”をきかせ，ハイリスク・ハイリターンをねらう傾向が高い。また，税金の負担を軽くするため，あるいは国の行政機関からの監督を免れるために，タックス・ヘイブンとよばれる**税率がきわめて低い国や地域**に本拠地を置くことが多く，最近ではそのことが問題視されつつある。

④ 世界金融危機

❶**アメリカ発の金融危機**　2000年代に入ると，アメリカで中央銀行の役割を担っている**連邦準備制度理事会（FRB）**による低金利政

★5 巨額の資金を集め，有価証券や通貨の売買に参加して巨額の収益を獲得しようとする金融資金。リスクは高いが，リターンも大きい投資信託といえる。

★6 預金,債権,株式など従来の金融商品をベースに派生（derivatives）したもので，将来の金利や相場を現時点で確定する先物取引や特定の金融商品を，買ったり売ったりする権利を売買するオプション取引などのことをいう。

★7 税率の低さや規制の少なさを魅力に，世界中から企業を誘致しようとしている国や地域のこと。カリブ海のケイマン諸島が有名である。

策により，住宅市場が活況を呈した。その中で，借金をして住宅を購入してもすぐに住宅価格が上昇し，そこで住宅を売却すればローンの支払い額以上の利益が生じるといった現象が生じた。アメリカの金融機関はこの住宅資金の需要に応えるために，サブプライムローン[8]とよばれる低所得者向けの債権を元に大量の証券を発行した。これらの証券に，スタンダード＆プアーズ社やムーディーズ社などの世界的な格付け機関がAAA（トリプルA）やAA＋（ダブリューAプラス）といった高い格付けを与えたため，世界の多くの金融機関が購入した。しかしながら，この住宅バブルも2006年頃になると崩壊し，とくに経済的に余裕のない低所得者の返済が滞り，サブプライムローンが組み込まれた大量の証券が不良資産になって，多くの金融機関が苦境に陥った。中でも2008年，**リーマン・ブラザーズなどのアメリカの有力な投資銀行が経営破綻**に追い込まれたことは，リーマン・ショックとよばれ，世界中を巻き込む金融危機が発生した。

> 用語　**連邦準備制度理事会（FRB）**　Federal Reserve Board。全米の主要都市に散在する連邦準備銀行（Federal Reserve Bank）を統括する。

❷**ヨーロッパの債務危機**　さらに2009年には**ギリシアが財政赤字の数字を操作していた**ことが表面化し，ギリシアの国債価格が暴落した。そのため，ギリシア国債を保有するEU域内の金融機関が大きな損失を被り，ヨーロッパの金融不安が広がった。EU諸国は**欧州金融安定化基金**[9]を通じてギリシアを支援することにしたが，財政赤字問題はその後イタリア，スペイン，ポルトガル等にも波及し，共通通貨ユーロに対する信認が揺らぎ，**ユーロ安**をまねくなどした。対策として，ヨーロッパでは，**国際的な資本取引に課税するためのトービン税**[10]とよばれる税の導入も検討されている。

　一方，アメリカでは2010年，ヘッジファンドとの関係を制限し，銀行本体によるデリバティブ取引の原則禁止を盛り込んだ金融規制改革法が制定された。

5　新多角的貿易交渉

❶**東京ラウンド**　GATT（関税と貿易に関する一般協定）では，1964年のケネディ・ラウンドで，関税の一括引き下げを実現した後，1973年に東京ラウンドを開始した。この交渉は，**多角的貿易交渉（ラウンド）**といわれるように，特別規制などの**非関税障壁の除去**[11]など，広い分野で自由貿易拡大に役立つ問題の討議を重ね，1979年に，一応の成果をもった合意が得られた。

★8　優良客（プライム層）より信用力の低い人々（サブプライム層）を対象としたローン。審査基準が緩和される代わりに，金利が高い融資のこと。

★9　ユーロ参加国からの出資金を元に危機に陥ったユーロ圏の国に対する財政支援を提供する事業体。最大の出資国はドイツである。

★10　投機目的の短期の金融取引を抑制するため，国際的な通貨の取引（外国為替取引）に課税をするというアイデア。ノーベル経済学賞を受賞したジェームズ・トービンが1972年に提唱したため，トービン税とよばれる。しかしこの税は，世界各国が同時に導入しなければ効果がないので，実現には困難が予想される。

★11　関税以外の方法で実質的な輸入制限を行う方法。特別の輸入手続き，厳しい品質基準の設定や検疫，輸入量の制限や禁止など。

❷**ウルグアイ・ラウンド**　東京ラウンドの合意に基づく段階的関税引き下げの期限終了と，積み残しになったセーフガード(**緊急輸入制限**[12])などの課題を含めての新多角的貿易交渉が，1986年から，ウルグアイ・ラウンドとして開催された。この交渉は，7年ごしの難航の末，1993年にようやく合意に達した。焦点の農業分野については，「例外なき関税化」すなわち，輸入制限はいっさいせず，一定期間だけ高率関税で輸入規制をすることを認めるが，それも数年間に段階的に低率化する，ということに，各国とも原則的に合意した。これにより，**日本の米の輸入も自由化された**。

❸**世界貿易機関(WTO)**[13]　GATTというのは，成立した個々の協定の束のことであったが，ウルグアイ・ラウンドの成果のうえに，新たに世界貿易機関と称する国際組織を設立し，4つの項目ごとに理事会を設置することになった。そして，今後発生する加盟国間の貿易に関する紛争については，WTOの機関において，協定に基づき多国間の討議によって解決をはかることになり，1995年からスタートした。

❹**新貿易体制**　WTOが扱う分野には，**サービス分野や知的所有権(研究成果や芸術など)の保護**も含まれ，情報化社会に対応するようになった。2001年より，カタールのドーハにてドーハ・ラウンドがスタートしたが，輸入農産物にかける関税引き下げなどをめぐり交渉は難航し，2011年には全体合意が断念された。

★12　輸入によって国内産業が重大な損害を受けたり，その恐れがあるとき，輸入国が関税引き上げや輸入制限を行うこと。

★13　World Trade Organizationの略。

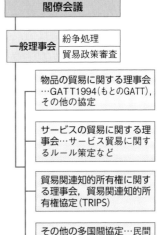

▲WTOのしくみ

GATTからWTOへ

> ケネディ・ラウンド，東京ラウンドで，関税一括引き下げ交渉
> ウルグアイ・ラウンドで，WTOの設立→新しい貿易体制の成立

6　新しい地域統合

❶**欧州連合(EU)**　EC(欧州共同体)は欧州連合条約(マーストリヒト条約)を結び，1993年に欧州連合(EU)が成立した(⇨p.294)。

① **通貨統合**　EUでは，単一通貨を導入して通貨を統合することが目標となり，1998年に**欧州中央銀行(ECB)**が，1999年1月に単一通貨ユーロ(EURO)がスタートした。準備期間を経て2002年1月よりユーロ紙幣・コインの流通が開始され，こ

の段階でユーロに参加しない，**イギリス，デンマーク，スウェーデンを除く12か国で通貨は統一**された(2023年現在，20か国が参加)。

2 **共通外交・安全保障政策の実施**[★14]　EUは経済的結合にとどまらず，政治的にも共通の外交政策をとり，共通の安全保障政策をとることを目標としている。

3 **司法協力・欧州市民権など**　加盟国はテロ活動や麻薬犯罪の防止，移民対策などで協力を強め，さらに加盟国国民に共通の市民としての基本的な権利(地方自治体への選挙に参加する権利)を認める欧州市民権の導入が予定され，EUは政治的な結合を深めていくと予想される。

❷**アメリカ・メキシコ・カナダ協定(USMCA)**[★15]　1994年発効の旧NAFTA[★16]を改訂し2020年に発効した。これにより自動車やその部品の域内調達率が引き上げられるなど地域的な保護主義の傾向が強まった。

❸**アジア太平洋経済協力会議(APEC)**[★17]
環太平洋地域の多国間経済協力について討議する国際会議。オーストラリアの提唱で，1989年に第1回会議が開かれた。日本・中国や，アジアNIES，東南アジアの国々，カナダ・メキシコ・チリなどが参加している。

❹**自由貿易協定(FTA)**　特定の国や地域のあいだで，**貿易などの規制を撤廃して経済活動を活発化**することを目的とした協定。

❺**経済連携協定(EPA)**　FTAの要素に加えて，**投資や人の移動まで対象範囲を広げた**協定。日本は2002年のシンガポールを皮切りに，メキシコ，マレーシア，チリ，タイ，インドネシア，ブルネイ，ASEAN，フィリピン，スイス，ベトナム，インド，ペルー，オーストラリア，モンゴル，TPP11，EU，アメリカ，イギリス，RCEPとのEPAを発効している(2022年4月現在)。

★14 1997年のアムステルダム条約に基づき，共通の外交・安全保障政策に取り組む道筋が定められた。

★15 United States-Mexico-Canada Agreementの略。

★16 North American Free Trade Agreementの略。

★17 Asia Pacific Economic Cooperation conferenceの略。

2
国民経済と国際経済

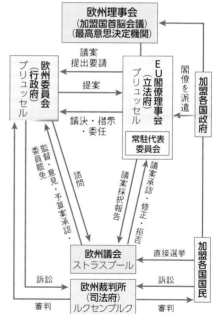

▲欧州連合(EU)の主要機関

地域統合 {
EU…ヨーロッパ諸国の共同市場。通貨統合を実現。
USMCA…アメリカ・カナダ・メキシコの自由貿易協定。
APEC…太平洋を囲む国々が経済協力について討議。
}

③ 南北問題

1 ｜ 発展途上国の実態

▶ 第二次世界大戦後，旧植民地のほとんどは政治的に独立を果たした。しかし，依然として経済的には旧宗主国に依存する発展途上国が多く，先進国とのあいだでさまざまな格差が生じている。その状況を解消することは，今後の人類にとって大きな課題となっている。

1 発展途上国の地位

❶ **大きさと貧しさ**　発展途上国は，人口では世界の大半を占めるが，所得ではごくわずかしかない。

❷ **発展途上国の中の格差**　一口に発展途上国といっても，その内部の格差は，ひじょうに大きい。

2 格差の存在

❶ 経済格差と南北問題[1]

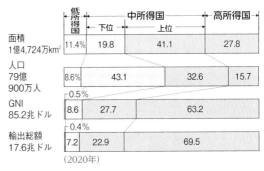

▲先進国と発展途上国の面積・人口と経済の格差

（世界銀行資料による）

1 **所得格差**　1人あたりGNIは，先進国が20,000〜60,000ドルであるのに対し，発展途上国の貧しい国では100〜700ドルである。これは，平均余命の差が10年以上であることにも現れている。また，1人1日あたりのカロリー摂取量も，先進国の3,400kcalに対して途上国は2,000〜2,800kcalとなっている。消費面でも，1人あたりのエネルギー消費量では10倍以上の格差が存在している。

2 **資本格差**　発展途上国の生産力が低いのは，労働力が豊富であるのに，働くための施設が乏しいからである。ほとんどの新興国では，独立当時は近代的な工業は存在していなかった。

3 **技術格差**　生産力を高めるのに必要な機械を製作することはもとより，それを操作する技能をもつ者さえ少なく，それが発展を妨げる大きな原因となっていた。

❷ **文化格差**　経済格差が生じたのは，教育水準の低さがあったともいえる。国民の識字率の差がそのことを物語っている。それと同時に，国内の政治的統一などの社会条件が整うことが求められるが，アフリカなどでは部族間の抗争などにより，近代的な統一国家とはいいがたい国さえ存在する。

★1 北半球の北の方に多い**先進資本主義国**と，その南に位置する**発展途上国**のあいだに大きな経済的格差があることを，**南北問題**という。この語句は，1959年にインドで調査を行った世界銀行の調査団が初めて使ったもので，南北格差の解消は，緊急に解決を要する問題であるという認識が示された。

3　格差の原因

❶植民地としての歴史　今日の発展途上国のほとんどは，ながらく欧米の植民地であった。そのため，自主的に産業を興したり政治・経済を運営することが許されず，支配者である外国人によって，国民の教育や訓練は一方的に低く，彼らの都合で抑制され管理されてきた。

❷モノカルチャー　植民地経済の特徴は，その土地を先進国が必要とする資源の入手先としてのみとらえ，産業をそこに適したと考える特定のものに限定したことにある。したがって，それは第1次産業である農林業・牧畜業と，特産物である地下資源だけに限られた。しかも，多くの場合，**大土地所有制度と大会社制度の下に多数の現地労働者は低廉な賃金で酷使**されていた。そのため，それ以外の産業の発達は阻まれ，単一産業構造(モノカルチャー)[★2]がどの国にとっても支配的な形態とされてきた。

❸人口圧力　独立達成後でも，発展途上国の生活水準はなかなか向上しなかった。国全体としての経済成長率は，先進国が1～3％であったのに対して，発展途上国では4～8％と高かった。それにもかかわらず，**人口の年増加率が先進国の3～4倍**で，発展途上国の1人あたりの所得の上昇を阻み，このことが両者の経済格差の絶対値を拡大する重大な原因となった。

★2　mono-は「単一」という意味。cultureは耕作のこと。植民地の経営者が広域にわたって単一の作物の栽培を住民に強制することによって生じた。ポルトガルがブラジルにコーヒーを，イギリスがマレー半島にゴムを栽培させたように，他の産業を事実上消滅させるほどの威力があった。

▼主要社会指標にみる南北格差

	人口			出生時平均余命(年)2020年	成人の識字率(％)2020年
	（億人）	年平均増加率（％）			
		1965-80年	2010-20年		
低所得国	7.0	2.3	2.7	64	61
中所得国	58.5	2.3	1.1	72	87
下位中所得国	33.6	2.4	1.5	69	76
上位中所得国	25.0	2.2	0.7	76	96
低・中所得国	65.5	2.3	1.3	71	85
高所得国	12.4	0.9	0.5	80	－
OECD加盟国	13.7	0.8	0.6	80	－
世界	78.2	2.0	1.2	73	87

＊人口の絶対値以外は，すべて加重平均値。　　（世界銀行資料による）

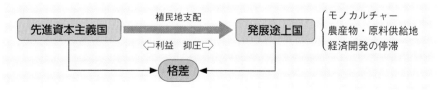

2 貧困からの脱出

▶ 新興独立国の中には，モノカルチャーの産業構造を清算し，欧米諸国や日本からの投資を導入して工業化を進め，それによって得られた利益をさらに経済建設に投資し，経済成長に成功した国がある。その結果，これら新興工業化地域の輸出力は大いに伸び，先進諸国を追い上げる形で発展を続けている。

1 新興工業経済地域の成長

❶新興工業経済地域の誕生　第二次世界大戦後，まずメキシコ・ブラジル・アルゼンチンなどの中南米諸国やエジプト・インドなど比較的人口の多い国で工業化が進められ，先進国に対して**中進国**とよばれるようになった。1960年頃から後は，韓国・台湾・香港やシンガポールなどのアジアの諸地域の工業化がいちじるしく進んだ。これらは新興工業経済地域（NIES）とよばれた。

★1　Newly Industrializing Economiesの略。

　さらに21世紀に入ると，**ブラジル・ロシア・インド・中国**などの経済成長のいちじるしい国々が注目され，国名の頭文字からBRICsとよばれるようになった。また，2011年からは，これら4か国の首脳会議には**南アフリカ**も参加し，名称もBRICSに変更されている。

❷輸出への努力　こうした新興工業化地域では，輸出品の主体は自国に建設された工場で生産された工業製品になっており，過去とは様相を一変している。とくに**アジアNIES，中国，インド**などの発展は目ざましく，繊維品などの軽工業品は日本に大量に輸出されているうえ，自動車・造船などの重工業もおこり，また，エレクトロニクス（電子工学）の技術分野の開拓も進み，電卓・家庭電器・電子部品など広い範囲の工業製品が日本やアメリカ，ヨーロッパ諸国に輸出されている。

▼発展途上国の輸出構造

アルジェリア 352億ドル	原油 36.1%	天然ガス 20.3	石油製品 19.9	その他

米9.4

パキスタン 222億ドル	繊維品 32.0%	衣類 27.8	その他

ゴム製品5.3

スリランカ 107億ドル	衣類 42.5%	茶 12.4	その他

パラグアイ 85.2億ドル	大豆 25.2%	電力 20.4	牛肉 13.1	その他

銅鉱2.3

ザンビア 78.1億ドル	銅 73.5%	その他

(2020年, アルジェリアは2017年) (「日本国勢図会」による)

POINT!

新興経済諸国
> NIES…新興工業経済地域。**アジアNIES**が代表的。
> 工業化の努力…資本と技術を先進国から導入。
> 輸出への努力…軽工業品のほか，高度の技術を使った機械類も輸出。

2 新国際経済秩序

①発展途上国の団結　1964年に国連の場で第1回の国連貿易開発会議(UNCTAD)が開かれたが，ここで，南の国の77か国グループ(G77)が形成された。以後，発展途上国の団結組織となり，参加国数の増加にかかわらず「G77」とよばれている。

②資源ナショナリズム　第1次石油危機(➡p.197)の翌1974年，国連は資源特別総会を開催した。その会議の場で，「G77」は以下のような民族主義的主張を盛り込んだ決議案を提出し，成立させた。

> ①天然資源は産出国の恒久主権の下にあること
> ②保有国は自国内の資源開発施設を一方的補償によって接収できること
> ③資源産出国間の国際カルテルは合法的と認めること

③新国際経済秩序(NIEO)　1974年，国連資源特別総会において，発展途上国は従来の先進国本位の国際経済秩序を改めることを提案し，決議を成立させた。それは，先進国に対して発展途上国に対する特恵関税を認めさせ，交易条件を改善することなど「**援助より公正な貿易の拡大**」を主張するものであった。

> ①主権平等，内政不干渉，公正の原則に基づく新秩序形成への第三世界の参加
> ②天然資源に対する国家主権の行使と多国籍企業の影響の排除
> ③資源生産国同盟の結成と一次産品価格の交易条件の改善
> ④工業製品輸出拡大のための特恵関税と先進国の保護主義の撤廃
> ⑤先進国による公的(政府)開発援助の拡大と条件の緩和など

〔補説〕**交易条件の改善**　輸入品価格(1単位)に対する輸出品価格(1単位)のことを交易条件という。発展途上国の産品は先進国から輸入される工業製品と比較して不当に安く買われているというのである。交易条件を改善することは，発展途上国の貨幣価値を高め，外貨との**為替**レートを引き上げることで実現できる。しかし，買う側の先進国は値上がりしたものを買いたがらないから，輸出はしにくくなる。

④南南問題　資源の恒久主権の承認は資源保有国にとって有利であるが，それをもたない発展途上国とのあいだに新しい格差が生じた。

> 工業化の進んだ国…アジアNIES，BRICSなど，新興工業国。
> 資源を保有している国……産油国は，とくに大きな経済力を得た。
> 資源を保有していない国…後発発展途上国とよばれる。

POINT!　**発展途上国の団結**　
> 資源ナショナリズム…資源に関する主権は産出国が保有。
> 新国際経済秩序(NIEO)…1974年の国連資源特別総会で採択。

★2　1967年にG77閣僚会議は，先進国との経済格差是正を国際社会に要求し，発展途上国がそれをリードしていくとのアルジェ憲章を発表した。1971年には，アルジェ憲章を受けて，国際経済の現状を打破しなければ南北格差はさらに拡大すると警告し，発展途上国の団結を強調したリマ宣言を発表した。

★3　後発発展途上国は，国連の用語ではLDC(Least Developed Countries)という。OECD用語でLLDC(Least among Less-Developed Countries)と表記する。発展途上国内における経済格差の問題は，南南問題とよばれる。

3 | 先進国による経済協力

▶ 先進国が発展途上国を旧植民地のように利用するだけでは，世界経済の健全な発達を期待することができない。すべての国が豊かになれば市場も拡大する。また，資金援助が有効に機能すれば収益も回収できる。そこで，先進国は発展途上国の開発に協力している。

1 経済協力開発機構（OECD）

❶**先進国のクラブ**　欧州経済協力機構（OEEC）は1961年，目的を達成して解消され，アメリカ・カナダなどの先進国を加えて，経済協力開発機構（OECD）に改組された。その目的は，①加盟国の経済成長，②発展途上国の経済援助，③貿易の拡大などであり，先進国間の協力をはかるものである。

❷**途上国の援助**　OECDには組織内部に開発援助委員会（DAC）を置いており，加盟国の政府資金の供出による援助（ODA）と民間資金の活用による援助を並行して行うことになっている。

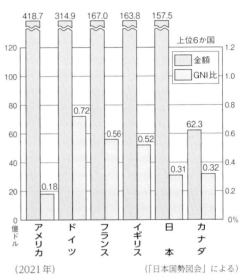

▲ DAC加盟国の政府開発援助（ODA）実績
国際的な目標値（GNI比）は0.7％である。

（2021年）（「日本国勢図会」による）

2 国連貿易開発会議（UNCTAD）

❶**創設**　1962年の国連第17回総会において，発展途上国の開発と経済建設に全世界が協力することが決議され，創設された[1]。

❷**組織**　全加盟国によって構成され，国連総会に付属する自治的機関として位置づけられている。総会・貿易開発理事会および下部機関である2つの常設委員会（貿易開発委員会，投資・企業・開発委員会）で構成される。

❸**会議**　ほぼ4年に1回会議を開き，加盟国間の意思の統一をはかり，活動計画などを討議している。

★1 **国連貿易開発会議**の発足にあたって，その初代事務局長プレビッシュ（アルゼンチン）が提出した**プレビッシュ報告**は，開発のための新しい貿易政策を提起し，**UNCTAD**の議論の方向を示した。

先進国による経済協力｛経済協力開発機構（OECD）…先進国クラブともいわれる先進国の協力組織。開発援助委員会（DAC）で，経済協力を調整。
国連貿易開発会議（UNCTAD）…発展途上国の経済発展をはかる。

③ 累積債務問題

❶先進国の発展途上国に対する経済関係

1. **収益目的のもの**　株式取得，企業設立などの**直接投資**や，債券購入や銀行への長期貸付などの**間接投資**。

2. **経済協力**

政府開発援助（ODA）…二国間援助として，無償資金協力と技術協力などの贈与と，政府借款などの有償資金協力がある。また，国際機関への出資による**多国間援助**がある。

民間ベース援助…直接投資，非営利団体による贈与など。

★2　Official Development Assistanceの略。日本ではおもにJICA（国際協力機構）が担当。

❷債務の増加　発展途上国では，1970年代から債務が増加した。

1. 国際収支が慢性的に赤字の発展途上国は，発展途上国の中でも低所得国が多く，主として国際機関などの公的融資に依存した。

2. 発展途上国の中でも，ブラジル・メキシコなどの中・高所得国は，1970年代に工業化のための資金を，国際機関や国際金融市場からも借り入れて，その債務が膨張し返済が難しくなった。

★3　低所得国は，国際金融市場からの借り入れ能力に欠けているため，公的融資に頼らざるをえない。

❸累積債務問題　累積債務問題の原因は，市場から過大な借り入れを行った中・高所得国と，過大な資金を貸し付けた先進国の民間銀行にある。発展途上国の累積した債務（借り入れ）は返済が順調にいかず，先進国の民間銀行にリスケジューリング（返済の繰り延べ，返済期間の処置）の要請が増え，また，途上国の債務の中にはデフォルト（債権の利払い，償還が不可能になること）に陥るものも生じた。その結果，先進国の民間銀行が次々と倒産するようなことになれば，世界的な金融恐慌も発生させかねない。そのため，1980年代には，先進国にとっても，発展途上国の1兆ドルを超える累積債務問題の解決が必要となった。

★4　1987年にアメリカの自然保護団休がボリビア政府債券を購入し，これをボリビア政府が返還する代わりに，国内に自然保護地区を設定させたことに始まる。このように，自然保護事業を進める代わりに，債務を帳消しにすることを，**債務・環境スワップ**という（スワップは交換の意味）。

❹累積債務問題の解決　先進国は**主要国首脳会議（サミット）**や**先進7か国財務相・中央銀行総裁会議（G7）**などを通じて，問題の解決をはかっている。現在では，元本の削減，金利の減免，債務を環境保全事業と相殺すること，債務国の構造調整などが進められている。中南米諸国では，1990年代に，状況が一時好転した。しかし，現在では，世界で最も重い債務を負っている**重債務貧困国（HIPC）**の問題が深刻となっている。

★5　Heavily Indebted Poor Countriesの略。おもにアフリカ地域を中心とする発展途上国。

累積債務問題｛発展途上国の資金の借り入れ（債務）が増大（累積）し，返済が難しくなってしまった問題。
危機回避のため，先進国も含めて緊密な金融協力が必要。

国民経済と国際経済

4 世界経済の中の日本

1 日本の貿易の動向

▶ 資源を輸入し製品を輸出する加工貿易が日本の貿易形態であったが，産業構造が軽工業中心から重化学工業中心へと変わり，また先進国どうしの水平的分業も進んで，わが国の貿易構造も変わってきている。

1 貿易構造の変化

❶貿易市場　戦前は**輸出の大半はアジア市場**向けで，輸入先はアメリカが最大であった。戦後は，輸出入ともアメリカの比重が高まったが，最近では，輸出入ともアジアとの関係が大きくなった。[★1]

❷貿易品目

1 輸出品　戦前はほとんどが軽工業品であり，その大半は綿織物や絹織物などの繊維品であったが，戦後には鉄鋼・機械・自動車などの重工業製品が大半を占めるようになった。[★2]

2 輸入品　化学工業の原料でありエネルギー源でもある石油の輸入が多い。しかし近年は，機械類の輸入も多くなっている。

★1　日本は朝鮮・台湾・樺太(サハリン)の南半分を領土として保有し，中国の東北地方を経済圏として支配していた。

★2　エレクトロニクス(電子工学)関係の技術を駆使した製品の比重が高まっている。

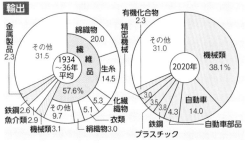

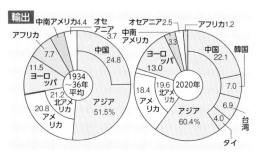

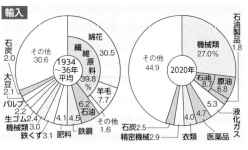

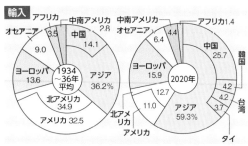

▲日本の輸出入品と輸出入相手国

＊四捨五入の関係で合計は100%にならない。(「日本国勢図会」による)

2 貿易収支

❶1960年代半ばまで

好況期には輸入が増え
て赤字となり，これを
縮小するために景気を
引き締めた。一方，不
況期には輸出を伸ばし
て黒字にするという不
安定な構造であった。

❷1960年代後半以降

生産性が向上し，国際

▼日本の国際収支構造の変遷

年度	1960年代	1970年代	2000年	2015年	年度
経常収支	968	3,704	140,616	193,828	経常収支
貿易収支	3,116	16,535	74,298	68,571	貿易・サービス収支
貿易外収支	△ 1,924	△ 11,680	76,914	136,173	第一次所得収支
移転収支	△ 231	△ 9,250	△ 10,596	△ 10,917	第二次所得収支
長期資本収支	△ 657	△ 14,993	△ 9,947	4,341	資本収支
短期資本収支	393	2,780	148,757	217,099	金融収支
誤差脱漏	81	△ 359	18,088	27,612	誤差脱漏
総合収支	775	△ 3,122	297,514	434,198	総合収支

（△はマイナス）（単位：100万ドル）　　（単位：億円）　　（財務省資料による）

競争力が高まったことにより，1960年代後半以降，**貿易収支の黒字が定着し**，外貨保有高も増大した。[★3]

❸2010年代以降
化石燃料の輸入急増や[★4]，世界的な資源や食料価格の上昇，輸出品の競争の厳しさなどによりしばらく赤字基調であった後，貿易収支は黒字に転換した。一方，海外への投資増加によりその利益である第一次所得収支の金額が大きく増え，経常収支（⇨p.290）は黒字を維持している（2021年現在）。

3 貿易地域の変化

アメリカへの輸出入は依然として多いが，その額は相対的に減少しており，代わりにアジアとの関係が拡大している。

❶アメリカ
戦後の日本経済を支えてきた最も重要な市場。今日でも重要な貿易先であるが，年々その比重は低下している。

❷アジアNIES
1960年代半ばから，韓国などアジア地域の経済建設への投資援助が進められるとともに，日本企業は積極的に**海外に工場を建設し，現地労働力を利用して生産する**直接投資を行った。そのため，日本国内の産業の空洞化がおこると同時に[★5]，かつては日本からの輸出品だったものを逆に輸入するようになった。

❸中国とアジア
中国経済の急速な発展とともに，中国が輸出入とも第1位の日本の貿易相手国となっている。また，アジアNIES，ASEAN諸国との貿易も拡大し，日本の輸出，輸入の約60%をアジアが占めている（2020年）。その背景として，日本企業が積極的に生産拠点をアジアに移したため，これらの地域から部品や工業製品の輸入が増えていることなどもある。

★3　海外への投資や発展途上国への経済協力も増え，国際貢献も可能になった。

★4　2011年からの東日本大震災によって停止した原発に代わり，火力発電所が電力を補ったため。

★5　主要な産業が海外に進出してしまうと，国内では産業活動が衰え，雇用も減少し，失業者が増える。こうしたことを，**産業の空洞化現象という**（⇨p.194）。とくにプラザ合意を契機に円高不況となったため，海外に工場を移す企業が目立った。

2 | 日本経済の国際的地位と責任

▶ 中国経済の成長により，世界の市場はアメリカ，EUと中国の経済の動向に方向づけられるようになった。日本はそれに次ぐ経済規模をもち，発展途上国への経済協力の強化や環境問題などを含む国際経済に貢献する責務を負っている。

1 国際経済の3極体制

❶経済力 EUと中国は，GDP（国内総生産）ではアメリカのほぼ3分の2の大きさをもち，そして日本がそれに次ぐ規模をもっている。

❷最近の変化 アメリカはカナダ・メキシコとともにUSMCA（⇨p.303）を結成し，さらに太平洋地域全体との交流を強めようとしている（APEC）（⇨p.303）。EUも中

▼国際経済の3極と日本の比較

	USMCA （3か国）	EU （27か国）	中国	日本
面積（千km²）	21,738	4,132	9,600	378
人口（百万人）	500	445	1,425	125
GDP（億ドル）	236,112	152,922	147,228	50,578
輸出（億ドル）	22,329	50,759	25,900	6,413

(2020年) 　　　　　　　　　　　　　（「世界国勢図会」による）

国も，それぞれ近隣地域との結合をはかっている。とくに中国は，アジアと欧州を陸と海でつなぎ，経済交流を拡大する「一帯一路」を打ち出し，アジアインフラ投資銀行（AIIB）の創設とともに途上国支援に力を入れ始めている。

❸BRICSの台頭 近年，経済発展がいちじるしいブラジル，ロシア，インド，中国，そして南アフリカの頭文字をとり，総称してBRICS（⇨p.306）という。現在，世界のGDPの約25％（2020年）を占めるだけだが，巨大な国土・人口・資源に恵まれ，今後も高い経済成長が予想されている。

2 ジャパン・マネー

　日本の貿易の黒字分は国内に円で積み立てられるほか，より高い収益を求めて海外の株式などの証券や土地に投資されたり，途上国への直接投資となって世界中に進出している。こうしたジャパン・マネーの動きは金額も大きく，世界の大きな関心事である。日本が海外に保有する債権（対外資産）から海外に対する債務（対外負債）を差し引いた対外純資産は世界でも最高レベルである。

▼主要国の対外純資産

日本	357.0
中国	222.8
ドイツ	323.5
アメリカ	△1460.4

（単位：兆円，△はマイナスを示す，2020年）
（「日本国勢図会」による）

POINT!

日本経済の｛アメリカ，EU，中国，それに次ぐ日本の経済力。
国際的地位｛ジャパン・マネー…日本からの資金が世界各地に進出。

☑ 要点チェック

	CHAPTER 2　国民経済と国際経済	答
1	各国がそれぞれ有利に生産できるものを選んで生産を特化し，自由に貿易するほうが，全体として有利であるとする説は何か。	1 比較生産費説
2	著書の中で1の考え方を説いたイギリスの経済学者はだれか。	2 リカード
3	先進国相互間の国際分業を何というか。	3 水平(的)分業
4	19世紀のドイツでは，イギリスに対抗して産業間にカルテルが結ばれたり関税を高率化した。これは何という考えの政策か。	4 保護貿易(主義)
5	4の政策を説いたドイツの経済学者はだれか。	5 リスト
6	今日，国際決済手段としては一般に何が用いられているか。	6 外国為替手形
7	IMFの創立時，ドルを国際通貨と決めた金為替本位制を何というか。	7 金ドル本位制
8	1971年まで，日本の円相場は1ドル＝何円と決められていたか。	8 360円
9	固定為替相場制を維持するため各国の通貨当局は何をしたか。	9 市場介入
10	1971年のニクソン・ショックともよばれた決断の際に，停止されたのは，何と何の交換か。	10 ドルと金
11	その時々の需給関係で為替相場が決まる制度を何というか。	11 変動相場制
12	国際収支や物価上昇率などの経済指標で示されるその国の経済の基礎的条件のことを何というか。	12 ファンダメンタルズ
13	国際収支の項目のうち，商品の輸出入による収支を何というか。	13 貿易収支
14	国際収支の項目のうち，旅行や輸送・通信・保険・金融・情報・特許などにかかわる収支を何というか。	14 サービス収支
15	金融収支では資産の増加をプラスとマイナスのどちらで表すか。	15 プラス
16	IMFや世界銀行の設立は何に基づいて決められたのか。	16 ブレトン・ウッズ協定
17	IMF協定と並んで自由貿易のために採択された協定を何というか。略称とともに答えよ。	17 関税と貿易に関する一般協定，GATT
18	17の三原則の1つで，どこかの国に有利な条件を与えた場合，それをすべての国に与えることを何というか。	18 最恵国待遇
19	国際収支を理由として為替制限など，すべての輸入上の制約をなくすことを何というか。	19 貿易の自由化
20	資本取引の自由化を推進した先進国のグループの略称は何か。	20 OECD
21	国際収支の悪化を理由に輸入制限ができない17の国を何というか。	21 GATT11条国
22	19世紀末以来展開された植民地再編成の競争を何というか。	22 帝国主義
23	世界恐慌後の世界貿易で行われた排他的な経済体制を何というか。	23 ブロック経済
24	欧州石炭鉄鋼共同体の略称は何か。	24 ECSC
25	24の設立を提唱したフランスの外相はだれか。	25 シューマン

□ 26	欧州共同体の略称は何か。	26	EC
□ 27	1960年，イギリスを中心に設立された自由貿易連合は何か。	27	EFTA（エフタ）
□ 28	1995年に設立されたブラジルやアルゼンチンからなる南米の地域的経済統合の名称は何か。	28	南米南部共同市場（MERCOSUR（メルコスール））
□ 29	2018年に発効した日本など太平洋を囲む国々で締結された多国間経済連携協定は何か。	29	TPP11協定
□ 30	2022年に発効した日中韓などが参加する経済連携協定は何か。	30	RCEP（アールセップ）
□ 31	1971年の末に行われた通貨の多国間調整の協定を何というか。	31	スミソニアン協定
□ 32	31で，日本の円相場は1ドル＝何円になったか。	32	308円
□ 33	国際流動性の不足を補うため，IMFが創出したものは何か。略称で答えよ。	33	SDR
□ 34	1976年に結ばれた，変動相場制の容認やSDRの役割の拡大などを内容とする国際合意は何か。	34	キングストン合意
□ 35	石油危機（オイル・ショック）をもたらした組織の名は何か。	35	石油輸出国機構（OPEC）
□ 36	国際経済のボーダレス化を象徴する巨大企業を何というか。	36	多国籍企業
□ 37	1970年代から特定の商品を一定の海外市場へ向けて輸出したことは何とよばれたか。	37	集中豪雨的輸出
□ 38	1974年にアメリカの通商法で成立した，不公正な貿易慣行をとる国に対して報復措置をとることができる条項は何とよばれるか。	38	スーパー301条
□ 39	日本とアメリカとの貿易不均衡（きんこう）を改善するために，1989年から始められた日米間の協議を何というか。	39	日米構造協議
□ 40	ロシアが正式メンバーとなって以降のサミットを何というか。	40	主要国首脳会議
□ 41	2008年から開催され，20か国からなる財相・中央銀行総裁の国際会議は何か。	41	G20
□ 42	ドル高是正（ぜせい）を決めた1985年のG5での合意を何というか。	42	プラザ合意
□ 43	巨額の資金を集めて投資を行い，巨額の利益を得ようとする金融資金やそれを運用する集団を何というか。	43	ヘッジファンド
□ 44	先物取引など，従来の金融商品から派生したものを何というか。	44	デリバティブ
□ 45	税の回避に使われる，税率が非常に低い国や地域を何というか。	45	タックス・ヘイブン
□ 46	2007年頃から問題となった低所得者向けの住宅ローンは何か。	46	サブプライムローン
□ 47	46の問題から2008年に倒産したアメリカの投資銀行は何か。	47	リーマン・ブラザーズ
□ 48	2009年に財政赤字を隠していたことが発覚し，ヨーロッパの金融不安の引きがねとなった国はどこか。	48	ギリシャ
□ 49	1970年代に，GATTでは多角的な貿易交渉を行った。それは，どういう名称でよばれているか。	49	東京ラウンド
□ 50	関税以外の規制などによって輸入を抑制するものを何というか。	50	非関税障壁
□ 51	1986年から開始され1993年に合意した新多角的貿易交渉は，どういう名称でよばれているか。	51	ウルグアイ・ラウンド

☐ 52	輸入によって国内産業に重大な影響をおよぼす恐れがある場合，緊急に関税の引上げや輸入制限を行う措置を何というか。	52	セーフガード（緊急輸入制限）
☐ 53	ウルグアイ・ラウンドの結果，生まれた新貿易機構とは何か。	53	世界貿易機関(WTO)
☐ 54	2001年から始まったWTO体制下初のラウンドは何か。	54	ドーハ・ラウンド
☐ 55	2020年に発効したNAFTAにかわる協定は何か。	55	USMCA
☐ 56	2002年に日本が初めて二国間EPAを結んだ国はどこか。	56	シンガポール
☐ 57	2015年に中国主導で発足した国際開発金融機関は何か。	57	アジアインフラ投資銀行（AIIB）
☐ 58	マーストリヒト条約によって欧州連合(EU)に導入された共通通貨は何というか。	58	ユーロ(EURO)
☐ 59	発展途上国の多くは，かつて先進国にとって何であった場合が多いか。	59	植民地
☐ 60	ある特定の産品だけが国の産業となっている経済のことを何というか。	60	モノカルチャー
☐ 61	ASEANとは何の略号か。日本語で答えよ。	61	東南アジア諸国連合
☐ 62	NIESとは何の略号か。日本語で答えよ。	62	新興工業経済地域
☐ 63	第1回国連貿易開発会議をきっかけに生まれた発展途上国のグループを何というか。	63	77か国グループ（G77）
☐ 64	1974年の資源特別総会では，発展途上国と先進国のあいだの経済格差を是正するための宣言が採択された。それを何というか。	64	新国際経済秩序（NIEO）
☐ 65	輸入品価格に対する輸出品価格の比率が高まることは，その産品の輸出国にとって重要である。この比率を何条件というか。	65	交易条件
☐ 66	発展途上国の中にも産油国やNIESのように豊かな国と後発発展途上国とのあいだには大きな格差がある。そのことを何というか。	66	南南問題
☐ 67	OECDとは，何の略称か。	67	経済協力開発機構
☐ 68	OECDの中で途上国問題を担当するDACとは何のことか。	68	開発援助委員会
☐ 69	UNCTADとは，何の略称か。	69	国連貿易開発会議
☐ 70	先進国から発展途上国に対して行われる経済協力のうち，政府による公的なものを何というか。	70	政府開発援助（ODA）
☐ 71	発展途上国の債務がふくれあがって，返済がとどこおるようになった問題を何というか。	71	累積債務問題
☐ 72	戦前の日本の主要な輸出品は，何であったか。	72	繊維品
☐ 73	現在の日本の輸出品では，軽工業製品と重化学工業製品とで，どちらが多いか。	73	重化学工業製品
☐ 74	巨大な国土・人口・資源に恵まれ，近年成長がいちじるしいブラジル，ロシア，インド，中国，南アフリカを総称して何というか。	74	BRICS
☐ 75	日本は貿易による利益を海外に投資して世界で最も多くの富を保有するようになった。海外資産と海外負債の差額を何というか。	75	対外純資産

① グローバル化にともなう人々の生活や社会の変容

▶ 移民で成り立ったアメリカはもちろん，移民・難民を多数受け入れた西欧のイギリスやフランス，ドイツも移民大国とよばれ，移民二世，三世が定住する移民社会である。

　日本も少子高齢社会になり生産年齢人口が減少し，経済規模を維持していくためにすでに170万人以上の外国人が働いており，定住化した人も増えている。人々が国境を越えて行きかうグローバル化で社会がどのように変容するか，西欧を例に考えてみよう。

◉移民・難民とは

　「移民」は定住国を変更した人を意味し，一般に仕事を求めて移住した労働者とその家族のこと。「難民」は，人種・宗教・政治的意見などを理由とした迫害の恐れから国外へ逃れた人で，迫害の危険がある領域への強制送還は禁止される（ノン・ルフールマンの原則）。

◉西欧を中心とした移民・難民の動向

　第二次世界大戦後の西欧では，復興期および1950年代〜60年代の高度成長期に人手不足を補うため外国人労働者を旧植民地（ドイツは二国間協定でトルコなど）から積極的に受け入れ，さらに難民も人道的見地から受け入れてきた。1970年代に高度成長が終わりEC以外からの新規受け入れを停止したが，出稼ぎ労働者の定住希望や家族のよび寄せを認めて彼らが定住家族移民となったため，移民人口は増え続けた。

▼国際移民労働者のおもな受け入れ国と日本

受け入れ国	移民労働者数
アメリカ	50,661,149
ドイツ	13,132,146
サウジアラビア	13,122,338
ロシア連邦	11,640,559
イギリス	9,552,110
アラブ首長国連邦	8,587,256
フランス	8,334,875
カナダ	7,960,657
オーストラリア	7,549,270
イタリア	6,273,722
日本	2,498,891

（2019年）　　　　　　　　　（国連資料による）

EC総計で1,000万人を超える外国人労働者の多くが，移民に変わった。

　なお近年は，労働力のグローバル化（世界労働市場の現実化）により，世界規模での膨大な移民の流れが生じている。出生国を離れて外国で暮らす人の数は世界で約2.8億人を超え，世界人口の3.6%に達するといわれる（2020年，国際移住機関推計）。

◉西欧でとられた移民・難民に対する具体的な政策

　西欧の移民・難民は，移住先のホスト社会ではマイノリティ（少数派集団）で，エスノセントリズム（自民族中心主義，自文化中心主義）からくる人種や文化（宗教など）への差別を受けることが多い。また，言葉の壁などもあって失業率が高く，就職できても低賃金労働しかなく，劣悪な居住区に移民だけ分離されて住むことが多い。これらは人権上の問題であるだけでなく，ホスト国内の経済的・社会的分断を生んでしまう。西欧では，1970年代のリベラルな風潮と福祉国家的政策の下で，多くの国が1980年代前半を転機に，移民・

難民に対してホスト社会への同化ではなく，**多文化主義**の政策をとるようになった。

　それは，移民・難民に対等な法的地位を認めるだけでなく，社会的，経済的側面でもマイノリティの文化的差異を積極的に支援し，社会全体で異なる文化の発展を後押しすることを通じて社会統合を図る考えだった（①母国の言語や文化教育を行う学校への公費助成や，文化活動への公費支援。②進学や就職などにおける優遇措置。③居住区のゲットー化やスラム化を防ぐため，混住促進などの住宅政策をとる，など）。

　しかし，移民の母国の文化を維持・支援した結果，ホスト社会の言語や文化の習得が遅れてしまい，前述の劣悪な経済状況は改善されず，子どもは落第を繰り返し，中等教育の退学率も高いままで，かえって社会統合は進まなかった（統合の危機）。

　そこで1990年代に多文化主義への逆風がおこり，個人を単位とした社会参入を重視する新たな**統合政策（国民への統合）**が実施された。移民に公用語の習得や，ホスト社会の制度・習慣に対する習熟を求め，自由主義や民主主義など普遍的価値観の理解をうながすことを通じて，移民たちに個人として社会に適応していく能力をつけさせようとした。文化的差異に関しては，個人の私的自由の範囲で保障されるにとどめ，社会が積極的に肩入れをするようなことはしない政策とした。

　現実には西欧でも，移民への反感の高まりから，外国人排斥の暴動やテロの発生により，極右政党が一定の議席を獲得している。移民規制を厳しくする動向もあるが，もはや移民の全面的排除は困難であろう。社会統合を図る道に近道はなく，異なる文化の人々の間で一時的にうまくいかないことがあっても，それで関係を絶たず，継続的に交流を続け，だんだんと理解が深まる経験を経て移住者および社会に利益をもたらし，社会を前進させるようになることが望まれる。

◉ 日本の移民・難民問題の現実

　日本政府は，従来から「専門的・技術的に優秀な外国人は受け入れるが，単純労働の移民やその家族帯同での移住は認めない」と言明し，入管法（出入国管理及び難民認定法）で在留資格や難民認定を厳しくしてきた。

　しかし，少子高齢化にともなって1980年代後半から人手不足が顕著になり，その解消のため政府は，日本語学校などの留学生や日系人，さらに研修生や技能実習生などが単純労働に従事することを認めた。昨今，技能実習生が増え，単純労働ができる職種も増えている。留学生は制限つきでのアルバイト，技能実習生は技能の習得どころかほとんどが人権無視の過酷な奴隷的労働，日系人には制約がなかったものの，子どもの義務教育が放置されるなどまともな受け入れ体制はなかった。彼らのほとんどは，非正規労働と同様な低賃金や使い捨てなど，過酷な労働条件にさらされてきたといえよう。

　また，難民受け入れ数の少なさは，他の先進国に比べて極端である。日本の労働力不足が深刻になってきていて，単純労働に従事する移民を受け入れることも１つの道である。移民・難民の社会的包摂のため，政府は西欧を参考にきちんとした移民・難民政策で制度を整えるとともに，国民も移民・難民を受け入れる覚悟が求められる。

経済格差（関連pp.304～309）

 # 2 国際的な経済格差の是正と国際協力

▶第二次世界大戦後の世界経済は，先進国が主導するIMF・GATT体制の枠組みの中で，自由貿易が実現されれば世界は豊かになっていくという考え方の下に運営されてきた。ところが，結果的には豊かな北の先進国と南の発展途上国の経済的格差が広がってしまったばかりでなく，途上国の中での格差も広がり，いわゆる南南問題にまで発展した。また21世紀に入るとグローバル化の進展とともに，一部の発展途上国が新興国として急成長する半面，先進国でも富裕層への富の集中が進み，中間層が減少し，格差の拡大と社会の分断が大きな問題になってきている。現在，世界の人口の10人に1人が1日あたり2.15ドルという「国際貧困ライン」以下の生活を余儀なくされているが，このような状況の中で，国際的な経済格差の是正のためにはどのような方法があるだろうか。

◉国家による資金的支援

　貧困をなくすためにもっとも一般的なものは，ODA（政府開発援助）によって途上国に資金を援助するというものである。途上国が貧困から脱却し経済成長をとげるためには，インフラストラクチャー（社会資本）の整備が欠かせないという発想のもとに，道路，鉄道，橋，港，ダムなどへの投資がさかんに行われた時期もあったが，受け入れ国政府の能力を超えたプロジェクトが進行したケースや，それらを効率的に管理する人材が不足し，せっかくの援助が有効に使われず，結果的には多額の債務が残ることも少なからず生じた。そこで最近では，途上国の自立的な経済成長を支える人材育成，教育や技術支援などに重点をおく援助の必要性が高まっている。

　一方，日本はじめ，先進国の中にも厳しい財政状況に直面する国が増え，途上国への支援に対する余力が低下していることは，今後のODAの大きな問題になるであろう。

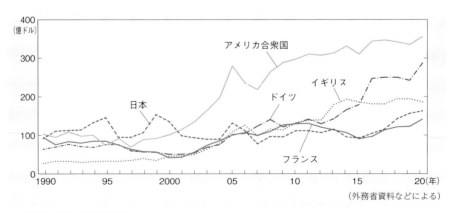

▲主要国のODAの実績の推移

●民間企業による途上国経済への貢献

　途上国の経済成長に寄与するのは，政府のODAだけではない。日本から途上国への資金の流れを見ると，直接投資を含む民間資金の方が，ODAの金額を大きく上回っており，日本の企業が積極的に途上国との貿易や投資を拡大することが，相手国の経済成長を支える１つの要素になっていることも事実であろう。ただし，それが日本の企業の利潤追求に終わるのではなく，途上国にも有益になることを考慮することも大事な点である。

　最近は**CSR（企業の社会的責任）**活動を意識して事業を展開している企業も多い。たとえば先進国と途上国との間で貿易を行う際には，途上国の商品がきわめて安い価格で取り引きされる傾向があるが，現地の労働者の賃金や経費を**公正（フェア）に評価し交易（トレード）**することで，格差を是正しようとする企業や，貧困層に少額の融資をしながら小さな事業の立ち上げを助ける，**マイクロファイナンス**とよばれる金融サービスなども出現している（バングラデシュの**グラミン銀行**が有名。創始者のモハメド・ユヌスは2006年にノーベル平和賞を受賞した。2018年にはグラミン日本が設立した）。

　また，最近では貧困層の必要に応じた商品を提供すると同時に，現地の労働者を雇用して貧困削減とビジネスの両立を目指す**BOP（Base of the Pyramid）**ビジネスへの関心も高まっている。世界の所得別人口構成を模式図化すると下から低所得層，中所得層，高所得層の三段階からなるピラミッド型となるが，BOPはこの最下層の低所得層，「年間所得が3,000ドル未満の層」で現在，約40億人の人々をさし，世界人口の約72%にあたると言われる。

　BOP層は従来，購買力がなく，ブランド志向もない，先進国の先端技術を受け入れないなどと考えられていた。しかし現実は違い，１人あたりの所得は低いものの，BOP層全体の購買力は非常に高く，条件さえ整えば，「次なる40億人」「将来的な中所得層」として重要な市場になると認識され始め，多くの企業がこの市場に参入している。

　具体的な成功例として，消費財メーカーであるユニリーバによるインドでの石鹸販売が有名である。１日の所得が２ドル以下というBOP層のニーズに合わせ，石鹸を少量に分けて安価に販売することで購入を可能にするとともに，農村の女性を販売員として雇用することで女性の自立を支援する取り組みなどが行われている。BOPは企業の収益拡大のみならず，現地社会の自立や発展を促し，世界経済に大きく貢献できるのではと期待されている。

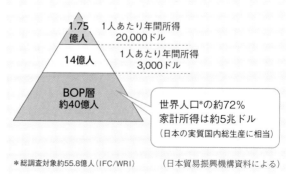

＊総調査対象約55.8億人（IFC/WRI）　　（日本貿易振興機構資料による）

▲ BOPの模式図

③ 地球環境と資源・エネルギー問題

▶ 最近の世界の気候変動は異常な状態を示し「気候非常事態宣言」が世界のあちこちで出されている。この原因が「人間の影響が大気，海洋，陸域を温暖化させてきたこと」にあり（ICPP：気候変動に関する政府間パネル），その温暖化は，エネルギーを化石燃料などに依存した産業構造にあると言われている。だから化石燃料ではない資源エネルギーに転換していく必要が緊急の課題になる，つまり，地球環境問題と資源・エネルギー問題はリンクしている。この気候危機の解決策を検討してみよう。

◉気候変動枠組み条約とCOP（気候変動枠組み条約締約国会議）

　1992年，ブラジルのリオデジャネイロで開かれた**地球サミット（国連環境開発会議）**（↪ p.206）では，「持続可能な開発」をスローガンに172か国の首脳や多くのNGOが参加した。環境と開発に関するリオ宣言や生物多様性条約，気候変動枠組み条約などが採択され，人類の未来のために地球環境を守ることを世界共通の課題として提示し，大きな影響を与えた。

◉京都議定書

　地球サミットで署名された「気候変動枠組み条約」に基づき，1997年にCOP 3（第3回国連気候変動枠組み条約締約国会議）が京都で開催され，温室効果ガス排出量の削減目標を先進国だけに義務づけ，1990年の排出量を基準に，2008〜2012年の期間中でEUは8％，アメリカは7％，日本は6％を削減することとなった。しかし，最大の二酸化炭

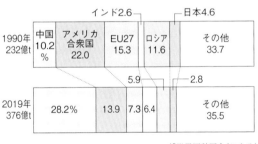

（「世界国勢図会」による）

▲世界の温室効果ガス排出量の割合

素排出国（当時）であったアメリカは，国内経済に悪影響があるとして，2001年にブッシュ政権が京都議定書から離脱した。その後ロシアが批准したため，2005年に発効した。

◉先進国と発展途上国の対立

　地球温暖化を防止するための解決方法をめぐって，先進国と発展途上国の利害は対立していた。発展途上国は，これまで温室効果ガスを増加させてきたのは先進国であり，発展途上国に削減義務を負わせるのは筋違いであると主張する。さらに，発展途上国に先進国と同じ環境規制を課すのは「開発の権利」を奪うものだとして反発している。

●ポスト京都議定書

京都議定書の削減対象期間である第一約束期間（2008〜12年）以降の，世界の温室効果ガス削減の「新たな目標」の枠組みが決められなかったため，第二約束期間（2013〜20年）として京都議定書の延長（継続）が決定された。

しかし，主要経済国が参加しておらず不公平で効果的でないなどとしてカナダは2011年に離脱し，日本やロシアは第二約束期間に参加しなかった。

●パリ協定

「パリ協定」は，2015年にパリで開催されたCOP21で定められた2020年以降の新枠組み条約である。この発効はオバマ政権が中国やインドを巻き込んだ成果といえるが，アメリカのトランプ大統領はパリ協定から離脱した（次のバイデン大統領により2021年に復帰）。

パリ協定のおもな内容は，①初めて途上国も削減に加わる国際的な枠組み（196か国・地域が参加）である。②地球の気温上昇を産業革命前に比べて2℃未満（できれば1.5℃以内）に抑制し，今世紀後半に温室効果ガスの人為的排出と吸収を均衡（実質排出ゼロ）にする脱炭素化社会をめざす。③すべての国が自国の温室効果ガスの削減目標を自主的に設定し，国内措置の実施を報告する義務を負う（未達成でも罰則なし）などである。しかし，各国が今の削減目標を達成しても2℃未満の目標に届かないので，目標値を5年ごとに見直す。また，④途上国の地球温暖化対策へ先進国が支援する。

●COP26（気候変動枠組み条約第26回締約国会議）

2021年，英国・グラスゴーで開催され，採択されたグラスゴー気候合意では，温暖化を抑えるにはこの10年が決定的に重要なのでパリ協定の行動を加速させる必要があるとして，①気温上昇を1.5℃に抑えることが事実上の目標となり，②二酸化炭素排出量を世界全体で2030年までに45％削減（2010年比），2050年には実質ゼロにする，③石炭火力発電を段階的に削減する，④パリ協定6条[*1]の実施指針について合意などの成果があった。世界は今，パリ協定のもと脱炭素化へ向かう歴史の転換点に立っている。

●資源エネルギーと地球環境保全

資源は有限で，使い尽くして枯渇すれば将来世代の利用可能性を奪うことになる。有限な石炭・石油など化石燃料は，温室効果ガスや有害物質を排出する。したがって，脱化石燃料による脱炭素化社会へのシステムチェンジが緊要である。代替エネルギーとしては再生可能エネルギー（再エネ）が世界中で普及・推進されている（なお原子力発電は安全性や廃棄物処理が問題とされ課題も多い）。再エネの開発・利用と省エネ・省資源，森林保全により，地球温暖化防止や循環型社会形成が世界中の課題となっている（⇨ p.198，p.204）。

★1　京都議定書で定められた京都メカニズム（他国での温室効果ガスの排出削減を自国での削減に換算できるしくみ）と同様な市場メカニズムを，代替となるパリ協定6条でも認め，2国間または国連管理下の排出量取引などを規定した。そのパリ協定で合意できなかった排出削減量の計算方法などの実施規定も，COP26で合意できた。

イノベーション（関連pp.207〜212）

④ イノベーションと成長市場

▶ 現代では情報通信技術の飛躍的な発展により，人工知能（AI），モノのインターネット化（IoT），ビッグデータ，ロボットなどの新技術によるイノベーションが進み「第四次産業革命」と言われるような経済社会の変化がおきている。政府も「未来投資戦略2017」を閣議決定し，情報化による技術革新をあらゆる産業や社会生活に取り入れることにより，さまざまな課題を解決するSociety5.0を実現することとしている。それらは成長市場として期待される一方，さまざまな課題も考えられる。いくつかの具体例をみながら，それらが人々の社会生活をどのように変えていくか，また，暮らしの向上と人間らしい社会の両立のためにはどのようなルールづくりが必要か考えていこう。

◉ ドライバーが必要のない自動運転技術の課題

　自動運転技術は現在でも，ドライバーの注意・監視が必要という一定の条件の下ではあるが，多くの自動車メーカーによって実用化が進みつつある。具体的には，衝突防止の緊急ブレーキ，前の車との車間距離を一定に保ちながら追従して走行し，また指定された速度で定速走行する機能，車庫入れや駐車を自動操舵でサポートするパーキングアシスト，車線変更支援装置などがある。最終的にはドライバーが不在でも車を安全に走行することができることを目的としているが，現段階では自動運転のレベル分けで，ドライバーによる監視が必要なレベル1とレベル2の段階にとどまっている。もし完全運転自動化が達成

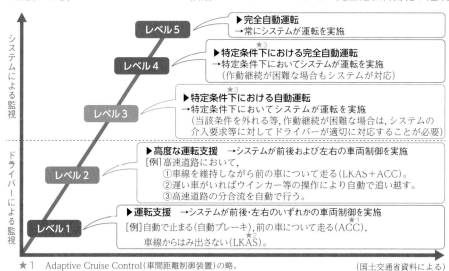

★1　Adaptive Cruise Control（車間距離制御装置）の略。
★2　Lane Keep Assist System（車線維持支援システム）の略。
★3　場所（高速道路のみ等），天候（晴れのみ等），速度など自動運転が可能な条件。
　　　この条件はシステムの性能によって異なる。

▲自動運転のレベル分け

されれば，社会に大きな便益をもたらすと同時に，自動車市場が新たな成長市場に変化するとも考えられるが，予想される問題点としてはどのようなことがあるだろうか。

　たとえば，自動運転がどこまで安全なのか，悪天候や地震，事故に巻き込まれた場合，通信環境が遮断された時など，不測の事態に対して正常にAIが判断し，的確な運転をするかどうかはまだ明らかではない。また通常の運転状態であっても，自動運転車が事故をおこした場合の責任はどうなるであろうか。レベル３まではドライバーが搭乗し緊急時には運転がドライバーに戻されるため，過失があればドライバーが事故の責任を負い，レベル４以上では事故の責任は車のメーカー側が責任を負うと簡単に考えて良いものであろうか。関係する法律の用意など，難しい課題が残されていると考えられる。

◉スマートシティの可能性と危険性

　日本では2020年にスマートシティを推進するスーパーシティ法が成立し，国はこれを成長戦略として位置づけた。国土交通省はスマートシティを「都市の抱える諸課題に対して，ICT等の新技術を活用しつつマネジメント(計画，整備，管理，運営等)が行われ，全体最適化が図られる持続可能な都市または地区」と定義づけ，街の機能がすべて通信技術でつながることによって，さまざまな社会課題が解決できると言われている。具体的には，自動運転技術の普及により，運転できない老人，障がいをもつ人も安全に目的地に行ける。店舗の無人化や無人決済が可能になり，店舗に行かなくてもオンラインで注文し，自宅に新鮮な食材やできたての料理が届く。センサーを使った高齢者の見守りができ，病院に行かなくてもリモートにより自宅で診療を受けられ，待ち時間もなく薬も配送されるなど，移動や待ち時間にかけていた時間は余暇に代わり，生活や健康の質を高める時間として活用できると期待されている。

　一方，各個人の健康状態や買い物などの行動履歴，位置情報の履歴など都市の人々のあらゆる行動が可視化されデータとして収集される，つまり監視される可能性もある。そのためにセンサーや監視カメラが設置され，さらに顔認証カメラもデータ収集に使われるかもしれない。もし，これらのデータが外部に流失し悪用されれば，人々のプライバシーが侵害され，犯罪に巻き込まれるかもしれない。またシステムの脆弱性をついてハッキングされた場合には，道路を走行する自動運転車の操縦ができなくなるかもしれないなど，さまざまな危険性も議論になっている。

　さらに近年，GAFA(Google，Amazon，Facebook，Apple)とよばれる巨大デジタルプラットフォーマーによるサービスが生活を飛躍的に向上させる一方で，サービスを経由して取得した個人データの蓄積は，それらのIT企業の競争力をますます強いものにして，世界規模で独占・寡占が進み，企業間の健全な競争を阻害するのではという心配も生じている。

　スマートシティによる生活の利便性の向上や経済成長への期待と，情報の保護とをどのように両立させていくか，今後も慎重な議論と合意形成が必要になるであろう。

★4　2021年，社名をメタ・プラットフォームズに変更した。

難民・紛争（関連pp.266〜275）

❺ 難民・民族問題と紛争

▶ 冷戦の終結後，地域紛争が急増したが，その背景には民族がからむ紛争が多い。虐殺や難民を生じさせるこの問題は，解決が急務となっている。どのように対処すべきだろうか。

◉難民・民族問題の発生

　一民族が自民族文化を保持して安全に暮らすために，生活圏を他民族から分離させ，独立を達成しようとすることがある。その際，イスラエルの建国にともなうパレスチナ問題や，ユーゴの民族紛争，南スーダン独立のような，民族自決・分離独立問題，国境・帰属変更問題，国民形成・統合問題などの難民・民族問題が発生する。

　アジア・アフリカ諸国で民族紛争が発生する根底には，国境線が民族構成や地域の事情を無視して設定されたことなどがある。旧植民地時代の，「後遺症」ともいうべき性格をもっている。その例として，ソマリア内戦，ルワンダ内戦，スーダン内戦などがある。

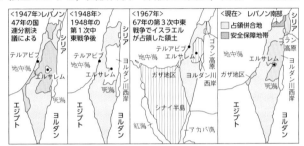

▲イスラエルの領土と占領地の変遷　祖国復帰のシオニズム運動の結果，世界各地からパレスチナに流入したユダヤ人が，1948年にイスラエル国を建国した。その後もユダヤ人の流入が続き，多数のアラブ系パレスチナ人（イスラム教）は土地を奪われ，近隣のアラブ諸国に難民となって追われていった。

◉多民族国家

　今日，200弱の独立国家に対して，民族は5千とも1万ともいわれており，ほとんどの国家は内部に異なる民族を抱える多民族国家である。

　国家内で少数民族に対する多数民族の差別・抑圧があれば，抵抗運動がおきたり，民族自決権を主張する独立運動がおきたりするケースや，排外的な民族意識を煽ることで，それまで1つの社会で共存していた人々のあいだに民族対立・分断や内戦を引きおこし難民（⊃ p.316）を生むケースも多くなる。

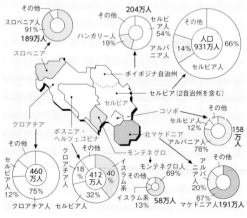

▲旧ユーゴスラビアの各国，各地域の民族構成　上図中の7か国は旧ユーゴスラビアであった。コソボは2008年にコソボ共和国として独立を宣言した。

●冷戦後の民族紛争の激化

　第二次世界大戦後の冷戦の時期には，米ソ二極体制の下で代理戦争はあったが，先進国間の戦争はおこっていない。また，米ソが第三世界の地域への軍事的・経済的な援助を競って進めてきたことにより，それに支えられて途上国側も一定の秩序が維持されてきた。ところが，冷戦終結により，旧ソ連・旧ユーゴスラビア，西アジア・アフリカなどでは，影響力を行使する超大国が手を引いたことで，各地域での宗教・民族・領土などをめぐる利害の対立が噴出するようになった。

●民族紛争の解決にむけて

　多民族国家における民族紛争の解決の方向としては，少数民族が独立する道と民族共生の道がある。前者は，民族自決権に基づいて少数民族も独立国家を形成する道であるが，現実には単一民族国家は存在しないので，無数に国家が生じることになる。後者の多民族が共生する道は長期にわたる難しい道ではあるが，対立する民族の亀裂を超える国民的アイデンティティ（国民意識）を育てることによって，民族問題の解決をめざすものである。国民国家を主体とする今日の国際社会においては，多文化を受容して（多文化共生），民族を超えた国民を形成・維持していく道が望まれるだろう。

▼おもな民族紛争

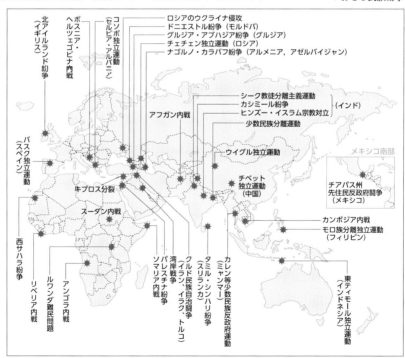

補説　**難民と国内避難民**　難民と国内避難民を分ける基準は「国境を越えたか」という一点のみだが，国内避難民は難民条約による難民と認定されない。難民が最初に保護を求めた国から，UNHCRの手助けでさらに安全な第三国への再定住が実現されることを，**第三国定住**という。

現代社会の諸課題

SDGs（関連pp.199〜206）

持続可能な国際社会づくり

▶ 現代は，地球環境が危機の時代になっていて，地球規模の問題群を解決して持続可能な世界を未来に向けて切り開くためにトランスナショナルに取り組む必要に迫られている。

　国連では2015年の国連サミットで「持続可能な開発目標（SDGs）」（持続可能な開発のための2030アジェンダ）を全会一致で採択し，全加盟国で目標達成に取り組むとした。目標の達成可能性や持続可能な世界の実現可能性について，考えてみよう。

●SDGs（持続可能な開発目標）

　SDGsは地球規模の課題を17の目標と169のターゲットに網羅し，「21世紀における人間と地球の憲章である」とうたっている。そして2016年から30年にかけて，経済・社会・環境の三側面を調和・統合させて達成することをめざし，地球上の「誰1人取り残さない」ことを誓っている。SDGsにいう「持続可能な開発」とは「将来世代のニーズを損なわずに，現代世代のニーズを満たす開発」のことである。

　すでに2030年まで道半ばだが，コロナ禍やロシアのウクライナ侵攻で，目標の達成は危ぶまれている。世界の持続可能性の実現には，国益中心の考え方で可能か，それとも新たな国際的連帯の枠組みを創設するような発想の転換が必要か，比べてみよう。

課題　**国益中心か，それとも地球益（人類益）中心か**

Ⓐ Ⓑ それぞれの立場と意見

Ⓐ 国益中心は当然であり，自国の国益を損なわない前提で国際協力を遂行する

　国家は国民のために存在するのだから，各国は自国民の生命，自由および幸福追求の権利を保障する義務を負っている。SDGs文書にも「すべての国はその固有の…経済活動に対して恒久の主権を有しており，またその権利を自由に行使することを確認する」「各国が自国の経済・社会開発に対して第一義的な責任がある」と記すように，SDGsの達成も各国がそれぞれ国内枠組みをつくり，それぞれが主体となって取り組むことなのである。

　たとえば，他国への経済援助でも，中国の援助が自国益のためであり，また日本のODA大綱（現，開発協力大綱）も日本の国益確保の観点を強調している例にも表れている。もちろん国際協調は大切だが，それは国家主権・国益優先をふまえた上のことである。自国民の利益を軽視しては本末転倒であり，現実的ではないのである。

Ⓑ 地球社会の地球市民として地球益（人類益）の実現をめざす意識変革が必要

　SDGs文書で「地球規模の連帯の精神に基づき」「持続可能な開発のためのグローバル・パートナーシップを活性化」などが強調されるように，いまや時代は，国際社会が協働し，

一致して社会システムとライフスタイルの抜本的なシステム・チェンジをしなければグローバルな課題解決ができない地球時代になっている。しかし、国際政治は17世紀以来の1国単位の枠組みを基本とする国民国家体制のままで、このずれ（国家の主権の壁）がSDGs達成に協働して取り組む障害になっている。

地球時代の今日、現代世代は、地球社会を構成する地球市民と自覚し、地球益（人類益）をめざし、さらに未来の人類に良好な地球環境を引き継ぐという人類共通の責任を負うことが要請されている。

すなわち、すべての人はそれぞれの国の市民であるだけでなく、国家を超えた「ひとつの世界」の市民でもあるというグローバル・シティズンシップで、世界とその持続性への関心をもち、グローバル共同体へ積極的に参加することが求められている。

◉SDGsに対する批判

【批判①】目標16「平和で包摂的な社会」には、「武器の取り引きを大幅に減少」をあげるだけで、核戦争の禁止や軍縮（核兵器・無人兵器の生産禁止を含む）という重大な問題が抜けている（2021年現在、世界の軍事支出は約2兆1,000億ドル）。平和な社会の概念は政治・安全保障の分野だからSDGsからは外れるという主張との、妥協によるものだろうか。

【批判②】脱成長や脱資本主義へのシステム・チェンジが不可欠という批判がある。日本におけるSDGsの実践において、個人が日常生活においてマイバッグやマイボトルのような地球的責任を自覚し、環境や社会に配慮された製品を購入するエシカル消費（倫理的消費）がさかんに提唱されている。しかし、このような小さな環境対策だけに努めて満足することで、SDGsは地球の危機的事態を招いた資本主義が内包する根本的な問題から目をそらしているのではないだろうか。

先進国の経済成長そのものを止めなければ環境負荷が増えて破局は避けられないという事実をふまえれば、SDGsが「持続可能な開発」＝経済成長を前提として環境危機を解決しようとするのは矛盾している。経済成長は途上国には必要であるとしても、先進国では脱成長＝循環型の定常型経済への転換こそ課題として提唱すべきなのである。

近年、先進国の経済は新自由主義のもと競争と利潤を追求してきたが、利潤はもっぱら富裕層に再分配され、トリクルダウン[1]が行き届かず庶民の暮らしは改善されないまま国内および国家間の不平等を広げ、富裕層の贅沢な生活が環境に負荷を与えることもあった。

また先進国が経済成長を追い求める資本主義では、省エネ・再エネや革新的技術での効率化が進んでも大量生産、大量消費、大量廃棄・排出を止めることは難しい。

脱成長とは、行き過ぎた資本主義を人間と環境を破壊しない形に変えよう、という議論であり、人間と自然を重視し、より平等な社会で意義のある生き方をすること、シンプルな楽しみを享受することも含んでいる。つまり、人々の必要を満たす規模の産出量を定常状態にして、ベーシックインカムやベーシックサービスの導入（⇨p.233）を含め、教育・医療・福祉や電気・ガス・水道、住宅などは脱商品化＝コモン（共有財産）にすることや、労働時間を縮小して家族や友人との時間を増やして人間関係を豊かにし、自然散策やスポーツ・芸術を趣味として楽しむようなライフスタイルへ転換することなどが想定されている。

★1　富裕層がさらに富めば、投資や消費が活発になり、より広い層にも富が浸透するとする考え方。

資料から見る日本と世界

◎ GDPの多い国

(関連 pp.146〜147)

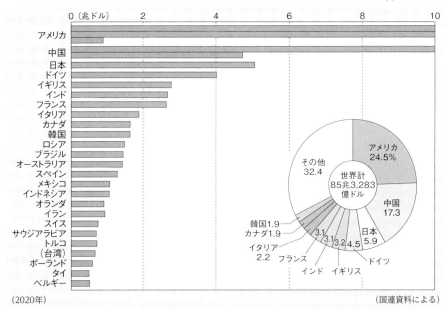

(2020年)　　　　　　　　　　　　　　　　　　　　　　（国連資料による）

◎おもな国の実質GDPの推移

(関連 pp.146〜147)

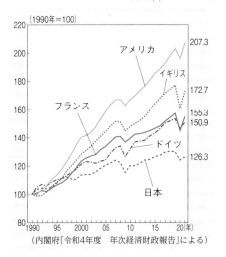

（内閣府「令和4年度　年次経済財政報告」による）

◎おもな国の1人あたり実質GDPの推移

(関連 pp.146〜147)

（内閣府「令和4年度　年次経済財政報告」による）

○おもな国の付加価値税の標準税率
（関連 pp.240〜241）

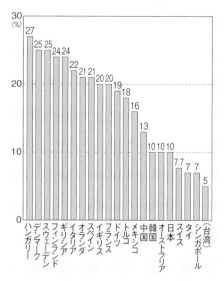

（2021年1月現在）　（「世界国勢図会」2022/23による）

○おもな国の付加価値税の軽減税率
（関連 pp.240〜241）

	標準税率	軽減税率	軽減税率のおもな対象品目
フランス	20%	2.1%	新聞，雑誌，医薬品等
		5.5%	食料品，書籍，映画
ドイツ	19%	7%	食料品，新聞，水道水
イギリス	20%	0%	食料品，新聞，書籍，水道水
		5%	家庭用燃料，電力
スウェーデン	25%	6%	新聞，書籍，スポーツ観戦
		12%	食料品，宿泊施設の利用

（2022年1月現在）

（財務省資料による）

　フランス・ドイツ・イギリス・スウェーデンの付加価値税の軽減税率のおもな品目に共通するのが，食料品（生存に不可欠な体の栄養），新聞・書籍（精神生活に不可欠な心の栄養）で，欧州の人権思想がみられる。

○日本のおもな貿易相手国
（関連 pp.310〜312）

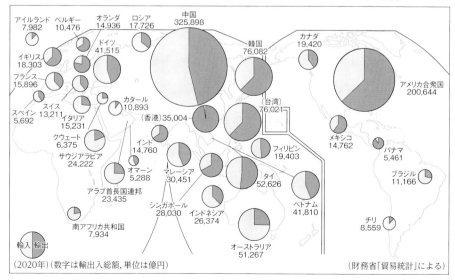

アイルランド 7,982
ベルギー 10,476
オランダ 14,936
ロシア 17,726
中国 325,898
韓国 76,082
カナダ 19,420
イギリス 18,303
ドイツ 41,515
フランス 15,896
アメリカ合衆国 200,644
スイス 13,211
カタール 10,893
台湾 76,021
スペイン 5,692
イタリア 15,231
（香港）35,004
メキシコ 14,762
クウェート 6,375
インド 14,760
フィリピン 19,403
パナマ 5,461
サウジアラビア 24,222
オマーン 5,288
マレーシア 30,451
タイ 52,626
ブラジル 11,166
アラブ首長国連邦 23,435
シンガポール 28,030
インドネシア 26,374
ベトナム 41,810
チリ 8,559
南アフリカ共和国 7,934
オーストラリア 51,267
輸入　輸出

（2020年）（数字は輸出入総額，単位は億円）

（財務省「貿易統計」による）

子ども・子育て支援に対する公的支出と出生率 （関連 pp.232〜233）

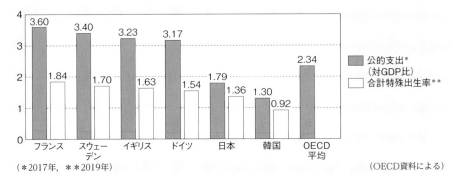

（＊2017年，＊＊2019年）　　　　　　　　　　　　　　　　　　（OECD資料による）

世界の国別人口

順位	国名	人口	順位	国名	人口
1位	中国	14億4,850万人	21位	イギリス	6,850万人
2位	インド	14億660万人	22位	フランス	6,560万人
3位	アメリカ	3億3,480万人	23位	タンザニア	6,330万人
4位	インドネシア	2億7,910万人	24位	南アフリカ	6,080万人
5位	パキスタン	2億2,950万人	25位	イタリア	6,030万人
6位	ナイジェリア	2億1,670万人	26位	コロンビア	5,150万人
7位	ブラジル	2億1,540万人	27位	韓国	5,130万人
8位	バングラデシュ	1億6,790万人	28位	ウガンダ	4,840万人
9位	ロシア	1億4,580万人	29位	スペイン	4,670万人
10位	メキシコ	1億3,160万人	30位	スーダン	4,600万人
11位	日本	1億2,560万人	31位	ウクライナ	4,320万人
12位	エチオピア	1億2,080万人	32位	イラク	4,220万人
13位	フィリピン	1億1,250万人	33位	モロッコ	3,780万人
14位	エジプト	1億600万人	34位	ポーランド	3,770万人
15位	ベトナム	9,900万人	35位	サウジアラビア	3,580万人
16位	コンゴ共和国	9,520万人	36位	ウズベキスタン	3,440万人
17位	イラン	8,600万人	37位	ペルー	3,370万人
18位	トルコ	8,560万人	38位	マレーシア	3,320万人
19位	ドイツ	8,390万人	39位	モザンビーク	3,310万人
20位	タイ	7,010万人	40位	ガーナ	3,240万人
				総人口	79億5,400万人

（2021年）　（UNFPA「世界人口白書 2022」による）

　2023年1月，中国国家統計局は2022年度末の総人口を14億1,175万人と発表した。

　この結果，中国は61年ぶりに人口減少に転じたことになり，2023年度中にも総人口の1位はインドに，2位が中国になると予測されている。

最高裁判所の違憲判決一覧

（関連 p.97）

年月	事例	法律や行政行為	根拠となる憲法条文	判決要旨	判決後の措置
1973.4	尊属殺人の重罰規定	刑法	憲法第14条（法の下の平等）	重罰規定は不合理な差別的扱い	1995年の刑法改正で規定も削除
1975.4	薬局開設の距離制限規定	薬事法	憲法第22条（経済的自由権）林	距離制限は非合理的で無効	距離制限規定を削除
1985.7	衆議院議員定数配分規定	公職選挙法	憲法第14条（法の下の平等）	4.40倍の格差は違憲選挙は有効	1986年に定数是正その後も格差は深刻
1987.4	森林法共有林の分割制限規定	森林法	第29条（財産権の保障）	分割制限規制の手段に合理性がなく違憲	分割制限規制の条項を削除
1997.4	愛媛玉串料訴訟	靖国神社などに公費で玉串料を支出	第20条（政教分離），第89条（公費支出）	宗教的意義を持つ公金支出であり憲法に違反	当時の県知事に16万円返還命令
2002.9	配達遅れに対する国の損害賠償免除規定	郵便法	憲法第17条（国家賠償請求権）	国の免責規定は合理性がなく，違憲・無効	2002年に法改正
2005.9	在外邦人の選挙権制限規定	公職選挙法	第15条（選挙権の保障）	在外日本人の選挙権行使の制限は違憲	2006年に法改正
2008.6	非嫡出子の国籍取得制限規定	国籍法	第14条（法の下の平等）	父母の婚姻を国籍取得の要件とした規定は違憲	国籍法改正
2010.1	空知太神社訴訟	市有地を神社に無償利用させた	第20条（政教分離），第89条（公費支出）	神社への市有地の無償供与は政教分離に反する	神社に対し市有地を有償貸与とした
2013.9	非嫡出子の相続規定	民法の相続規定	第14条（法の下の平等）	非嫡出子の法定相続分を嫡出子の半分にする合理的根拠は失われた	2013年に法改正（当該規定を削除）
2015.12	女性の再婚禁止期間規定	民法の女性の6か月の再婚禁止規定	第14条（法の下の平等），第24条（結婚の自由）	100日を超える部分は現在では過剰な制約であり違憲	2016年に再婚禁止期間を100日に短縮する法改正
2021.2	孔子廟訴訟	公園にある孔子廟の敷地の使用料を全額免除	第20条（政教分離）	孔子廟への公園使用料の全額免除は宗教的活動にあたり違憲	那覇市が公園使用料を請求して，納付された
2022.5	在外邦人の国民審査権制限規定	国民審査法の規定	第15条（公務員の選定・罷免権），第79条（国民審査）	在外国民に国民審査権の行使を全く認めていないのは憲法第15条・第79条に違反	2022年11月，在外投票を可能とする国民審査法へ改正

日本国憲法

1946(昭和21)年11月3日公布
1947(昭和22)年5月3日施行

　日本国民は，正当に選挙された国会における代表者を通じて行動し，われらとわれらの子孫のために，諸国民との協和による成果と，わが国全土にわたって自由のもたらす恵沢を確保し，政府の行為によって再び戦争の惨禍が起ることのないやうにすることを決意し，ここに主権が国民に存することを宣言し，この憲法を確定する。そもそも国政は，国民の厳粛な信託によるものであって，その権威は国民に由来し，その権力は国民の代表者がこれを行使し，その福利は国民がこれを享受する。これは人類普遍の原理であり，この憲法は，かかる原理に基くものである。われらは，これに反する一切の憲法，法令及び詔勅を排除する。

　日本国民は，恒久の平和を念願し，人間相互の関係を支配する崇高な理想を深く自覚するのであって，平和を愛する諸国民の公正と信義に信頼して，われらの安全と生存を保持しようと決意した。われらは，平和を維持し，専制と隷従，圧迫と偏狭を地上から永遠に除去しようと努めてゐる国際社会において，名誉ある地位を占めたいと思ふ。われらは，全世界の国民が，ひとしく恐怖と欠乏から免かれ，平和のうちに生存する権利を有することを確認する。

　われらは，いづれの国家も，自国のことのみに専念して他国を無視してはならないのであって，政治道徳の法則は，普遍的なものであり，この法則に従ふことは，自国の主権を維持し，他国と対等関係に立たうとする各国の責務であると信ずる。

　日本国民は，国家の名誉にかけ，全力をあげてこの崇高な理想と目的を達成することを誓ふ。

第1章　天皇

第1条〔天皇の地位と国民主権〕　天皇は，日本国の象徴であり日本国民統合の象徴であって，この地位は，主権の存する日本国民の総意に基く。

第2条〔皇位の世襲〕　皇位は，世襲のものであって，国会の議決した皇室典範の定めるところにより，これを継承する。

第3条〔内閣の助言と承認及び責任〕　天皇の国事に関するすべての行為には，内閣の助言と承認を必要とし，内閣が，その責任を負ふ。

第4条〔天皇の権能と権能行使の委任〕
①天皇は，この憲法の定める国事に関する行為のみを行ひ，国政に関する権能を有しない。
②天皇は，法律の定めるところにより，その国事に関する行為を委任することができる。

第5条〔摂政〕　皇室典範の定めるところにより摂政を置くときは，摂政は，天皇の名でその国事に関する行為を行ふ。この場合には，前条第一項の規定を準用する。

第6条〔天皇の任命行為〕　①天皇は，国会の指名に基いて，内閣総理大臣を任命する。
②天皇は，内閣の指名に基いて，最高裁判所の長たる裁判官を任命する。

第7条〔天皇の国事行為〕　天皇は，内閣の助言と承認により，国民のために，左の国事に関する行為を行ふ。
　1　憲法改正，法律，政令及び条約を公布すること。
　2　国会を召集すること。

3　衆議院を解散すること。

4　国会議員の総選挙の施行を公示すること。

5　国務大臣及び法律の定めるその他の官吏の任免並びに全権委任状及び大使及び公使の信任状を認証すること。

6　大赦，特赦，減刑，刑の執行の免除及び復権を認証すること。

7　栄典を授与すること。

8　批准書及び法律の定めるその他の外交文書を認証すること。

9　外国の大使及び公使を接受すること。

10　儀式を行ふこと。

第8条〔財産授受の制限〕　皇室に財産を譲り渡し，又は皇室が，財産を譲り受け，若しくは賜与することは，国会の議決に基かなければならない。

第2章　戦争の放棄

第9条〔戦争の放棄と戦力及び交戦権の否認〕
①日本国民は，正義と秩序を基調とする国際平和を誠実に希求し，国権の発動たる戦争と，武力による威嚇又は武力の行使は，国際紛争を解決する手段としては，永久にこれを放棄する。
②前項の目的を達するため，陸海空軍その他の戦力は，これを保持しない。国の交戦権は，これを認めない。

第3章　国民の権利及び義務

第10条〔国民の要件〕　日本国民たる要件は，法律でこれを定める。

第11条〔基本的人権〕　国民は，すべての基本的人権の享有を妨げられない。この憲法が国民に保障する基本的人権は，侵すことのできない永久の権利として，現在及び将来の国民に与へられる。

第12条〔自由及び権利の保持義務と公共福祉性〕　この憲法が国民に保障する自由及び権利は，国民の不断の努力によって，これを保持しなければならない。又，国民は，これを濫用してはならないのであって，常に公共の福祉のためにこれを利用する責任を負ふ。

第13条〔個人の尊重と公共の福祉〕　すべて国民は，個人として尊重される。生命，自由及び幸福追求に対する国民の権利については，公共の福祉に反しない限り，立法その他の国政の上で，最大の尊重を必要とする。

第14条〔平等原則，貴族制度の否認及び栄典の限界〕　①すべて国民は，法の下に平等であって，人種，信条，性別，社会的身分又は門地により，政治的，経済的又は社会的関係において，差別されない。
②華族その他の貴族の制度は，これを認めない。
③栄誉，勲章その他の栄典の授与は，いかなる特権も伴はない。栄典の授与は，現にこれを有し，又は将来これを受ける者の一代に限り，その効力を有する。

第15条〔公務員の選定罷免権，公務員の本質，普通選挙の保障及び投票秘密の保障〕
①公務員を選定し，及びこれを罷免することは，国民固有の権利である。
②すべて公務員は，全体の奉仕者であって，一部の奉仕者ではない。
③公務員の選挙については，成年者による普通選挙を保障する。
④すべて選挙における投票の秘密は，これを侵してはならない。選挙人は，その選択に関し公的にも私的にも責任を問はれない。

第16条〔請願権〕　何人も，損害の救済，公務員の罷免，法律，命令又は規則の制定，廃止又は改正その他の事項に関し，平穏に請願する権利を有し，何人も，かかる請願をしたためにいかなる差別待遇も受けない。

第17条〔公務員の不法行為による損害の賠償〕　何人も，公務員の不法行為により，損害を受けたときは，法律の定めるところにより，国又は公共団体に，その賠償を求めることができる。

第18条〔奴隷的拘束及び苦役の禁止〕　何人も，いかなる奴隷的拘束も受けない。又，犯罪に因る処罰の場合を除いては，その意に反する苦役に服させられない。

第19条〔思想及び良心の自由〕　思想及び良心の自由は，これを侵してはならない。

第20条〔信教の自由〕　①信教の自由は，何人に対してもこれを保障する。いかなる宗教団体も，国から特権を受け，又は政治上の権力を行使してはならない。
②何人も，宗教上の行為，祝典，儀式又は行事に参加することを強制されない。
③国及びその機関は，宗教教育その他いかなる宗教的活動もしてはならない。

第21条〔集会，結社及び表現の自由と通信秘密の保護〕　①集会，結社及び言論，出版その他一切の表現の自由は，これを保障する。
②検閲は，これをしてはならない。通信の秘密は，これを侵してはならない。

第22条〔居住，移転，職業選択，外国移住及び国籍離脱の自由〕　①何人も，公共の福祉に反しない限り，居住，移転及び職業選択の自由を有する。
②何人も，外国に移住し，又は国籍を離脱する自由を侵されない。

第23条〔学問の自由〕　学問の自由は，これを保障する。

第24条〔家族関係における個人の尊厳と両性の平等〕　①婚姻は，両性の合意のみに基いて成立し，夫婦が同等の権利を有することを基本として，相互の協力により，維持されなければならない。
②配偶者の選択，財産権，相続，住居の選定，離婚並びに婚姻及び家族に関するその他の事項に関しては，法律は，個人の尊厳と両性の本質的平等に立脚して，制定されなければならない。

第25条〔生存権及び国民生活の社会的進歩向上に努める国の義務〕　①すべて国民は，健康で文化的な最低限度の生活を営む権利を有する。
②国は，すべての生活部面について，社会福祉，社会保障及び公衆衛生の向上及び増進に努めなければならない。

第26条〔教育を受ける権利と受けさせる義務〕　①すべて国民は，法律の定めるところにより，その能力に応じて，ひとしく教育を受ける権利を有する。
②すべて国民は，法律の定めるところにより，その保護する子女に普通教育を受けさせる義務を負ふ。義務教育は，これを無償とする。

第27条〔勤労の権利と義務，勤労条件の基準及び児童酷使の禁止〕　①すべて国民は，勤労の権利を有し，義務を負ふ。
②賃金，就業時間，休息その他の勤労条件に関する基準は，法律でこれを定める。
③児童は，これを酷使してはならない。

第28条〔勤労者の団結権及び団体行動権〕　勤労者の団結する権利及び団体交渉その他の団体行動をする権利は，これを保障する。

第29条〔財産権〕　①財産権は，これを侵してはならない。

②財産権の内容は，公共の福祉に適合するやうに，法律でこれを定める。

③私有財産は，正当な補償の下に，これを公共のために用ひることができる。

第30条〔納税の義務〕　国民は，法律の定めるところにより，納税の義務を負ふ。

第31条〔法定の手続の保障〕　何人も，法律の定める手続によらなければ，その生命若しくは自由を奪はれ，又はその他の刑罰を科せられない。

第32条〔裁判を受ける権利〕　何人も，裁判所において裁判を受ける権利を奪はれない。

第33条〔逮捕の制約〕　何人も，現行犯として逮捕される場合を除いては，権限を有する司法官憲が発し，且つ理由となってゐる犯罪を明示する令状によらなければ，逮捕されない。

第34条〔抑留及び拘禁の制約〕　何人も，理由を直ちに告げられ，且つ，直ちに弁護人に依頼する権利を与へられなければ，抑留又は拘禁されない。又，何人も，正当な理由がなければ，拘禁されず，要求があれば，その理由は，直ちに本人及びその弁護人の出席する公開の法廷で示されなければならない。

第35条〔侵入，捜索及び押収の制約〕

①何人も，その住居，書類及び所持品について，侵入，捜索及び押収を受けることのない権利は，第33条の場合を除いては，正当な理由に基いて発せられ，且つ捜索する場所及び押収する物を明示する令状がなければ，侵されない。

②捜索又は押収は，権限を有する司法官憲が発する各別の令状により，これを行ふ。

第36条〔拷問及び残虐な刑罰の禁止〕

公務員による拷問及び残虐な刑罰は，絶対にこれを禁ずる。

第37条〔刑事被告人の権利〕　①すべて刑事事件においては，被告人は，公平な裁判所の迅速な公開裁判を受ける権利を有する。

②刑事被告人は，すべての証人に対して審問する機会を充分に与へられ，又，公費で自己のために強制的手続により証人を求める権利を有する。

③刑事被告人は，いかなる場合にも，資格を有する弁護人を依頼することができる。被告人が自らこれを依頼することができないときは，国でこれを附する。

第38条〔自白強要の禁止と自白の証拠能力の限界〕　①何人も，自己に不利益な供述を強要されない。

②強制，拷問若しくは脅迫による自白又は不当に長く抑留若しくは拘禁された後の自白は，これを証拠とすることができない。

③何人も，自己に不利益な唯一の証拠が本人の自白である場合には，有罪とされ，又は刑罰を科せられない。

第39条〔遡及処罰，二重処罰等の禁止〕

何人も，実行の時に適法であった行為又は既に無罪とされた行為については，刑事上の責任を問はれない。又，同一の犯罪について，重ねて刑事上の責任を問はれない。

第40条〔刑事補償〕　何人も，抑留又は拘禁された後，無罪の裁判を受けたときは，法律の定めるところにより，国にその補償を求めることができる。

第4章 国会

第41条〔国会の地位〕 国会は，国権の最高機関であって，国の唯一の立法機関である。

第42条〔二院制〕 国会は，衆議院及び参議院の両議院でこれを構成する。

第43条〔両議院の組織〕 ①両議院は，全国民を代表する選挙された議員でこれを組織する。

②両議院の議員の定数は，法律でこれを定める。

第44条〔議員及び選挙人の資格〕 両議院の議員及びその選挙人の資格は，法律でこれを定める。但し，人種，信条，性別，社会的身分，門地，教育，財産又は収入によって差別してはならない。

第45条〔衆議院議員の任期〕 衆議院議員の任期は，4年とする。但し，衆議院解散の場合には，その期間満了前に終了する。

第46条〔参議院議員の任期〕 参議院議員の任期は，6年とし，3年ごとに議員の半数を改選する。

第47条〔議員の選挙〕 選挙区，投票の方法その他両議院の議員の選挙に関する事項は，法律でこれを定める。

第48条〔両議院議員相互兼職の禁止〕 何人も，同時に両議院の議員たることはできない。

第49条〔議員の歳費〕 両議院の議員は，法律の定めるところにより，国庫から相当額の歳費を受ける。

第50条〔議員の不逮捕特権〕 両議院の議員は，法律の定める場合を除いては，国会の会期中逮捕されず，会期前に逮捕された議員は，その議院の要求があれば，会期中これを釈放しなければならない。

第51条〔議員の発言・表決の無責任〕 両議院の議員は，議院で行った演説，討論又は表決について，院外で責任を問はれない。

第52条〔常会〕 国会の常会は，毎年1回これを召集する。

第53条〔臨時会〕 内閣は，国会の臨時会の召集を決定することができる。いづれかの議院の総議員の4分の1以上の要求があれば，内閣は，その召集を決定しなければならない。

第54条〔総選挙，特別会及び緊急集会〕

①衆議院が解散されたときは，解散の日から40日以内に，衆議院議員の総選挙を行ひ，その選挙の日から30日以内に，国会を召集しなければならない。

②衆議院が解散されたときは，参議院は，同時に閉会となる。但し，内閣は，国に緊急の必要があるときは，参議院の緊急集会を求めることができる。

③前項但書の緊急集会において採られた措置は，臨時のものであって，次の国会開会の後10日以内に，衆議院の同意がない場合には，その効力を失ふ。

第55条〔資格争訟〕 両議院は，各々その議員の資格に関する争訟を裁判する。但し，議員の議席を失はせるには，出席議員の3分の2以上の多数による議決を必要とする。

第56条〔議事の定足数と過半数議決〕

①両議院は，各々その総議員の3分の1以上の出席がなければ，議事を開き議決することができない。

②両議院の議事は，この憲法に特別の定のある場合を除いては，出席議員の過半数でこれを決し，可否同数のときは，議長の決するところによる。

第57条〔会議の公開と会議録〕　①両議院の会議は，公開とする。但し，出席議員の3分の2以上の多数で議決したときは，秘密会を開くことができる。
②両議院は，各々その会議の記録を保存し，秘密会の記録の中で特に秘密を要すると認められるもの以外は，これを公表し，且つ一般に頒布しなければならない。
③出席議員の5分の1以上の要求があれば，各議員の表決は，これを会議録に記載しなければならない。

第58条〔役員の選任及び議院の自律権〕
①両議院は，各々その議長その他の役員を選任する。
②両議院は，各々その会議その他の手続及び内部の規律に関する規則を定め，又，院内の秩序をみだした議員を懲罰することができる。但し，議員を除名するには，出席議員の3分の2以上の多数による議決を必要とする。

第59条〔法律の成立〕　①法律案は，この憲法に特別の定のある場合を除いては，両議院で可決したとき法律となる。
②衆議院で可決し，参議院でこれと異なった議決をした法律案は，衆議院で出席議員の3分の2以上の多数で再び可決したときは，法律となる。
③前項の規定は，法律の定めるところにより，衆議院が，両議院の協議会を開くことを求めることを妨げない。
④参議院が，衆議院の可決した法律案を受け取った後，国会休会中の期間を除いて60日以内に，議決しないときは，衆議院は，参議院がその法律案を否決したものとみなすことができる。

第60条〔衆議院の予算先議権及び予算の議決〕　①予算は，さきに衆議院に提出し

なければならない。
②予算について，参議院で衆議院と異なった議決をした場合に，法律の定めるところにより，両議院の協議会を開いても意見が一致しないとき，又は参議院が，衆議院の可決した予算を受け取った後，国会休会中の期間を除いて30日以内に，議決しないときは，衆議院の議決を国会の議決とする。

第61条〔条約締結の承認〕　条約の締結に必要な国会の承認については，前条第2項の規定を準用する。

第62条〔議院の国政調査権〕　両議院は，各々国政に関する調査を行ひ，これに関して，証人の出頭及び証言並びに記録の提出を要求することができる。

第63条〔国務大臣の出席〕　内閣総理大臣その他の国務大臣は，両議院の一に議席を有すると有しないとにかかはらず，何時でも議案について発言するため議院に出席することができる。又，答弁又は説明のため出席を求められたときは，出席しなければならない。

第64条〔弾劾裁判所〕　①国会は，罷免の訴追を受けた裁判官を裁判するため，両議院の議員で組織する弾劾裁判所を設ける。
②弾劾に関する事項は，法律でこれを定める。

第5章 内閣

第65条〔行政権の帰属〕 行政権は，内閣に属する。

第66条〔内閣の組織と責任〕 ①内閣は，法律の定めるところにより，その首長たる内閣総理大臣及びその他の国務大臣でこれを組織する。

②内閣総理大臣その他の国務大臣は，文民でなければならない。

③内閣は，行政権の行使について，国会に対し連帯して責任を負ふ。

第67条〔内閣総理大臣の指名〕 ①内閣総理大臣は，国会議員の中から国会の議決で，これを指名する。この指名は，他のすべての案件に先だって，これを行ふ。

②衆議院と参議院とが異なった指名の議決をした場合に，法律の定めるところにより，両議院の協議会を開いても意見が一致しないとき，又は衆議院が指名の議決をした後，国会休会中の期間を除いて10日以内に，参議院が，指名の議決をしないときは，衆議院の議決を国会の議決とする。

第68条〔国務大臣の任免〕 ①内閣総理大臣は，国務大臣を任命する。但し，その過半数は，国会議員の中から選ばれなければならない。

②内閣総理大臣は，任意に国務大臣を罷免することができる。

第69条〔衆議院の内閣不信任決議と解散又は総辞職〕 内閣は，衆議院で不信任の決議案を可決し，又は信任の決議案を否決したときは，10日以内に衆議院が解散されない限り，総辞職をしなければならない。

第70条〔内閣総理大臣の欠缺又は総選挙施行による総辞職〕 内閣総理大臣が欠けたとき，又は衆議院議員総選挙の後に初めて国会の召集があったときは，内閣は，総辞職をしなければならない。

第71条〔総辞職後の職務続行〕 前2条の場合には，内閣は，あらたに内閣総理大臣が任命されるまで引き続きその職務を行ふ。

第72条〔内閣総理大臣の職務権限〕 内閣総理大臣は，内閣を代表して議案を国会に提出し，一般国務及び外交関係について国会に報告し，並びに行政各部を指揮監督する。

第73条〔内閣の職務権限〕 内閣は，他の一般行政事務の外，左の事務を行ふ。

1 法律を誠実に執行し，国務を総理すること。

2 外交関係を処理すること。

3 条約を締結すること。但し，事前に，時宜によっては事後に，国会の承認を経ることを必要とする。

4 法律の定める基準に従ひ，官吏に関する事務を掌理すること。

5 予算を作成して国会に提出すること。

6 この憲法及び法律の規定を実施するために，政令を制定すること。但し，政令には，特にその法律の委任がある場合を除いては，罰則を設けることができない。

7 大赦，特赦，減刑，刑の執行の免除及び復権を決定すること。

第74条〔法律及び政令への署名と連署〕 法律及び政令には，すべて主任の国務大臣が署名し，内閣総理大臣が連署することを必要とする。

第75条〔国務大臣訴追の制約〕 国務大臣は，その在任中，内閣総理大臣の同意がなければ，訴追されない。但し，これがため，訴追の権利は，害されない。

第6章 司法

第76条〔司法権の機関と裁判官の職務上の独立〕①すべて司法権は，最高裁判所及び法律の定めるところにより設置する下級裁判所に属する。

②特別裁判所は，これを設置することができない。行政機関は，終審として裁判を行ふことができない。

③すべて裁判官は，その良心に従ひ独立してその職権を行ひ，この憲法及び法律にのみ拘束される。

第77条〔最高裁判所の規則制定権〕①最高裁判所は，訴訟に関する手続，弁護士，裁判所の内部規律及び司法事務処理に関する事項について，規則を定める権限を有する。

②検察官は，最高裁判所の定める規則に従はなければならない。

③最高裁判所は，下級裁判所に関する規則を定める権限を，下級裁判所に委任することができる。

第78条〔裁判官の身分の保障〕裁判官は，裁判により，心身の故障のために職務を執ることができないと決定された場合を除いては，公の弾劾によらなければ罷免されない。裁判官の懲戒処分は，行政機関がこれを行ふことはできない。

第79条〔最高裁判所の構成及び裁判官任命の国民審査〕①最高裁判所は，その長たる裁判官及び法律の定める員数のその他の裁判官でこれを構成し，その長たる裁判官以外の裁判官は，内閣でこれを任命する。

②最高裁判所の裁判官の任命は，その任命後初めて行はれる衆議院議員総選挙の際国民の審査に付し，その後10年を経過した後初めて行はれる衆議院議員総選挙の際更に審査に付し，その後も同様とする。

③前項の場合において，投票者の多数が裁判官の罷免を可とするときは，その裁判官は，罷免される。

④審査に関する事項は，法律でこれを定める。

⑤最高裁判所の裁判官は，法律の定める年齢に達した時に退官する。

⑥最高裁判所の裁判官は，すべて定期に相当額の報酬を受ける。この報酬は，在任中，これを減額することができない。

第80条〔下級裁判所の裁判官〕①下級裁判所の裁判官は，最高裁判所の指名した者の名簿によって，内閣でこれを任命する。その裁判官は，任期を10年とし，再任されることができる。但し，法律の定める年齢に達した時には退官する。

②下級裁判所の裁判官は，すべて定期に相当額の報酬を受ける。この報酬は，在任中，これを減額することができない。

第81条〔最高裁判所の法令審査権〕最高裁判所は，一切の法律，命令，規則又は処分が憲法に適合するかしないかを決定する権限を有する終審裁判所である。

第82条〔対審及び判決の公開〕①裁判の対審及び判決は，公開法廷でこれを行ふ。

②裁判所が，裁判官の全員一致で，公の秩序又は善良の風俗を害する虞があると決した場合には，対審は，公開しないでこれを行ふことができる。但し，政治犯罪，出版に関する犯罪又はこの憲法第3章で保障する国民の権利が問題となってゐる事件の対審は，常にこれを公開しなければならない。

第7章 財政

第83条〔財政処理の要件〕 国の財政を処理する権限は，国会の議決に基いて，これを行使しなければならない。

第84条〔課税の要件〕 あらたに租税を課し，又は現行の租税を変更するには，法律又は法律の定める条件によることを必要とする。

第85条〔国費支出及び債務負担の要件〕 国費を支出し，又は国が債務を負担するには，国会の議決に基くことを必要とする。

第86条〔予算の作成〕 内閣は，毎会計年度の予算を作成し，国会に提出して，その審議を受け議決を経なければならない。

第87条〔予備費〕 ①予見し難い予算の不足に充てるため，国会の議決に基いて予備費を設け，内閣の責任でこれを支出することができる。
②すべて予備費の支出については，内閣は，事後に国会の承諾を得なければならない。

第88条〔皇室財産及び皇室費用〕 すべて皇室財産は，国に属する。すべて皇室の費用は，予算に計上して国会の議決を経なければならない。

第89条〔公の財産の用途制限〕 公金その他の公の財産は，宗教上の組織若しくは団体の使用，便益若しくは維持のため，又は公の支配に属しない慈善，教育若しくは博愛の事業に対し，これを支出し，又はその利用に供してはならない。

第90条〔会計検査〕 ①国の収入支出の決算は，すべて毎年会計検査院がこれを検査し，内閣は，次の年度に，その検査報告とともに，これを国会に提出しなければならない。
②会計検査院の組織及び権限は，法律でこれを定める。

第91条〔財政状況の報告〕 内閣は，国会及び国民に対し，定期に，少くとも毎年1回，国の財政状況について報告しなければならない。

第8章 地方自治

第92条〔地方自治の本旨の確保〕 地方公共団体の組織及び運営に関する事項は，地方自治の本旨に基いて，法律でこれを定める。

第93条〔地方公共団体の機関〕 ①地方公共団体には，法律の定めるところにより，その議事機関として議会を設置する。
②地方公共団体の長，その議会の議員及び法律の定めるその他の吏員は，その地方公共団体の住民が，直接これを選挙する。

第94条〔地方公共団体の権能〕 地方公共団体は，その財産を管理し，事務を処理し，及び行政を執行する権能を有し，法律の範囲内で条例を制定することができる。

第95条〔特別法の住民投票〕 一の地方公共団体のみに適用される特別法は，法律の定めるところにより，その地方公共団体の住民の投票においてその過半数の同意を得なければ，国会は，これを制定することができない。

第9章　改正

第96条〔憲法改正の発議，国民投票及び公布〕　①この憲法の改正は，各議院の総議員の3分の2以上の賛成で，国会が，これを発議し，国民に提案してその承認を経なければならない。この承認には，特別の国民投票又は国会の定める選挙の際行はれる投票において，その過半数の賛成を必要とする。

②憲法改正について前項の承認を経たときは，天皇は，国民の名で，この憲法と一体を成すものとして，直ちにこれを公布する。

第10章　最高法規

第97条〔基本的人権の由来特質〕　この憲法が日本国民に保障する基本的人権は，人類の多年にわたる自由獲得の努力の成果であって，これらの権利は，過去幾多の試錬に堪へ，現在及び将来の国民に対し，侵すことのできない永久の権利として信託されたものである。

第98条〔憲法の最高性と条約及び国際法規の遵守〕　①この憲法は，国の最高法規であって，その条規に反する法律，命令，詔勅及び国務に関するその他の行為の全部又は一部は，その効力を有しない。

②日本国が締結した条約及び確立された国際法規は，これを誠実に遵守することを必要とする。

第99条〔憲法尊重擁護の義務〕　天皇又は摂政及び国務大臣，国会議員，裁判官その他の公務員は，この憲法を尊重し擁護する義務を負ふ。

第11章　補則

第100条〔施行期日と施行前の準備行為〕　①この憲法は，公布の日から起算して6箇月を経過した日〔昭和22年5月3日〕から，これを施行する。

②この憲法を施行するために必要な法律の制定，参議院議員の選挙及び国会召集の手続並びにこの憲法を施行するために必要な準備手続は，前項の期日よりも前に，これを行ふことができる。

第101条〔参議院成立前の国会〕　この憲法施行の際，参議院がまだ成立してゐないときは，その成立するまでの間，衆議院は，国会としての権限を行ふ。

第102条〔参議院議員の任期の経過的特例〕　この憲法による第1期の参議院議員のうち，その半数の者の任期は，これを3年とする。その議員は，法律の定めるところにより，これを定める。

第103条〔公務員の地位に関する経過規定〕　この憲法施行の際現に在職する国務大臣，衆議院議員及び裁判官並びにその他の公務員で，その地位に相応する地位がこの憲法で認められてゐる者は，法律で特別の定をした場合を除いては，この憲法施行のため，当然にはその地位を失ふことはない。但し，この憲法によって，後任者が選挙又は任命されたときは，当然その地位を失ふ。

さくいん

く

け

こ

［監修者紹介］

本野英一（もとの・えいいち）

1955年，東京都に生まれる。東京大学大学院人文科学研究科修士課程在籍中，香港大学語言研修所で中国語を習得，その後オックスフォード大学大学院に留学し，博士号取得(D. Phil)。

現在は，早稲田大学政治経済学術院教授。専攻は経済史。

おもな著書・訳書に，『伝統中国商業秩序の崩壊——不平等条約体制と「英語を話す中国人」』(名古屋大学出版会)，『アジアの軍事革命——兵器から見たアジア史』(昭和堂)，『フェルメールの帽子——作品から読み解くグローバル化の夜明け』(岩波書店)などがある。

□ 執筆　　　 津田洋征(第1編1～4章・7章②⑦・特集，第2編1章・3章①③⑤⑥)
　　　　　　 島田博美(第1編5～6章・7章①③～⑥，第2編2章・3章②④・特集)
□ 編集協力　㈱カルチャー・プロ　岩﨑伸亮　樋口隆正
□ DTP　　　 ㈱ユニックス
□ 図版作成　㈱ユニックス
□ 写真提供　アフロ(AP　読売新聞)　iStock.com(gianliguori　zanskar)　PIXTA(gandhi)
□ 本文デザイン　㈱ライラック

シグマベスト
理解しやすい 政治・経済

監修者　本野英一
発行者　益井英郎
印刷所　株式会社天理時報社
発行所　株式会社文英堂
　　　　〒601-8121　京都市南区上鳥羽大物町28
　　　　〒162-0832　東京都新宿区岩戸町17
　　　　(代表)03-3269-4231